Hübner/Dunkel/Gers/Höft/Jahnes/Kleinkauf/Schotter
Transrapid zwischen Ökonomie und Ökologie

GABLER EDITION WISSENSCHAFT

Heinz Hübner/Torsten Dunkel/
Volker Gers/Jochen Höft/
Stefan Jahnes/Uwe Kleinkauf/
Andreas Schotter

Transrapid zwischen Ökonomie und Ökologie

Eine Technikwirkungsanalyse alternativer Hochgeschwindigkeitsverkehrssysteme

Springer Fachmedien Wiesbaden GmbH

Die Deutsche Bibliothek - CIP-Einheitsaufnahme

Transrapid zwischen Ökonomie und Ökologie : eine
Technikwirkungsanalyse alternativer Hochgeschwindigkeitsverkehrssysteme
/ Heinz Hübner ... Mit einem Geleitw. von Heinz Hübner.
- Wiesbaden : Dt. Univ.-Verl. ; Wiesbaden : Gabler, 1997
(Gabler Edition Wissenschaft)

Lektorat: Ute Wrasmann

http://www.gabler-online.de

Höchste inhaltliche und technische Qualität unserer Produkte ist unser Ziel. Bei der Produktion und Auslieferung unserer Bücher wollen wir die Umwelt schonen: Dieses Buch ist auf säurefreiem und chlorfrei gebleichtem Papier gedruckt.

ISBN 978-3-8244-6573-6 ISBN 978-3-663-09055-7 (eBook)
DOI 10.1007/978-3-663-09055-7

Geleitwort

Die gesellschaftliche Relevanz von Innovationen steht außer Zweifel und kann mit tiefgreifenden Veränderungen in vielen Lebensbereichen verbunden sein. Dies trifft insbesondere für technische Innovationen zu, und zwar aufgrund des zielprägenden Potentials jeder Technik.

Nun kann die Anwendung von Technologie neben erwünschten auch mit unerwünschten, evtl. auch schädlichen und gefährlichen Wirkungen und Folgen verbunden sein. Um erwünschte sowie evtl. unerwünschte Wirkungen zu identifizieren, sind in den letzten Jahren verschiedene Konzepte entwickelt worden, die als Technikbewertung, Technikfolgenabschätzung bzw. Technikwirkungsanalyse bezeichnet werden.

Das vorliegende Werk präsentiert die Ergebnisse einer Technikwirkungsanalyse für eine System-Innovation, die in mehrfacher Hinsicht gesellschaftlich höchst relevant ist. Dabei bewährte sich einmal mehr die Organisationsform der Universität Kassel als Gesamthochschule und das damit mögliche, vom Lehrstuhl **T**echnik**W**irkungs- und **I**nnovationsforschung (TWI) wissenschaftlich und organisatorisch betreute interdisziplinäre Ergänzungsstudium „Innovationsmanagement unter Berücksichtigung der Technik- und Produktfolgenabschätzung“: Nur dadurch war es möglich, die für eine solche Studie unerläßliche Interdisziplinarität durch Verfügbarkeit entsprechend qualifizierter Mitarbeiter an der Universität zu gewährleisten.

Insgesamt will die Studie Experten und Führungskräften in Wirtschaft, Politik und Gesellschaft, die sich mit Wirkungen und Folgen von existierenden bzw. neuen Technologien beschäftigen, Entscheidungsgrundlagen und Anregungen bieten, indem konsolidiertes Wissen mit zukunftsfähigen Ansätzen verbunden und Ergebnisse präsentiert werden. Selbstverständlich wendet sich die Untersuchung auch an Wissenschaftler und Studierende - insbesondere der Wirtschafts-, Sozial-, Natur- und Ingenieurwissenschaften.

Heinz Hübner

Vorbemerkung und Dank

Das vorliegende Buch dokumentiert die Ergebnisse der Untersuchung „Mögliche Wirkungen der Transrapidstrecke Berlin-Hamburg[1] für die regionalökonomische Entwicklung unter Berücksichtigung möglicher Externer Effekte". Die Thematik wurde gemeinsam mit dem Auftraggeber festgelegt. Unser Dank gilt daher zunächst Thyssen Henschel Magnetfahrtechnik, seit Herbst 1996 Thyssen Transrapid System GmbH, und deren Geschäftsführer, Herrn Dipl.-Ing. H. G. Raschbichler. Die Studie wurde im Zeitraum Oktober 1995 bis Mai 1997 am Lehrstuhl TechnikWirkungs- und Innovationsforschung (TWI) der Universität-Gh Kassel durchgeführt, in einer Periode, in der die Medien das Thema „Transrapid" - wieder einmal - großteils emotional behandelten.

Die mit dem Buch vorgelegten Ergebnisse gehen jedoch inhaltlich über den Rahmen hinaus, der mit dem Auftraggeber vereinbart wurde. Insbesondere Teile des abschließenden Kapitels 8 orientieren sich am normativ geprägten Konzept des Sustainable Development und greifen weiter in die Zukunft als die geplante Realisierung der Magnetschwebebahn Transrapid. Die weitergehenden Analysen erfolgten aus wissenschaftlicher Neugierde und der damit verbundenen intrinsischen Motivation der Autoren.

Der Untersuchung lag eine Vorstudie als Eigenforschung des TWI zugrunde, die sich auch mit der Finanzierung der Entwicklung der dem Transrapid-System zugrundeliegenden Magnetschwebe- und Wanderfeldtechnologie beschäftigte. Die seit etwa 20 Jahren festgestellte weitgehende Finanzierung durch das seinerzeitige „Forschungsministerium" (BMFT) macht die Verabschiedung des „Magnetschwebebahnbedarfsgesetzes" (MsbG) und des „Allgemeinen Magnetschwebebahngesetzes" (AMbG) durch den Deutschen Bundestag in Bonn im Jahre 1996 besser verständlich. Mit der Verabschiedung dieser Gesetze ist auch die Entscheidung verbunden, die Strecke Berlin-Hamburg zu realisieren. Sogenannte „freie Marktwirtschaft" und „staatliche Regulierung" müssen offensichtlich nicht immer Gegensätze sein. Die hier präsentierten Ergebnisse sind trotz dieser wirtschafts- und wettbewerbspolitischen Vorabentscheidung in mehrfacher Hinsicht relevant: Die Technikwirkungsanalyse (TWA)

- betrifft eine System-Innovation, basierend auf einer neuen Technologie mit großer gesellschaftlicher Relevanz. Dies wird nicht zuletzt durch eine entsprechende Medienresonanz und die erwähnten Gesetze deutlich;

[1] Wenn im Rahmen der Studie von der Strecke Berlin-Hamburg gesprochen wird, ist immer die geplante Strecke mit Haltepunkt Schwerin gemeint.

- wurde im Interesse des „Systemführers“ durchgeführt, wobei jedoch nicht betriebswirtschaftliche, sondern regionalökonomische und ökologische Folgen und Wirkungen untersucht wurden;
- kann als Pionierleistung des Auftraggebers betrachtet werden, die im Hinblick auf die gesellschaftliche Verantwortung der Unternehmen in Zukunft stark an Bedeutung gewinnen wird; im Sinne des Vorsorgeprinzips sollte TWA jedoch früher ansetzen und bereits die technische Entwicklung begleiten;
- konnte u. a. neue Anwendungsmöglichkeiten für die Technologie identifizieren, an die bisher nicht gedacht wurde.

Schließlich sind auch die während der Bearbeitung gesammelten Erfahrungen bzgl. Informationsbeschaffung, methodischer Vorgehensweise u. ä. für die Durchführung weiterer Untersuchungen äußerst wertvoll. So wäre der Zugang zu bisherigen Studien, die sich mit verschiedenen Aspekten des Transrapid-Systems beschäftigten, ohne den Auftraggeber nur teilweise und schwierig möglich gewesen.

Gedankt sei auch und vor allem den Experten aus Wirtschaft und Wissenschaft, aus Kammern, öffentlicher Verwaltung und Politik, die für Interviews zur Verfügung standen (eine namentliche Auflistung findet sich in Anhang 1). Unser Dank für Expertengespräche zu speziellen Themen gilt Herrn F. Eckert von der Wirtschaftsförderung Region Kassel, den Herren Dr. R. Hellinger und C. P. Parsch von der Siemens Verkehrstechnik in Erlangen, Herrn Dr. H. Jansen vom TÜV-Rheinland, Herrn Dr. W. Lohmeier, Geschäftsführer der IHK Kassel und Herrn Stickel von der DB AG in Borken. Für die Durchführung von Pretests im Zuge der Expertenbefragung sei den Herren Univ.-Prof. Dr. H.-F. Eckey, Universität-Gh Kassel, Univ.-Prof. Dr. U. Hampicke, Ernst-Moritz-Arndt-Universität Greifswald, Univ.-Prof. Dr. W. Kleinkauf, Universität-Gh Kassel und Vorstand des Instituts für Solare Energieversorgungstechnik (ISET), Kassel, und Dr. W. Schmittel, Fachhochschule Merseburg, gedankt. Letzterem gilt besonderer Dank für die kritische Kommentierung der Rohfassung als „unbeteiligter Dritter“, wie dies bei komplexen Technikwirkungsanalysen vorgesehen ist.

Auch Frau Gertraut Berthold und Frau Ursula Harbusch sollen an dieser Stelle nicht unerwähnt bleiben. Ihre Aufgaben bei der endgültigen Textbearbeitung gestalteten sich aufgrund der Mitwirkung so vieler Autoren und dementsprechend komplizierter Koordination alles andere als einfach.

Zur Relevanz der Studie unter Berücksichtigung der jüngsten politischen Entscheidungen:

Der Bundestag hat im März 1997 die Strukturdaten gegenüber den Annahmen aus 1993 generell drastisch verändert und die dem Verkehrswegeplan zugrundeliegenden Mobilitätsprognosen um ein Drittel reduziert. Bezogen auf die geplante Magnetschwebebahn Transrapid wurde von der Erfassung des Verkehrsaufkommens durch die Zahl von Fahrgästen abgerückt zugunsten des ökonomisch aussagefähigeren Indikators „Personenkilometer" (Pkm) und für das Jahr 2010 insgesamt statt 4,1 Mrd. Pkm nur noch 2,6 bis 3,5 Mrd. Pkm prognostiziert (vgl. Intraplan Consult/Simon, Kucher & Partner, 1997, S. 9-5). Dieses Verkehrsaufkommen beinhaltet einen wesentlichen Anteil an Berufspendlern, die zumeist jeweils von Schwerin nach Berlin oder Hamburg und zurück fahren, also nur etwa die Hälfte der Gesamtstrecke.

Als Konsequenz für Errichtung und Betrieb ist die Relation der Gesamtanzahl von Zügen im Zusammenhang mit der Reduktion der Taktfrequenz (4 Züge pro Stunde) zu nennen. Primäres Ziel dieser geänderten politischen Vorgaben ist es, die Perspektiven für einen wirtschaftlichen Betrieb der MSB unter betriebswirtschaftlichen Kriterien zu verbessern. Da dieses Thema nicht Gegenstand der vorliegenden Studie ist, sind die erarbeiteten Ergebnisse unabhängig von diesen politischen Vorgaben sinngemäß unverändert gültig und von hoher Relevanz. Dies betrifft auch die identifizierten und errechneten ökologischen Effekte, die auf Pkm bezogen werden und nicht auf eine variable Gesamtzahl von Zugfahrten pro Tag.

Die Autoren

Inhaltsverzeichnis

Abbildungsverzeichnis

Kapitel 4:

Kapitel 5:

Kapitel 6:

Kapitel 7:

Kapitel 8:

Anhang 2:

Abkürzungsverzeichnis

BG	Berufsgenossenschaft
BIP	Bruttoinlandsprodukt
BMBT	Bundesministerium für Bildung und Forschung
BMFT	Bundesministerium für Forschung und Technologie
BRH	Bundesrechnungshof
BVWP	Bundesverkehrswegeplan
DB AG	Deutsche Bahn Aktiengesellschaft
dB(A)	Dezibel (Bewertungskurve A)
Dkm	Doppelkilometer (Trasse für beide Fahrtrichtungen)
EC/IC	Eurocity/Intercity
etc.	et cetera
EU	Europäische Union
evtl.	eventuell
EVU	Elektrizitätsversorgungsunternehmen
f.	folgend
FAZ	Frankfurter Allgemeine Zeitung
FCKW	Fluorkohlenwasserstoff
ff.	fortfolgende
g	Gramm
GFK	glasfaserverstärkte Kunststoffe
GJ	Gigajoule
ha	Hektar
HGVS	Hochgeschwindigkeitsverkehrssystem
Hz	Hertz
i. e. S.	im engeren Sinn
i. w. S.	im weiteren Sinne
ICE	InterCityExpress
IFB	Institut für Bahntechnik
IR	Interregio
ITP	Intraplan Consult GmbH
IWW	Institut für Wirtschaftspolitik und Wirtschaftsforschung
k.A.	keine Antwort
KFZ	Kraftfahrzeug
kV	Kilovolt
kWh	Kilowattstunde
LKW	Lastkraftwagen
MJ	Megajoule

MPG	Magnetschnellbahn-Planungsgesellschaft
MSB	Magnetschwebebahn
MVA	Megavoltampère
NBL	neue Bundesländer
NBS	Neubaustrecke
o. J.	ohne Jahresangabe
o. O.	ohne Ortsangabe
o. S.	ohne Seitenzahl
o. V.	ohne Verfasser
ÖPNV	öffentlicher Personennahverkehr
Pkm	Personenkilometer
PKW	Personenkraftwagen
Plkm	(Sitz-)Platzkilometer
qm	Quadratmeter
R/S-System	Rad/Schiene-System
S.	Seite
SD	Sustainable Development
SPSS	Statistical Programme for the Social Sciences
T	Tesla
t	Tonne
TA	Technikfolgenanalyse
TFA	Technikfolgenabschätzung
TGV	Train à grande vitesse
TRP	Transrapid
TS	Techniksteuerung
TWA	Technikwirkungsanalyse
TWh	Terawattstunde (1 Mrd. kWh)
u. E.	unseres Erachtens
UB	Untersuchungsbereich
UBA	Umweltbundesamt
UF	Untersuchungsfeld
UPI	Umwelt- und Prognose-Institut Heidelberg e.V.
VDI	Verein Deutscher Ingenieure
vgl.	vergleiche
WFG	Wirtschaftsförderung Kassel GmbH
Wh	Wattstunde
z. B.	zum Beispiel
z. Zt.	zur Zeit

Die Herausforderung

Für den Personenkreis, der sich - aus welchen Gründen auch immer - näher für die Magnetschwebetechnik interessiert, besteht die Möglichkeit, die Transrapid-Versuchsanlage Emsland (TVE) zu besuchen und dort an einer Fahrt mit der Magnetschwebebahn teilzunehmen. Die Besucherkarte vermittelt folgende Informationen:

Transrapid Versuchsanlage
Emsland (TVE)
Datum 09. Mai 1995
Besucher
MVP Besucherservice Lathen
DM 20,-
incl. 15 % MwSt
№ 29494
MVP Versuchs- und Planungsgesellschaft für Magnetbahnsysteme m.b.H.
№ 29494

Magnetschnellbahn Transrapid
Das erste Bahnsystem, das sich ohne Räder fortbewegt.
Sparsam im Energieverbrauch, leise, schnell, sicher
und komfortabel. Innovative Bahntechnik
„made in Germany" hält uns mobil,
ohne daß die Umwelt dabei
unter die Räder kommt.
THYSSEN
THYSSEN HENSCHEL
Magnetfahrtechnik
Systemführer für zukunftsweisende Bahn-Technologie

Der wissenschaftlich interessierte, vor allem aber auch der wissenschaftlich geschulte Personenkreis, wird sich natürlich sofort Gedanken darüber machen, ob es sich bei diesen Informationen nur um werbewirksame Behauptungen handelt oder aber, ob und inwieweit diese Aussagen auch wissenschaftlich fundiert sind.

Die **Überprüfung der wissenschaftlichen Fundierung** von Aussagen kann grundsätzlich anhand von nur **zwei Fragen** erfolgen (vgl. Rapoport, 1972, S. 224):

1. „Was meinen Sie?“
2. „Woher wissen Sie es?“

Die erste Frage betrifft die exakte Beschreibung des oder der Sachverhalte auf der Grundlage von genau definierten Begrifflichkeiten, zugrundegelegten Beurteilungskriterien, festgelegten Skalen zur Messung spezifischer Größen, soweit erforderlich, Definieren von Vergleichsobjekten u. a. m. Die zweite Frage betrifft letztlich die (Forschungs-)Methodik, die zur Gewinnung der Aussagen angewendet wurde.

Generelles Ziel der Untersuchung war es, wissenschaftlich fundierte und damit intersubjektiv nachvollziehbare Aussagen bzgl. der Merkmale und Auswirkungen der System-Innovation Transrapid im Vergleich zu anderen spurgeführten Hochgeschwindigkeitsverkehrssystemen zu erarbeiten sowie z. T. auch die Ergebnisse bisheriger Studien auf deren Fundierung zu analysieren.

Das Festlegen der zu untersuchenden Themenbereiche erfolgte anhand des am TWI entwickelten Konzepts der Technikwirkungsanalyse, welches den konzeptionellen Rahmen für die Studie bildet und deshalb der Beschreibung der Aufgabenstellung und konkreten Zielsetzung für die Untersuchung vorangestellt wird.

Die Gesamtstruktur des Buches zeigt die Übersicht auf nachfolgender Seite 3.

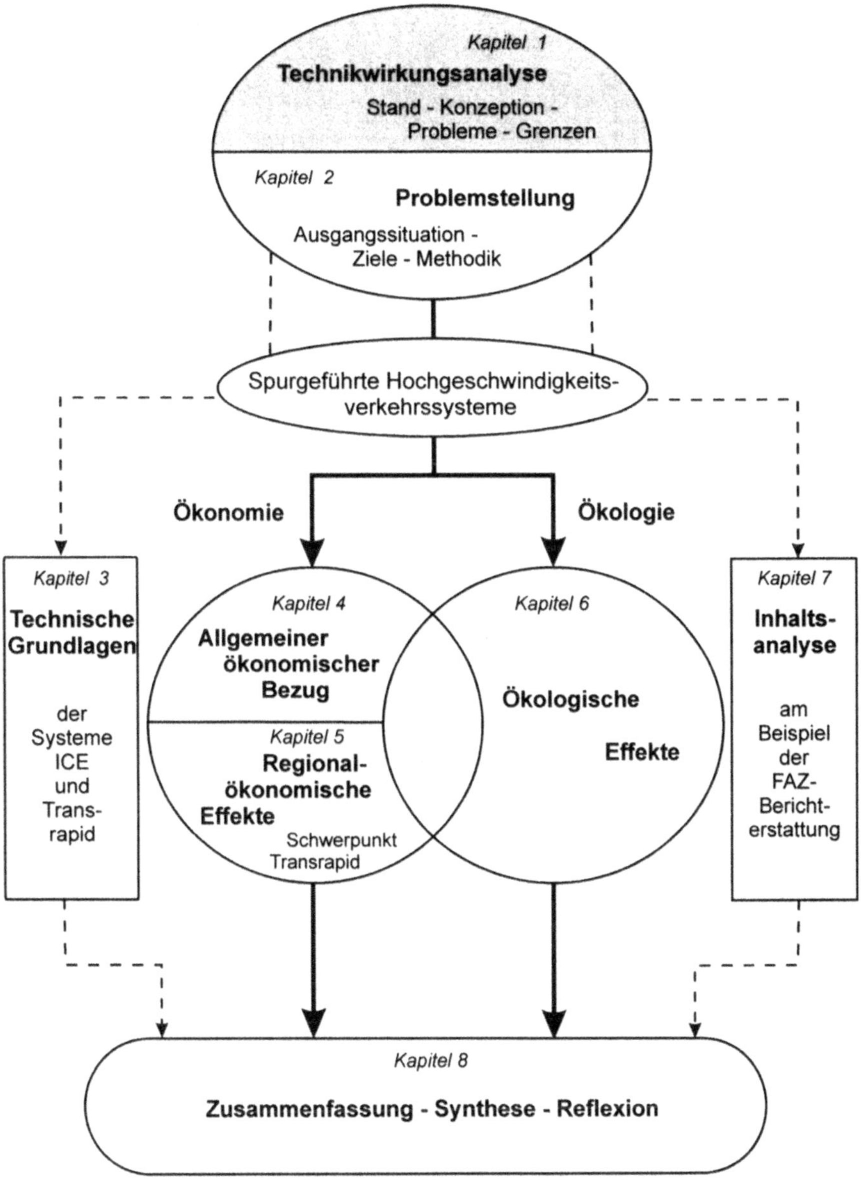
Kapitel 1
Technikwirkungsanalyse
Stand - Konzeption - Probleme - Grenzen
Kapitel 2
Problemstellung
Ausgangssituation - Ziele - Methodik
Spurgeführte Hochgeschwindigkeits-verkehrssysteme
Ökonomie
Ökologie
Kapitel 3
Technische Grundlagen
der Systeme ICE und Trans-rapid
Kapitel 4
Allgemeiner ökonomischer Bezug
Kapitel 5
Regional-ökonomische Effekte
Schwerpunkt Transrapid
Kapitel 6
Ökologische Effekte
Kapitel 7
Inhalts-analyse
am Beispiel der FAZ-Bericht-erstattung
Kapitel 8
Zusammenfassung - Synthese - Reflexion

1 Technikwirkungsanalyse: Stand - Konzeption - Probleme und Grenzen

HEINZ HÜBNER/STEFAN JAHNES

1.1 Stand der Technikwirkungsanalyse [1]

1.1.1 Historie und Relevanz

Die Beschäftigung mit den Folgen von Technologie und Technik reicht wohl bis zum Beginn der Menschheitsgeschichte und dem Entstehen erster Werkzeuge zurück: Sie findet ihre Begründung im **ambivalenten Charakter jeder Art von Technologie und Technik**, der aus unterschiedlichen Nutzungs- bzw. Verwendungsmöglichkeiten resultiert[2]. Die Industrialisierung, gekennzeichnet durch industrielle Produktion und (Massen-)Konsum sowie Entwicklung und Einsatz von sog. „Groß- bzw. Hochtechnologie", hat erkennen lassen, daß Technikfolgen auch im Entstehungszusammenhang auftreten können und daß Wirkungen und Folgen[3] gesamtgesellschaftliche und damit auch politische Relevanz haben können. Unerwünschte, langfristig unakzeptable Folgen der Technik betreffen derzeit vor allem:

- Soziale Auswirkungen, wie z. B. strukturelle Arbeitslosigkeit auch in vielen Industriestaaten durch Automatisierung und Rationalisierung,
- Gesellschaftliche Folgen von Alltagstechnologie in Massenanwendung, z. B. Fernseh- und Videotechnik etc.,
- Schädigung der Ökosphäre.

Die Relevanz von **Technikfolgenabschätzung (TFA)** wird hinsichtlich dieser Bereiche deutlich und dadurch verstärkt, daß tendenziell der Wandel von punktuellen zu universellen Problemen festzustellen ist; gerade im Bereich ökologischer Wirkungen und Folgen betrifft dies den Übergang von einfachen zu komplexen, von sofort sinnlich wahrnehmbaren zu nur mit

---

[1] Die Ausführungen in den folgenden Abschnitten basieren auf Hübner/Jahnes, 1992a, Kapitel 3-5, Hübner/ Jahnes, 1992b, S. 653 ff., Hübner/Jahnes 1996, Sp. 1979 ff. und auf Hübner/Simon-Hübner, 1991, S. 33 ff. u. 59 ff.

[2] Schon ein steinzeitlicher Faustkeil konnte nicht nur zur existenzsichernden Jagd eingesetzt werden, sondern auch zur Tötung von Menschen. Technikfolgen in ihrem Verwendungszusammenhang waren in ihrer Wirkung zunächst beschränkt, z. B. auf Einzelpersonen, einen Stamm, eine Region etc.

[3] Folgen unterscheiden sich begrifflich und materiell von Wirkungen: „**Folge** meint primär Ereigniskette, „Abfolge", Prozeß und damit indirekt auch „Dauer". **Wirkung** betont dagegen Kausalität, in auch absehbarer Zeit(spanne) erkennbares Ergebnis" (Böhret, 1990, S. 36).

komplizierter Analysemethodik feststellbaren und von reversiblen zu tendenziell irreversiblen Wirkungen und Folgen (vgl. Förstner, 1993, S. 8).

Engpaß- und Defizitbereiche waren schon immer Objekt entsprechender Anstrengungen. Ein solcher Defizitbereich war bis vor etwa 15 Jahren die Beschäftigung mit nicht erwünschten und schädlichen Wirkungen und Folgen der Technik, den man mit der Entwicklung der TFA zu beseitigen versucht. Heute versteht man unter TFA ein umfassendes Konzept, das auch inzwischen entwickelte Instrumente wie z. B. Ökobilanz, Umweltbetriebsprüfung oder Umweltverträglichkeitsprüfung, beinhaltet. Diese Instrumente zeigen jedoch nur eine beschränkte Reichweite und Leistungsfähigkeit. Auf der Grundlage des Vorsorgeprinzips soll mit der Anwendung von TFA die Vermeidung, zumindest jedoch die Minimierung unerwünschter und langfristig nicht akzeptabler Wirkungen und Folgen von Technik erreicht werden.

Die Entwicklung und Anwendung von TFA erfolgte zunächst auf der Ebene der öffentlichen Hand und der Politik. Sichtbarer Ausdruck hierfür sind eine Vielzahl heute bestehender, politikberatender Institutionen, vor allem in den Industriestaaten. In Deutschland ist dies das „Büro für Technikfolgen-Abschätzung beim Deutschen Bundestag (TAB)" in Bonn[1]. Inzwischen sind zunehmend Bemühungen zu erkennen, TFA auch auf der Ebene der Unternehmen als **Technikwirkungsanalyse (TWA)** anzuwenden. Anfänglich sollten durch TFA „Handlungsfolgen" i.w.S. abgeschätzt werden (siehe Abbildung 1.1). Durch Abbildung 1.1 wird auch der eingangs erwähnte ambivalente Charakter von Technologie und Technik deutlich. Technologie und Technik haben neben erwünschten, nicht erwünschten, aber in Kauf genommenen Wirkungen und Folgen auch unvorhergesehene bzw. unvorhersehbare Wirkungen und Folgen.

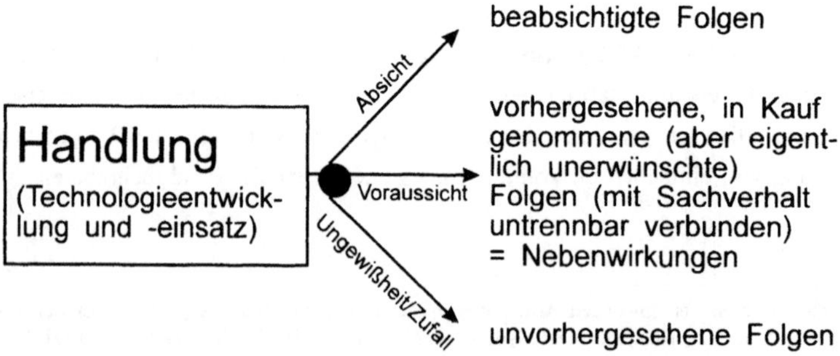

Abb. 1.1: Zusammenhang zwischen Handlung und Folgen (Böhret/Franz, 1982, S. 10)

[1] Einen umfassenden Überblick politikberatender TFA-Institutionen in verschiedenen Industrienationen zeigt Schmittel (1992).

Inzwischen konzentriert sich TFA weitgehend auf Technik, wobei jedoch ein weitgefaßtes Technikverständnis zugrunde gelegt wird, welches den gesellschaftlichen Bezug dadurch erfaßt, daß Technik im Entstehungs- und Verwendungszusammenhang in folgender Weise definiert wird:

***Technik** umfaßt „... (a) die Menge der nutzenorientierten, künstlichen, gegenständlichen Gebilde (Artefakte); (b) die Menge menschlicher Handlungen und Einrichtungen, in denen Artefakte entstehen; und (c) die Menge menschlicher Handlungen, in denen Artefakte verwendet werden"* (Ropohl, 1981, S. 14, ähnlich VDI, 1991a, S. 2).

Diese Technikdefinition macht die **gesellschaftliche Dimension der Technik** deutlich und damit auch die unzulässige Beschränkung des Technikbegriffs[1] auf eine „angewandte Naturwissenschaft". TFA, Technikbewertung und TWA dürfen sich nicht auf sog. „Groß- und Hochtechnologie" beschränken, weil „Alltagstechnologie" bei Massenanwendung ebenso Ursache inakzeptabler Folgen sein kann. Mögliche Untersuchungsobjekte der TFA sind somit:

- Entstehungsprozesse von Technologie und Technik,
- Innovationsprozesse als Umsetzungsprozesse von Technik in marktfähige Problemlösungen,
- Herstellungsprozesse,
- Diffusionsprozesse,
- Verwendungsprozesse,
- Entsorgungsprozesse.

Es erscheint sinnvoll, TFA als umfassendes Konzept für die **Anwendung auf Unternehmensebene** zu adaptieren und als **Technikwirkungsanalyse** zur Technik- und Produktfolgenabschätzung im Unternehmen anzuwenden.

***Technikwirkungsanalyse** bedeutet Abschätzen und Analysieren der Auswirkungen existierender und neuer Technologien, Techniken und Produkte unter ökonomischen und außerökonomischen Gesichtspunkten* (vgl. Hübner, 1988a, S. 17).

Die TWA beinhaltet die

***Technikbewertung** als „... das planmäßige, systematische, organisierte Vorgehen, das*

- *den Stand einer Technik und ihre Entwicklungsmöglichkeiten analysiert,*

[1] Im Gegensatz zu Technik, die sich als Artefakt und in entsprechenden Handlungszusammenhängen manifestiert, wird **Technologie** hier als abstrakte Beschreibung von Verfahren und Prozessen, aber auch Instrumenten im Sinne von „Management-Technologie", verstanden; somit ist Technologie die „Wissenschaft" von der Technik (vgl. Hübner/Jahnes, 1992a, S. 37).

- *unmittelbare und mittelbare technische, wirtschaftliche, gesundheitliche, ökologische, humane, soziale und andere Folgen dieser Technik und möglicher Alternativen abschätzt,*
- ***aufgrund definierter Ziele und Werte*** *[Hervorhebung durch die Autoren] diese Folgen beurteilt oder auch weitere wünschenswerte Entwicklungen fordert,*
- *Handlungs- und Gestaltungsmöglichkeiten daraus herleitet und ausarbeitet,*

so daß begründete Entscheidungen ermöglicht und gegebenenfalls durch geeignete Institutionen getroffen und verwirklicht werden können" (VDI, 1991a, S. 2).

Die Einführung der TWA im Unternehmen erscheint unerläßlich: Werden doch die meisten Entscheidungen zur Entwicklung neuer Technologien und ihrer Umsetzung in Produkte und Produktionsmittel in Unternehmen getroffen. Nur die interne Wirkungsanalyse gewährleistet eine in der heutigen Wettbewerbssituation unabdingbare Geheimhaltung: Festgestellte schädliche und gefährliche Wirkungen und Folgen von Technologien, Technik, Produkten oder Werkstoffen sind Impulse für erneute Forschung und Entwicklung, deren Ergebnisse zunächst wiederum nicht an die Öffentlichkeit dringen dürfen. Hinzu kommt, daß im jeweiligen Unternehmen das größte technik- und produktspezifische Know-how konzentriert ist, somit eine notwendige Voraussetzung für die Durchführung einer TWA gegeben ist. Die Anwendung der TWA macht es erforderlich, die bisher im Unternehmen verwendeten Bewertungskriterien (durchwegs auf beabsichtigte Wirkungen bezogen, wie z. B. Brauchbarkeit, Machbarkeit oder Effizienz) - auf nicht beabsichtigte, unvorhergesehene Wirkungen zu erweitern: So belasten Dienstleistungen als möglicher Bestandteil einer Technik bzw. eines Produkts generell die Ökosphäre weniger als materiell-physische Bestandteile. Lösungskonzepte aufgrund von Ergebnissen einer TWA dürfen sich daher nicht einseitig auf diese Bestandteile von Technik beschränken. Die **Ergebnisse einer TWA** können insgesamt **wichtige Impulse für Innovationen** liefern. Dies setzt jedoch voraus, daß die TWA synchron mit den Entwicklungstätigkeiten als sog. „innovative Technikbewertung" durchgeführt wird (siehe Abschnitt 1.2.1).

1.1.2 Gesamtkonzeption der Technikwirkungsanalyse

Die umfassende Analyse und Bewertung möglicher Wirkungen und Folgen von Technologien, Techniken, Materialien, Produkten und Verfahren erfordert das Einbeziehen aller Phasen eines ganzheitlichen Produktlebenszyklusmodells (Produktbiographie) sowie die Berücksichtigung mehrerer möglicher Bewertungsaspekte, und zwar nicht nur unter ökonomischen Kriterien. Aus diesen Anforderungen ergeben sich **3 Leitideen der TWA**:

Leitidee 1: Ganzheitliche Erfassung des Untersuchungsobjekts

Das „Leben" des zu analysierenden und zu bewertenden Untersuchungsobjekts muß ganzheitlich, d. h. von der Phase seiner Entstehung bis hin zur Phase nach Ablauf der Nutzung, erfaßt werden. Hierbei ist mit Entstehung auch der immaterielle Teil von Entstehungsprozessen, also Planung und Konzeption des Objekts gemeint, womit die Möglichkeit einer ex-ante-Analyse gegeben ist. Der TWA liegt ein ganzheitliches Produktlebenszyklusmodell gemäß Abbildung 1.2 zugrunde.

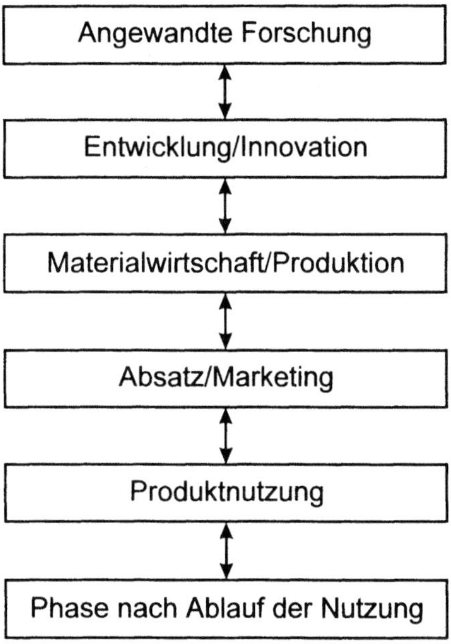

Abb. 1.2: Modell des ganzheitlichen Produktlebenszyklus (Hübner/Simon-Hübner, 1991, S. 24)

Leitidee 2: Ganzheitliche Erfassung möglicher Bewertungsaspekte

Die TWA berücksichtigt folgende sechs Bewertungsaspekte, welche aus der Definition der Technikbewertung nach VDI (1991a, S. 2) abgeleitet werden:

1. Technik (Bereich technikspezifischer Wirkungen und Folgen auf bereits bestehende oder neue Techniken und Technologien; Wirkungen und Folgen des technischen Fortschritts),
2. Wirtschaft/Einzelwirtschaft (Bereich der einzelwirtschaftlichen Leistungserstellung; Betriebswirtschaft),

3. Wirtschaft/Gesamtwirtschaft (mikro- und makroökonomischer Bereich),
4. Mensch/Individuum (sozialer und psychologischer Bereich, Bereich individueller Gesundheit, Sicherheit und Persönlichkeitsentfaltung),
5. Mensch/Gesellschaft (politischer und rechtlicher Bereich, Gesellschaftsqualität),
6. Ökologie[1] (Bereich der natürlichen Umwelt: Umweltmedien (Boden, Luft, Wasser), Flora, Fauna, Ökosysteme und der Mensch - humanökologischer Ansatz).

Leitidee 3: Berücksichtigung ökonomischer und außerökonomischer Gesichtspunkte
TWA bedeutet Abschätzen und Analysieren der Auswirkungen existierender und neuer Technologien, Techniken und Produkte unter ökonomischen und außerökonomischen Gesichtspunkten. Ökonomische Aspekte beinhalten die Analyse und Bewertung nach Kriterien, deren Ausprägungen quantitativ in Geldeinheiten erfaßbar sind; außerökonomische Aspekte werden durch Kriterien erfaßt, die qualitative und quantitative, also deskriptive oder meßbare Ausprägungen haben, jedoch nicht sinnvoll in Geldeinheiten gemessen werden können.

Die **Gesamtkonzeption der TWA** zeigt Abbildung 1.3.

Mit der Überlagerung von Produktlebenszyklusphasen und Bewertungsaspekten im Sinne von Dimensionen eines „Koordinatensystems", entstehen einzelne Untersuchungs- bzw. Bewertungsfelder als kleinste analytische Einheiten der TWA, welche unterschiedliche Vorgehensweisen bei ihrer Durchführung ermöglichen:

Punkt-Analyse:
Die Punkt-Analyse beinhaltet alle relevanten Wirkungen und Folgen des Untersuchungsobjekts in einer Produktlebenszyklusphase bezogen auf einen Bewertungsaspekt, also z. B. alle ökologischen Wirkungen und Folgen während der Produktnutzung. Sie bezeichnet ein Untersuchungsfeld der TWA.

Horizontal-Analyse:
Eine Produktlebenszyklusphase beinhaltet, bezogen auf die TWA, die Gesamtheit von Wirkungen und Folgen des Untersuchungsobjekts in dieser Phase unter technischen, ökonomischen

---

[1] **Ökologie** ist die Wissenschaft von Struktur und Funktionen der Natur, von den Beziehungen der Organismen und mit ihrer Umwelt.
Seit die Ökologie nach den Beziehungen zwischen menschlichen Lebensgemeinschaften und deren Lebensraum fragt, hat sie als Disziplin ihre traditionellen, naturwissenschaftlichen Fachgrenzen überschritten und beinhaltet zusätzlich einen humanökologischen Wissenschaftsansatz, welcher die Interdependenzen zwischen Mensch und natürlicher Umwelt, zwischen biologischen und künstlichen Systemen thematisiert. Ökologie fragt somit nach dem Verhältnis von Mensch und Natur, Gesellschaft und Technik. Ökologie stellt sich heute als umfassende Forschungsaufgabe dar und bildet einen Rahmen zur Koordination von Beiträgen verschiedener Forschungsdisziplinen (vgl. bei Hübner, 1996a, S. 69 f. und die dort zitierte Literatur). Eine umfassende Analyse zu Inhalt und Gebrauch des Begriffs Ökologie leistet Pfriem (1995, S. 43 ff.).

(einzel- und gesamtwirtschaftlichen), sozialen (Individuum und Gesellschaft) und ökologischen Bewertungskriterien. Dies bedeutet, daß eine Horizontal-Analyse für die zu analysierende Phase alle sechs Bewertungsaspekte umfaßt.

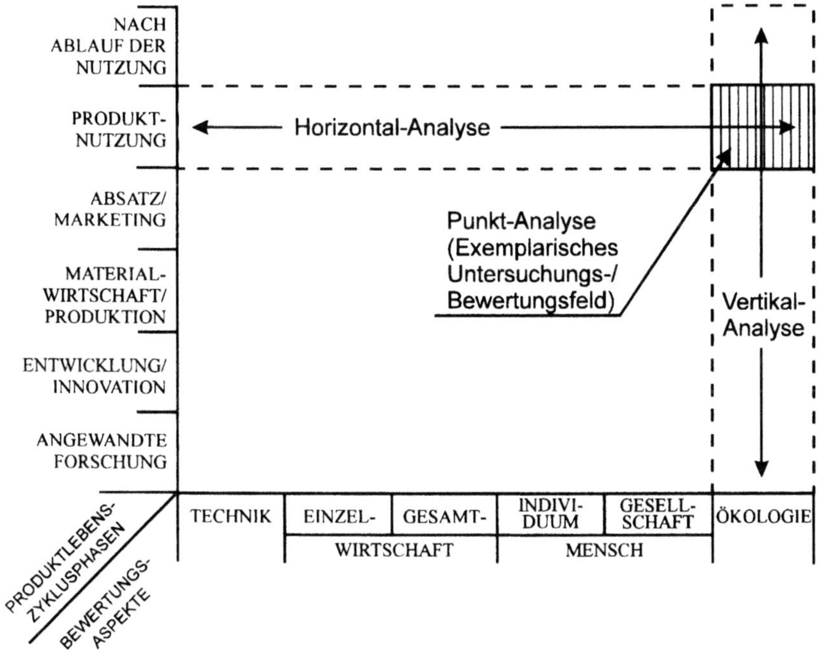

Abb. 1.3: Gesamtkonzeption der Technikwirkungsanalyse (Hübner/Jahnes, 1992b, S. 655; leicht erweitert durch die Verfasser)

Vertikal-Analyse:

Bei der Vertikal-Analyse erfaßt die TWA diejenigen Wirkungen und Folgen des Untersuchungsobjekts im Gesamtsystem, die unter einem betrachteten Bewertungsaspekt von Bedeutung sind, und bildet so eine Teilmenge von Wirkungen und Folgen über den gesamten Produktlebenszyklus. Horizontal- und Vertikalanalyse bezeichnen Untersuchungsbereiche der TWA.

Gesamt-Analyse:

Im Gesamtsystem Technik- bzw. Produktwirkung der TWA nach Abbildung 1.3 werden je nach Differenzierung und Betrachtungsweise maximal 36 Bewertungsfelder (Punkt-Analysen) erfaßt. Die TWA eröffnet somit die Möglichkeit, eine Vielzahl von unterschiedlich differenzierten Analysen und Bewertungen von Wirkungen und Folgen des Untersuchungsobjekts, wie oben beschrieben, durchzuführen. Hierbei stellt die Punkt-Analyse eines Untersuchungsfeldes die kleinste Einheit einer ganzheitlichen Analyse und Bewertung dar, welche nach Bedarf, Aufgabenstellung und/oder zur Verfügung stehender und ermittelbarer Information erweitert und eingeschränkt werden kann[1].

1.2 Konkretisierung der Gesamtkonzeption der Technikwirkungsanalyse

1.2.1 Reaktive versus innovative Technikbewertung (und Technikwirkungsanalyse)

Ebenso wie das Konzept der TFA als umfassend für die Ebene der Politik und öffentlichen Hand anzusehen ist, ist die TWA als umfassendes Konzept für die Ebene der Unternehmen zu verstehen, da sie z. B. über eine rein produktionsorientierte Sichtweise hinausgeht und umweltgerechte Produktion als nur einen Bestandteil der ökologischen Gesamtqualität des Unternehmens versteht. Für das einzelne Unternehmen stellt die Einführung der TWA nicht etwas völlig Neues dar, vielmehr sind Erfahrungen aus verwandten Querschnittsaufgaben, etwa dem Innovationsmanagement oder der Qualitätssicherung zu übernehmen. Analog zur TFA erfüllt die TWA im Unternehmen drei Hauptfunktionen von großer Bedeutung und eröffnet entsprechende Möglichkeiten:

- Problemstrukturierung,
- Frühwarnung,
- Konsensfindung,
- Beratung von Führungskräften/Entscheidungsträgern.

Der Übergang vom bisher vorherrschenden Sanierungs- zum Vorsorgeprinzip im Sinne eines integrierten Umweltschutzes erfordert es, die TWA unmittelbar mit den Entstehungsprozessen von Technik bzw. Produkten zu koppeln. Als sog. **„innovative Technikbewertung“** (siehe Abbildung 1.4) beschränkt sich die TWA nicht nur auf eine punktuelle Analyse nach vollzogener Innovation, sondern ist als kontinuierlicher Steuerungs-, Bewertungs- und Korrekturprozeß angelegt, der das gesamte „Technik- bzw. Produktleben“ bereits in der Entstehungsphase berücksichtigt und bei festgestellten unerwünschten Wirkungen eine Technik bzw. ein Produkt entsprechend modifiziert. Hier wird die besondere Relevanz der Integration der immateriellen

[1] Hierbei ist jedoch immer deutlich, daß man sich im Gesamtuntersuchungsrahmen der TWA bewegt.

Entstehungsphase deutlich, im Gegensatz zu vielfach durchgeführten „reaktiven Technikbewertungen“ (siehe Abbildung 1.4).

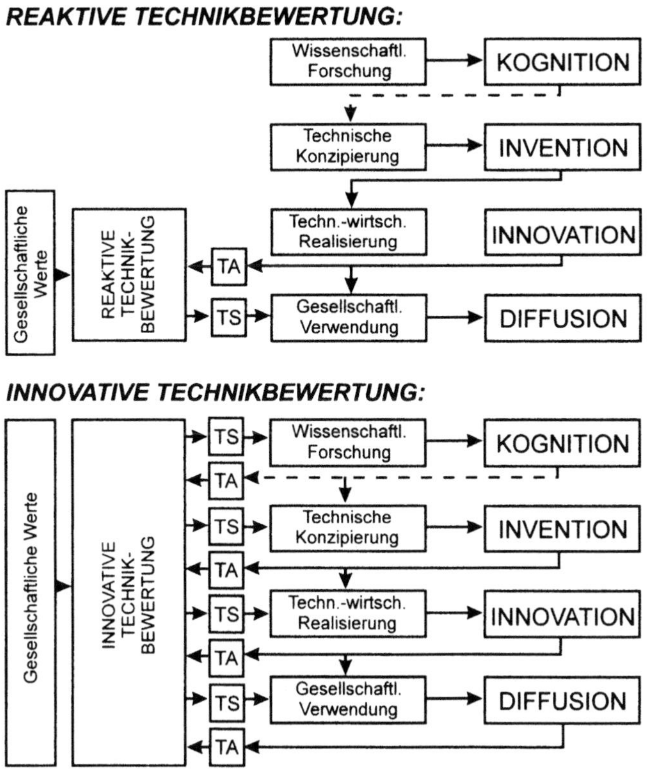

Abb. 1.4: Reaktive und innovative Technikbewertung im Prozeß der technischen Entwicklung (TA: Technikfolgenanalyse und -prognose; TS: Techniksteuerung) (Ropohl, 1988, S. 20 u. 24)

Drei wesentliche Merkmale charakterisieren die innovative Technikbewertung:

1. Der technologische Determinismus wird ersetzt durch ein aufgeklärtes Technikverständnis, das technische Entwicklung als sozialen Prozeß begreift.
2. Begründet durch die hohen Entwicklungskosten einer Innovation, ist es ökonomisch rational, diese Innovation permanent zu analysieren, um umwelt- und gesellschaftspolitischer Kritik standhalten zu können.

3. Die innovative Technikbewertung setzt im Forschungs- und Entwicklungsstadium an, d. h. sie ist nicht länger nachträgliche wissenschaftliche Politikberatung, sondern verbindet die Bereiche Industrie, Gesellschaft, Politik und Wissenschaft (vgl. Ropohl, 1988, S. 24).

Die innovative Technikbewertung orientiert sich, wie aus Abbildung 1.4 ersichtlich, an der technischen Ontogenese, die sich in folgende Phasen gliedert:

- Kognition (Entdeckung von in der Natur vorhandenen Phänomenen, z. B. dem Wellencharakter des Lichts),
- Invention (fundamentale Phase der Entstehungsgeschichte einer Technik; die Technik wird erstmals nach ihrer Funktion und Struktur konzipiert),
- Innovation (technisch-wirtschaftliche Umsetzung der Invention),
- Diffusion (Erreichen von Zielgruppen für die Anwendung).

Mit dem Einbeziehen des immateriellen Teils der gesamten Entstehungsphase einer Technik bzw. eines Produkts wird bei Anwendung der innovativen Technikbewertung mit der TWA der Anspruch einer **ganzheitlichen Betrachtung** erfüllt. Eine Technik oder ein Produkt wird tatsächlich von der „Wiege“ bis zur „Bahre“ betrachtet. Geht man vom physischen Entstehungsprozeß des Produkts - der Produktion - aus, so werden explizit sowohl der Produktion vorgelagerte Phasen als auch der Produktion nachgeordnete Phasen berücksichtigt.

1.2.2 Aufgaben und Instrumente

Die Anwendung der TWA erfordert die Durchführung verschiedener Aufgaben (vgl. Hübner/ Jahnes, 1992a, S. 33 ff.). Die **Aufgaben der TWA** können - zunächst sehr global als **Hauptaufgaben** - folgendermaßen charakterisiert werden:

1. Strukturierung der Aufgabenstellung,
2. Durchführung der Wirkungsanalyse i. e. S., bezogen auf die festgelegten Untersuchungs- bzw. Bewertungsfelder,
3. Bewertung,
4. Entscheidung durch die Verantwortlichen im Unternehmen.

Eine Konkretisierung dieser Hauptaufgaben kann durch eine Beschreibung von Einzelaufgaben erfolgen, zunächst von Einzelaufgaben, bezogen auf die **Strukturierung der Aufgabenstellung**:

1. Auswahl des Untersuchungsobjekts (Technologie, Technik oder Produkt),
2. Festlegen relevanter Untersuchungs- bzw. Bewertungsfelder (Punkt-, Horizontal- und/oder Vertikal-Analyse gemäß Gesamtkonzeption der TWA, Abbildung 1.3),
3. Festlegen zeitlicher und räumlicher Grenzen der Analyse,
4. Festlegen der Reihenfolge von einzelnen Untersuchungs- bzw. Bewertungsfeldern zur Durchführung der TWA,
5. Festlegen von Bewertungskriterien je Untersuchungs- bzw. Bewertungsfeld und Auswahl geeigneter Instrumente.

Die **Durchführung der Wirkungsanalyse** geschieht durch Abarbeiten der festgelegten Bewertungsfelder bzw. durch Anwendung geeigneter Instrumente. Welche Kriterien bzw. Instrumente angewendet werden, hängt von der Aufgabenstellung ab. Die Durchführung der Wirkungsanalyse wird dokumentiert durch einen Ergebnisbericht. Eine allgemein verwendbare Konkretisierung der Hauptaufgabe **Bewertung** erscheint im Hinblick auf die aus der Vielzahl möglicher Bewertungskriterien ableitbaren Einzelaufgaben wenig zweckmäßig. Dies gilt auch für die Hauptaufgabe **Entscheidung**, weil dieser unternehmens- und situationsspezifisch verschiedene Ziele und Werte zugrunde liegen. Ziel aller Bemühungen sollte in diesen beiden Aufgabenbereichen das Ableiten von Handlungsbedarf und gegebenenfalls das Einleiten von Maßnahmen sein. Zusätzlich zu den angeführten Haupt- und Einzelaufgaben kann durch die Anwendung der TWA in Umkehrung zu den „traditionellen" Problemlösungsschritten (Zielsuche, Lösungssuche, Auswahl) noch die Aufgabe der **Problemsuche** erfüllt werden (vgl. Abschnitt 1.3).

Die TWA ist von einer interdisziplinären Projektgruppe durchzuführen, deren fachliche Zusammensetzung durch die festgelegten Bewertungsfelder bestimmt wird. Die Mitglieder müssen Know-how-Träger sein in analoger Weise zu Innovationsteams. Wird die Durchführung einer TWA einer externen Projektgruppe übertragen, so ist diese mit den notwendigen Informationen vom Unternehmen (Auftraggeber) zu versorgen. Die Abarbeitung der einzelnen Aufgaben erfordert die Anwendung geeigneter **Instrumente**; als Beispiel sei ein Instrumentarium zur Ermittlung der ökologischen Qualität von Produkten genannt, welches als Bestandteil der TWA eine Vertikal-Analyse des Untersuchungsbereichs Ökologie anhand eines detaillierten Kriterienrasters (Checklisten) ermöglicht (vgl. Hübner/Simon-Hübner, 1991). Einen groben Überblick der für die TWA geeigneten Instrumente zeigt Abbildung 1.5. Im Rahmen der TWA wird der Ausdruck „Instrument" als Oberbegriff verwendet und beinhaltet Ansätze, Denkweisen, Modelle, Konzeptionen, Methoden und Hilfsmittel als sog. „Management-Technologie" (vgl. Hübner/Jahnes, 1992a, S. 37).

Eignung / Instrumente	Eignung für spezifische Funktionen im Rahmen der Technikwirkungsanalyse (TWA)	Eignung auch zur Problemstrukturierung
Allgemeine Instrumente, die auch für die TWA geeignet sind	- Basic-Needs-Konzeption - Betriebliches Vorschlagswesen - Delphi-Methode - Kosten-Nutzen-Analyse - Nutzwertanalyse - Operations Research - Regressionsanalyse - Risikoanalyse - Sensitivitätsanalyse - Simulation - Synektik - Szenario-Methode - Technologieportfolio - Trendextrapolation - Wertanalyse	- ABC-Analyse - Aspekt-System-Ansatz - Black-Box-Methode - Brainstorming - Entscheidungsbaumverfahren - Morphologische Klassifikation - Technikwirkungsanalyse (Gesamtkonzeption) - Verflechtungsmatrix
Instrumente, die speziell für die TWA entwickelt wurden	- Öko-Bilanz - Ökologische Buchhaltung - Umweltverträglichkeitsprüfung	- Ökologische Qualität von Produkten (Instrument zur Erfassung) - Produktlinienanalyse

Abb. 1.5: Instrumente für die Technikwirkungsanalyse (Hübner/Jahnes, 1992a, S. 38)

1.3 Probleme und Grenzen

Die TWA stößt bei der Gewinnung von Erkenntnissen und Ergebnissen an Grenzen zweifacher Art, nämlich an theoretisch und methodisch bedingte und praktische Grenzen wie

- Problematik jeder Art von Prognosen,
- Begrenztheit der Reichweite des Wissens,
- Bewertungsproblematik,
- Besonderheiten komplexer Information,
- Begrenztheit von Ressourcen in vielerlei Hinsicht etc.

Die **theoretischen Grenzen** liegen in den begrenzten kognitiven Fähigkeiten des Menschen begründet, welche - trotz eventuell existierender umfassender Information - immer zu einer Selektion der Information führen. Weiterhin sind sie begründet in der Unsicherheit der weiteren Entwicklung, die u. a. in der Kreativität des Menschen ihre Ursache hat und deren Ergebnisse völlig unerwartete, negative Wirkungen und Folgen, aber auch Innovationen (mit positiven

Wirkungen) sein können (vgl. Staudt, 1982, S. 160 f.). Ein entscheidendes Merkmal der TWA liegt in der **Umkehr der Denkrichtung und Vorgehensweise** im Vergleich zu den „gewohnten“ Problemlösungsprozessen (siehe Abbildung 1.6). Ziel der TWA ist es, abhängig von dem jeweils betrachteten Bewertungsaspekt, mögliche, bisher nicht bedachte bzw. beachtete erwünschte bzw. unerwünschte Wirkungen zu identifizieren: Es handelt sich hiermit um **Suchprozesse**. Diesbezügliche praktische Probleme bestehen darin, daß unsere Bildungssysteme generell für die Durchführung von Problemlösungsprozessen qualifizieren, nicht aber für Problemsuchprozesse.

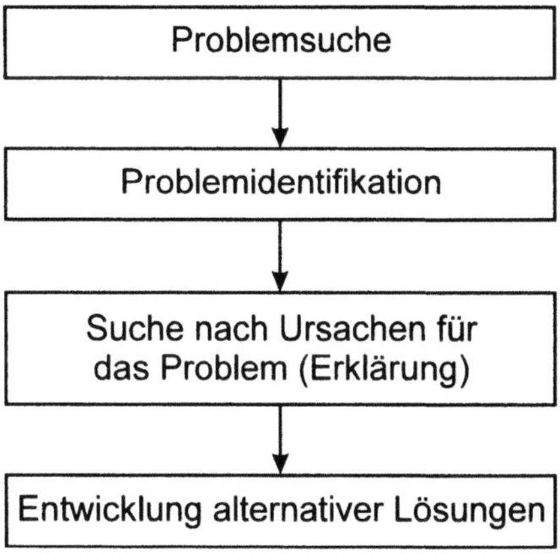

Abb. 1.6: Einzelaufgaben der Technikwirkungsanalyse im engeren Sinne: Problemsuche (Hübner/Jahnes, 1992a, S. 36)

Weitere theoretische Probleme und Grenzen liegen darin, daß Suchprozesse auf sog. „known unknowns“ beschränkt sind, während sich die „unknown unknowns“ jeder Prognose und somit auch einer TWA entziehen. Diese Problematik jeder Art von Prognose wird auch am Phänomen der sog. **„Extrapolationsfalle“** deutlich. Generell sind Prognosen zwei Fragen zugrunde zu legen:

1. „Wie verläuft die Entwicklung bekannter Faktoren und Zusammenhänge, also vorhandener Probleme bzw. Problemlösungspotentiale, in der Zukunft?
2. Welche neuen Faktoren und Zusammenhänge im Sinne von Problemen bzw. Problemlösungspotentialen sind möglich?“ (Staudt, 1974, S. 68).

Die Extrapolationsfalle droht immer bei dem Versuch, bestehende Entwicklungstrends in die Zukunft zu verlängern, also immer dann, wenn der Entwicklungsverlauf bekannter Faktoren und Zusammenhänge isoliert von der Frage nach neuen Faktoren und Zusammenhängen beantwortet wird. Die Extrapolationsfalle verkleinert sich mit zunehmender interdisziplinärer Kooperation innerhalb naturwissenschaftlicher, technischer, sozialer und ökonomischer Voraussagen. Eine alleinige Verbreiterung der Informationsbasis kann die Extrapolationsfalle jedoch nicht beseitigen. Zusätzlich bedarf es einer grundsätzlichen Offenhaltung für neue Faktoren und Zusammenhänge im Sinne von Problemen und Problempotentialen (vgl. Klages, 1969, S. 14, u. Staudt, 1974, S. 70)[1].

Die **Begrenztheit des Wissens,** bezogen auf mehrere Fragenkomplexe, macht Gleich (1996, S. 97) in zweierlei Hinsicht deutlich:

- „Noch-Nicht-Wissen", welches prinzipiell zugänglich, jedoch von limitierenden Faktoren quantitativer Art - Ressourcen wie Geld, Zeit, etc. - bestimmt wird,
- „Nicht-Wißbarkeit"[2].

Gleich (1996, S. 97 f.) folgert aus diesen beiden Bereichen des „Nicht-Wissens" und der „Nicht-Wißbarkeit" eine **„Verantwortbarkeitslücke"**, da die Verantwortung des Menschen nur so weit geht, wie er die Folgen abschätzen kann (und hiermit ist die ethische Dimension von Technologie bzw. Technik angesprochen). Gerade hinsichtlich „Groß- und Hochtechnologie" ist eine zunehmende Kluft zwischen der Reichweite unseres Handelns und der Reichweite unseres Wissens festzustellen, die die Verantwortbarkeitslücke umreißt. Deren zentrales Problem ist eine systematische Verkürzung „... des ethischen bzw. gesellschaftlichen Abwägungsprozesses zwischen verschiedenen technischen Optionen und den mit ihnen jeweils verbundenen Chancen bzw. Risiken durch Nicht-Wissen und Nicht-Wißbarkeit" (Gleich, 1996, S. 98). Den Zusammenhang verdeutlicht Abbildung 1.7.

---

[1] Speziell bei der TWA ist die Suche und Identifikation von möglichen neuen Faktoren und Zusammenhängen von größter Bedeutung. Als weitere Schwierigkeit ist zu nennen, daß oft kleine Ursachen große Wirkungen haben können, während üblicherweise davon ausgegangen wird, daß dies nicht der Fall ist (sog. „Schmetterlingseffekt", vgl. Warnecke, 1992, S. 130). Die Wirkungen von FCKW auf die Ozonschicht sei als Beispiel genannt.

[2] „Nicht-Wißbarkeit" hängt nach Gleich (1996, S. 97 ff.) mit der **„Wirkmächtigkeit"** einer Technologie bzw. Technik zusammen, welche zum einen durch die Verlängerung raumzeitlicher Wirkungsketten bis zur Globalität und Irreversibilität, zum anderen durch Vervielfältigung relevanter Nebenwirkungen bis zur Überwachung der Haupt- durch die Nebenwirkungen gekennzeichnet ist. Als besonders wirkmächtig werden Atomtechnik, synthetische Chemie und Gentechnik bezeichnet.

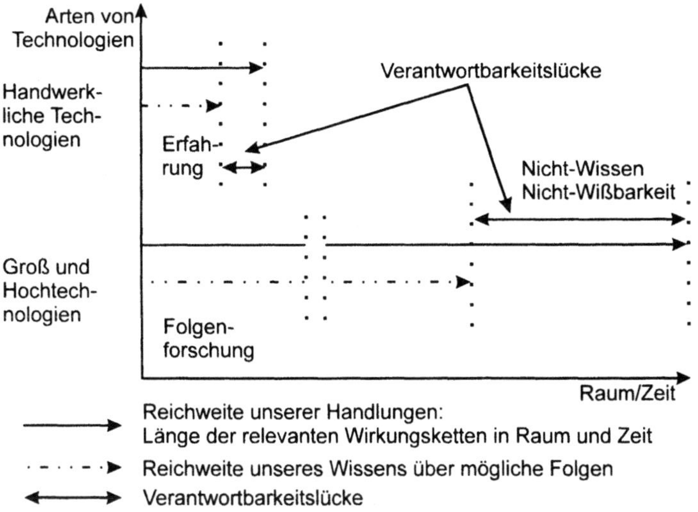

Abb. 1.7: Technische Wirkmächtigkeit und Verantwortbarkeitslücke (modifiziert nach Gleich, 1996, S. 97)

Versucht man, **Ursachen für das Unvorhergesehene** - somit für „Nicht-Wissen" und „Nicht-Wißbarkeit" - zu identifizieren, so können gemäß Böhret (1990, S. 28) fünf mögliche Ursachen unvorhersehbarer Folgen unterschieden werden, wie in Abbildung 1.8 verdeutlicht.

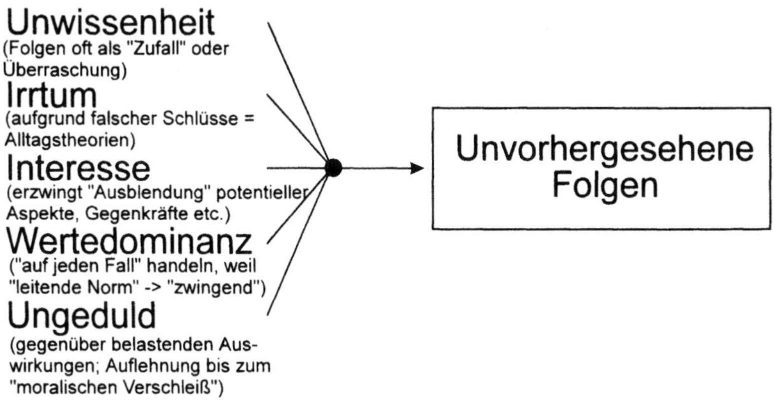

Abb. 1.8: Auslöser unvorhergesehener Folgen (Böhret, 1990, S. 28)

Schließlich sei noch die **Bewertungsproblematik** genannt, die aus einer notwendigerweise mehrdimensionalen Bewertung resultiert. Als Methode eignet sich grundsätzlich jede Art von Punktbewertungsverfahren[1], deren Grundlage die Nutzwertanalyse darstellt (vgl. Zangemeister, 1971). Probleme der Gewichtung verschiedener Bewertungsdimensionen und -kriterien sowie der Vergleich von Alternativen anhand verschiedener Kriterien stehen im Vordergrund[2]. Der häufig geäußerte Wunsch, das Ergebnis einer mehrdimensionalen Bewertung in einer Kennzahl zusammenzufassen, widerspricht dem Faktum, daß „Informationsverdichtung auch Informationsvernichtung“ bedeutet.

Im Zusammenhang mit der Bewertung sei auch auf **Besonderheiten von Informationen**, die die ökologische Umwelt betreffen[3], hingewiesen (vgl. Stahlmann, 1993, S. 101 f.), welche eine Bewertung erschweren:

- Hohe Dynamik und Unsicherheit: Ehemals als unbedenklich angesehene Stoffe werden heute erwiesenermaßen als toxisch eingestuft (z. B. „Ozonkiller“). Ehemals einfache Ursache/Wirkungs-Zusammenhänge wandelten sich durch Kumulation und Synergismen zu Wirkungszusammenhängen, bei denen weder ein einzelner Verursacher noch eine einzelne Ursache eindeutig identifiziert werden können.
- Interdisziplinäre Erkenntnisse: Ökologiebezogene Informationen können nur begrenzt vom ökonomischen System wahrgenommen werden, weil entsprechende Erkenntnisse aus den Fachdisziplinen (z. B. Biologie, Geologie, Physik) stammen und somit zunächst als nicht wirtschaftsrelevant erscheinen.
- Schwierige bzw. unmögliche Quantifizierbarkeit: Die Einschätzung der ökologischen Relevanz ökonomischer Handlungen bzw. menschlicher Eingriffe in die Natur hängt maßgeblich vom jeweiligen Wertebewußtsein ab. Der „Wert“ der Schöpfung, einer Tier- oder Pflanzenart oder die Schönheit einer ursprünglichen Landschaft gelten wiederum als „weiche“ Informationen und müssen erst in die Sprache und das Wertesystem des Managements übersetzt bzw. integriert werden (Bewertungsproblematik!).

Die **praktischen Grenzen** resultieren aus:

- Finanziellem Aufwand und Zeit,

---

[1] Vgl. z. B. die jährlich vom Verkehrsclub Österreich publizierte Umweltliste von PKW's bzgl. deren ökologischer Qualität.

[2] Wie soll z. B., bezogen auf das vorliegende Projekt, „Schallemission“ (die die Anrainer eines Verkehrssystems trifft) mit „kürzerer Fahrtzeit“ (der Reisenden) verglichen werden?

[3] ... welche jedoch auch vielfach, zumindest in leicht modifizierter Form, auf Informationen hinsichtlich der sozialen, technologisch/technischen oder auch ökonomischen Wirkungen und Folgen einer Handlung zutreffen - und somit auch andere Bewertungsaspekte der TWA betreffen. Dies bedeutet, daß man wohl generell von Besonderheiten komplexer Information sprechen kann.

- Begrenzt vorhandenen personellen und sonstigen Ressourcen,
- Beschaffbarkeit erforderlicher Informationen,
- Widerständen und Barrieren anderer Abteilungen, Mitarbeiter, Führungskräfte,
- ...

Auch bei systematischer (und effizienter) Vorgehensweise und Anwendung geeigneter Instrumente kann Unsicherheit nur verkleinert, jedoch nicht eliminiert werden. Die Qualität der Ergebnisse hängt nicht nur von dem Instrument, sondern auch vom „Gespür" der Anwender ab. So nennt Hampicke (1985, S. 77) z. B. die Anwendung des Instruments der Kosten-Nutzen-Analyse eine „Kunst". Diese „Kunst" erfordert das Einbringen der Fähigkeiten der rechten (kreativen) Hirnhälfte in Ergänzung zur Systematik, für die die linke Hirnhälfte zuständig ist (vgl. Geyer, 1986, S. 63 ff.). Ganzheitlichkeit der TWA erfordert auch den ganzheitlichen Einsatz der menschlichen Fähigkeiten. Technologie- bzw. Technikentwicklung und Produktplanung müssen sich daher auch mit möglichen unerwünschten sowie unvorhergesehenen Folgen beschäftigen, und zwar in Kenntnis der angeführten Grenzen, um diese Folgen möglichst zu vermeiden bzw. zu minimieren. Werden diese - wie bisher - immer erst nach der Markteinführung und Nutzung festgestellt und wird dann versucht, das Ausmaß der negativen Folgen durch entsprechende Maßnahmen zu begrenzen, dann wird Innovation mehr und mehr zu einer des Menschen unwürdigen und sinnentleerten „Sisyphus-Arbeit" (vgl. Hübner, 1988b, S. 4).

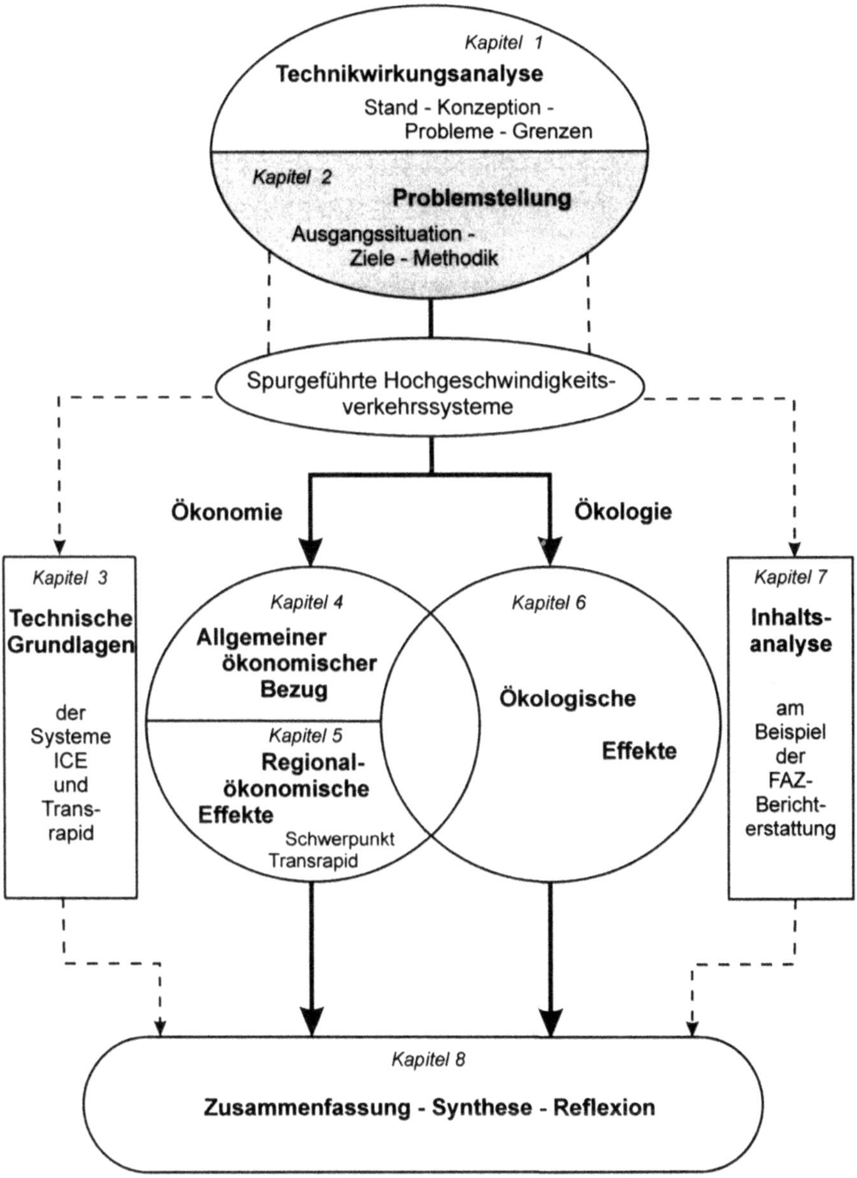

Kapitel 1
Technikwirkungsanalyse
Stand - Konzeption - Probleme - Grenzen
Kapitel 2
Problemstellung
Ausgangssituation - Ziele - Methodik
Spurgeführte Hochgeschwindigkeits-verkehrssysteme
Ökonomie
Ökologie
Kapitel 3
Technische Grundlagen
der Systeme ICE und Trans-rapid
Kapitel 4
Allgemeiner ökonomischer Bezug
Kapitel 5
Regional-ökonomische Effekte
Schwerpunkt Transrapid
Kapitel 6
Ökologische Effekte
Kapitel 7
Inhalts-analyse
am Beispiel der FAZ-Bericht-erstattung
Kapitel 8
Zusammenfassung - Synthese - Reflexion

2 Problemstellung

HEINZ HÜBNER/STEFAN JAHNES

2.1 Ausgangssituation

Die System-Innovation[1] des Transrapid scheint soweit ausgereift und tritt in die Anwendungs- bzw. Diffusionsphase. Die vorangehenden Phasen, die Inventions- und die Innovationsphase, wurden von einem Firmenkonsortium, in welchem Thyssen Henschel als Systemführer fungierte, im Laufe der letzten 20 Jahre mit intensiver finanzieller Unterstützung durch das BMFT (seit 1995 BMBF) durchgeführt. Grundlage bildet das bereits in den 30er Jahren entwickelte und patentierte Prinzip des elektromagnetischen Wanderfeldmotors. Es handelt sich bei der Magnetschwebetechnologie als Grundlage eines neuen Verkehrssystems (siehe Kapitel 3) um ein völlig anderes Prinzip im Vergleich zur herkömmlichen Rad/Schiene-Technologie (Adhäsion).

Nach Ansicht der Entwickler und Planer soll die „Magnetschnellbahn Transrapid" (MSB TRP)[2] auf der geplanten Strecke Berlin-Hamburg die Umwelt entlasten, wirtschaftlich, komfortabel und mit erhöhter Sicherheit die Reisezeit zwischen den Haupthaltepunkten Berlin, Schwerin und Hamburg auf das Niveau von Nahverkehrszeiten reduzieren. Außerdem soll durch Errichtung[3] und Betrieb des Systems direkt und indirekt positiver Einfluß (Primär- und Sekundäreffekte) auf die wirtschaftliche Entwicklung in den Anrainerregionen und darüber hinaus auch bei beteiligten Industrieunternehmen, wie z. B. bei Thyssen-Henschel in Kassel (Fahrzeugfertigung), ausgeübt werden (vgl. Versuchs- und Planungsgesellschaft für Magnetbahnsysteme, o.J., o. S.). Ein weiteres Argument der TRP-Planer ist die Funktion dieser ersten Anwendungsstrecke als Symbol für die Leistungsfähigkeit des Industriestandorts Deutschland und als Referenzstrecke für potentielle Abnehmer, somit für die Sicherung von Weltmarktanteilen im Bereich spurgeführter Hochgeschwindigkeitsverkehrssysteme. Der TRP soll nach Auffassung der Entwickler und Planer nicht mit dem ebenfalls in Deutschland entwickelten Hochgeschwindigkeitsverkehrssystem „InterCityExpress" (ICE) konkurrieren, sondern dieses

---

[1] **Innovation** wird modifiziert nach Schumpeter (1987, S. 100 f.) als verbesserte oder neue Problemlösung, bezogen auf Produkte, Dienstleistungen, Verfahren/Prozesse und Sozialsysteme unter Verwendung von bestehenden oder neuen Erkenntnissen verstanden. Insbesondere die technische Innovation wird als Grundlage der wirtschaftlichen Stabilität und Prosperität auf betriebs- und volkswirtschaftlicher Ebene angesehen (vgl. Hübner, 1992, S. 1628).

[2] Während das „Magnetschwebebahnbedarfsgesetz" und das „Allgemeine Magnetschwebebahngesetz" Bezug nehmen auf den Begriff „Magnetschwebebahn" (somit verdeutlichen, daß es sich nicht um eine „Lex Transrapid" handelt, vgl. Fechner, 1996, S. 472), bevorzugen die Entwickler und Planer des Transrapid den Begriff „Magnetschnellbahn". Vielfach werden in Veröffentlichungen beide Begriffe synonym gebraucht. Die Autoren schließen sich dem an. Im vorliegendem Buch werden die Begriffe „Magnetschwebebahn/-schnellbahn" und „Transrapid" mit „MSB" und „TRP" abgekürzt.

[3] Im folgenden wird Errichtung als Produktion des TRP-Systems i.w.S. gesehen, d. h. Herstellung von Komponenten an verschiedenen Produktionsstandorten **und** Bau des TRP-Fahrwegs vor Ort auf der geplanten Strecke Berlin-Hamburg.

sinnvoll ergänzen sowie auf besonders wirtschaftliche und umweltverträgliche Weise neue Kundenpotentiale erschließen und somit zur Verbesserung des Wirtschaftsergebnisses der Deutsche Bahn AG (DB AG) beitragen (vgl. Raschbichler, 1992, S. 2).

Der TRP ist als spurgeführtes Verkehrssystem im weiteren Sinne ein Bahnsystem, das bei der Bewältigung mittlerer und großer Entfernungen die „Geschwindigkeitslücke" zwischen Rad/Schiene-Systemen und Flugzeug für den Personenverkehr schließen soll (vgl. Hopf, 1995, S. 188). Für den Transport schwerer Güter ist das System nicht ausgelegt, da, abgesehen von der Frage nach dem Sinn eines Hochgeschwindigkeitstransports von schweren Gütern, der Mischbetrieb (Güter- und Personenverkehr auf einer Strecke) auch problematisch wäre[1].

Das Bundesverkehrsministerium beurteilte die Entwicklung des TRP bis Ende der achtziger Jahre vorwiegend unter verkehrswirtschaftlichen und verkehrspolitischen Gesichtspunkten und war in seiner Grundeinschätzung eher skeptisch (vgl. Hopf, 1995, S. 188). In den vergangenen fünf Jahren hat sich das Schwergewicht der Diskussion zunehmend auf die technologische, industrie-, arbeitsmarkt- sowie exportpolitische Bedeutung der MSB verlagert (vgl. Deutscher Bundestag, 1996). Im Laufe der etwa zwanzigjährigen Entwicklungszeit des TRP wurde die Diskussion über unterschiedliche Streckenvarianten geführt. In Deutschland wurden zunächst eine Vielzahl von Strecken (z. B. Frankfurt-Köln, Essen-Köln, Mannheim-Stuttgart) auf ihre Eignung für den TRP geprüft. Alle Varianten wurden verworfen, weil sie entweder den Bestrebungen eines europäischen „Rad/Schiene-Hochgeschwindigkeitsnetzes" entgegenliefen, bereits als ICE-Neu- oder Ausbaustrecken beschlossen waren, den Erfordernissen des vereinten Deutschlands nicht entsprachen oder voraussichtlich nicht wirtschaftlich zu betreiben sind (vgl. Hopf, 1995, S. 189). Nach der Wiedervereinigung Deutschlands rückten dann überwiegend Trassenvarianten in den Vordergrund, die beide Teile Deutschlands betreffen (vgl. Bundesministerium für Verkehr, 1992, S. 61). In den letzten Jahren wurden eine Reihe von Untersuchungen zum TRP-System durchgeführt, die sich insbesondere auf die Streckenvariante Berlin-Hamburg konzentrierten. Viele Studien, auf die z. T. in den Kapiteln 4, 5 und 6 Bezug genommen wird, beschäftigen sich neben technischen Aspekten vor allem mit den Problemen möglicher Trassierungen, mit Fahrgast- und Erlösprognosen sowie dem Finanzierungskonzept. Relevant für die vorliegende Studie sind:

1. Fahrgastzahlprognosen für die TRP-Strecke Berlin-Hamburg,
2. Beschäftigungseffekte durch Errichtung und Betrieb der TRP-Strecke.

---

[1] Gegenstand der vorliegenden Studie ist ausschließlich der Personenverkehr, da zukünftige ICE-Verbindungen als artreines Hochgeschwindigkeitsverkehrssystem geplant werden sollen und eine gemeinsame Nutzung mit dem Güterverkehr in Form von Mischverkehr in Zukunft in Deutschland nicht weiter vorgesehen ist (vgl. z. B. NBS Rhein/Main-Rhein/Ruhr). Dies bedeutet jedoch nicht, daß die Autoren die Brisanz des in Europa größtenteils per LKW abgewickelten Güterverkehrs verkennen.

Diese Faktoren werden in verschiedenen Einzelstudien z. T. recht kontrovers diskutiert[1]. Problematisch für eine exakte Beurteilung von Auswirkungen ist zum einen der Prognose-Horizont, der für die Errichtung jenseits des Jahres 1998 und für die Betriebsphase jenseits des Jahres 2005 liegt[2]. Erst im Juni 1996 einigten sich die Betreiber auf eine endgültige Haltepunktpräferenz. So sind zwischen den Endhaltepunkten Hamburg Hauptbahnhof und Lehrter Bahnhof in Berlin jeweils ein Haltepunkt in Moorfleet bei Hamburg, in Spandau bei Berlin sowie ein Bedarfshaltepunkt in Holthusen bei Schwerin[3] vorgesehen. Die bisher erstellten Studien und Gutachten lassen eine Reihe von Fragen offen. So wurden beispielsweise regionalökonomische Effekte bisher nur unzureichend oder überhaupt nicht analysiert.

Bei einem Vorhaben der Größenordnung der TRP-Strecke Berlin-Hamburg müssen neben ökonomischen auch ökologische Fragestellungen behandelt werden. Bisherige Studien und Gutachten beschränkten sich weitgehend auf Partialanalysen, bezogen auf spezifische Aspekte. Eine umfassende Analyse[4] möglicher Wirkungen des Verkehrssystems TRP auf die Ökosphäre fehlt ebenso wie die Aufarbeitung existierender Einzelanalysen mit dem Ziel, ein Gesamtbild zu gewinnen. Die Beschäftigung mit all diesen Fragen erscheint um so wichtiger, als deren Diskussion in den Medien sehr kontrovers und großteils emotional geführt wurde und so zu einer Polarisierung geführt hat. Dem Motto der Planer „Nur Fliegen ist schöner", stehen Bezeichnungen wie „Kalkar auf Stelzen"[5] gegenüber.

2.2 Ziele und Prämissen

Aufgrund der skizzierten Ausgangssituation bietet es sich geradezu an, den derzeitigen Kenntnisstand über ökonomische und ökologische Wirkungen und Folgen, die mit Errichtung und Betrieb des TRP-Systems auf der Strecke Berlin-Hamburg zu erwarten sind, zu bündeln und zu ergänzen und in entsprechenden Untersuchungsbereichen weiterführend zu analysieren. Ökonomische und ökologische Fragestellungen stehen im Brennpunkt der Diskussion um den TRP. Grundlage sind jedoch immer die Magnetschwebetechnologie und deren Wirkungen und Folgen in der Anwendung im TRP-System. Im Rahmen der vorliegenden Studie erfolgt eine **Wirkungsanalyse** dieser Technologie im gesellschaftlichen Kontext, bezogen auf deren Anwendung im TRP-System auf der geplanten Strecke Berlin-Hamburg.

---

[1] vgl. hierzu: Aleff/IFB, 1995, Intraplan Consult, 1996, Mnich/IFB, 1991, und Rothengatter/IWW, 1992.
[2] Geplante Aufnahme des Testbetriebs ist Ende 2004.
[3] Die Fahrtzeit zwischen Berlin und Hamburg über Schwerin soll mit dem TRP weniger als 1 Stunde betragen. Die derzeitige Fahrtzeit mit den Zügen der DB AG vom Hamburger Hauptbahnhof via Schwerin an Berlin Zoologischer Garten beträgt 3.45 Std. (z. Zt. schlecht abgestimmt) mit Wartezeiten von mehr als 30 Minuten.
[4] Unter Beachtung der in Abschnitt 1.3 aufgezeigten Probleme und Grenzen.
[5] Inzwischen aufgegebenes Projekt „Schneller Brüter" zur Erzeugung von Atomenergie.

Für die Konkretisierung der Zielsetzung wurde das in Kapitel 1 vorgestellte Gesamtkonzept der Technikwirkungsanalyse zugrunde gelegt und gemeinsam mit dem Auftraggeber wurden zwei Bewertungsaspekte und damit zwei Untersuchungsbereiche festgelegt, nämlich

- Regionalwirtschaft und
- Ökologie.

Die zu erwartenden regionalökonomischen und ökologischen Wirkungen sollten für die beiden Produktlebenszyklusphasen

- Bau/Errichtung („Materialwirtschaft/Produktion") und
- Betrieb („Produktnutzung")

des TRP-Systems auf der Strecke Berlin-Hamburg erarbeitet werden. Damit ergeben sich insgesamt vier für die Studie relevante Untersuchungsfelder, die Abbildung 2.1 zeigt.

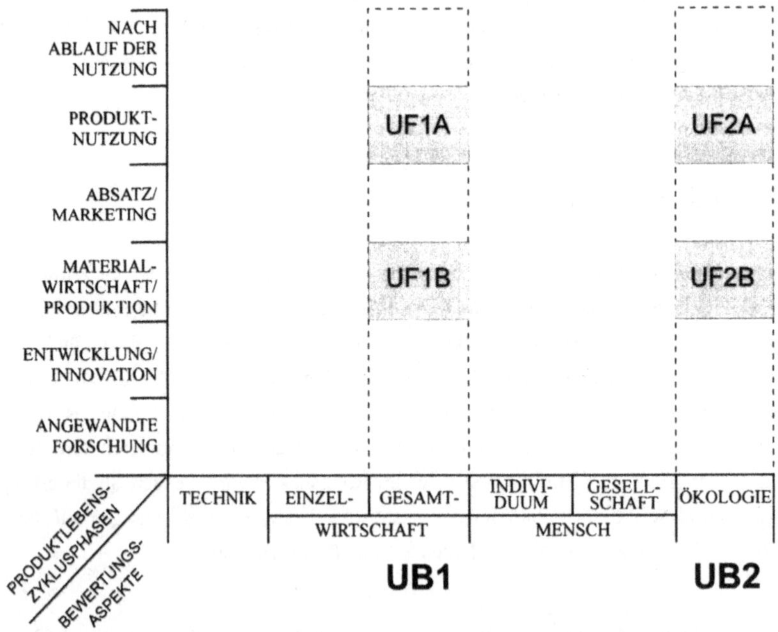

Abb. 2.1: Relevante Untersuchungsbereiche (UB) und Untersuchungsfelder (UF) im Rahmen der Gesamtkonzeption der Technikwirkungsanalyse

Die **Ziele** der Analyse für die beiden behandelten Untersuchungsbereiche sind folgendermaßen spezifiziert:

Forschungsleitendes Ziel in **UB1 „Spurgeführte Hochgeschwindigkeitsverkehrssysteme - Allgemeiner ökonomischer Bezug und ökonomische Wirkungen bei spezieller Betrachtung des Transrapid-Systems“** ist es, die mögliche Rolle und Bedeutung der MSB TRP in diesem Kontext im Vergleich mit dem Verkehrssystem ICE für das regionale Entwicklungspotential der Anrainerregionen der geplanten TRP-Strecke Berlin-Hamburg herauszuarbeiten. Relevante Aspekte sind hierbei:

- Verkehrswirtschaft und
- Regionalwirtschaft (Siedlungs- und Infrastruktureffekte und Wirtschaftsstruktureffekte).

Das forschungsleitende Ziel in **UB2 „Ökologische Auswirkungen und Externe Effekte[1] der Magnetschwebebahn Transrapid und Vergleich mit anderen Hochgeschwindigkeitsverkehrssystemen“** ist die Einordnung und Bewertung (Wirkungsanalyse) der MSB TRP auf der geplanten Strecke Berlin-Hamburg im Vergleich mit dem Verkehrssystem ICE unter dem Aspekt der Externalisierung von Kosten. Relevante Aspekte, über die es entsprechende Wirkungen zu identifizieren gilt, sind hier:

- Landschaftsverbrauch,
- Materialeinsatz,
- Energieverbrauch,
- Schadstoffemissionen,
- Schall, Erschütterungen und
- Unfälle.

---

[1] **Externe Effekte** sind Wirkungen, bei denen Verursacher und Betroffener nicht übereinstimmen. Sie stellen Interdependenzen zwischen verschiedenen Wirtschaftssubjekten dar, die nicht über Austauschbeziehungen auf einem Markt vermittelt werden. Grundsätzlich sind positive und negative Externe Effekte zu unterscheiden: Positive Externe Effekte liegen vor, wenn durch die Produktion in einem Betrieb oder den Konsum in einem Haushalt in einem anderen Betrieb oder Haushalt Vorteile entstehen. Entstehen jedoch Nachteile für einen anderen Betrieb oder Haushalt, dann handelt es sich um negative Externe Effekte (Beispiel eines positiven Externen Effekts: Durch die Errichtung einer neuen Schnellbahnstrecke steigt in der Region XY aufgrund der verbesserten Verkehrsanbindung die Wirtschaftsleistung. Beispiel eines negativen Externen Effekts: Anwohner der Schnellbahnstrecke werden mit erhöhter Schallemission belastet). Die ökonomische Theorie behauptet, daß Externe Effekte das Ergebnis von Marktversagen sind und daß die einzel- und gesamtwirtschaftliche Kostenrechnung ökonomischer Aktivitäten im Falle des Vorliegens von Externen Effekten nicht mehr übereinstimmt. Die Folge hiervon sei eine Fehlallokation der knappen Ressourcen (vgl. Gabler Wirtschaftslexikon, Bd. A - E, 1997, S. 1262 f.; Schlieper, 1992, S. 524 ff.).

Der **Schwerpunkt** der Untersuchungen in den Untersuchungsbereichen 1 und 2 liegt bei der **Betriebsphase**, da für diese im Hinblick auf die geplante 80jährige Nutzungsdauer intensivere Wirkungen und Folgen zu erwarten sind.

Die „Geschichte" des TRP-Systems beinhaltet eine etwa 20jährige Entwicklungszeit und eine fast ebensolange kontrovers geführte Diskussion, in der eine Fülle von Standpunkten und entsprechenden Argumenten ausgetauscht wurden. Fokussiert wurden diese Entwicklungen, Standpunkte und Argumente in Informationsorganen der öffentlichen Meinungsbildung. Insbesondere sind hier zahllose „News" und Artikel in der Tages- und Wochenpresse zu nennen. Um diese Diskussion und die Art der Berichterstattung in den Medien aufzuarbeiten, wurde eine **Inhaltsanalyse** am Beispiel der Tageszeitung Frankfurter Allgemeine Zeitung durchgeführt (Presse-Analyse). Grundlegendes **Ziel** hierbei ist das Identifizieren von inhaltlichen, formalen, charakteristischen und stilistischen Merkmalen im Sprachgebrauch von Berichten und Kommentaren und deren Wandel bis zur endgültigen politischen Entscheidung zur TRP-Strecke Berlin-Hamburg am 15.06.1996.

In Kapitel 1 wurde die Komplexität jeder TWA herausgearbeitet ebenso wie die Probleme und Grenzen bei der Durchführung einer TWA. Das hier betrachtete Hochgeschwindigkeitsverkehrssystem bzw. die dahinterstehende Magnetschwebe- und Wanderfeldtechnologie wurde und wird in der Öffentlichkeit ebenso facettenreich wie emotionell diskutiert, was in Abschnitt 2.1 kurz dargelegt wurde. Deshalb und um beim Leser keine Erwartungen zu wecken, die mit der vorliegenden Studie nicht erfüllt werden, erscheint es besonders wichtig, hier (nochmals) die zugrundegelegten Prämissen zu nennen sowie Themenbereiche, die außerhalb der Zielsetzung der Untersuchung liegen und deshalb **nicht** behandelt werden.

Prämissen:

1. Es besteht Bedarf für eine (neue) Hochgeschwindigkeitsverkehrsverbindung zwischen Berlin und Hamburg mit Anschluß an Schwerin.
2. Die technische Funktionsfähigkeit, inklusive aller Sicherheitserfordernisse, ist gegeben.
3. Die Informationen der analysierten und ausgewerteten - auch „grauen" - Literatur sind wissenschaftlich fundiert.
4. Die interviewten Experten haben nach bestem Wissen sachlich, also nicht emotionell gefärbt, geantwortet.
5. Bei der Durchführung eigener Berechnungen sind keine Fehler unterlaufen.

Nicht untersuchte Themenbereiche:

- Wirtschaftlichkeit: Die Frage der Wirtschaftlichkeit wird auf mehreren Ebenen diskutiert, was eine Versachlichung zusätzlich erschwert: Meinen die einen damit die unmittelbare Wirtschaftlichkeit des Betriebes der MSB TRP zwischen Berlin und Hamburg unter Anwendung betriebswirtschaftlicher Kriterien - was im Zusammenhang mit der Investitionshöhe (Errichtungskosten), dem Verkehrsaufkommen (Personenkilometer) sowie den laufenden Betriebskosten steht - , so argumentieren die anderen mit der Notwendigkeit einer Referenzstrecke als Voraussetzung für den Export des TRP-Systems und den damit verbundenen langfristigen, volkswirtschaftlich positiven Effekten; in Zusammenhang damit wird auch mit der Schaffung neuer Arbeitsplätze argumentiert. Beide Themenbereiche sind **nicht** Gegenstand der vorliegenden Studie[1], welche auch auf unterschiedliche Finanzierungskonzepte **nicht** eingeht.
- Alternative Trassenführungen sowie alternative, ebenfalls diskutierte R/S-Technologien (z. B. Neigetechnik),
- Juristische Fragen in Zusammenhang mit dem Planfeststellungsverfahren,
- „Taktzeiten" und maximal mögliche Zugfolge der beiden verglichenen Systeme (vgl. hierzu Anderson, 1996),
- Magnetische Feldwirkungen auf Passagiere sowie in der Umgebung der Trasse.

2.3 Methodische Vorgehensweise oder „Woher wissen Sie es?"[2]

Die Ergebnisse eines Großteils der uns zugänglichen bisher erarbeiteten Studien zum Themenkomplex TRP basieren auf Prognosen, wobei z. T. exakte Zahlen errechnet wurden, etwa bezogen auf die Anzahl neuer Arbeitsplätze (vgl. Mnich/IFB, 1991, S. 18, und Aleff/IFB, 1995, S. 76 ff.). So wünschenswert solche Quantifizierungen auch sind, so problematisch sind sie auch[3]. Als aktuelles Beispiel - auch bzgl. des prognostizierten Verkehrsaufkommens von etwa 14 Millionen Fahrgästen pro Jahr auf der TRP-Strecke Berlin-Hamburg - sei das prognostizierte Bevölkerungswachstum für Berlin genannt: Ursprünglich bis zum Jahr 2010 mit 1 Million prognostiziert, wird nun ein Zuwachs von 400.000 Einwohnern (vgl. Die Presse, 1996, S. 25) erwartet.

---

[1] Die oben ausführlich dargelegt, beschäftigt sich diese auf einer „dritten Ebene" unterscheidbarer Wirtschaftlichkeitsbetrachtungen mit zu erwartenden regionalökonomischen Effekten im Zusammenhang mit Errichtung und Betrieb eines Hochgeschwindigkeitsverkehrssystems bzw. der MSB TRP. Positive regionalwirtschaftliche Effekte sind zumindest **unabhängig** von der unmittelbaren Wirtschaftlichkeit des Betriebes.

[2] Siehe „Die Herausforderung", Seite 1.

[3] Die methodenimmanente Problematik dieser sog. „Extrapolationsfalle" wurde in Abschnitt 1.3 herausgearbeitet.

In Kenntnis dieser Problematik wurden hier Methoden zur Erarbeitung quantitativer Ergebnisse nur dort angewendet, wo Ergebnisse existierender Studien verglichen, gegenübergestellt und z. T. zusammenfassende Ergebnisse errechnet wurden. Insgesamt wird folgende methodische Vorgehensweise angewendet:

1. **Analytische Aufarbeitung einschlägiger Fachliteratur**[1]
   - Herausarbeiten des generellen Einflusses von Maßnahmen zur Verbesserung der Verkehrsinfrastruktur auf die regionalökonomische Entwicklung;
   - Herausarbeiten der konkreten regionalökonomischen Wirkungen von existierenden spurgeführten Hochgeschwindigkeitsverkehrssystemen (ICE, TGV);
   - Herausarbeiten ökologischer Wirkungen des TRP- und des ICE-Systems und Durchführen eigener Berechnungen.
2. **Analogieschlüsse**
   Ziehen von Analogieschlüssen bzgl. der möglichen Wirkungen des geplanten TRP-Systems aus den Ergebnissen der Aufarbeitung der Erfahrungen, die bei der Errichtung anderer Hochgeschwindigkeitsverkehrssysteme gesammelt wurden, unter Berücksichtigung der unterschiedlichen „situativen Bedingungen" (vgl. Staehle, 1989, S. 47 ff.) in den Regionen der geplanten TRP-Trasse. Als Vergleichsregion wurde Kassel/Nordhessen und die regionalökonomischen Auswirkungen der Eröffnung der ICE-NBS herangezogen.
3. **Empirische Erhebungen**[2]
   Zur Erfassung der zu erwarteten ökonomischen und ökologischen Effekte des geplanten TRP-Systems wurden in den Regionen Berlin, Schwerin und Hamburg auf der Grundlage eines hierfür entwickelten Fragebogens Expertengespräche durchgeführt[3]. Die Auswertung erfolgte unter Anwendung des Computerprogramms SPSS (Statistical Package for Social Sciences). Ergänzend wurden Expertengespräche in Bonn sowie Diskussionen zu spezifischen Fragestellungen mit Fachleuten geführt.
4. **Inhaltsanalyse der FAZ**
   Um die sprachlichen und auch dialektischen Hintergründe der Berichterstattung über das TRP-System in den Medien herauszuarbeiten, wurde am Beispiel einer namhaften deutschen Tageszeitung eine Inhaltsanalyse für den Zeitraum vom Mai 1979 bis Juni 1996 durchgeführt.

---

[1] Im Rahmen der **analytischen Vorgehensweise** wurde die umfangreiche Literatur zum Themenkomplex gesichtet und ausgewertet, insbesondere auch die vielfältig durchgeführten Studien und erstellten Gutachten facheinschlägiger Institutionen. Aufgrund der hohen Aktualität und politischen Relevanz der Thematik fanden weiterhin Stellungnahmen politischer Entscheidungsträger und Institutionen sowie Beiträge und Artikel in Fachzeitschriften und Tagespresse Berücksichtigung.

[2] vgl. z. B. Dieckmann, 1996.

[3] Es wurde aus methodischen Überlegungen bewußt darauf verzichtet, Fragebögen zu versenden. Ein Verzeichnis der befragten Experten findet sich in Anhang 1 (sofern diese mit einer namentlichen Nennung einverstanden waren).

5. **Synthese**
   Schließlich wurde versucht, die Teilergebnisse aus den unterschiedlichen methodischen Vorgehensweisen logisch zu einer Synthese zusammenzufassen. Generell ist davon auszugehen, daß Ergebnisse bzgl. einer Fragestellung bei Anwendung verschiedener Methoden unterschiedlich sein können. Soweit dies auch im Rahmen der Studie der Fall ist, werden die Ergebnisse ohne eine Bewertung gegenübergestellt. Die Qualität der Ergebnisse hängt grundsätzlich von der Qualität der Eingangsinformation ab, die von den Autoren nicht zu beeinflussen ist.

Unter Berücksichtigung dieser Gegebenheiten sowie in Kenntnis der Gefahren der „Extrapolationsfalle" wurde zunächst als Arbeitstitel für die Untersuchung „**Mögliche** Wirkungen der Transrapidstrecke Berlin-Hamburg auf die regionalökonomische Entwicklung unter Berücksichtigung **möglicher** Externer Effekte" festgelegt. Der Leser möge diese methodischen Grenzen bei der Lektüre berücksichtigen.

2.4 Struktur des Buches

Mit der Festlegung der Ziele und Untersuchungsbereiche werden auch die einzelnen Arbeitsschritte definiert. Aus deren Durchführung und der Anwendung der genannten Methoden ergeben sich auch die einzelnen Themenbereiche, die insgesamt die Struktur gemäß der Übersicht auf Seite 3 bestimmen.

Da die Bearbeitung aller Arbeitsschritte, ebenso wie das Verständnis der Ergebnisse, ein Grundverständnis der Technologie des TRP erfordern, wird diese im anschließenden **Kapitel 3** kurz beschrieben und den Merkmalen der Rad/Schiene-Technologie am Beispiel des ICE gegenübergestellt. Inhaltliche Schwerpunkte bilden die Kapitel 4, 5 und 6, in denen die festgelegten Untersuchungsbereiche 1 und 2 bearbeitet werden. In **Kapitel 4** werden generell „Ökonomische Auswirkungen von Hochgeschwindigkeitsverkehrssystemen" beschrieben, **Kapitel 5** beschäftigt sich mit „Ökonomischen Auswirkungen des Transrapid-Systems auf der Strecke Berlin-Hamburg". „Ökologische Auswirkungen und Externe Effekte der Magnetschwebebahn Transrapid und Vergleich mit anderen Hochgeschwindigkeitsverkehrssystemen" werden in **Kapitel 6** behandelt. Sprachliche und dialektische Hintergründe in der Berichterstattung über den TRP werden in **Kapitel 7** herausgearbeitet (entsprechende Auswertungstabellen zu Kapitel 7 finden sich in **Anhang 2**). **Kapitel 8** schließlich beinhaltet zunächst eine kurze Zusammenfassung der erarbeiteten Ergebnisse mit Bezug auf die verschiedenen verwendeten Forschungsmethoden und deren Synthese. Abschließend wird versucht, die Ergebnisse der Synthese unter Berücksichtigung gesellschaftlich-politischer Zukunftsperspektiven zu reflektieren.

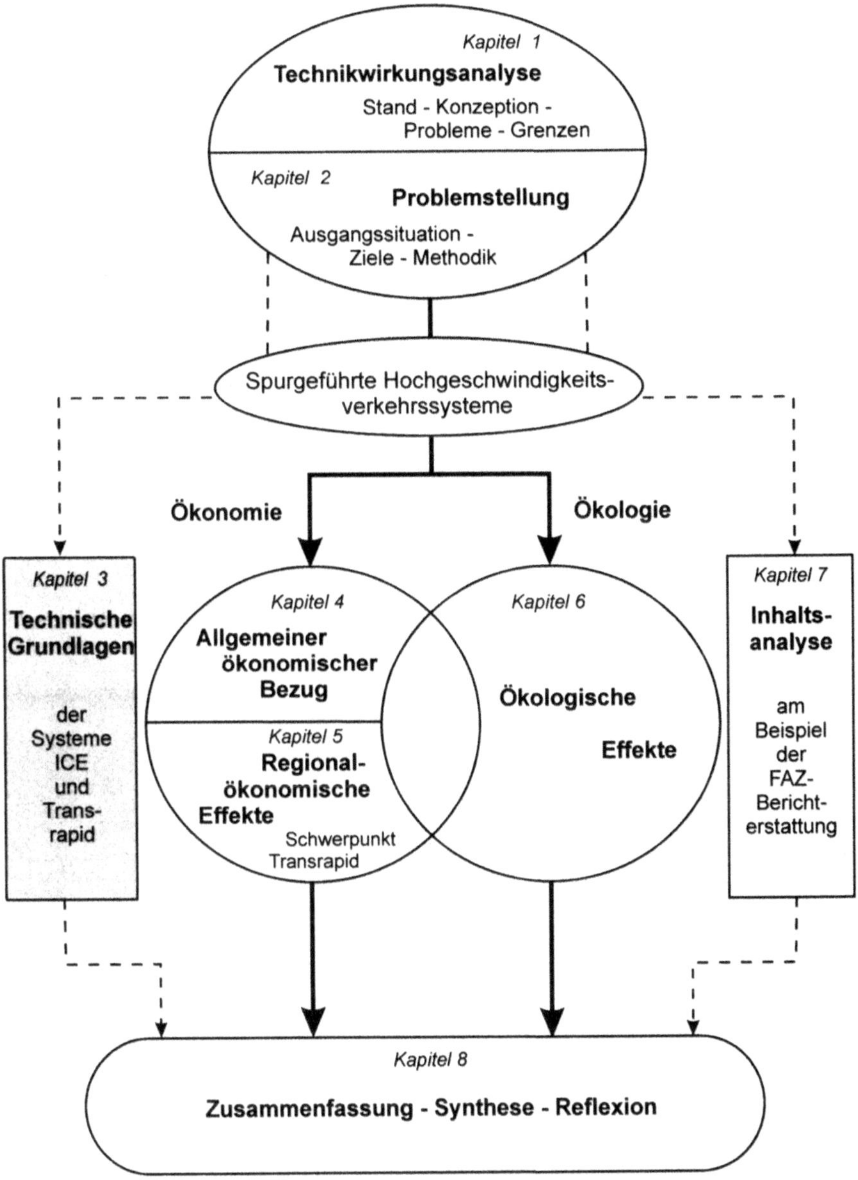

Kapitel 1
Technikwirkungsanalyse
Stand - Konzeption -
Probleme - Grenzen
Kapitel 2
Problemstellung
Ausgangssituation -
Ziele - Methodik
Spurgeführte Hochgeschwindigkeits-
verkehrssysteme
Ökonomie
Ökologie
Kapitel 3
Technische
Grundlagen
der
Systeme
ICE
und
Trans-
rapid
Kapitel 4
Allgemeiner
ökonomischer
Bezug
Kapitel 5
Regional-
ökonomische
Effekte
Schwerpunkt
Transrapid
Kapitel 6
Ökologische
Effekte
Kapitel 7
Inhalts-
analyse
am
Beispiel
der
FAZ-
Bericht-
erstattung
Kapitel 8
Zusammenfassung - Synthese - Reflexion

3 Spurgeführte Hochgeschwindigkeitsverkehrssysteme: Technische Grundlagen und Merkmale der betrachteten Systeme

CHRISTIANE MICHELS

3.1 Technische Grundlagen

Kapitel 3 vermittelt einen kurzen Überblick bezüglich Aufbau und Funktionsweise der beiden völlig verschiedenen Technologien, nämlich der Rad/Schiene-Technologie und der Magnetschwebe-/Wanderfeld-Technologie. Die Beschreibung bezieht sich auf den ICE 1, der seit 1991 bei der DB AG eingesetzt wird, sowie auf die Magnetschnellbahn Transrapid, Entwicklungsstand 1996. Nicht berücksichtigt werden mögliche technische Weiterentwicklungen des TRP-Systems bzw. die technischen Merkmale der nächsten ICE-„Generationen" (ICE 2, ICE 2.2 etc.). Ziel der Ausführungen ist die Vermittlung eines technischen Grundverständnisses für den technischen Laien, da dieses Voraussetzung bildet für die Beschäftigung mit ökonomischen und ökologischen Fragestellungen, die in den anschließenden Kapiteln erörtert werden.

3.1.1 Spezielle Anforderungen an spurgeführte Hochgeschwindigkeitsverkehrssysteme

Spurgeführte Hochgeschwindigkeitsverkehrssysteme zeichnen sich gegenüber den herkömmlichen Systemen durch einige Besonderheiten aus. Alle Komponenten, wie Fahrweg, Fahrzeug, Energieversorgung und Betriebsleittechnik müssen nach den Anforderungen des Hochgeschwindigkeitsverkehrs ausgelegt werden. So weisen die Hochgeschwindigkeitsstrecken eine kreuzungsfreie Trassierung auf. Ein genügend großer Spurmittenabstand zwischen den beiden Fahrtrichtungen ist zur Reduzierung der bei Tunnel- und Begegnungsfahrten auftretenden Druckwellen unabdingbar. Die von der Fahrzeugtechnik und der beabsichtigten Einsatzgeschwindigkeit abhängigen minimalen Kurvenradien und die maximale Steigung bestimmen den Trassierungsverlauf. Der Antrieb der Fahrzeuge und die Energieversorgung müssen dem hohen Leistungsbedarf im Hochgeschwindigkeitsverkehr genügen. Dieser Leistungsbedarf wird im oberen Geschwindigkeitsbereich fast ausschließlich vom aerodynamischen Widerstand bestimmt, die auftretenden Reibungswiderstände sind im Vergleich zum aerodynamischen Widerstand vernachlässigbar. Die physikalischen Zusammenhänge werden nachfolgend wiedergegeben:

$F_L = f(v^2)$		F_L	aerodynamischer Widerstand
		F	Fahrwiderstand
$P = F \times v$		v	Geschwindigkeit
		P	Leistung

Bei hohen Geschwindigkeiten dominiert der aerodynamische Widerstand $P \approx F_L \times v$:

$$P \approx f(v^3)$$

Dieser nicht lineare Anstieg der Antriebsleistung und des Energieverbrauches mit wachsender Geschwindigkeit gilt unabhängig von der eingesetzten Technik. Abbildung 3.1 zeigt den Leistungsbedarf des ICE und IC. Die geringeren Werte des ICE gegenüber dem IC sind auf die aerodynamisch günstigere Gestaltung zurückzuführen.

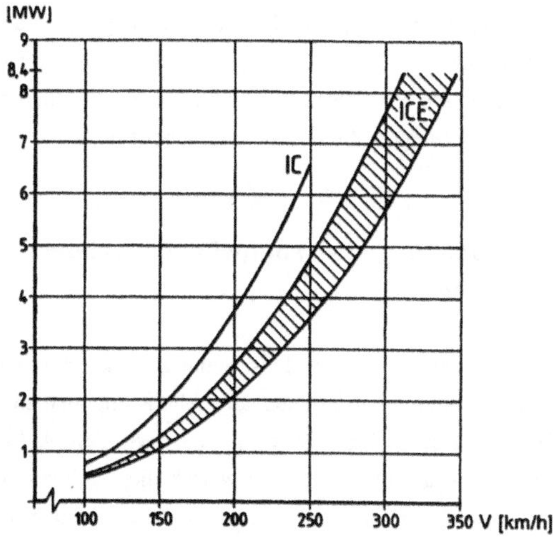

Abb. 3.1: Leistungsbedarf zur Überwindung des Fahrwiderstandes (ebene Strecke, windstill, Sitzplatzkapazität ca. 750 Personen)
IC: Lok 103 + 11 Mittelwagen; ICE: Triebkopf + 12 Mittelwagen + Triebkopf
(Gerdsmeier et al., 1991, S. 75)

Im folgenden werden für die beiden Systeme die speziellen Anforderungen, die der Hochgeschwindigkeitsverkehr erfordert, dargestellt und die unterschiedliche Funktionsweise beschrieben. Einer Beschreibung der Komponenten vorangestellt wird die Realisierung der Funktionen Tragen, Führen und Antreiben, woraus sich der Systemaufbau ergibt.

3.1.2 Rad/Schiene-Technologie am Beispiel des ICE 1

Die Rad/Schiene-Technologie beruht auf der Kraftübertragung zwischen Rad und Schiene (Adhäsion). Die Funktionen Tragen, Führen, Antreiben und Bremsen werden, wie aus Abbildung 3.2 ersichtlich ist, über den Kraftschluß zwischen Rad und Schiene realisiert. Die für Antrieb und Bremsen übertragbaren Kräfte werden durch diesen Kraftschluß zwischen Rad und Schiene auch begrenzt. Die übertragbaren Kräfte sind von der Anzahl angetriebener Achsen, der zulässigen Achslast und dem Zustand der Schienen abhängig. Mit größerer Anzahl angetriebener Achsen, größerer zulässiger Achslast steigt die insgesamt übertragbare Kraft, Schnee, Regen und Verschmutzung der Schienen verkleinern diese. Da die Vergrößerung der zulässigen Achslast durch die Tragfähigkeit des Unterbaues und die Qualität der Schienen begrenzt ist, ist die Erhöhung der Anzahl der angetriebenen Achsen eine Möglichkeit für eine weitere Geschwindigkeitserhöhung, die bei den nächsten Generationen existierender Rad/Schiene-Systeme (ICE, TGV, Shinkansen) realisiert werden soll.

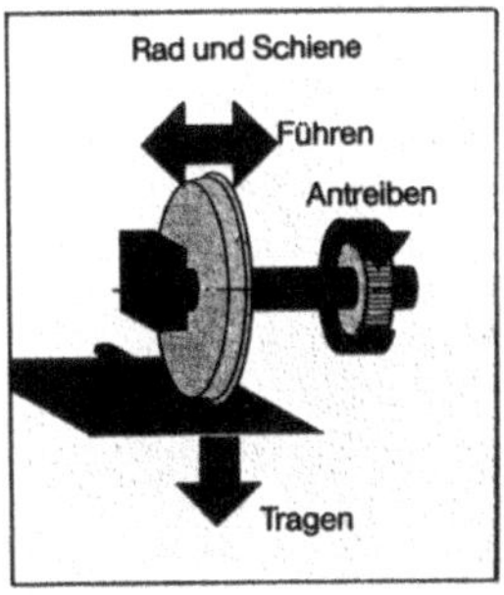

Abb. 3.2: Tragen, Führen und Antreiben beim ICE (Thyssen Henschel Magnetfahrtechnik, 1993, S. 3)

Die Leistung des ICE 1 ist für eine Fahrzeugkonfiguration mit zwei Triebköpfen, max. 14 Mittelwagen und eine Geschwindigkeit von 250 km/h ausgelegt. **Alle Antriebskomponenten**, inklusive Transformator, Gleich- und Wechselrichter, Fahrmotoren sowie die dazugehörigen Regelungseinrichtungen, sind beim ICE 1 in den Triebköpfen konzentriert. Die Energieversorgung der Triebköpfe erfolgt über die Stromabnehmer, die ihre Energie der Oberleitung entnehmen. Bei einem Ausfall der Oberleitung erhalten Bleibatterien eine Notstromversorgung aufrecht. Die Fahrmotoren, frequenz- und spannungsgeregelte **Drehstrom-Asynchronmotoren**, treiben über ein Getriebe je eine Achse des Triebkopfes an. Jeder Triebkopf besitzt zwei

Drehgestelle mit jeweils zwei Achsen. **Jeder Triebkopf** wird somit durch **vier Fahrmotoren** angetrieben. Das Drehmoment der Fahrmotoren wird über Schlupfregler so geregelt, daß die größtmögliche Antriebskraft über den Rad/Schiene-Kontakt übertragen werden kann. Die Betriebsbremse des ICE 1 besteht aus der generatorischen Bremse (die Motoren arbeiten als Generator) und den Scheibenbremsen, die in allen Trieb- und Laufdrehgestellen eingebaut sind. Für Not- und Schnellbremsungen werden zudem noch die Magnetschienenbremsen eingesetzt. Die von der generatorischen Bremse zurückgespeiste Energie hängt bei kleinen Geschwindigkeiten vom zugelassenen Kraftschlußbeiwert und bei höheren Geschwindigeiten von der Leistungsfähigkeit der Umrichteranlage ab, so daß sowohl die Scheibenbremse als auch die generatorische Bremse eingesetzt werden. Der hohe Tunnelanteil der Neubaustrecke Göttingen-Würzburg erforderte eine druckgeschützte Ausführung der Fahrzeugkonfiguration, um Komfortbeeinträchtigungen im Inneren des Zuges durch die bei Tunnel-, aber auch Begegnungsfahrten auftretenden Druckwellen zu unterbinden. Ausgewählte technische Daten des ICE 1 sind in Abbildung 3.3 angegeben.

	ICE 1	
Stromart	Wechselspannung	16 2/3 Hz, 15 kV
max. Leistung	kW	9600
Höchstgeschwindigkeit	km/h	280
Zuglänge	m	411
Gewicht je Triebkopf	t	78
Gewicht je Mittelwagen ∅	t	52,857
Sitzplätze 1. und 2. Klasse		759
Restaurantplätze		24
Leermasse	t	896
Besetztmasse	t	957
längenbezogene Leermasse	t/m	2,2
Leermasse pro Sitzplatz	kg	1144
Länge Triebkopf	mm	20510
Länge Mittelwagen	mm	26400
größte Höhe	mm	3840
größte Breite Triebkopf	mm	3070
größte Breite Wagen	mm	3020

Abb. 3.3: Ausgewählte technische Angaben zu dem Triebzug ICE 1 (Die Daten beziehen sich auf eine Zugkonfiguration mit 14 Mittelwagen) (Kurz, 1995, S. 16)

Die Energieversorgung der DB AG erfolgt aus einem eigenen Netz, da ein vom öffentlichem Netz abweichendes Stromsystem mit einer Spannung von 15 kV und einer Frequenz von 16 2/3 Hz verwendet wird. Die DB AG unterhält eigene Kraftwerke. Dort, wo die Leistung der eigenen Kraftwerke nicht ausreicht, wird mittels Umformer aus dem öffentlichem Netz eingespeist.

Die Stromsysteme der europäischen Bahnen sind nicht einheitlich. Abbildung 3.4 zeigt eine Übersicht über die europäischen Bahnstromsysteme. Hieraus folgt, daß früher beim Übergang von einem Stromsystem zu einem anderen die Lokomotiven ausgewechselt werden mußten. Heute baut man sogenannte Mehrsystemlokomotiven, die für mehrere Stromsysteme ausgelegt sind. Da aber auch die Betriebsleittechnik von Land zu Land unterschiedlich ist, ist die Auslegung eines Triebkopfes auf jeweils wenige Systeme beschränkt.

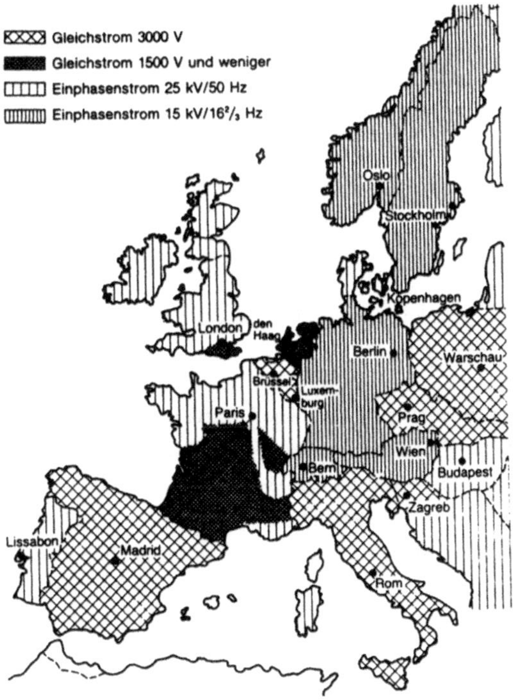

Abb. 3.4: Bahnstromsysteme in Europa (Milz, 1991, S. 324)

Die hohen Geschwindigkeiten kann der ICE nur auf den Neu- und Ausbaustrecken erreichen. Der Fahrweg des ICE besteht aus einem „klassischen“ Oberbau, wie dies Abbildung 3.5 zeigt. Betonschwellen im Schotterbett tragen die Schienen, die an ihren Enden zusammengeschweißt werden, um die beim Überfahren entstehenden Rattergeräusche zu unterbinden.

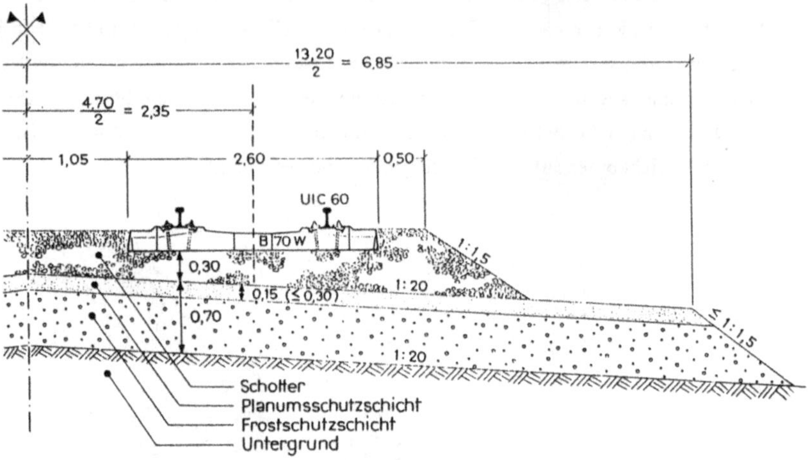

Abb. 3.5: Gleiskonstruktion der Neubaustrecken für den ICE (Fendrich/Bidinger, 1992, S. 391)

Die Betonschwellen gewährleisten eine hohe Lagestabilität des Gleises und halten die für den Fahrzeuglauf wichtigen Parameter Spurweite und Schienenneigung weitgehend konstant. Eine für die Festlegung der Streckenparameter wesentliche Vorgabe war, daß die Neu- und Ausbaustrecken sowohl für den Personen- als auch für den Güterverkehr geeignet sein müssen. Die Trassierungsparameter wurden deshalb so ausgelegt, daß einerseits der ICE 1 mit hoher Geschwindigkeit sowie ausreichendem Komfort und andererseits Güterzüge mit einem vertretbaren Aufwand für die Gleisinstandhaltung fahren können.

In vielen Tunneln der Neubaustrecken ist die „Feste Fahrbahn“ verlegt, die auch auf der Neubaustrecke Frankfurt-Köln streckenweise eingesetzt werden soll. Bei der „Festen Fahrbahn“ handelt es sich um Betonträger, auf welchen die Schienen montiert werden.

Einen weiteren notwendigen Bestandteil des Fahrwegs bilden die Weichen, die in Bahnhöfen, Abstell- und Instandhaltungsanlagen sowie als Spurwechselmöglichkeit (sogenannte Überleitstellen) auf der Strecke eingesetzt werden. Abbildung 3.6 zeigt eine Überleitverbindung.

Abb. 3.6: Überleitverbindung (Wayss & Freytag, o.J., S. 8)

3.1.3 Magnetschwebe/Wanderfeld-Technologie des Transrapid-Systems

Die dem TRP-System zugrundeliegenden zwei Technologien, die Magnetschwebe- und die Wanderfeld-Technologie, ermöglichen eine berührungsfreie Fortbewegung des Fahrzeuges gegenüber dem Fahrweg. Abbildung 3.7 zeigt die Realisierung der Funktionen Tragen, Führen und Antreiben. Die Schwebefunktion wird von Trag- und Führmagneten wahrgenommen, die entlang der linken und rechten Unterseite des Fahrzeuges montiert sind.[1] Die Tragmagnete ziehen das Fahrzeug bis auf 10 ± 2 mm an den Fahrweg heran. Die Führmagnete wirken auf eine Eisenschiene seitlich des Fahrweges und halten das Fahrzeug in der Spur.

[1] Ein grundlegendes Patent zur Schwebebahn (DRP 643 316 vom 14. August 1934) wurde von Hermann Kemper angemeldet (vgl. Hugenberg, 1989, S. 111).

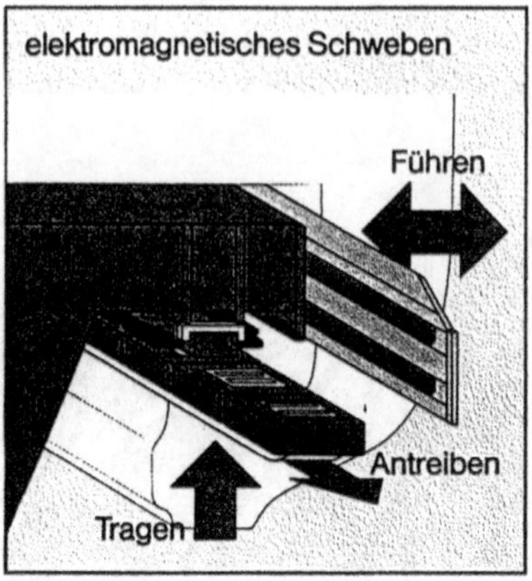

Abb. 3.7: Tragen, Führen und Antreiben beim Transrapid (Thyssen Henschel Magnetfahrtechnik, 1993, S. 3)

Der **Antriebsmotor** besteht aus dem fahrzeugseitigen Erregermagneten, die gleichzeitig die Tragmagnete sind, und dem fahrwegseitigem Stator mit einer dreiphasigen Wanderfeldwicklung. Der Antriebsmotor, der auch als **synchroner Langstator-Linearmotor** bezeichnet wird, kann mit einem rotierenden Elektromotor verglichen werden, dessen Stator aufgeschnitten, flach ausgerollt und in Längsrichtung an beiden Seiten unterhalb des Fahrwegs ausgezogen ist. Eine Zugkonfiguration setzt sich aus Bug- und Hecksektion sowie bis zu 8 Mittelsektionen zusammen. Durch die Anordnung des **Stators im Fahrweg** und die sich **über die gesamte Fahrzeuglänge erstreckende** Anordnung der **Tragmagnete** (entsprechen dem Rotor des Motors) trägt jede Fahrzeugsektion zum Antrieb bei, so daß es kein Pendant zur „Lokomotive" (bzw. Triebkopf) bei Rad/Schiene-Systemen gibt. Der Langstator-Linearmotor wird auch als Betriebsbremse eingesetzt. Die Bremswirkung wird durch eine Umpolung des Wanderfeldes erreicht. Da die Bremsenergie immer nur während eines, im Verhältnis zur gesamten Fahrzeit, kurzen Zeitraumes entsteht, wird die Wirtschaftlichkeit einer Energierückspeisung in das Landesnetz noch geprüft. Bremswiderstände, die in den Unterwerken installiert sind, können alternativ die Bremsenergie in Wärme umsetzen. Als zusätzliche Bremse verfügen die Fahrzeuge über Wirbelstrombremsen, die witterungsunabhängig arbeiten. Lineargeneratoren, die in den Tragmagneten integriert sind, übernehmen mit wachsender Geschwindigkeit, ab 100 km/h vollständig, die Bordenergieversorgung. Im unteren Geschwindigkeitsbereich und zur Notstromversorgung übernehmen Nickel-Cadmium-Batterien die Versorgung des Bordnetzes. Die Steuerung, Regelung, Sicherung und Überwachung des automatischen Fahrbetriebes erfolgt durch ein Funksystem und Lichtwellenleiter zur Datenübertragung zwischen den Fahrzeugen, den Unterwerken und der Leitzentale. Die technischen Daten des Transrapid gibt Abbildung 3.8 wieder.

Technische Daten		
Leistungsbedarf für 400 km/h (6 Sektionen)	:	15 MW
Länge	:	Bug-/Hecksektion 26,99 m
	:	Mittelsektion 24,77 m
Breite	:	3,70 m
Höhe	:	4,06 m
Betriebsgeschwindigkeit	:	300 bis 500 km/h
Leergewicht Personenfahrzeug	:	45 t/Sektion
Leergewicht Güterfahrzeug	:	41 t/Sektion
Nutzlast Personenfahrzeug	:	Bugsektion 10 t
	:	Mittelsektion 13 t
Sitzplätze Personenfahrzeug	:	Bugsektion 40 - 78
	:	Mittelsektion 56 - 113
Nutzplatz Güterfahrzeug	:	Bugsektion 24 t
	:	Mittelsektion 17 t

Abb. 3.8: Technische Daten des Transrapid 07 (Thyssen Henschel Magnetfahrtechnik, 1993, S. 7)

Die Energieversorgung des Transrapid erfolgt aus dem öffentlichen Landesnetz. Statische Umrichter, die in den Unterwerken entlang der Strecke stehen, speisen über Streckenkabel den Motor mit variabler Frequenz und Spannung. Der Langstator-Linearmotor wird abschnittsweise zugeschaltet. Die Länge der Abschnitte beträgt zwischen 800 und 3000m[1].

Die Ausführung des Transrapid-Fahrweges kann aufgeständert oder ebenerdig erfolgen, in Beton- oder Stahlbauweise. Eine Anpassung an unebenes Gelände kann durch eine unterschiedliche Stützenhöhe erfolgen. Die Weichen sind als Stahlbiegeweichen ausgeführt. Dabei wird ein entsprechend gestalteter Stahlträger mit Hilfe der über seine Länge verteilten Stellsysteme elastisch verformt (siehe Abb. 3.9).

[1] Die Länge der Abschnitte wird neben den Leistungsanforderungen des Streckenabschnittes (Steigung, Gefälle, Ebene) auch durch die kapazitive Auf- und Entladung des Streckenkabels begrenzt.

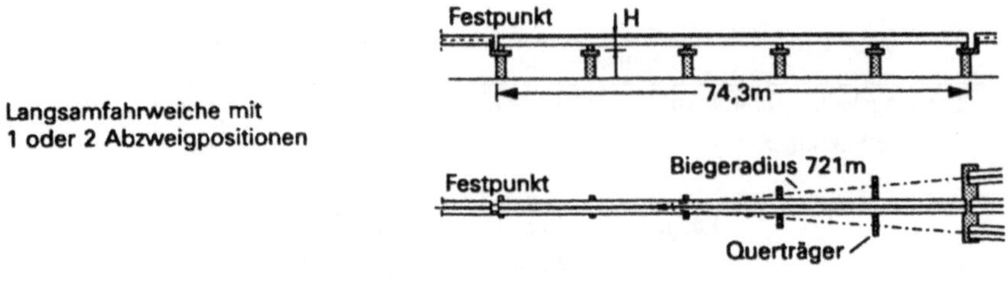

Abb. 3.9: Biegeweiche des Transrapid (Miller, 1994, S. 15.12)

3.2 Vergleich der beiden Systeme anhand spezifischer Merkmale

Die in Abbildung 3.3 und 3.8 wiedergegebenen technischen Daten zum ICE und Transrapid lassen aufgrund der unterschiedlichen Zusammensetzung der Zugkonfiguration (Transrapid: Sektionsweise, ICE 1: 2 Triebköpfe + 7-14 Mittelwagen) nur einen eingeschränkten Vergleich beider Systeme zu. Für einen Vergleich beider Systeme wurden in Abbildung 3.10 aus diesem Grunde zwei Zugkonfigurationen gewählt, die sich in ihrer Zusammensetzung zumindest annähernd entsprechen (Angaben zum Energieverbrauch und zur Schallemission werden in Kapitel 6 wiedergegeben).

Die geringe Leermasse pro Sitzplatz des Transrapid gegenüber dem ICE ist auf die Auslagerung des Motors inklusive den Transformatoren, Umrichtern etc. aus dem Fahrzeug zurückzuführen. Die maximale Steigfähigkeit und die minimalen Kurvenradien der Verkehrssysteme beeinflussen die Trassenführung, was sich besonders im unebenen Gelände bemerkbar macht. Die Trasse des Transrapid kann mit einer maximalen Steigfähigkeit von 10%, gegenüber max. 4% beim ICE, besser an das Gelände angepaßt werden, ohne aufwendigen Tunnel- oder Brükkenbau. Die höheren Beschleunigungswerte des Transrapid, die sich durch kürzere Beschleunigungswege bzw. kürzere Beschleunigungszeiten ausdrücken, sind zum einen auf das geringere Fahrzeuggewicht und zum anderen auf die haftwertunabhängige Übertragung der Antriebskraft zurückzuführen. Weitere Aspekte, die für einen Vergleich herangezogen werden können, sind

- der Instandhaltungsaufwand, dem Fahrzeug und Fahrweg unterliegen,

- und der aerodynamische Widerstand.

Systemmerkmal	**Transrapid**	**ICE 1**
Leermasse pro Sitzplatz	530 kg	1.250 kg
Fläche pro Sitzplatz	0,94 m^2	0,96 m^2
maximale Steigfähigkeit	10 %	4 % Personenverkehr 1,25 % Mischverkehr
Beschleunigungsweg	0-200 km/h 2.000 m 0-300 km/h 4.800 m 0- 400 km/h 9.600 m 0- 500 km/h 17.800 m	0-200 km/h 5.000 m 0-300 km/h 30.000 m
Beschleunigungszeit	0-200 km/h 60 s 0-300 km/h 105 s 0-400 km/h 160 s 0-500 km/h 225 s	0-200 km/h 150 s 0-300 km/h 464 s
Weichenlänge/ Geschwindigkeit im Ab- zweig	75 m / 100 km/h 150 m / 200 km/h	64 m / 100 km/h 92 m / 130 km/h 147 m / 200 km/h
Kurvenradien	minimal 350 m 200 km/h 705 m 300 km/h 1.590 m 400 km/h 2.825 m 500 km/h 4.415 m	Personenverkehr 200 km/h 1.400 m 300 km/h 3.200 m Mischverkehr 5.100 m - 7.000 m

Abb. 3.10: Systemdatenvergleich (Thyssen Henschel Magnetfahrtechnik, 1995a, S. 1 f.)
Diesen Daten liegen folgende Zugkonfigurationen zugrunde:
- Transrapid mit 8 Sektionen und 702 Sitzplätzen
- ICE mit 2 Triebköpfen, 12 Mittelwagen und 654 Sitzplätzen
(Angaben für 300 km/h: ICE 1 mit 8 Mittelwagen)

Beim Rad/Schiene-System liegen bei nachfolgend aufgeführten Komponenten Verschleißerscheinungen vor:

- Scheibenbremsen,
- Magnetschienenbremsen,
- Stromabnehmer,

- Oberleitung,
- Schienen,
- Oberbau.

Durch die berührungsfreie Schwebetechnik des Transrapid unterliegen die Komponenten theoretisch keinem Verschleiß. Praktische Erfahrungen im alltäglichem Betriebseinsatz[1] liegen noch nicht vor. Besondere Beachtung wird die genaue Einhaltung der Lagegenauigkeit des Fahrweges erhalten müssen.

Der aerodynamische Widerstand, der entscheidende Auswirkungen auf den Energieverbrauch hat, ist von mehreren Faktoren abhängig. Beim ICE 1 ergibt sich der aerodynamische Widerstand bei einem 12-Wagen-Zug aus folgenden Anteilen (Gerdsmeier et al., 1991, S. 74 f.):

- Bug-/Heckbereich 7 %
- Stromabnehmern (zwei) 5 %
- Unterflurbereich 47 %
- Luftreibung aufgrund der Fahrzeuglänge 41 %.

Beim Transrapid können der Dachbereich und der Unterflurbereich aerodynamisch besser ausgeführt werden, da keine Stromabnehmer und Drehgestelle vorhanden sind. Die Abhängigkeit des Fahrwiderstandes von der Fahrzeuglänge gibt Abbildung 3.11 wieder.

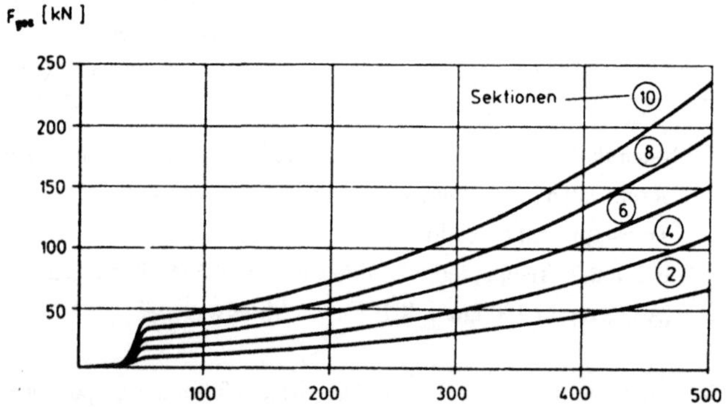

Abb. 3.11: Prognostizierter Fahrwiderstand in Abhängigkeit von der Geschwindigkeit für Transrapid-Mehrsektionsfahrzeuge (Keßler et al., 1992, S. 277)

[1] Eine Ausnahme bildet natürlich der Fahrbetrieb auf der Transrapid Versuchsanlage Emsland (TVE), jedoch ohne regelmäßigen Personentransport in festen Frequenzen und auf entsprechend langer Strecke.

Wie diese kurzen Erläuterungen verdeutlichen, handelt es sich beim TRP-System um die Anwendung von Technologien, die völlig verschieden von der bekannten bei Rad/Schiene-Systemen verwendeten Technologie sind. Inwieweit die Diffusion der neuen Technologie generell die existierenden Rad/Schiene-Systeme ergänzen bzw. diese langfristig eventuell sogar substituieren wird, hängt von einer Vielzahl von Faktoren ab, auf die hier nicht eingegangen werden kann. Die weiteren Kapitel beschäftigen sich mit konkreten Fragestellungen bzgl. möglicher regionalökonomischer und ökologischer Wirkungen der geplanten TRP-Strecke Berlin-Schwerin-Hamburg.

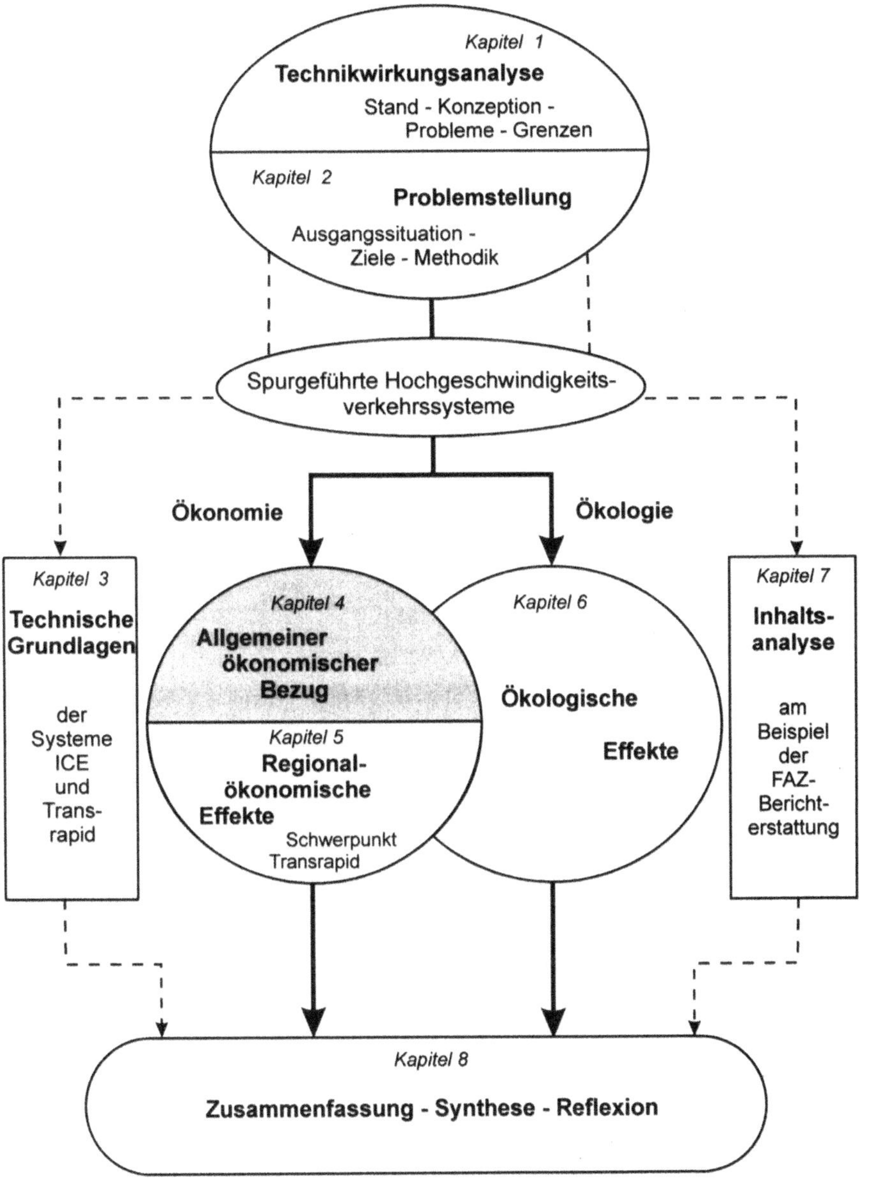

Kapitel 1
Technikwirkungsanalyse
Stand - Konzeption -
Probleme - Grenzen
Kapitel 2
Problemstellung
Ausgangssituation -
Ziele - Methodik
Spurgeführte Hochgeschwindigkeits-
verkehrssysteme
Ökonomie
Ökologie
Kapitel 3
Technische
Grundlagen
der
Systeme
ICE
und
Trans-
rapid
Kapitel 4
Allgemeiner
ökonomischer
Bezug
Kapitel 5
Regional-
ökonomische
Effekte
Schwerpunkt
Transrapid
Kapitel 6
Ökologische
Effekte
Kapitel 7
Inhalts-
analyse
am
Beispiel
der
FAZ-
Bericht-
erstattung
Kapitel 8
Zusammenfassung - Synthese - Reflexion

4 Spurgeführte Hochgeschwindigkeitsverkehrssysteme: ökonomischer Bezug

UWE KLEINKAUF/ANDREAS SCHOTTER

4.1 Einleitung

Ziel dieses Untersuchungsbereiches (UB1, vgl. Abbildung 2.1) ist es, mögliche volkswirtschaftliche, verkehrswirtschaftliche und insbesondere regionalwirtschaftliche Auswirkungen der MSB TRP auf die Anrainerregionen der geplanten Strecke Berlin-Schwerin-Hamburg zu ermitteln. Von besonderem Interesse für diese Studie ist die Frage, welchen zusätzlichen Einfluß bzw. Nutzen dieses neue Verkehrssystem für die weitere Entwicklung der Anrainerregionen haben könnte. Vorrangig betrifft dies mögliche dauerhafte Wirkungen während der Betriebsphase. Eine Vorausbestimmung ist hierfür jedoch mit erheblichen Unsicherheiten verbunden, da der Prognosezeitraum dieses Infrastrukturprojekts[1] jenseits des Jahres 2005 liegt. Relevante Aspekte für die Untersuchung sind:

- Industriestruktur (branchen- und wirtschaftsraumspezifische Entwicklungen),
- Arbeitsmarktstruktur und
- Bevölkerungs- und Siedlungsstruktur (mögliche Entwicklung, Mobilitätsstrukturen).

Vorgehensweise zum Erreichen obiger Ziele:

Zugrundeliegende Methoden (vgl. Abschnitt 2.3) konzentrieren sich auf

- Analogieschlüsse, insbesondere bezüglich der Wirkungen der Hochgeschwindigkeitsstrekken des ICE in Deutschland, des TGV in Frankreich und des Shinkansen-Systems in Japan, adaptiert auf die TRP-Anwendungsstrecke (Abschnitt 4.3),

des weiteren für Kapitel 5:

- Durchführung von spezifischen Expertengesprächen in den Anrainerregionen anhand einer zielgerichteten Strukturierung der Befragung sowie die sorgfältige Auswahl der befragten Experten als Voraussetzung für die Qualität und Relevanz der Ergebnisse.

---

[1] **Infrastruktur** bezeichnet die „...Gesamtheit aller langlebigen materiellen, institutionellen oder personellen Einrichtungen, die Voraussetzung für gesellschaftliche Aktivität, also auch für das Funktionieren des arbeitsteiligen Lebens (der Wirtschaft) sind“ (vgl. Teichmann, 1993, S. 336).

Anzumerken ist, daß insbesondere das zugrundeliegende Datenmaterial der bisherigen Studien (vgl. Abschnitt 5.2) nicht unkritisch betrachtet werden darf, da beispielsweise von einer Reihe Bestfallannahmen ausgegangen wird, die bei einer weiteren Verwendung in darauf aufbauenden Untersuchungen zu möglicherweise realitätsfernen Ergebnissen führen können.

Expertenbefragungen gelten als anerkannte Methode im Bereich wissenschaftlicher Prognoseverfahren. Nicht zuletzt die Anwendung der Delphi-Methode durch die Bundesregierung zur Einschätzung in der Zukunft liegender Entwicklungen in Technik und Wirtschaft, ist hier als Beispiel zu nennen (vgl. BMFT, 1993). Bewußt werden Expertengespräche gewählt, da sich ein Experte durch spezielle Fähigkeiten und Kenntnisse in einem Fachgebiet auszeichnet und eben diese Kenntnisse und Fähigkeiten entsprechender Know-how-Träger für den Untersuchungsbereich von Bedeutung sind. Hinzu kommt, daß eine Expertenbefragung die Erarbeitung primär qualitativer Ergebnisse ermöglicht, die nach Art, Struktur und Ausrichtung ihrer Entwicklung gegliedert werden können und weniger nach deren Ausmaß (primär quantitative Ergebnisse).

Zur Absicherung des Prognoseverfahrens wurde die Methode der Analogiebildung angewandt. Diese Methode schließt von einer vergleichbaren früheren Entwicklung auf den zu erwartenden Verlauf einer gegenwärtigen (bzw. zukünftigen) Entwicklung, da davon ausgegangen wird, daß es sich lediglich um zeitversetzte Erscheinungen in verschiedenen Erstreckungsbereichen handelt oder daß die gegenwärtigen Entwicklungen wegen einer bestimmten Verwandtschaft als Wiederholung der früheren Entwicklung im gleichen Erstreckungsbereich verlaufen (vgl. VDI, 1991a, S.16 f.). Die Möglichkeit einer Analogiebildung hinsichtlich eines Vergleichs von Hochgeschwindigkeitsverkehrssystemen bietet sich aus folgenden Gründen an:

- HGVS liegen die gleichen Funktionen zugrunde, nämlich der schnelle Transport von Personen zwischen verschiedenen Orten,
- HGVS werden in industrialisierten Staaten eingesetzt, um den hier vorherrschenden Bedürfnissen von Mobilität und schnellen Verbindungen zu entsprechen. Eine Vergleichbarkeit, bezogen auf die Nachfrage an Verkehrsleistungen durch HGVS, ist somit gegeben.

Analogiebildung beruht neben den oben beschriebenen Merkmalen auch auf Vergleichbarkeit der Rahmenbedingungen (Industriestruktur, Verkehrspolitik oder Technologiepolitik). Auch hier scheint ein Vergleich bzw. Analogieschluß möglich, da ICE, TGV und Shinkansen in industrialisierten Staaten zum Einsatz kommen. Vor allem die (radikale) Veränderung der Rahmenbedingungen (z.B. der Übergang von einer Planwirtschaft zu einer Marktwirtschaft) kann die Ergebnisse einer Analogiebildung ad absurdum führen, dies ist jedoch, bezogen auf ICE,

TGV und Shinkansen, nicht der Fall. Inwieweit Analogieschlüsse der drei HGVS zur MSB TRP möglich und vor allem auch sinnvoll sind, wird in Abschnitt 4.3 herausgearbeitet. In Abschnitt 4.4 wird vertiefend die Region Nordhessen mit der Stadt Kassel und ihrem ICE-Bahnhof Wilhelmshöhe auf Übertragbarkeit der Ergebnisse hin untersucht.

Da Prognosen letztendlich nie zu unumstößlich harten Fakten führen können, wird hier nochmals explizit darauf hingewiesen, daß die erarbeiteten Ergebnisse als Trends anzusehen sind, die den in Abschnitt 1.3 angeführten Problemen und Grenzen unterliegen.

4.2 Auswirkungen von Verkehrsinfrastrukturmaßnahmen

4.2.1 Verkehrs-, volks- und regionalwirtschaftliche Auswirkungen

Verkehrs-, volks- und regionalwirtschaftliche Auswirkungen stehen nicht isoliert nebeneinander, sondern haben in wesentlichen Bereichen Schnittmengen. Stehen die primären **volkswirtschaftlichen Auswirkungen** von Verkehrsinfrastrukturprojekten weitestgehend außer Frage und fließen in die volkswirtschaftliche Gesamtrechnung eines Landes (rein monetär) ein, so sind Sekundäreffekte[1] - insbesondere in einzelnen Regionen - besonders schwierig zu ermitteln. **Neben den sogenannten harten Faktoren müssen eine Vielzahl weicher Faktoren (z. B. Standortimage) beachtet werden, die jedoch monetär nicht bewertbar sind.**

Voigt (1973, S. 722) geht davon aus, daß Verkehrsinfrastrukturinvestitionen[2] ökonomische Effekte, insbesondere auch Sekundäreffekte, in den betroffenen Regionen erzeugen, indem transportkostenbedingte Wettbewerbsoasen[3] regionaler Anbieter abgebaut werden, so daß sich dadurch Anbieter mit niedrigeren Produktionskosten weitere Märkte erschließen können und die Möglichkeit der Betriebserweiterung erhalten. Somit wird eine volkswirtschaftliche Produktivitätssteigerung erreicht, die ohne Verkehrsinfrastrukturinvestition nicht entstanden wäre.

Unbestritten ist nach Meinung einiger Autoren (z. B. Radenz, 1984, S. 20, oder Maier/Atzkern, 1992, S. 75), daß Verkehrsinvestitionen nur dann Entwicklungsimpulse zu geben vermögen,

---

[1] **Sekundäreffekte** im ökonomischen Sinne bezeichnen die Auswirkungen, die durch die veränderte Infrastruktur in den betrachteten Regionen entstehen. Zum Beispiel verstärkte touristische Aktivitäten oder Firmenansiedlungen, die nicht in direktem Zusammenhang mit der Errichtung der Infrastrukturmaßnahme zusammenhängen, sondern aufgrund einer verbesserten Verkehrsinfrastruktur erfolgen.

[2] **Infrastrukturinvestitionen** geben die „...Veränderungen der Bestandsgröße Infrastruktur in quantitativer und struktureller Hinsicht an, die meist durch die öffentliche Hand vorgenommen werden und Voraussetzung für die Entwicklungsfähigkeit von Volkswirtschaften sind" (Gabler Wirtschaftslexikon, 1992, S. 3523).

[3] Regionale Monopole im Sinne eines unvollkommenen Wettbewerbs.

wenn vorhandene Ressourcen ein Entwicklungspotential in sich bergen (Bevölkerung, Arbeitskräfte, Rohstoffe, vorhandene Industrie- oder Dienstleistungsbetriebe, attraktives Fremdenverkehrsangebot u. a.). Die Erschließung einer Region ohne eigene Entwicklungspotentiale wird eben dieser Region zu keinerlei Wachstum verhelfen. Die vorhandenen Strukturen und Ressourcen bestimmen also mit, wie groß das volkswirtschaftliche Gestaltungspotential[1] einer Verkehrsinfrastrukturinvestition für eine Region ist. Eine gute Infrastrukturausstattung ist somit eine notwendige, jedoch keine hinreichende Bedingung für die wirtschaftliche Entwicklung einer Region (vgl. Laschet et al., 1978, S. 1 ff.).

Der Begriff **regionalwirtschaftliche Effekte** ist synonym mit dem der volkswirtschaftlichen Effekte zu verwenden, wenn unter Region und Volkswirtschaft der gleiche Raum verstanden wird. Wird hingegen unter Region nur ein Teil der Volkswirtschaft verstanden, so stellen die regionalwirtschaftlichen Auswirkungen von Verkehrsinfrastrukturmaßnahmen denjenigen Ausschnitt volkswirtschaftlicher Effekte dar, der dem engeren Bereich einer oder mehrerer näher definierter Regionen (hier die Regionen Hamburg, Schwerin/Mecklenburg-Vorpommern, Berlin) betrifft (vgl. Jansen/Platz, 1973, S. 2 ff.). Bei der Ermittlung von volkswirtschaftlichen Effekten ist darauf zu achten, daß nach der Aufspaltung volkswirtschaftlicher Investitionsbewertungen für einzelne Gruppen oder Regionen der Nutzen der einen Gruppe oder Region die Kosten einer anderen Gruppe oder Region sein können, die in der Aggregation wegfallen. Siedelt sich z. B. aufgrund einer Verkehrsinfrastrukturinvestition ein Industriebetrieb in einer bestimmten Region an, entsteht zunächst lediglich ein regionalwirtschaftlicher Nutzen (vgl. Maier/Atzkern, 1992, S. 75 ff.).

Ein volkswirtschaftlicher Nutzen[2] entsteht nur, wenn dieser Industriebetrieb ohne die Verkehrsinfrastrukturinvestition im Bereich der Volkswirtschaft überhaupt nicht oder nur in reduzierter Form entstanden wäre (vgl. Maier/Atzkern, 1992, S. 75 ff.). Liegt ausschließlich ein Verlagerungseffekt von einer Region in eine andere vor (der bei regionalwirtschaftlicher Be-

---

[1] **Volkswirtschaftliche Gestaltungskraft** bezeichnet „... die Fähigkeit eines Verkehrssystems oder einer verkehrswirtschaftlichen Aktivität zur Änderung überkommener Strukturen und zur Auslösung oder Umgestaltung von Entwicklungsprozessen“ (vgl. Voigt, 1973, S. 722 ff.). Diese Strukturen und Entwicklungsprozesse stellen in einer entwickelten Volkswirtschaft eine bedeutende Gegenkraft dar. Erst die aggregierten Kräfte geben das tatsächliche Potential einer verkehrswirtschaftlichen Aktivität oder einer anderen Infrastrukturmaßnahme an, um volkswirtschaftliche Effekte auszulösen. Hier soll dieser Begriff als **„volkswirtschaftliches Gestaltungspotential“** bezeichnet werden. Die Auswirkungen des volkswirtschaftlichen Gestaltungspotentials können sowohl Wachtums- als auch Schrumpfungsprozesse sein. Die Messung und monetäre Bewertung des volkswirtschaftlichen Gestaltungspotentials ist aufgrund der Vielzahl und teilweise nicht monetär darstellbarer Determinanten äußerst schwierig.

[2] Im Rahmen dieser Untersuchung werden volkswirtschaftlicher Nutzen bzw. Kosten nicht nur im Sinne der volkswirtschaftlichen Gesamtrechnung verstanden, die sich auf in Geld abzugeltende Wertschöpfungen oder Wertverzehre bezieht, sondern auch auf Auswirkungen im Sinne von Vor- und Nachteilen, die nicht monetär quantifizierbar sind, z. B. Umweltauswirkungen oder Standortimage.

trachtungsweise durchaus bedeutend sein kann), beläuft sich der volkswirtschaftliche Nutzen bestenfalls auf raumordnungspolitische Ausgeglichenheit. Bei der Prognose möglicher Sekundäreffekte besteht das Problem, diese Auswirkungen direkt der Verkehrsinfrastrukturinvestition zuzuordnen und in der Bewertung zu hinterfragen, ob entsprechende Auswirkungen ohne diese Investition andernorts in gleicher Art entstanden wären.

In der verkehrswissenschaftlichen Fachwelt stellt sich die Frage, ob und inwieweit der Bereich der Verkehrsinfrastrukturausstattung überhaupt noch einen Engpaß darstellt. Untersuchungen in den alten Bundesländern legen die Vermutung nahe, daß für die Standortwahl von Unternehmen und die Wohnortwahl der Bevölkerung andere Präferenzen ausschlaggebend sind (vgl. Jansen/Platz, 1973, S. 7). Verkehrsinfrastrukturinvestitionen wirken hier also nach Meinung einiger Experten lediglich wachstumsverteilend und nicht wachstumsinduzierend. Aus der Sicht dieser Untersuchung muß aber besonders auf die Regionen des ehemaligen Zonenrandgebietes verwiesen werden, die durch ihre geographische und somit auch „ökonomische“ Randlage standortbedingte Nachteile hatten, sich jedoch nach Öffnung der innerdeutschen Grenze durch eine parallel dazu erfolgte Verbesserung der Verkehrsinfrastruktur positiv entwickelten. **Quantitative und qualitative volkswirtschaftliche Auswirkungen** können Verkehrsinfrastrukturinvestitionen vor allem durch **verkehrliche Effekte**[1] hervorbringen, also durch

- Reisezeitverkürzungen für den Altverkehr (Verkehr[2], der bereits vorher ohne Investition die zu ersetzende Strecke benutzt hat),
- Induzierung von Neuverkehr, d. h. von Fahrten bzw. Transporten, die ohne die Investition nicht stattgefunden hätten,
- Verkehrsverlagerung zwischen den Verkehrsträgern (hier Verschiebung des Modal Split[3] zugunsten des TRP),
- Kostensenkung für den Verkehrsbetrieb (vgl. Jansen/Platz, 1973, S. 7),
- Die Verkehrsverbesserung für den Altverkehr,
- Eine ökologische Verbesserung des Verkehrs, die in Kapitel 6 angesprochen wird,
- Eine Verbesserung der Standortgunst.

---

[1] Der Terminus ist in den Verkehrswissenschaften allgemein gebräuchlich. Von einer Umschreibung dieses Begriffs wurde daher abgesehen (vgl. u. a. Jansen/Platz, 1973).

[2] Der Begriff **Verkehr** bezieht sich auf die für die Wirtschaftswissenschaften relevante Definition als „... ökonomisch relevante Veränderung der Eigenschaften von Personen und Gütern, zu einer Zeit an einem Ort zu sein. I.w.S. auch die Übermittlung von Informationen im Nachrichtenverkehr“ (Gabler Wirtschaftslexikon, 1992, S. 3523).

[3] **Modal Split** bezeichnet die Verkehrsmittel oder Verkehrsträgeranteile an der Gesamtverkehrsnachfrage (vgl. Gabler Wirtschaftslexikon, 1992, S. 2296).

Liegen volkswirtschaftliche Effekte dieser Ausprägungen vor, so sind sie auch als regionalwirtschaftlich relevant einzuordnen. Beschränkt sich allerdings der Altverkehr auf Durchgangsverkehr durch die hier betrachtete Region, so treten keine regionalwirtschaftlichen Effekte auf.

Da der Schwerpunkt der Untersuchung Effekte in den **Anrainerregionen** der TRP-Strecke benennen soll, werden im folgenden regionalwirtschaftliche Auswirkungen näher betrachtet.

4.2.2 Wirkungsbereiche regionalwirtschaftlicher Effekte

Regionale Effekte lassen sich im Sinne einer ganzheitlichen Betrachtungsweise in vier Wirkungsbereiche differenzieren (siehe Abbildung 4.1), die sowohl quantitative als auch qualitative Effekte umfassen (vgl. Blazejczak/Voigt, 1986, S. 177).

Durch die Nutzung von Infrastruktureinrichtungen als Produktionskapital entstehen **regionale Wirtschaftsstrukturwirkungen** in Form von Kapazitäts-, Einkommens-, Produktivitäts- sowie regionalen Mobilitätseffekten. Unternehmen aller Wirtschaftsbereiche können durch eine besser angebundene Region einen größeren Absatzmarkt bedienen. Die Inanspruchnahme der verbesserten Infrastruktur wirkt sich über einen wirkungsvolleren Faktoreinsatz (z. B. niedrigere Transportkosten) auch auf das Sozialprodukt aus (vgl. Hopf, 1995, S. 188 ff.). Außerdem können in den betroffenen Regionen Wirtschaftsstrukturwirkungen in Form von Standort-, Innovations-, Arbeitsteilungs- sowie Erwerbsstruktureffekten ausgelöst werden. Allerdings ist kritisch zu hinterfragen, ob sich die Einrichtung eines Hochgeschwindigkeitsverkehrssystems im Personenverkehr in dieser Weise auf z.B. die Faktorkosten auswirkt, zumal die Innovationen in der Kommunikationstechnik (Stichwort „Datenautobahn") die Notwendigkeit des umfangreichen physischen Verkehrs von Personen in Zukunft generell in Frage stellen könnten.

Durch die Infrastrukturinvestition werden einzelne Wirtschaftsbereiche stärker angesprochen als andere. Diese Auswirkungen bezeichnet man als **sektorale Wirtschaftsstrukturwirkungen**. Stabilitätswirkungen stehen durch ihre Einkommenseffekte während der Bauphase im Vordergrund. Über Multiplikator- und Akzeleratorprozesse wirken sie stabilisierend auf die Produktion und Beschäftigung. Der Akzelerator gibt an, wie der betroffene Sektor bei steigender Nachfrage nach Gütern nicht nur mehr Vorleistungen einkauft, sondern auch mehr investiert und agglomeriert. Außerdem können interregionale Mobilitätseffekte, bezogen auf den Wirtschaftssektor, entstehen (vgl. Blazejczak/Voigt, 1986, S. 177).

Verkehrsinfrastrukturmaßnahmen				
Infrastruktureffekte	Wirtschaftsstruktureffekte		Siedlungsstruktureffekte	Umweltstruktureffekte
	regional	**sektoral**		
institutionell materiell personell	Einkommenseffekt Kapazitätseffekt Mobilitätseffekt Standorteffekt Innovationseffekt Arbeitsteilungseffekt Erwerbsstruktureffekt	Stabilitätseffekt Beschäftigungseffekt interregionaler Mobilitätseffekt Agglomerationseffekt	Wohnbevölkerungseffekt Pendlereffekt Arbeitsstätteneffekt	vgl. Kapitel 6

Abb. 4.1: Systematisierung von Verkehrsinfrastrukturmaßnahmen (vgl. Thoenes/Kurth 1978, S. 115 ff.)

Siedlungsstrukturwirkungen können als Wohnbevölkerungs-, Pendler- und Arbeitsstätteneffekte auftreten. Dieser Strukturwirkungsbereich wirkt sich nicht gleichermaßen auf alle Betrachtungszeiträume einer Verkehrsinfrastrukturmaßnahme aus, daher wird im folgenden Abschnitt eine phasenbezogene Einteilung der regionalwirtschaftlichen Effekte vorgenommen.

Umweltstrukturwirkungen bezeichnen Auswirkungen in bezug auf ökologische Veränderungen, die durch die Verkehrsinfrastruktur entstehen. Die Wirkungsweisen können vielschichtig sein und werden in Kapitel 6 umfassend behandelt. Im Falle einer Entlastung der Umwelt durch „saubereren“ Verkehr können allerdings durchaus auch ökonomische Auswirkungen entstehen, wenn vorausgesetzt wird, daß die induzierende Wirkung der Verkehrsinfrastrukturmaßnahme die Entlastungen nicht überdeckt.

4.2.3 Phasenbezogene Auswirkungen von Verkehrsinvestitionen

In Abbildung 4.2 werden nach Frey (1979, S. 62 ff.) monetäre, reale und psychologische Effekte unterschieden, die in den Phasen der Planung, Erstellung und/oder während des Betriebs auftreten können, wobei für diese Untersuchung insbesondere die Erstellungs- und Betriebsphase relevant sind.

Phase / Art des Effektes	**Planung**	**Erstellung**	**Betrieb**
Geldströme	Einkommenseffekte		
(monetär)		Finanzwirtschaftliche Effekte	
	Neuansiedlungs-		Kapazitätseffekte
Güterströme	effekte		Standorteffekte
(real)		Produktionseffekte	
	Beschäftigungseffekte		
Nutzenebene (psychologisch)	Ankündigungseffekte	Effekte der Standortgunst	

Abb. 4.2: Phasenbezogene Auswirkungen von Verkehrsinfrastrukturinvestitionen (nach Frey, 1979, S. 62)

Als **monetäre Effekte** werden Auswirkungen von Geldströmen auf die Einkommen verstanden, die durch die Infrastrukturinvestition ausgelöst werden. Je nach individuellem Steuersatz und der Spar- bzw. Konsumquote wird ein Teil dieses Einkommens zu Konsumzwecken ausgegeben, was die Produktion von Konsumgütern belebt und wiederum anderen Haushalten als zusätzliches Einkommen zufließt. Dieser Multiplikatorvorgang vollzieht sich in einem vielstufigen Prozeß, dessen Wirkung „von Stufe zu Stufe" kleiner wird. Der **Einkommenseffekt** beziffert das durch die Investition geschaffene Einkommen in Höhe der Investitionsausgaben und das durch den Multiplikatorprozeß erweiterte Einkommen. Der Einkommenseffekt betrifft die Planungs-, Erstellungs- und Betriebsphase der Infrastrukturinvestition, ist aber während der Erstellung am bedeutendsten (vgl. Aleff/IFB, 1995, S. 22 ff.). Die unterschiedlichen Finanzierungsformen der Investitionsausgaben bestimmen die finanzwirtschaftlichen Effekte. Der Staat hat drei Möglichkeiten der Finanzierung, die in Kredit-, Steuer- und Ausgabenumschichtungsfinanzierung unterschieden werden (vgl. Blazejczak/Voigt, 1986, S. 88). Finanzwirtschaftliche Effekte ergeben sich während der Erstellung und des Betriebs der Infrastruktureinrichtung. Alle

Finanzierungsformen bewirken finanzwirtschaftliche bzw. allokative Effekte, die zumeist eine negative Wirkung auf das wirtschaftliche Wachstum haben. Zieht der Staat durch Kreditaufnahme den Kapitalmarkt heran, so wirkt sich das tendenziell negativ auf das Zinsniveau aus. Hohe Zinsen stellen jedoch für die Privatwirtschaft ein Investitionshemmnis dar und können so das wirtschaftliche Wachstum insgesamt verringern. Durch die Steuerfinanzierung wird dem privaten Sektor Kapital entzogen, mit dem er hätte wirtschaften und so positive wirtschaftliche Impulse auslösen können. Bei der Ausgabenumschichtungsfinanzierung führt die Entscheidung für bestimmte Infrastrukturprojekte zur Aufgabe oder Verschiebung alternativer Investitionsvorhaben (vgl. Hauser, 1985, S. 58).

Realwirtschaftliche Effekte beschreiben Güterströme, die während der Erstellung, aber auch bereits während der Planungsphase zur **Neuansiedlung** und/oder zu **Kapazitätserweiterungen** von Unternehmen führen können, die aufgrund des vermuteten bevorstehenden Strukturwandels in den betroffenen Regionen ihre **Standortentscheidung** treffen (vgl. Kromphardt, 1979, S. 255). Die Unternehmen benötigen zur Herstellung der für die Infrastrukturinvestition nachgefragten Güter Lieferungen und Leistungen aus den verschiedensten Bereichen. Auch für diese Vorleistungen werden wiederum Lieferungen und Leistungen nachgefragt. Durch die Infrastrukturinvestition und deren Auswirkungen auf den Produktionssektor entsteht ein Multiplikatorprozeß, der sich in den Vorleistungsverflechtungen der Wirtschaft vielstufig fortsetzt. Der **Produktionseffekt** bezeichnet die ursprüngliche Investitionsnachfrage und den dadurch induzierten Multiplikatorprozeß der Vorleistungen. Die Herstellung der zusätzlich nachgefragten Güter kann **Beschäftigungseffekte** auslösen (vgl. Kromphardt, 1979, S. 255).

Als **psychologische Effekte** werden Auswirkungen der Infrastrukturinvestition auf der Nutzenebene bezeichnet, die bereits am Anfang der Planungsphase durch einen **Ankündigungseffekt** eine Mentalitätsveränderung auslösen. Zum Beispiel kann das Image der Region verändert und so das Interesse potentieller Investoren geweckt werden (vgl. Kromphardt, 1979, S. 255). Die **Standortgunst** beeinflußt bereits während der Erstellung, vor allem aber während der Betriebsphase, die Standortwahl von Unternehmen (vgl. Kaufmann, 1983, S. 419). Es gestaltet sich als ausgesprochen schwierig, qualitative und quantitative Auswirkungen von Verkehrsinfrastrukturinvestitionen auf die Standortgunst zu erfassen. Zur Unterteilung qualitativer Effekte dient die Kategorisierung in Innovationseffekte, Qualifikationseffekte, Imageeffekte und Marketingeffekte (vgl. Airports Council International, 1993, S. 13 f.). **Innovationseffekte** betreffen Wachstum und Neuansiedlungen von Unternehmen, die spezifische Dienstleistungen anbieten, welche für die neue Infrastrukturmaßnahme bedeutend sind oder für die Betriebstätigkeit eine notwendige Voraussetzung darstellen. Der **Qualifikationseffekt** beschreibt die Ansammlung von Know-how und Erfahrung der Beschäftigten mit hochwertigen Technologien aus dem Bereich der neuen Infrastrukturmaßnahme. Der **Imageeffekt** ist gekennzeichnet durch den Ruf einer Region als verkehrsgünstig gelegener und zukunftsorientierter Standort. Der **Marketingeffekt** beschreibt das Vermögen von lokalen Behörden, Verbänden oder Kammern, die Erweiterung der Infrastruktur als Instrument des Regionalmarketings einzusetzen (vgl. Airports Council International, 1993, S. 13 f.).

Aus der in diesem Abschnitt und in Abschnitt 4.2.2 vorgenommenen Einteilung in Strukturwirkungsbereiche und phasenbezogene Primär- und Sekundäreffekte ergibt sich die Frage nach der Bewertung regionalwirtschaftlicher Effekte. Im folgenden Abschnitt werden daher Bewertungsverfahren für Verkehrsinfrastrukturinvestitionen vorgestellt.

4.2.4 Bewertungsverfahren für Verkehrsinfrastrukturinvestitionen

Infrastrukturinvestitionen verlangen die Koordination verschiedener Bereiche aus Politik und Wirtschaft, da sie über alle Zweige einer Volkswirtschaft verstreut sind. Bei der Beurteilung dieser Auswirkungen ergeben sich daher Bewertungsprobleme in bezug auf sehr komplexe Modelle und eine entsprechende Aufbereitung der Datenbasis (vgl. Laschet et al., 1978, S. 1 ff.). Die gesamtgesellschaftlichen Aufgaben der Verkehrsinfrastruktur erfordern jedoch eigentlich die Einbeziehung aller monetären und nichtmonetären Kriterien. Dies können die im folgenden angeführten Methoden und Modelle nur eingeschränkt leisten.

Bewertungsmethoden:

Drei Gruppen von Methoden zur Bewertung von Verkehrsinfrastrukturinvestitionen sind zu unterscheiden:

- Investitionsrechenverfahren,
- Effizienzanalysen (Nutzen-Kosten-, Kosten-Wirksamkeits-, Nutzwertanalyse),
- Verflechtungsanalysen (Land-Use-, Land-Value-Methoden, das Konzept der Konsumentenrente, Input-Output-Rechnungen, Industriekomplexanalyse).

Bewertungsmodelle:

Bewertungsmodelle bestehen oftmals aus einer problemorientierten Kombination der oben beschriebenen Methoden und sind häufiger als die Methoden auch in der Praxis erprobt. Im folgenden wird eine Auswahl von Modellen zur Bewertung von Verkehrsinfrastrukturinvestitionen vorgestellt.

Durch die Kombination von Nutzen-Kosten-Analyse (für die monetär bewerteten Zielgrößen) und Kosten-Wirksamkeitsanalyse (für die nichtmonetär bewerteten Zielgrößen) kann eine Dringlichkeitsreihung von alternativen Verkehrsinvestitionen abgeleitet werden. Die Ergebnisse einer solchen Untersuchung bilden die Basis für das aktuelle Bewertungskonzept des Bundesverkehrswegeplans 1992 (BVWP '92) (vgl. Bundesministerium für Verkehr, 1992, S. 9).

4.2.5 Bisherige Abschätzungen von ökonomischen Effekten

Bewertungsverfahren im Rahmen des BVWP '92:

Ziel des **Bundesraumordnungsprogrammes** ist die Entwicklung der räumlichen Struktur der Bundesrepublik Deutschland unter wirtschaftlichen, sozialen und kulturellen Aspekten zur Schaffung gleichwertiger Lebensbedingungen und zum Abbau interregionaler Wohlstandsunterschiede (vgl. Bundesministerium für Verkehr, 1992, S. 9 ff.). Dieses Ziel wird durch drei Aufgaben konkretisiert:

1. Verbesserung der Infrastruktur,
2. Verbesserung der Umweltqualität und
3. Verbesserung der regionalen Wirtschaftsstruktur.

Fahrgastzahlprognosen:

Grundlage der bisher erstellten Studien zu möglichen Beschäftigungseffekten durch den Bau und Betrieb der TRP-Strecke Berlin-Hamburg sind die Fahrgastzahlprognosen sowie das zugrundegelegte Finanzierungskonzept.

Die Fahrgastzahlprognosen stützen sich auf ein 1992 erstelltes Gutachten des Instituts für Wirtschaftspolitik und Wirtschaftsforschung (IWW) unter der Projektleitung von Prof. Dr. Werner Rothengatter sowie auf eine Erweiterung des Gutachtens aus dem Jahre 1993. Für eine Strecke von Hamburg-Hauptbahnhof bis Berlin-Westkreuz wurden 14,5 Mio. Passagiere jährlich prognostiziert (vgl. Rothengatter/IWW, 1992, S. 5).

In einem hinsichtlich der Verknüpfung mit bestehenden Verkehrsträgern idealisiertem Planungsfall wurde folgendes Ergebnis für das Jahr 2010 prognostiziert:

- 5 Mio. zusätzliche Bahnreisen gegenüber dem Referenzfall,
- 14,5 Mio. Reisende über beide Richtungen auf der TRP-Strecke,
- 1,9 Mrd. zusätzliche Personenkilometer im gesamten DB AG-Bahnsystem.

Von den vorausgesagten 14,5 Mio. Fahrgästen verteilen sich 8 % auf induzierten und 92 % auf verlagerten Verkehr. Der verlagerte Verkehr setzt sich zu 15 % aus Luft- und zu 85 % aus PKW-Verkehr zusammen. 8 Mio. Fahrgäste fahren von Berlin nach Hamburg oder umgekehrt. Die übrigen haben andere Quell- oder Zielpunkte (vgl. Rothengatter/IWW, 1992, S. 284). In der zitierten Studie wurden, je nach untersuchtem Planfall, zwischen 9,2 und 14,5 Mio. Reisende für das Jahr 2010 errechnet. Im Finanzierungskonzept für den TRP, das auch Basis für die Kabinettsvorlage 1994 war, wurde die Prognosezahl für den Idealfall zugrundegelegt, obwohl in mehrfacher Hinsicht von den Annahmen des Planfalls abgewichen wurde (höhere Reisezeiten, schlechtere Verknüpfungen, höhere Tarife) (vgl. Rothengatter/IWW, 1992, S. 5).

1995 wurde im Auftrag der Magnetschnellbahn Planungsgesellschaft mbH (MPG) durch die Firma Intraplan Consult GmbH (ITP), München, eine Untersuchung der verkehrlichen Auswirkungen verschiedener Haltepunktvarianten durchgeführt. Für die Variante vom Hauptbahnhof Hamburg bis zum Westkreuz Berlin bzw. Lehrter Bahnhof Berlin wurden je nach Trassenführung 15 bis 17 Mio. Fahrgäste pro Jahr vorhergesagt. Intraplan Consult schätzt den Anteil von induziertem Verkehr auf 2,6 % (vgl. Intraplan Consult, 1996, S. 223). In Abbildung 4.3 werden die von ITP und IWW ermittelten Fahrtzweckanteile gegenübergestellt.

	ITP	**IWW**
Geschäftsverkehr	36 %	41 %
Privatverkehr	64 %	59 %

Abb. 4.3: Fahrtzweckanteile ITP und IWW (vgl. Intraplan Consult, 1996, S. 229 und Rothengatter, 1996, S. 293)

Geht man von gewissen Prognoseschwankungen aus, so liegen die Studien von Intraplan Consult und IWW etwa auf dem gleichen Niveau. Als Grundlagen dienten beiden Studien die Daten für die Bundesverkehrswegeplanung 1992. Diese Daten setzten voraus, daß in den neuen Bundesländern, insbesondere im Raum Berlin, ein starker wirtschaftlicher Aufschwung stattfindet, der sich bis 2010 so fortsetzt, daß in dem gesamten Berliner Raum Produktions- und Einkommensverhältnisse wie in den alten Bundesländern herrschen werden. Inzwischen stellt sich die Entwicklung in den Regionen aber anders dar. Die für den BVWP '92 zugrundegelegten Prognosen stammen aus dem Jahre 1990, also unmittelbar nach der Wiedervereinigung (vgl. Rothengatter, 1996, S. 282 f.).

Alle bekannten Daten hinsichtlich der Bevölkerungsentwicklung und der Wirtschaftsentwicklung stellen sich jedoch anders dar, und zwar bei der **demographischen Entwicklung** im Berliner Umland in einer Größenordnung von **minus 20 %**. Auch die von Intraplan Consult zugrundegelegte Arbeitsproduktivität entwickelt sich nicht entsprechend den Prognosen. So wurde von Intraplan Consult als Basis eine Arbeitsproduktivität in den neuen Bundesländern aus dem Jahre 1989, die bei 43 % des Westniveaus lag, zugrunde gelegt. Es wurde davon ausgegangen, daß sich die Arbeitsproduktivität bis zum Jahr 2004 an das Westniveau angleichen wird. Tatsächlich ist die Produktivität in den neuen Bundesländern aber bis 1995 erst auf ca. 52 % des Westniveaus gestiegen (vgl. Rothengatter, 1996, S. 282 f.). Auch bei den von Intraplan Consult prognostizierten Modal Split wurde teilweise von unrealistischen Bedingungen ausgegangen. Als Beispiel dient die Substitutionswirkung des TRP auf den Flugverkehr zwischen Berlin und Hamburg. Intraplan Consult rechnet auf Basis des BVWP '92 mit 1,5 Mio. Umsteigern vom Flugverkehr. Die Ausgangszahl von 512.000 Flügen pro Jahr zwischen Berlin und Hamburg basierte aber auf dem Jahr 1988, also auf Bedingungen vor der Wiedervereinigung Deutschlands. Diese Zahl wurde mit der Annahme des Szenarios H des BVWP '92 verknüpft. Hier wurde zugrundegelegt, daß sich der Flugverkehr in Deutschland bis 2010 mehr als verdoppelt. Zusätzlich wurde von einer starken Zunahme des Ost-West-Verkehrs durch die Öffnung der Länder des ehemaligen Ostblocks und der Hauptstadtwirkung Berlins ausgegangen. Tatsächlich sind 1995 aber nur 190.000 Fluggäste zwischen Berlin und Hamburg transportiert worden. Statt einer Zunahme reduzierte sich also bis heute der Flugverkehr bereits um 63 % (vgl. Sauter, 1996, S. 23 ff.). Allein dieses Beispiel macht deutlich, daß Prognosen der fortlaufenden Anpassung bedürfen und nicht mit dem Argument einer sogenannten Kontinuität auf überholten Grundannahmen weitergerechnet werden kann (vgl. Intraplan Consult, 1996, S. 224), wie dies Intraplan Consult in ihrem Gutachten auf Wunsch der MPG tat.

Es ist davon auszugehen, daß durch die Attraktivitätssteigerung einer deutlichen Reisezeitverkürzung des spurgeführten Verkehrs die Fahrgastzahlen ansteigen (vgl. Breimeier, 1993, S. 883 ff.). Zusätzlich dürfte die Attraktion des Fahrens mit dem TRP eine induzierende Wirkung haben (vgl. Hopf in Deutscher Bundestag, 1996, S. 440). Die Reisezeit ist allerdings nur im Geschäftsreiseverkehr der entscheidende Faktor für die Verkehrsmittelwahl; bei Privatreisen sind eher die Kosten der ausschlaggebende Faktor (vgl. Kuhfeld/Niklas, 1988, S. 272 ff.). Geschäftsreisen sind zumeist im Bereich der Tagesrandzeiten gelegen, auch wenn es sich nur um Fahrzeiten von etwa einer Stunde zuzüglich Zu- und Abgangszeiten handelt (vgl. Hopf in Deutscher Bundestag, 1996, S. 441). Um eine gleichmäßig hohe Auslastung der dichten TRP-Zugfolge zu ermöglichen, sind dann sicherlich Preiszugeständnisse an den Freizeitverkehr notwendig, was wiederum die Wirtschaftlichkeit negativ beeinflussen würde (vgl. Hopf, in Deutscher Bundestag, 1996, S. 441).

Studien zu möglichen wirtschaftlichen Effekten durch das TRP-System:

Die möglichen ökonomischen Auswirkungen wurden bereits in Zeitbereiche (Planungs-, Bau-, und Betriebsphase) und Nutzenebenen (monetär, real und psychologisch) unterteilt (vgl. Abb. 4.2). Für die in dieser Untersuchung betrachteten Auswirkungen muß zusätzlich eine Einteilung in räumlicher Hinsicht (regional, überregional) getroffen werden. Bei der TRP-Diskussion werden von den MSB-Planern bei der Betrachtung der ökonomischen Effekte drei Hauptargumente unterschieden (siehe Abbildung 4.4):

Argumente	**Reichweite**
Referenz für einen möglichen Export des Systems	überregional
Image-Effekte und diffundierende Wirkungen für andere Wirtschaftbereiche bzw. für die Gesamtwirtschaft	regional & überregional
wirtschafts- und strukturfördernde Effekte	regional

Abb. 4.4: Argumente für den Bau des Transrapid und ihre Reichweite

Bezogen auf die ersten beiden Argumente, sind bisher noch keine Studien erstellt worden. Es wurden lediglich von seiten der Systemhersteller einige mögliche internationale Anwendungsstrecken aufgezeigt. Studien, bezogen auf mögliche **regionalökonomische Effekte** durch den Bau und Betrieb der TRP-Strecke Berlin-Hamburg, wurden bisher nur am Institut für Bahntechnik (IFB) Berlin durchgeführt.

Das IFB unter Leitung von Prof. Dr. Mnich ermittelte 1991 mögliche Beschäftigungseffekte für zwei alternative Streckenvarianten (Berlin-Dresden sowie Berlin-Hamburg) (vgl. Mnich/IFB, 1991). Ausgehend davon vertiefte Aleff/IFB (1995) diese Untersuchung bezüglich der Anwendungsstrecke Berlin-Hamburg. In Abbildung 4.5 werden die Ergebnisse dieser beiden Studien dargestellt.

Beschäftigungseffekte pro Jahr	Mnich/IFB 1991	Aleff/IFB 1995
Bauphase	30.000	18.000
Betriebsphase	1.000	3.500

Abb 4.5: Einschätzung der Beschäftigungseffekte durch den Transrapid (vgl. Mnich/IFB, 1991, S. 18 und Aleff/IFB, 1995, S. 76 ff.)

Beiden Studien liegt die gleiche Methodik zugrunde, die Input-Output-Rechnung, nach der Investitionen volkswirtschaftlich bewertet werden sollen. Beide Studien zielen auf die Ermittlung von möglichen Beschäftigungseffekten, die aber durch die gewählte Methodik nur für den Bereich der Geld- und Güterströme Gültigkeit haben. Die vom IFB zugrundegelegte Verflechtungsmatrix berücksichtigt sekundär-ökonomische Effekte - z. B. durch den Bau, Betrieb oder die hierfür notwendigen Vorleistungen - ebensowenig wie die Effekte der psychologischen Ebene. Besonders problematisch werden aus Sicht der Autoren die für die Input-Output-Rechnung zugrundegelegten Prämissen sowie die verwendete Verflechtungsmatrix beurteilt. Dies gilt insbesondere für den Zeitraum der Betriebsphase. Die grundsätzliche Annahme, daß bei einem Verkehrsinvestitionsvolumen von 1 Mrd. DM ca. 12.000 Arbeitsplätze neu entstehen, mag ex-post häufig zutreffend gewesen sein, für zukünftige Projekte ist diese Annahme aber sicherlich zu überprüfen.

Die Studien des IFB haben den Schwerpunkt der Untersuchung auf die Identifikation von Primäreffekten[1] gelegt (vgl. Mnich/IFB, 1991, Anhang). Sekundäreffekte, die Prof. Mnich aus volkswirtschaftlicher Sicht am bedeutungsvollsten eingestuft hat (siehe Abbildung 4.6), werden allerdings nur am Rande erforscht.

Aufgrund der bereits erfolgten vielschichtigen Auseinandersetzung mit den Primäreffekten, die bereits dargestellt und auch kritisch beleuchtet wurden, läßt sich eine Erkenntnislücke im Bereich der Sekundäreffekte identifizieren. Die vorliegende Untersuchung versucht daher im weiteren, einen Beitrag zum Schließen dieser Lücke zu leisten. Hierfür ist es notwendig, den Systemcharakter des TRP aufzuzeigen (vgl. auch Kapitel 3) sowie die Regionen Berlin, Schwerin und Hamburg näher zu betrachten. Damit sollen Erkenntnisse gewonnen werden, die eine Einschätzung der ökonomischen Entwicklungsmöglichkeiten durch den TRP erlauben.

---

[1] **Primäreffekte** beziehen sich auf die Auswirkungen, die im direkten Zusammenhang mit der Errichtung oder Betriebstätigkeit der Verkehrinfrastrukturinvestition stehen (Auswirkungen, z.B. bei den beteiligten Bauunternehmen, oder Einnahmen/Verluste der Betreibergesellschaft).

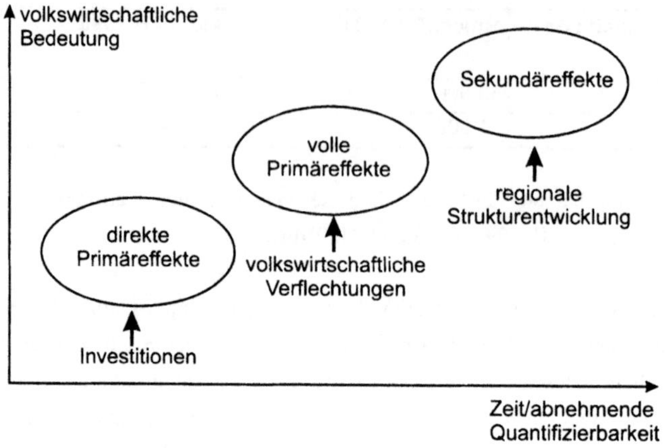

Abb. 4.6: Systematik der möglichen Effekte (vgl. Mnich/IFB, 1991, Anhang)

4.3 Hochgeschwindigkeitsverkehrssysteme und Ökonomie

Einen Analogieschluß durchzuführen, um zu fundierteren Aussagen über mögliche ökonomische Wirkungen des TRP-Systems zu gelangen, ist Ziel dieser Betrachtungen. Ermöglicht werden soll der Analogieschluß durch das Beleuchten des speziellen Blickwinkels der Übertragbarkeit von realen ökonomischen Auswirkungen auf mögliche zukünftige Entwicklungen. Hierzu werden im folgenden Betrachtungen zu den Hochgeschwindigkeitszügen Shinkansen (Japan), Train à grande vitesse (TGV/Frankreich) und InterCityExpress (ICE/Deutschland) durchgeführt. Anhand der Region Kassel/Nordhessen werden im weiteren ökonomische Auswirkungen identifiziert und Effekte der ICE-Verbindung mit Halt in Kassel dargestellt. Um Erkenntnisse zu gewinnen, die für den bereits erwähnten Analogieschluß verwendet werden können, ist es hilfreich, die ökonomischen Entwicklungen in Kassel seit 1989, losgelöst vom eigentlichen Untersuchungsgegenstand TRP, anhand folgender Fragestellungen zu analysieren:

- Welchen Einfluß hat die ICE-Verbindung auf die ökonomische Entwicklung der Region Nordhessen/Kassel?
- Aufgrund welcher Gegebenheiten ist die ICE-Verbindung imstande, Einfluß auszuüben?
- Welche Formen der Einflußnahme sind möglich?
- Welche Personen- bzw. Unternehmensgruppen ziehen die größten Vorteile aus der ICE-Verbindung?

Zu prüfen ist allerdings, ob aufgrund der zwar plausibel erscheinenden Bedingungen ein Analogieschluß unter wissenschaftlichem Blickwinkel möglich ist. In der **Heuristik** spielt die **Analogie** eine entscheidende Rolle. Besonders interessant ist die Anwendung vor allem bei Problembereichen, die nur schwer überschaubar sind oder weit in der **Zukunft** liegen (vgl. Gabler Wirtschaftslexikon, 1992, S. 2408 f.). Gerade unter dem Entscheidungsaspekt bedürfen also die explikativen betriebswirtschaftlichen Aussagen einer Ergänzung durch Heuristiken (Raffée, 1974, S. 43). Aufgrund der im weiteren Verlauf der Untersuchung dargestellten Ähnlichkeit (und damit Vergleichbarkeit) von Sachverhalten ist die Anwendung eines **Analogieschlusses** unter wissenschaftlichen Gesichtspunkten gegeben und, um den Aussagegehalt zu verstärken, sogar **wünschenswert**.

Eine erste, grundsätzliche Überprüfung der Vergleichbarkeit ergibt, daß es sich bei allen betrachteten Verkehrssystemen um Massen- und Hochgeschwindigkeitsverkehrssysteme handelt. Die anvisierten Zielgruppen von Shinkansen, TGV, ICE und TRP sind weitestgehend identisch. Die zum Analogieschluß herangezogene Stadt Kassel (Region Nordhessen) weist aufgrund der ehemaligen Zonenrandlage, Wirtschaftsstruktur etc. vergleichbare Bedingungen wie die Städte Schwerin, Hamburg und Berlin auf. Weiterhin handelt es sich in allen Fällen um zumindest regionale Zentren. An dieser Stelle sei besonders auf die Ausführungen in Abschnitt 5.3 hingewiesen, wo weitere Gemeinsamkeiten der Zentren aufgezeigt werden. **Die Durchführung eines Analogieschlusses erscheint daher sehr zweckmäßig und geeignet, um fundierte Ergebnisse in diesem Untersuchungsbereich (UB1) zu erzielen.**

4.3.1 Shinkansen

Der Shinkansen ist die japanische Hochgeschwindigkeitsbahn mit einem dazugehörigen sehr gut ausgebauten Hochgeschwindigkeitsstreckennetz. Betreiber sind drei Bahngesellschaften - die Central-, Western- und Eastern-Railway. Sie stehen in keinem direkten Wettbewerb zueinander: Wie die Namen der Gesellschaften bereits erkennen lassen, handelt es sich um geographisch abgegrenzte Gebiete, in denen die einzelnen Unternehmen tätig sind.

Die älteste Hochgeschwindigkeitsverbindung, die Tokaido-Linie (sie gehört der Central-Railway) ist 515,4 km lang und verbindet Tokio mit Osaka. Mit dem Ausbau dieser Linie als Hochgeschwindigkeitsstrecke wurde aufgrund von Verkehrsuntersuchungen bereits 1958 begonnen. Der Ausbau wird seitdem weiter fortgeführt (vgl. Obermeyer, 1994, S. 63). Am 1. Oktober 1964 wurde die Strecke pünktlich zu den Olympischen Spielen für den Hochgeschwindigkeitsverkehr freigegeben. Damals konnten Spitzengeschwindigkeiten von knapp 200 km/h erreicht werden. Heute verkehrt der Shinkansen auf der Tokaido-Linie mit einer Geschwindigkeit von 270 km/h.

Besonders imponierend sind die Beförderungszahlen auf dieser Strecke. Sie erreichten z. B. 1992 durchschnittlich 367.000 Passagiere pro Tag, d. h. 134 Mio. Passagiere in einem Jahr (vgl. o. V., 1993a, S. 12). Von 1988 bis 1992 betrug die Wachstumsrate 25 %. An Spitzentagen befördert die Central-Railway über 700.000 Passagiere. Mit **dem Flugverkehr konnte nicht nur auf Entfernungen bis 500 km, sondern sogar bis 800 km wirksam konkurriert werden.** Ganz entscheidend wird dies durch die Bevölkerungs- und Industrieverteilung in Mittelhonshu begünstigt (vgl. Hirota, 1992). Die hohe Akzeptanz der Bahn in der Bevölkerung spielt eine weitere wichtige Rolle. Dies kommt durch die hohe Auslastung der Züge von über 80 % zum Ausdruck (vgl. o. V., 1993a, S. 12). Gründe hierfür sind insbesondere:

- Zentrale Lage der Bahnhöfe,
- Angemessene Preisgestaltung,
- Hoher Komfort,
- Große Kapazitäten,
- Hohe Zugfrequenzen,
- Pünktlichkeit,
- Niedrige Fahrzeiten und
- Sicherheit (vgl. Obermeyer, 1994, S. 93).

Die Umweltbedingungen sowie alle Rahmenbedingungen sind, wenn auch teilweise wünschenswert, von Japan und der dort herrschenden verkehrlichen Situation nicht auf die Bundesrepublik Deutschland übertragbar. Daher ergibt sich aus den aufgezeigten Sachverhalten, daß ein Analogieschluß zu Deutschland nicht gezogen werden kann.

4.3.2 Train à grande vitesse (TGV)

Seit Ende 1981 verkehrt der TGV in Frankreich mit einer Betriebsgeschwindigkeit von 260 km/h. Zudem hält der TGV den Geschwindigkeitsweltrekord für Schienenfahrzeuge mit 515,3 km/h (vgl. Obermeyer, 1994, S. 93). Zur Zeit gibt es in Frankreich vier Hochgeschwindigkeitsstrecken:

- TGV-Südost Paris-Lyon,
- TGV-Atlantique Paris-Le Mans/Tours,
- TGV-Nord Paris-Lille und
- EURO-STAR Paris-Brüssel-London.

Weiterhin sind verschiedene Strecken in der Ausbau- und Planungsphase. Hierbei geht man in Frankreich derzeit drei Leitideen nach:

1. Ausbau des Streckennetzes, um die französischen Wirtschaftszentren untereinander zu verbinden,
2. Ausbau des Streckennetzes, um die französischen Wirtschaftszentren mit dem europäischen Ausland zu verbinden,
3. Orientierung auf technischen Fortschritt durch Auslegung der Strecken bis 350 km/h.

Die älteste und zugleich die erfolgreichste Verbindung ist die zwischen Paris und Lyon. Sie ist 426 km lang und verbindet die beiden französischen Städte in 2 Stunden bei einer Höchstgeschwindigkeit von 270 km/h (vgl. o. V. 1985, S. 1). Gleichzeitig ist diese Verbindung der Zugang nach Südfrankreich, zum Mittelmeer und in die Schweiz sowie nach Italien (vgl. Obermeyer, 1994, S. 98). Der Auslastungsgrad der hier verkehrenden Züge liegt z. Zt. bei ca. 75 %.

Es ist jedoch nicht nur das Passagieraufkommen von konventionellen Zügen zurückgegangen, sondern auch das Passagieraufkommen des Flugverkehrs. Für die Flugverbindung zwischen Paris und Lyon wurde bis 1985 eine Reduktion von 47 % registriert. Auch der Flugverkehr von Paris nach Genf ist um 20 % gesunken (vgl. o. V., 1985, S. 3).

Die dargestellten Sachverhalte machen deutlich, daß die gesteckten Ziele weitestgehend erreicht wurden. Verglichen mit Deutschland und insbesondere mit der alten Bundesrepublik vor der Wiedervereinigung Deutschlands, weist Frankreich allerdings eine völlig andere Siedlungsstruktur auf. So ist die Einwohnerzahl Frankreichs deutlich geringer, die Landesfläche aber 50% größer. Etwa 9 Mio. Menschen leben im Großraum Paris (ca. 16 % der Gesamtbevölkerung). Paris ist das absolute Zentrum Frankreichs. Hier haben alle wichtigen politischen, öffentlichen und wirtschaftlichen Institutionen ihren Sitz. Diese gewachsene zentrale Bedeutung der Hauptstadt Paris bedingt in der Folge auch auf sie ausgerichtete Verkehrsverbindungen. Im Gegensatz dazu weist Deutschland eine polyzentrische Verkehrsstruktur auf (vgl. Obermeyer, 1994, S. 96 f.).

Eine Übertragung der Gegebenheiten von Frankreich auf Deutschland ist daher nicht sinnvoll.

4.3.3 InterCityExpress (ICE)

Mitte 1991 wurde der deutsche Hochgeschwindigkeitszug ICE in Betrieb genommen. Die Betriebsgeschwindigkeit beträgt maximal 250 km/h. Im ersten Jahr beschränkte sich der Fahrbetrieb auf die Strecke zwischen Hamburg und München. Der Auslastungsgrad lag bei 51 %, d. h. bei 10 Mio. Fahrgästen im ersten Betriebsjahr, und schwankt derzeit um die 50 %-Marke (vgl. Obermeyer, 1994, S. 135). Seit 1992 werden zwischen München und Frankfurt/Main sog. Sprinter-Züge eingesetzt. Sie ermöglichen eine um 30 Minuten kürzere Reisezeit, werden jeweils nur zweimal am Tag eingesetzt und stellen ein spezielles Angebot für Dienstreisende dar. Berlin ist seit Mai 1993 auch an das ICE-Netz angeschlossen.

Um diese Verbindungen zu schaffen, wurden bisher zwei Neubaustrecken in Betrieb genommen und zwar:

- Hannover - Würzburg auf einer Länge von 327 km und
- Mannheim - Stuttgart auf einer Länge von 99 km.

Die genauen Kosten für die einzelnen Projekte sind nur sehr schwer bewertbar, da z. B. der Ausbau (inkl. Planungen) der Strecke Hannover-Würzburg insgesamt 21 Jahre dauerte (vgl. o. V., 1995a, S. 30). Es kann jedoch aufgezeigt werden, wie die Verteilung der Kosten bei den Neubaustrecken Würzburg-Hannover und Mannheim-Stuttgart aussieht (siehe Abbildung 4.7). Besonders auffällig sind die hohen Anteile für den Tunnelbau.

Neben einer Reihe von allgemeinen Ausbaumaßnahmen, die das ICE-Netz betreffen, ist z. Zt. die geplante Verbindung zwischen Köln und Frankfurt/Main die wohl wichtigste Baustelle der Bahn. Die Kosten für die Strecke werden zwischen 7,5 und 8,5 Mrd. DM betragen. Am 13.12.95 wurde mit dem Bau dieser auf 300 km/h ausgelegten Bahnstrecke zwischen Köln und Frankfurt begonnen. Durch diese Verbindung soll sich die Fahrzeit von derzeit 133 Minuten auf 58 Minuten im Jahr 2000 verkürzen. Eine weitere Besonderheit der Trasse ist die Einbeziehung zweier Flughäfen: Köln/Bonn und Rhein/Main (vgl. Wellerang, 1995, S. 1). Für das Jahr 2005 erwartet die DB AG zwischen den beiden Wirtschaftszentren eine Verdoppelung der Zahl der Reisenden auf insgesamt 25 Mio. Passagiere (vgl. o. V., 1995b, S. 8 ff.).

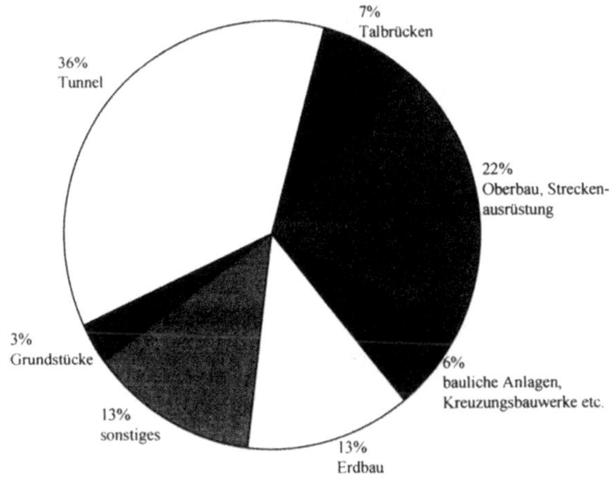

Abb. 4.7: Neubaustrecken-Kostenverteilung Hannover-Würzburg und Mannheim-Stuttgart (Vieregg, 1996, o. S.)

Abbildung 4.8 zeigt weitere Einzelheiten der Neubaustrecke auf:

Streckenlänge	177 km
Tunnel	38,9 km (Anzahl: 27)
Brücken	6 km (Anzahl: 18)
Haltepunkte	Köln, Flughafen Köln/Bonn, Siegburg, Montabaur, Limburg, Flughafen Rhein/Main, Frankfurt/Main

Abb. 4.8: InterCityExpress-Neubaustecke Köln-Frankfurt (vgl. o. V., 1995b, S. 30)

Auch vom ICE selbst sind neue Zuggenerationen zu erwarten. Der ICE 2 befindet sich schon in der Realisierungsphase; die ersten Triebköpfe absolvieren bereits Tests zur Inbetriebnahme. Komplette Züge dieser zweiten Generation sollen ab 1997 von der DB AG genutzt werden. Als übernächste Generation wird der noch in der Planung befindliche ICE 2.2 eingeführt, wobei ab 1998 bis zum Jahr 2000 nach und nach 50 Einheiten ihren Dienst aufnehmen sollen (vgl. Krummheuer, 1995, S. 14 f.). Während der ICE 2 eine Weiterentwicklung des ICE 1 darstellt, ist der ICE 2.2 eine komplette Neuentwicklung. Hierbei stehen vor allem die Entwicklung vom Triebkopfzug zum Triebwagenzug und Gewichtsreduktionen im Mittelpunkt.

Eine weitere Neuentwicklung ist der InterCity-Triebwagen mit Neigetechnik (IC-T). Dieser Zugtyp soll sukzessive ab 1998 bis 2005 die herkömmlichen InterCity- und InterRegio-Züge ablösen (vgl. Rossberg, 1995, S. 14). Diese Züge werden bis zu 230 km/h schnell sein und ermöglichen auf Ausbaustrecken eine um 20 % kürzere Reisezeit. Die Entwicklungsdynamik im Bahnbereich wird besonders deutlich, wenn man die 60 heute in Deutschland eingesetzten ICE-1-Züge den insgesamt 200 im Jahr 2000 geplanten Einheiten der ICE-Familie gegenüberstellt (vgl. Krummheuer, 1995, S. 14 f.).

Es wird deutlich, daß die oben beschriebenen Rahmenbedingungen der genannten ICE-Strekken Analogieschlüsse zulassen, die im folgenden dargestellt werden.

4.4 Regionalökonomische Auswirkungen des InterCityExpress am Beispiel der Region Nordhessen und der Stadt Kassel

Nordhessen:

„Operativ ausführende Industrielandschaft" ist eine Charakterisierung, mit der die **Region Nordhessen** wirtschaftlich gekennzeichnet wird (vgl. Lohmeier, 1996). Dies bedeutet, daß in Nordhessen negative wirtschaftliche Entwicklungen viel schneller durchschlagen und in letzter Konsequenz schneller zu Arbeitsplatzverlusten führen als in Regionen, die eine große Anzahl von Firmenzentralen beherbergen. Diese Entwicklung ist besonders auf die Teilung Deutschlands und die ehemalige Zonenrandlage Kassels zurückzuführen. Daraus ergeben sich auch die wesentlichen Gründe, warum die wirtschaftliche Struktur Nordhessens in Teilen immer noch als strukturschwach im Sinne eines Zonenrandes bezeichnet wird (vgl. Lohmeier, 1996). Die Stadt Kassel bildet das Zentrum von Nordhessen. Eine genauere Betrachtung der ökonomischen Entwicklungen in Kassel aufgrund der ICE-Anbindung ist somit von Interesse.

Stadt Kassel:

Die Bedeutung des neuen **ICE-Bahnhofs in Kassel-Wilhelmshöhe** tritt deutlich hervor, wenn man beachtet, daß in der Nachkriegszeit der Nord-Süd-Verkehr auf der Schiene an Kassel vorbeiführte und daß die Ost-West-Achse durch die Zonenrandlage begrenzt war (vgl. Lewandowski, 1994, S. 633). Für den Individualverkehr ist Kassel schon seit ca. 20 Jahren sehr gut über die A 7, die A 44 und die A 49 zu erreichen. Die Anbindung an das Hochgeschwindigkeitsstreckennetz der DB AG hatte hier jedoch gefehlt. Heute halten in Kassel täglich rund 100 ICE in dichter Folge (vgl. Pütz-Willems, 1995, o.S.). Mit dem ICE verkürzten sich nicht nur die Fahrzeiten zwischen den einzelnen Wirtschaftszentren in Deutschland, sondern es gab auch eine Bewußtseinsänderung bei vielen Menschen in der Region Nordhessen (vgl. Kiera, 1993, S. 3). Kassel liegt heute in der Mitte Deutschlands und ist verkehrstechnisch im Bereich des schienengebundenen Verkehrs sehr gut erschlossen.

Die Fertigstellung des ICE-Bahnhofs fiel in die Zeit des Wiedervereinigungsprozesses der Bundesrepublik Deutschland mit der ehemaligen DDR. Spätestens durch die Einweihung des Bahnhofs Kassel-Wilhelmshöhe am 29.05.91 ist Kassel auch im Bewußtsein vieler Menschen aus der Randlage in die Mitte Deutschlands gerückt. Dieser psychologische Effekt verstärkte die positive Stimmungslage in der Region und in Kassel.

Für den Stadtteil Wilhelmshöhe war und ist der ICE-Bahnhof das ökonomisch bedeutendste Bauwerk des letzten Jahrzehnts. Die Chance für Kassel - und speziell für den Stadtteil Wilhelmshöhe - besteht darin, den Bau als Basis für die weitere Stadtentwicklung zu nutzen (vgl. Kiera, 1993, S. 4). Dies auch unter dem Aspekt, daß bewußt ein Kontrapunkt zu den gewachsenen Strukturen der Innenstadt gesetzt wurde (vgl. Lewandowski, 1994, S. 633).

Entwicklungen, wie sie sich in Kassel seit 1991 zugetragen haben, müssen allerdings als eine Überlagerung von mehreren Faktoren angesehen werden. Dies erschwert eine Interpretation. Wenn man speziell den Zeitraum 01/1991 bis 12/1993 (3 Jahre) betrachtet, so stößt man hauptsächlich auf drei Überlagerungseffekte (vgl. Eckert, 1996):

1. Allgemeiner Konjunkturaufschwung in Deutschland,
2. Wiedervereinigung Deutschlands und
3. Einweihung des ICE-Bahnhofs und Eröffnung des ICE-Reiseverkehrs.

Eine Trennung der Effekte ist jedoch teilweise möglich. Bereits während der Planungs- bzw. Bauphase des ICE-Bahnhofs 1989, also bevor sich eine Wiedervereinigung der beiden deutschen Staaten abzeichnete, wurde eine deutliche Belebung im Stadtteil Wilhelmshöhe erkennbar. Die Indikatoren hierfür waren steigende Grundstückspreise und die vermehrte Nachfrage nach Grundstücken in der Nähe des ICE-Bahnhofs. Von seiten der Stadt wurde, soweit dies möglich war, darauf geachtet, daß vorwiegend Betriebe Grundstücke in der näheren Umgebung des Bahnhofs erhielten, die den „Fühlungsvorteil" des neuen Bahnhofs benötigten (vgl. Kiera, 1993, S. 6). Hierbei handelte es sich insbesondere um Unternehmen, die dem **Dienstleistungsbereich** zuzuordnen sind.

Ein weiterer Indikator war der merkliche **Zuwachs an Hotelkapazität** in einem Stadtteil, der im Vergleich zu anderen Stadtteilen bereits über eine überdurchschnittlich hohe Hotelkapazität verfügte. Insgesamt gibt es heute gut 4000 Hotelbetten in Kassel. Knapp die Hälfte der Kapazität bleibt jedoch meistens leer. Die schnellen Züge bringen zwar mehr Tagungen und Kongresse nach Kassel, die Verweildauer der Gäste hat sich jedoch verkürzt. Der ICE-Bahnhof wird deshalb von den Hotelbetreibern als „Segen und Fluch" zugleich angesehen. Verbände, Vereine, Parteien und Industriespitzen, die aus dem ganzen Bundesgebiet anreisen, sparen durch den ICE mindestens eine Übernachtung ein (vgl. Ackermann, 1993, S. 8). Zum Kasseler Weltereignis, der Documenta, sind jedoch regelmäßig alle Betten belegt. Abbildung 4.9 zeigt die Zahl der Übernachtungen in Kassel im zeitlichen Verlauf von 1982 bis 1995.

Wie aus Abbildung 4.9 deutlich wird, sind seit 1990/91 die Übernachtungszahlen erheblich angestiegen. Zur Zeit befinden sie sich dauerhaft auf einem Niveau, das vorher nur in „Documentajahren" erreicht werden konnte. Der Vergleich der Documentajahre zeigt auch für 1992 einen deutlichen Anstieg gegenüber den Jahren 1987 und 1982.

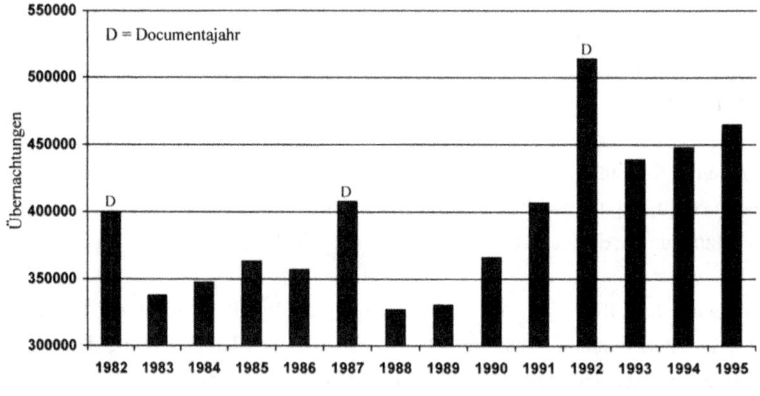

Abb. 4.9: Übernachtungen in der Stadt Kassel insgesamt 1982-1995 (o. V., 1996a, S. 1)

Als Ursachen für den generellen Anstieg der Übernachtungen in Kassel kommen nur zwei Effekte in Frage, zum einen die **Wiedervereinigung** und zum anderen der **ICE-Bahnhof**. Die allgemeine wirtschaftliche Entwicklung scheidet als Grund für das weitere Ansteigen der Übernachtungen aus, da auch im Rezessionsjahr 1993 kein Rückgang zu verzeichnen war. Vielmehr haben offensichtlich die Wiedervereinigung und der ICE-Bahnhof für das Hotelgewerbe in Kassel einen wirtschaftlichen Abschwung verhindert. Speziell dem ICE-Bahnhof ist diese positive Entwicklung bei Tagungen und Übernachtungen zu verdanken. Besonders deutlich wird dies, wenn man beachtet, daß z. B. aufgrund der schnellen ICE-Verbindung nach Hannover viele Gäste während der Hannover-Messe in Kassel übernachten (vgl. Eckert, 1996).

Sicherlich sind sich überlagernde Entwicklungen wie die weitere Steigerung der Einwohnerzahl Kassels (siehe Abbildung 4.10) vorwiegend auf die politische Öffnung des Ostens, insbesondere die Wiedervereinigung Deutschlands, zurückzuführen.

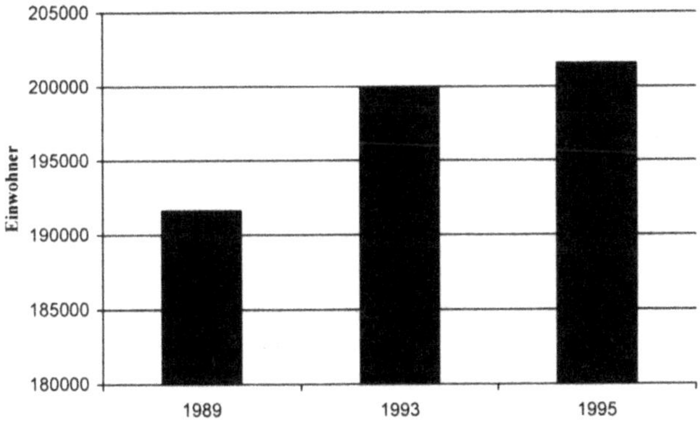

Abb. 4.10: Einwohnerzahl der Stadt Kassel 1989-1995 (Fischer Weltalmanach, 1992, S. 279; Fischer Weltalmanach, 1995, S.153; o. V., 1996b, S. 5)

Als bedeutender Ansiedlungserfolg des ICE-Bahnhofs wird von der Wirtschaftsförderung Kassel GmbH (WFG) z. B. das telefonische Reservierungszentrum der Lufthansa gesehen. Hier entstanden seit November 1992 bis heute ca. 400 neue Arbeitsplätze (vgl. Eckert, 1996). Die Lufthansa entschied sich nach einer Untersuchung von 22 in Frage kommenden Standorten wegen des Arbeitskräftereservoirs und der unmittelbaren Nähe zu Frankfurt (durch die ICE-Verbindung) für Kassel als Standort des LTSC (Lufthansa-Telefon-Service-Center). Insofern war die optimale und zuverlässige Verkehrsanbindung ein wesentlicher Faktor für die Standortwahl (vgl. Ackermann, 1993, S. 18). Ein weiterer Ansiedlungsgrund war auch die Investition der DB AG, von Frankfurt/Main bis Kassel entlang der Neubaustrecke ein Glasfaserkabel zu legen. Weitere bemerkenswerte Ansiedlungserfolge von Industrieunternehmen aufgrund des

ICE-Bahnhofs sind allerdings nicht zu verzeichnen. Für die bereits ansässigen Firmen in der Region von Kassel stellt die Hochgeschwindigkeitsstrecke jedoch einen besonderen Standortvorteil dar, da hierdurch z. B. die Kundenpflege erleichtert wird (vgl. Eckert, 1996).

Wie bereits angesprochen, stiegen bereits 1989, also noch vor der Wiedervereinigung, Grundstückspreise und Mieten an. Abbildung 4.11 zeigt die Entwicklung dieser Parameter. Besonders deutlich wird, daß die Mieten für Geschäftsräume in Kassel seit 1989 sprunghaft gestiegen sind und sich dem Niveau der Städte im Rhein/Main-Gebiet angenähert haben. Die Ursache hierfür ist die gewachsene Bedeutung von Kassel als Einkaufszentrum und Dienstleistungsstandort. **An dieser Entwicklung hat der ICE-Bahnhof sicherlich entscheidenden Anteil** (vgl. Eckert, 1996). Dies verdeutlicht auch Abbildung 4.12, aus der die Veränderung der Wirtschaftsstruktur der Stadt Kassel im Zeitraum von 1989 bis 1992 hervorgeht.

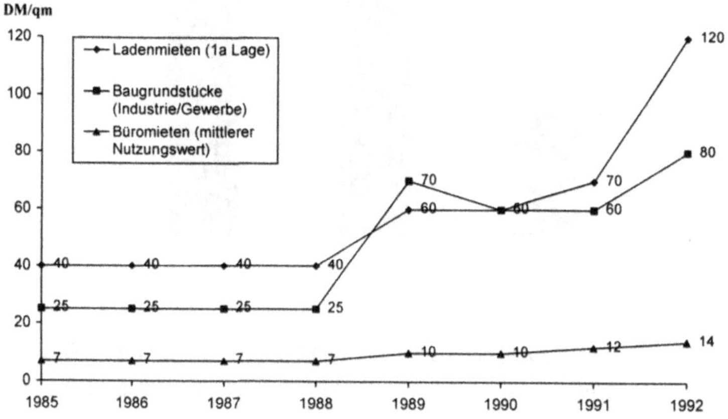

Abb. 4.11: Preisentwicklung von Gewerbeimmobilien in Kassel (o. V., 1993b, S. 17)

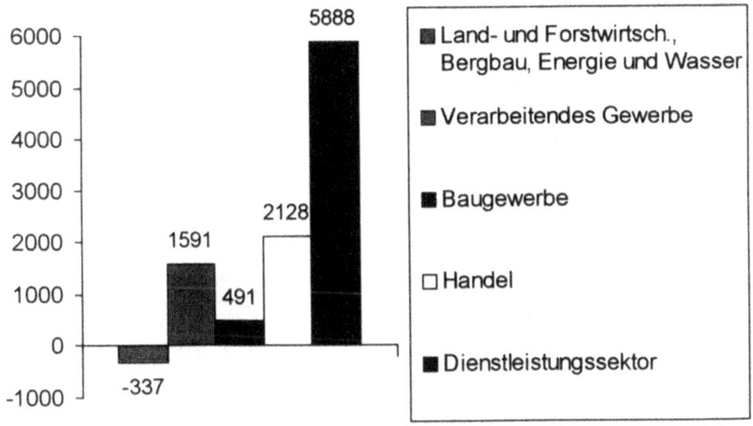

Abb. 4.12: Beschäftigungszuwachs nach Wirtschaftssektoren in Kassel im Zeitraum von 1989 bis 1992 (o. V., 1993b, S. 17)

Von knapp 9.800 seit 1989 in Kassel neu geschaffenen Arbeitsplätzen entstanden überproportional viele, nämlich rund 8.000 (82 %), im Handel und Dienstleistungssektor. Dies verdeutlicht Kassels beschleunigten Strukturwandel hin zum Handels- und Dienstleistungsstandort. Als „Beschleuniger" ist in erster Linie der ICE-Bahnhof anzusehen (vgl. Eckert, 1996).

Welche Bedeutung der Dienstleistungssektor mittlerweile für Kassel hat, zeigt der Vergleich zwischen Kassel und Hessen in Abbildung 4.13. Die Zahl der Beschäftigten im Handels- und Dienstleistungssektor ist von 1989 bis 1992 in Kassel insgesamt um 3 % angestiegen (o. V., 1993b, S. 11).

Der Handel, speziell der Einzelhandel, hat sich in der Umgebung des ICE-Bahnhofs sehr rege entwickelt. Ein großer Teil der Bautätigkeiten in der Umgebung betrifft diesen Sektor. Es entstanden zwei Ladengalerien, zudem siedelten sich mehrere Geschäfte am Bahnhof bzw. in der näheren Umgebung an. Hierdurch wurde die stadtplanerisch gewünschte positive Entwicklung als zusätzliches Zentrum realisiert. Auch zum Wohnen bietet diese „neue" Umgebung des ICE-Bahnhofs den Menschen zahlreiche Vorteile.

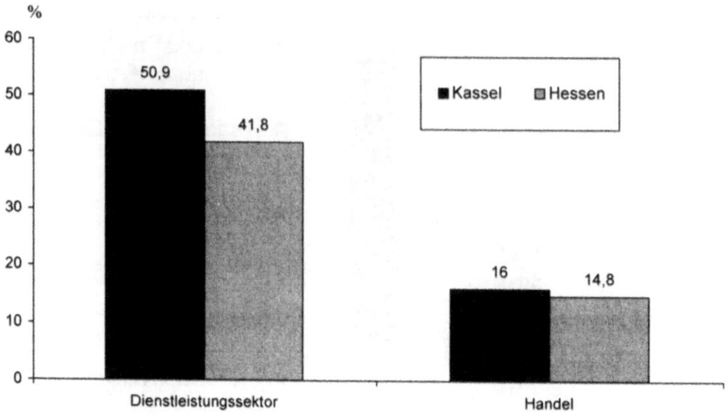

Abb. 4.13: Wirtschaftsstruktur in Kassel und Hessen, Stand: März 1992 (o. V., 1993b, S. 12)

Die Anbindung des zusätzlichen Zentrums in Wilhelmshöhe an die Stadt ist in Kassel sehr gut durch den öffentlichen Personennahverkehr gelungen (Straßenbahn und Busse); dabei erleben auch die Hauptverbindungsstraßen einen deutlichen Wertzuwachs. Die direkte Verbindung zwischen dem alten Hauptbahnhof und dem ICE-Bahnhof wird überwiegend durch die DB AG selbst hergestellt.

Die Frequentierung der Züge lag 1992 beim Bahnhof Kassel-Wilhelmshöhe durchschnittlich bei 12.000 Reisenden pro Tag, wobei die Prognose der Bahn von nur 8.000 Reisenden pro Tag ausging (vgl. Ackermann, 1993, S. 18). Das Verkehrs- bzw. Reisendenaufkommen am Hauptbahnhof beträgt durchschnittlich 18.000 Personen pro Tag. Hiervon entfallen jedoch ca. 67 % auf den Regionalverkehr. Die Reisenden, die den ICE-Bahnhof frequentieren, sind überwiegend Fernreisende. Das neue ICE-Angebot führte zu einer Zunahme der Fernreisen um gut 45 % (vgl. Kiera, 1993, S. 6). Damit liegen die Ausgaben für den Fernreiseverkehr der Bahn in Kassel pro Kopf der Bevölkerung:

- Höher als z. B. in Mainz,
- Etwa gleich hoch wie in Frankfurt/Main (vgl. Kiera, 1993, S. 6).

Ein merklicher Anstieg von Berufspendlern von Kassel in die Großstädte Frankfurt/Main bzw. Hannover wurde nicht verzeichnet. Diese Bewegungen finden jedoch von Fulda nach Frankfurt und von Göttingen nach Hannover statt (vgl. Eckert, 1996).

Die bereits skizzierte hervorragende Verkehrslage von Kassel inmitten Deutschlands hat dazu geführt, daß von Kassel aus sowohl auf der Schiene als auch auf der Straße alle anderen Regionen Deutschlands in relativ kurzer Zeit erreicht werden können. Wegen dieser guten Lage ergeben sich allerdings Konsequenzen für den Regionalflugplatz Kassel-Calden. Durch den ICE sind große überregionale Flughäfen, wie Hannover und Frankfurt/Main, schnell zu erreichen (maximale Fahrzeit ca. 1 ¾ Std.). Ein Shuttle-Dienst per Flugzeug ist somit nicht mehr notwendig. Für Kassel-Calden ist es beispielsweise daher wichtig, die Nischenfunktion (Charterflüge, Geschäftsflugverkehr, Hubschrauberreparaturwerk der Henschel Flugzeugwerke und die Generalvertretung der Piper-Flugzeuge) weiter auszubauen, ohne dabei in Konkurrenz mit der Bahn zu treten.

4.5 Analogieschlüsse bezüglich der geplanten Transrapidstrecke Berlin-Hamburg

Die Beispiele aus Japan, Frankreich und Deutschland zeigen, daß sich Hochgeschwindigkeitszüge etabliert haben, um auf sichere und komfortable Art und Weise Personen schnell von einem zum anderen Ort zu befördern. Den einzelnen Zügen liegen zwar unterschiedliche Bauweisen zugrunde, in der Erfüllung der an sie gestellten Funktionen sind sie sich aber nahezu gleich. Insgesamt ist deutlich geworden, daß die Anwendungserfolge in den einzelnen Ländern unterschiedlich ausgeprägt sind. Die Übernahme von Ergebnissen - z. B. der Akzeptanz von Hochgeschwindigkeitszügen und damit auch deren wirtschaftlicher Erfolg - muß immer unter Berücksichtigung der situativen, d. h. landestypischen, Bedingungen erfolgen.

Dies trifft speziell auf **Japan** zu, da weder das Verkehrsverhalten noch die persönlichen Verhältnisse der Japaner einen Vergleich mit Deutschland erlauben. Auch in bezug auf **Frankreich erschwert** die zu **Deutschland** stark unterschiedliche Verkehrs- und Politikstruktur eine **Übertragbarkeit** der Ergebnisse, da die Mehrzahl der Verkehrswege auf die Metropole Paris ausgerichtet sind. Der Vergleich ermöglicht jedoch die Schlußfolgerung, daß die schnelle Beförderung von den Reisenden sehr gut angenommen wird und daß entsprechende Verhältnisse auch aus der Sicht eines Betreibers besonders interessant sein können.

Die anhand von Kassel aufgezeigten ökonomischen Auswirkungen auf eine Region durch den Betrieb des neuen Hochgeschwindigkeitsverkehrssystems ICE lassen nach der in Abbildung 4.14 dargestellten Aufteilung folgende Ergebniskategorien zu.

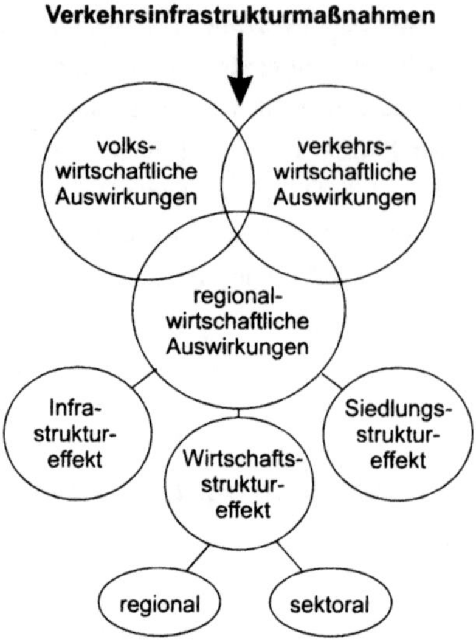

Abb. 4.14: Verkehrs-, volks- und regionalwirtschafliche Auswirkungen

Zieht man aus den Erfahrungen mit bereits in Betrieb stehenden Hochgeschwindigkeitszügen, und insbesondere aus den im Raum Kassel durch den ICE identifizierten Wirkungen, Analogieschlüsse, so kann der Betrieb der MSB TRP mit folgenden Effekten je Kategorie laut Abbildung 4.14 verbunden sein:

Volkswirtschaftliche Effekte:

Wie in Abschnitt 4.2 genauer erläutert, handelt es sich bei volkswirtschaftlichen Auswirkungen um Effekte, die einer ganzen Volkswirtschaft, hier derjenigen Deutschlands, zugute kommen. Die vorliegenden Ergebnisse lassen kein Urteil darüber zu, ob es in ganz Deutschland zu solch positiven Auswirkungen kommt; über den positiven Einfluß auf Sekundäreffekte besteht allerdings kein Zweifel.

Verkehrswirtschaftliche Effekte:

1. Das Angebot von schnellen Städteverbindungen ändert bzw. verstärkt das Mobilitätsverhalten der Menschen in der betroffenen Region. Es ist daher auch von induziertem Verkehr auszugehen.
2. Täglicher Berufspendelverkehr tritt besonders häufig auf.

Regionalwirtschaftliche Effekte:

Siedlungs- und Infrastruktureffekte:
1. Mieten und Grundstückspreise in der betroffenen Region steigen.
2. Hotel- und Gastgewerbeauslastungen steigen speziell im Tagungsgeschäft.
3. Neue, vorher nicht erzielbare Auslastungen können durch den Hochgeschwindigkeitsverkehr realisiert werden.
4. Der Bau eines neuen Bahnhofs, der nicht in der Innenstadt liegt, setzt neue Akzente und kann auch aus städtebaulicher Sicht zu einer positiven Stadtentwicklung führen.

Wirtschaftsstruktureffekte:
1. Industrie- und Dienstleistungsunternehmen siedeln sich neu an.
2. Positive Einflüsse gehen auf die verschiedensten Wirtschaftssektoren aus, speziell auf den Dienstleistungs- und Handelssektor.
3. Bereits ansässige Unternehmen partizipieren von den Standortvorteilen und werden gestärkt.

Zusammenfassend läßt sich herausstellen, daß **Hochgeschwindigkeitsverkehrssysteme** einen deutlichen **Standortvorteil** bedeuten können und somit eine **ganze Region vorteilhaft beeinflussen** können, und zwar sowohl in **wirtschaftlicher** als auch in **psychologischer Hinsicht**, da eine positive Stimmungslage in der Region erzeugt wird.

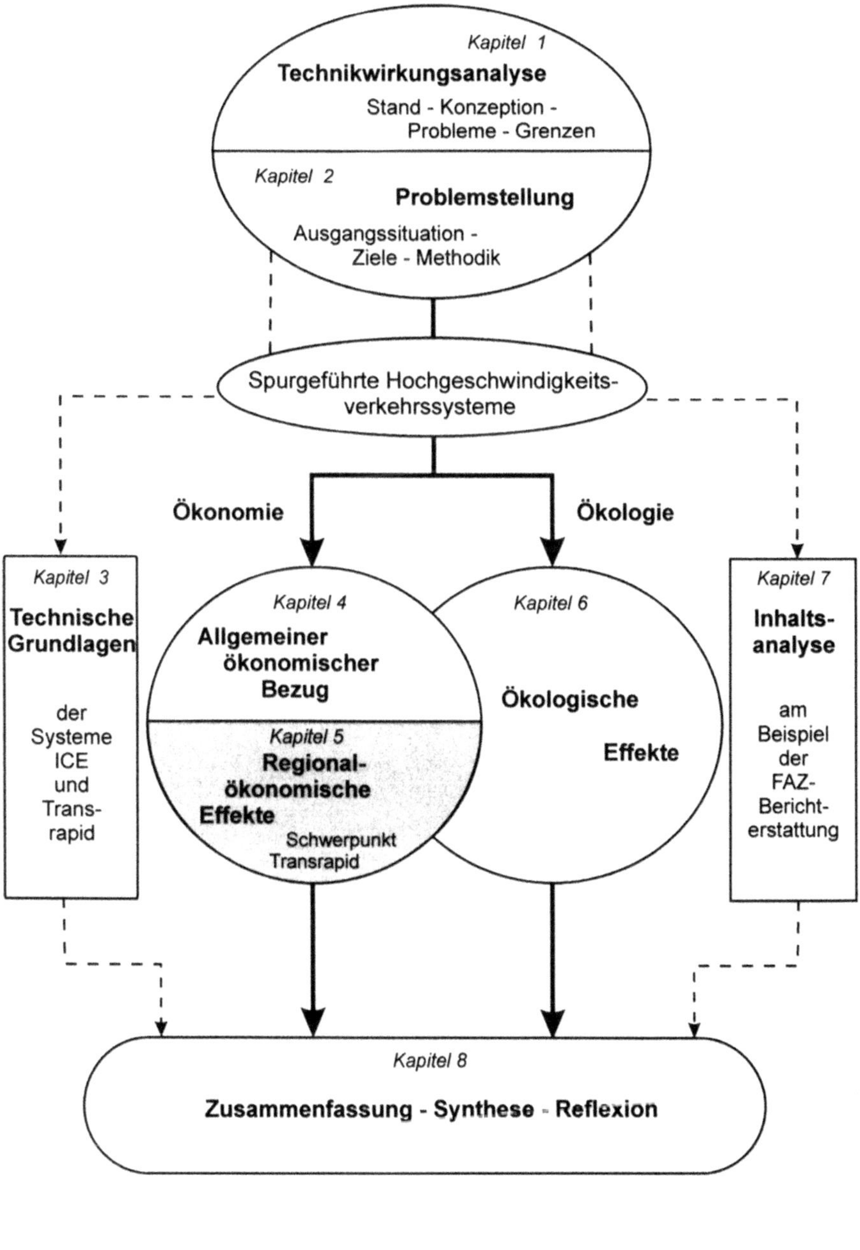
Kapitel 1
Technikwirkungsanalyse
Stand - Konzeption - Probleme - Grenzen
Kapitel 2
Problemstellung
Ausgangssituation - Ziele - Methodik
Spurgeführte Hochgeschwindigkeits-verkehrssysteme
Ökonomie
Ökologie
Kapitel 3
Technische Grundlagen
der Systeme ICE und Trans-rapid
Kapitel 4
Allgemeiner ökonomischer Bezug
Kapitel 5
Regional-ökonomische Effekte
Schwerpunkt Transrapid
Kapitel 6
Ökologische Effekte
Kapitel 7
Inhalts-analyse
am Beispiel der FAZ-Bericht-erstattung
Kapitel 8
Zusammenfassung - Synthese - Reflexion

5 Regionalökonomische Effekte: Spezielle Betrachtung des Transrapid-Systems

Uwe Kleinkauf/Andreas Schotter

5.1 Transrapidtrasse Berlin - Schwerin - Hamburg

Ausgehend vom BVWP '92 sowie einer Vielzahl von Studien und einer Reihe von Anhörungen vor dem Ausschuß für Verkehr (insbesondere am 18.05.94 und am 07.02.96) hat der Bundestag und der Bundesrat im Mai bzw. Juni 1996 beschlossen, die MSB TRP von Berlin nach Hamburg zu bauen. Dies geschah durch die Verabschiedung des Magnetschwebebahnbedarfsgesetzes (MsbG) und des Allgemeinen Magnetschwebebahngesetzes (AMbG).

Bei der Festlegung der Trasse sind zahlreiche Einflüsse und planerische Gesichtspunkte zu berücksichtigen. Die stärksten Einflüsse auf die Trassierung gehen von den in Abbildung 5.1 aufgeführten Faktoren aus.

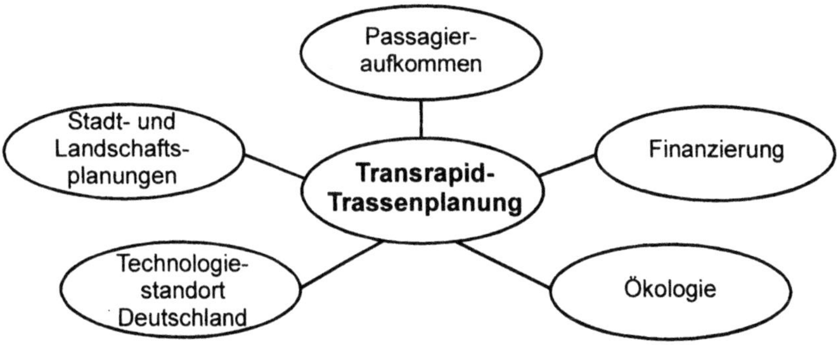

Abb. 5.1: Einflußfaktoren auf die Transrapidtrassenplanung

In den **Stadt- und Landesplanungen** sollen vorrangig die planerischen Ziele der Länder mit denen der MPG abgeglichen werden. Speziell hierzu dient das Raumordungsverfahren, das im Juni 1996 eingeleitet worden ist. Es wurden über 800 km Strecke bearbeitet, die abschnittsweise kombiniert zu mehr als 12 Planfällen führten. An das Raumordungsverfahren schließt sich dann das Planfeststellungsverfahren an, das aus heutiger Sicht 1998 abgeschlossen sein soll (vgl. Forst-Lürken, 1996). Die Streckenführung des TRP steht also z. Zt. noch nicht endgültig fest. Abbildung 5.2 zeigt die Zeitplanung von heute bis zur vorgesehenen Inbetriebnahme im Jahr 2005.

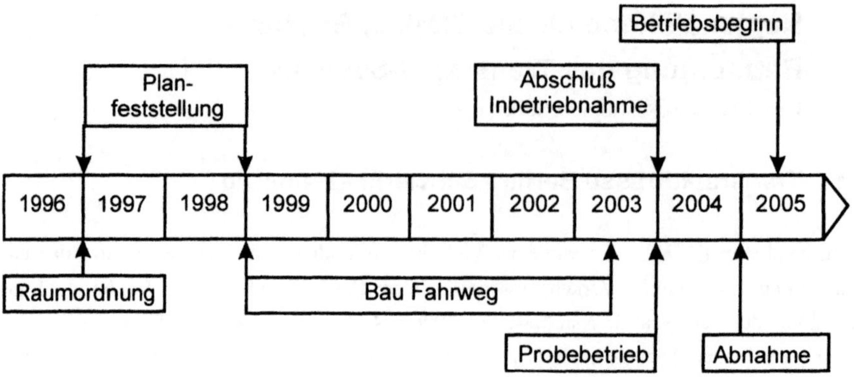

Abb. 5.2: Zeitplanung bis zum Betriebsbeginn (Magnetschnellbahn-Planungsgesellschaft 1994)

Es gibt jedoch eine von der MPG ausgewiesene Präferenzstrecke. Die danach vorgesehene Trassenführung ist in Abbildung 5.3 dargestellt. Folgende Daten sind bisher von der Präferenztrasse bekannt (vgl. Magnetschnellbahn-Planungsgesellschaft, o. J.):

Trassenlänge:	292 km	
Zielbahnhöfe:	Hamburg Hbf., Berlin Lehrter Bhf.	
Haltepunkte:	Moorfleet, km 7 (Peripheriehalt Hamburg)	
	Schwerin-Holthusen, km 99 (Bedarfshalt)	
	Spandau, km 278 (Peripheriehalt Berlin)	
Fahrzeit:	60 Minuten	
Taktfahrplan:	10 - 15 Minuten in den Spitzenzeiten	
Instandhaltungszentrale:	Perleberg, km 166	
Unterwerke:	9 Streckenunterwerke	
	2 Rangierunterwerke an den Zielbahnhöfen	
Flächenbedarf:	571 ha	
Trassenbündelung:	Autobahn:	77 km (26 %)
	DB AG-Strecken:	80 km (27 %)
	Hochspannungsleitungen:	35 km (12 %)
	Gesamt:	192 km (65 %)
Fahrwegbauart:	aufgeständert:	131 km
	ebenerdig:	161 km
Investitionskosten:	8.977 Mio. DM	

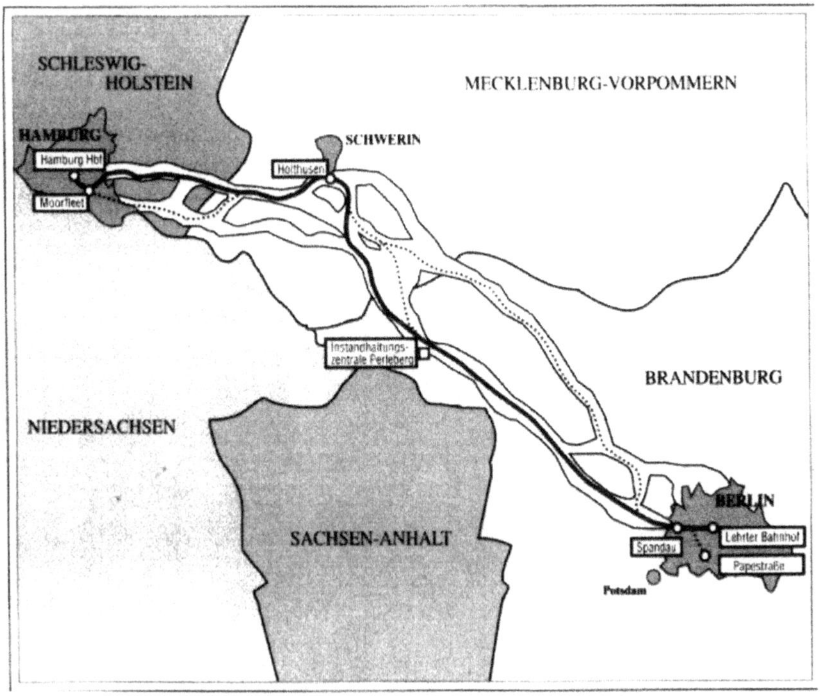

Abb. 5.3: Präferenztrasse Magnetschwebebahn Berlin-Hamburg (Magnetschnellbahn-Planungsgesellschaft, 1994)

Da diese Trasse die z. Z. einzige planerisch erschlossene MSB-Verbindung zwischen Berlin und Hamburg darstellt, liegt sie auch der vorliegenden Studie zugrunde. Dies speziell in bezug auf das volkswirtschaftliche Gestaltungspotential, die Primär- und Sekundäreffekte sowie Externe Effekte (vgl. Kapitel 6), welche durch die Verbindung hervorgerufen werden.

Insbesondere bei den Stadteinführungen in Berlin und Hamburg muß auf eine Vielzahl von Detailproblemen Rücksicht genommen werden. Besonders problematisch ist die Situation in Berlin. Durch den Umzug der Bundesregierung und einer Vielzahl von Bundesministerien nach Berlin sowie der Neuordnung des ÖPNV aufgrund der Wiedervereinigung ergeben sich schwierige Konstellationen. Die Berliner Senatsverwaltung für Bauen, Wohnen und Verkehr möchte unter keinen Umständen durch den Bau der TRP-Trasse mit den übrigen Bauvorhaben in Verzug kommen (vgl. Beckers, 1996). So ist z. B. bis heute noch nicht endgültig geklärt, wie die Einfahrt des TRP in den Lehrter Bahnhof gestaltet werden kann, da in den bisherigen

Planungen zum Neubau des Bahnhofs keine TRP-Trasse berücksichtigt worden ist. Auch die logistischen Anbindungen an den ÖPNV, den Individualverkehr und die DB AG sind noch nicht geklärt. Speziell die Logistik spielt für das erzielbare Passagieraufkommen eine entscheidende Rolle.

Das **Passagieraufkommen** stellt einen Kernbereich dar, der bedeutenden Einfluß auf die Trassenführung hat, aber auch im Themengebiet Finanzierung eine entscheidende Rolle spielt. Von großem Einfluß auf das Passagieraufkommen ist die mit der Trassenführung zusammenhängende Fahrzeit zwischen den beiden Endhaltepunkten. Es ist speziell unter psychologischen Gesichtspunkten sehr wichtig, daß die Fahrzeit maximal eine Stunde beträgt, da ansonsten die Verbindungsgeschwindigkeit als zu normal angesehen wird (vgl. Haastert, 1996, S. 58). Für das Passagieraufkommen spielt auch die innerstädtische Anbindung des TRP an die übrigen Verkehrsträger eine entscheidende Rolle. Eine 60-Minuten-Verbindung von Berlin nach Hamburg wird immer unattraktiver, je länger z. B. die Taktzeiten des ÖPNV werden (vgl. Meyer, 1996, S. 64). Die Vorteile der schnellen Verbindung werden auf diese Art und Weise aufgebraucht. Von all diesen Sachverhalten hängt es u. a. ab, ob der TRP mehr oder weniger als die prognostizierten 11 Mio., 14,5 Mio. oder sogar 17 Mio. Passagiere pro Jahr befördern wird (vgl. Abschnitt 4.2.5).

Neben verkehrlichen und ökonomischen Effekten gehen ferner von Bau und Betrieb der TRP-Trasse positive Auswirkungen auf den **Technologiestandort Deutschland** aus. Für die längerfristigen Perspektiven der MSB-Industrie - und damit einhergehend für die Erschließung von potentiellen Märkten für das System sowie für Subkomponenten - ist der Nachweis der Funktionsfähigkeit während des Regelbetriebs eine grundlegende Voraussetzung (vgl. Hopf, 1995, S. 182 ff.). Da über die verkehrlichen Wirkungen der MSB in den früheren Studien wenige Übereinstimmungen zu finden sind, erstreckt sich ein großer Teil der Pro-TRP-Argumentation auf den exportpolitischen Bereich. Daher wird folgerichtig vom Bedarf an einer Referenzstrecke ausgegangen, der diesbezüglich eine zentrale Bedeutung zugesprochen wird. Es kommt darauf an, den erreichten Technologievorsprung (ca. 4-5 Jahre vor Japan) in Markterfolge umzusetzen (vgl. Deutscher Bundestag, 1994).

5.2 Finanzierungskonzept [1]

Die Finanzierung von Projekten - insbesondere von derart umfangreichen und viel diskutierten Vorhaben wie die Errichtung der MSB-Trasse Berlin-Hamburg - läßt meist eine Fülle von In-

[1] Zugrunde liegt das Finanzierungskonzept Magnetschnellbahn Berlin - Hamburg, München 12/93.

teressen und Problembereichen erkennen, die ganzheitlich von Bedeutung sind. Weiterhin spielt die Durchführbarkeit des Projektes in Deutschland für den möglichen Export des Systems eine wesentliche Rolle. Deshalb soll auch hier kurz darauf eingegangen werden.

Im März 1993 wurden dem Bundesministerium für Verkehr und dem Bundesministerium für Forschung und Technologie drei verschiedene Finanzierungskonzepte für die MSB-Verbindung Berlin-Hamburg vorgeschlagen. Diese drei Varianten waren von den Unternehmen Thyssen Industrie AG, Siemens AG und Daimler Benz AG/AEG AG ausgearbeitet worden. Weiterhin wirken die Deutsche Bank AG und die Bank für Wiederaufbau an dem Konzept mit.

Das im folgenden dargestellte Konzept bezieht sich auf das sogenannte Strukturreformmodell, das zur Finanzierung ausgewählt wurde, da die Gliederung in Fahrweg- und Betriebsgesellschaft an die neue Struktur der DB AG anknüpft (vgl. Hopf, 1995, S. 191). Im Dezember 1993 wurde das Finanzierungskonzept letztmalig auf den neuesten Stand gebracht.

Grundlage des Finanzierungskonzepts ist die bereits mehrfach erwähnte TUKAN/IWW-Studie und der BVWP '92. Rothengatter (1996, S. 212) vom IWW geht jedoch mittlerweile von anderen Prognosebedingungen aus. Das Finanzierungskonzept ist in zwei Teile gegliedert:

1. Finanzierungskonzept Fahrweggesellschaft,
2. Finanzierungskonzept Betriebsgesellschaft.

Finanzierungskonzept Fahrweg:

Die Verantwortung für den Fahrweg liegt bei einer Fahrweggesellschaft, deren alleiniger Anteilseigner der Bund ist. Eine Mitfinanzierung des Fahrwegs durch die Privatwirtschaft ist allerdings in einer Höhe von 2,4 Mrd. DM geplant. Insgesamt belaufen sich die Fahrweginvestitionen auf 5,6 Mrd. DM. Abbildung 5.4 zeigt die genaue Aufsplittung der Kosten.

Kostenkategorien	**Fahrweggesellschaft (in Mio. DM)**
Fahrweg und Sonderbauwerke	4397
Langstator/Tragschiene	616
Grunderwerb	255
Weichen	109
Planung	245
Gesamtsumme	**5621**

Abb. 5.4: Fahrweginvestitionen (vgl. Hopf, 1995, S. 192)

Der privatwirtschaftliche Anteil von 2,4 Mrd. DM soll über Kredite finanziert werden, die von der Fahrweggesellschaft aufgenommen werden. Die Bedienung der Kredite (Zins und Tilgung) erfolgt in Form eines Nutzungsentgeltes, das die private Betriebsgesellschaft jährlich ab Betriebsbeginn der Fahrweggesellschaft überweist. Das Nutzungsentgelt besteht aus zwei Komponenten:

1. Abschreibungen (die Abschreibungen werden jährlich an die Fahrweggesellschaft bezahlt und betragen 137,9 Mio. DM) und
2. zusätzliche Zahlungen (die zusätzlichen Zahlungen betragen 173 Mio. DM, sind ebenfalls jährlich zu entrichten, steigen jedoch pro Jahr um jeweils 3 % an).

Ca. 57 % der Fahrweginvestitionen, d. h. 3,2 Mrd. DM, sind vom Bund aufzubringen und stellen somit eine ausgabenwirksame Belastung der öffentlichen Haushalte dar.

Finanzierungskonzept Betriebsgesellschaft:

Die Betriebsgesellschaft tätigt Investitionen von insgesamt 3,3 Mrd. DM (siehe Abbildung 5.5).

Kostenkategorie	**Betriebsgesellschaft (in Mio. DM)**
Langstator/Kabelwicklungen	345
Energieanlagen	1270
Gebäude	426
Betriebsleittechnik	282
Planung	245
Fahrzeuge	720
Gesamtsumme	**3288**

Abb 5.5: Betriebsinvestitionen (vgl. Hopf, 1995, S. 192)

Bei der Finanzierung des MSB-Systems wollen sich neben der öffentlichen Hand auch private Investoren an einer Verkehrsinfrastrukturmaßnahme beteiligen (vgl. Friedrich Ebert-Stiftung, 1995, S. 13). Dieses Engagement der Privatwirtschaft wäre für Deutschland bisher einmalig. Um die Gesamtsumme von ca. 3,3 Mrd. DM aufbringen zu können, wurden folgende Investitionsanteile geplant:

- 500 Mio. DM von privaten und institutionellen Investoren,
- 300 Mio. DM von der DB AG und der Deutschen Lufthansa,

- 700 Mio. DM von einer Holding-Gesellschaft, aufgeteilt in
  500 Mio. DM Industrie und Bauwirtschaft und
  200 Mio. DM Banken und Versicherungen.

Da die privaten und institutionellen Anleger das Kapital viele Jahre vor der ersten Dividendenzahlung investieren müssen, sieht das Konzept für diesen Personenkreis Steuervergünstigungen z. B. in der Form vor, daß 20 % des eingezahlten Kapitals direkt von der Steuerschuld abgesetzt werden können. Die Durchführbarkeit des dargestellten Finanzierungskonzepts, aber auch die zugrundegelegten Annahmen, haben bei einigen Institutionen zu einer Reihe von Kritikpunkten geführt, die an dieser Stelle kurz dargestellt werden sollen:

Kritikpunkte des Bundesrechnungshofes (vgl. Bundesrechnungshof, 1996, S. 7 ff.):

- Die möglicherweise unwirtschaftlich werdenden Rad/Schiene-Ausbaumaßnahmen in Höhe von 4,4 Mrd. DM finden keine Berücksichtigung.
- Minderungen des Fahrgastaufkommens, die auf veralteten Annahmen des BVWP '92 basieren, finden keine Berücksichtigung.
- Das Ausschreibungsverfahren auf europäischer Ebene ist bisher nicht abgesichert.
- Der Exporterfolg des TRP aufgrund der Referenzstrecke ist ungewiß.

Kritikpunkte des DIW (vgl. Hopf, 1995, S. 193 ff.):

- Kostenrisiken werden bei den Investitionskosten vor allem hinsichtlich des Erwerbs der Grundstücke, der logistischen Anbindung, der planungsrechtlichen Verfahren und im Zusammenhang mit der Erprobungsphase identifiziert.
- Auf eine mögliche Änderung des Verkehrsaufkommens bzw. Aufkommens an Reisenden wird hingewiesen, da die Prognosebasis (BVWP '92) veraltet ist.
- Erhöhungen der Fahrpreise aufgrund eines geänderten Verkehrsaufkommens werden vorausgesagt.

Kritikpunkte des IWW (vgl. Rothengatter, 1996, S. 212 und 219):

- Es fehlt das direkte Interesse des Betreibers, während das Interesse des Systemherstellers dominiert.
- Die Marktchancen im Ausland sind ungewiß, da in diese Richtung bisher keine Untersuchungen vorliegen.
- Die private Risikoträgerschaft ist viel zu gering.

- Aufgrund der Annahme von Idealwerten für die Nachfrage sind die Ertragserwartungen überzogen.

Ende 1996 soll das Finanzierungskonzept an die neuen Umstände angepaßt werden. Die Grundlage hierfür stellt ein Gutachten von Intraplan Consult GmbH dar (vgl. Abschnitt 4.2.5), in dem allerdings vorab folgende Festschreibung getroffen wurde: „Auf eine Veränderung der Prognosebedingungen gegenüber dem BVWP '92 wurde auf Wunsch des Auftraggebers bewußt verzichtet, um eine Kontinuität der MSB-Planungen zu gewährleisten" (Intraplan Consult, 1996, S. 224). Da sich also durch das zugrundegelegte Gutachten von Intraplan Consult die Prognosebedingungen nicht verändert haben, aber ein Großteil der dargestellten Kritik gerade auf diesen Prognosebedingungen basiert, kann gefolgert werden, daß die Kritiker ihre Bedenken auch zukünftig aufrechterhalten. Damit behalten sie auch für den in dieser Studie zu untersuchenden Themenbereich Relevanz und müssen bedacht werden.

5.3 Ausgangssituation in den Anrainerregionen der geplanten Transrapidtrasse

5.3.1 Wirtschaftsraum Berlin-Hamburg

In diesem Abschnitt wird die ökonomische Ausgangssituation der betrachteten Regionen kurz dargestellt (siehe Abbildung 5.6). In Abschnitt 5.3.2 wird speziell auf die Region Mecklenburg-Vorpommern eingegangen.

	Berlin/ Brandenburg	Hamburg/ Schleswig-Holstein	Mecklenburg-Vorpommern
Einwohner	3,4 Mio.	1,7 Mio.	1,8 Mio.
Einw. je km^2	3.898	2.259	79
Fläche	889,1 km^2	755,3 km^2	23.598 km^2
BIP	117,4 Mrd. DM	127 Mrd. DM	28,6 Mrd. DM
Arbeitslosigkeit	12,4 % (West) 13,3 % (Ost)	10,0 %	16,4 %

Abb. 5.6: Ökonomische Situation der Regionen (vgl. Köpke, 1996, S. 23)

Die Vision einer norddeutschen Metropolenregion Hamburg-Berlin, bestehend aus Haupt- und Hafenstadt, wird in letzter Zeit verstärkt diskutiert (vgl. Köpke, 1996, S. 23). Überwiegend Einigkeit herrscht bei Politikern und Wirtschaftsexperten darin, daß die Kooperation zwischen Hamburg und Berlin in den nächsten Jahren intensiviert werden sollte.

Wenig Chancen für eine gemeinsame Großregion der beiden 300 km auseinanderliegenden Städte sieht der ehemalige Oberbürgermeister Hamburgs, von Dohnanyi. Er meint, daß die Eigeninteressen der beiden Metropolen wahrscheinlich auch in Zukunft überwiegen werden. Ausstrahlungen der beiden Städte Berlin und Hamburg ließen sich derzeit kaum feststellen. Bereits hinter den jeweiligen Außenbezirken würden sich die Einflußfaktoren rapide verringern. Trotzdem hält er eine Zusammenarbeit beider Städte für wichtig und plädiert dringend für eine Verbesserung der Verkehrsinfrastruktur zwischen den Regionen Berlin und Hamburg. Sie müsse so aufgebaut werden, daß der Norden Deutschlands mit Brandenburg, Mecklenburg-Vorpommern und Schleswig-Holstein zusätzliche Impulse erhält. Von Dohnanyi warnt davor, große Effekte allein von der MSB TRP zu erwarten. Das Bundesverkehrsministerium rechnet mit einer deutlichen Belebung der Achse Berlin-Hamburg. Beide Städte hätten durch die Wiedervereinigung ihr Hinterland und damit traditionelle regionale Märkte zurückgewonnen. Berlin sei zudem zu einem Tor nach Ost- und Südosteuropa geworden. Hamburg hätte als Hafen- und Handelsplatz außerdem von der Norderweiterung der EU profitiert (vgl. Köpke, 1996, S. 23).

Hamburg (vgl. Grabow et al., 1993, S. 378 ff.):

Hamburg kann für die Zeit nach 1989 wirtschaftlich als großer „Vereinigungsgewinner“ sowie für die Zeit davor als „Teilungsgewinner“ angesehen werden. Durch die Ansiedlung vieler Verlage aus Berlin wurde Hamburg damals zu einer der wichtigsten Medienstädte Deutschlands. Außerdem übernahm der Hamburger Hafen - als Vorhafen der Ostsee - wesentliche Funktionen der mecklenburgischen Häfen. Insbesondere der Hafen hat jetzt durch die Vereinigung der beiden deutschen Staaten einen wesentlichen Aufschwung erlebt. Er ist aus seiner relativen Randlage in den Schnittpunkt eines veränderten wirtschaftsgeographischen Koordinatensystems gerückt. Dieser vereinigungsbedingte Schub bedeutet für Hamburg wirtschaftlich eine Stärkung der traditionellen Strukturen, insbesondere in den Bereichen Hafen und Handel. Dies hat allerdings zur Folge, daß der notwendige Strukturwandel, der sich in Hamburg in den letzten zehn Jahren bevorzugt im Dienstleistungssektor vollzogen hat, eher wieder hinausgezögert wird.

Ein weiteres nicht gering zu schätzendes Problem, vor allem für die Industrie Hamburgs, ist die geringe Zahl an Industriehauptverwaltungen und damit die hohe externe Abhängigkeit von zumeist ausländischen Konzernen. Hamburg hat als Stadt seit jeher ein positives Image, dies bezieht sich insbesondere auf das Stadtbild und die Nähe zu vielen attraktiven Freizeitregionen. Die Entwicklungschancen der Stadt liegen hauptsächlich im Bereich Handel, Dienstleistung und Tourismus.

Berlin (vgl. Grabow et al., 1993, S. 445 ff.):

Die finanzielle Lage Berlins hat sich durch die Wiedervereinigung aufgrund des Abbaus der „Berlin-Subventionen" deutlich verschlechtert. Wirtschaftlich können in Berlin eine Reihe von strukturellen Schwächen aufgezeigt werden. Berlin ist im Vergleich zu anderen Städten dieser Größenordnung überindustrialisiert. Es besteht dagegen großer Nachholbedarf in den Bereichen hochwertiger, produktionsorientierter Dienstleistungen. Betriebe in West-Berlin dienten bislang im wesentlichen nur als verlängerte Werkbank. Hieraus folgt eine starke Abhängigkeit von Entscheidungen, die nicht in Berlin getroffen werden. Eine weitere Folge ist das weitgehende Fehlen von Unternehmenszentralen.

Die Entwicklungsmöglichkeiten von Berlin sind jedoch erheblich. Sie beruhen auf vorhandenen (Wirtschafts-)Potentialen, auf historischen Prägungen und auf der Möglichkeit, in positiver Weise an Traditionen anzuknüpfen. Aufgrund der Ausgangslage bietet sich Berlin an, eine sogenannte K-Region (Kommunikation, Kultur, Kompetenz, Kapital, Kenntnisse, Kreativität) zu werden. Hieraus ergeben sich positive Entwicklungspotentiale für die Sektoren Dienstleistung und Tourismus. Aber auch durch die Größe der Agglomeration bekommt der Binnenmarkt eine erhebliche Bedeutung, welcher eine Ansiedlung hochspezialisierter Funktionen lohnenswert macht. Die Hauptstadtentscheidung und der Umzug der Regierung bringen Berlin auch psychologische Vorteile.

5.3.2 Region Schwerin/Mecklenburg-Vorpommern[1]

Die beiden größten Städte Mecklenburg-Vorpommerns sind Rostock mit rund 250.000 Einwohnern sowie die Landeshauptstadt Schwerin mit rund 130.000 Einwohnern. Die Agrarwirtschaft stellt sich in Mecklenburg-Vorpommern neben dem Schiffbau als bedeutender Wirtschaftszweig dar. Seit 1994 ist in Mecklenburg-Vorpommern auch im produzierenden Gewerbe ein beschleunigtes Wirtschaftswachstum zu beobachten, das mit 32,4 % den größten Anteil an der Bruttowertschöpfung des Landes hat. Dieser im Vergleich der neuen Bundesländer allerdings geringe Anteil (Durchschnitt in den anderen neuen Bundesländern: 37,1 %) weist auf

[1] Datenmaterial aus: Statistisches Landesamt Mecklenburg-Vorpommern, 1995, S. 1 ff.

die industrielle Strukturschwäche Mecklenburg-Vorpommerns hin. Die Überwindung der Strukturschwäche hängt wesentlich von der weiteren Entwicklung des produzierenden Gewerbes ab, in dem jedoch inzwischen Fortschritte erzielt wurden. Die Bruttowertschöpfung dieses Bereichs stieg 1994 real um 18,9 %. Der Anstieg lag damit um 3,6 % über dem Durchschnitt der neuen Bundesländer. Vom Wirtschaftswachstum des produzierenden Gewerbes profitierte auch der Dienstleistungssektor, insbesondere die Bereiche Handel und Verkehr. Beide Bereiche wiesen über dem Durchschnitt der neuen Länder liegende Wachstumsraten auf.

Die Bruttowertschöpfung der Dienstleistungsunternehmen stieg real um 7,8 % (neue Bundesländer +7,5 %) und im Bereich Handel und Verkehr um 8,7 % (neue Bundesländer +7,5 %). Weitere Anzeichen für eine positive Entwicklungstendenz sind insbesondere im Tourismussektor (13,9 % gestiegene Gästeübernachtungsquote gegenüber 1993) und hinsichtlich einer Steigerung des Einzelhandelsumsatzes (+8,2 %) zu sehen.

Ende 1994 hatte Mecklenburg-Vorpommern 1.829.000 **Einwohner**, das waren 0,7 % weniger als zu Jahresbeginn 1994. Der 1989 einsetzende Abwärtstrend setzte sich - allerdings abgeschwächt - weiter fort.

Der **Arbeitsmarkt** zeigt in Mecklenburg-Vorpommern insgesamt erste Ansätze der Erholung, wenn auch - wie vor allem im industriellen Sektor - der Prozeß der Schaffung effizienter Beschäftigungsstrukturen noch nicht vollständig abgeschlossen ist. Trotz der abnehmenden Zahl von Arbeitslosen bleibt mit 17,0 % weiterhin eine hohe Arbeitslosigkeit bestehen. Mit einer Verschärfung der Situation ist nicht zuletzt durch die erneute Werftenkrise zu rechnen.

Die **Arbeitsproduktivität** (Bruttoinlandsprodukt je Erwerbstätiger) nahm gegenüber dem Vorjahr zwar um 8,0 % zu (alte Bundesländer: +3,6 %), erreichte jedoch erst 52,7 % des Niveaus der alten Bundesländer (1993: 49,5 %).

Zusammenfassend betrachtet, hat sich die wirtschaftliche Lage Mecklenburg-Vorpommerns 1994 weiter konsolidiert und stabilisiert. Das Wirtschaftswachstum hat vor allem auch in der Industrie an Breite gewonnen. Die Bruttowertschöpfung stieg im produzierenden Gewerbe überdurchschnittlich an, was sich für die Überwindung der industriellen Strukturschwäche des Landes günstig auswirken wird. Ein Hauptträger der bisherigen positiven Entwicklung bleibt das Baugewerbe, dessen Aufragsentwicklung auch weiterhin Wachstum aufweist. Große Bedeutung für die Entwicklung des produzierenden Gewerbes hatte das Handwerk. Von der konjunkturellen Entwicklung im Bau- und im verarbeitenden Gewerbe gingen Impulse auf den Dienstleistungsbereich, insbesondere auf Handel und Verkehr aus, was u. a. an der im Vergleich zu den neuen Ländern insgesamt überdurchschnittlichen Entwicklung der Bruttowertschöpfung dieser Bereiche - und im Dienstleistungsbereich besonders auch an der Entwicklung der Erwerbstätigen - sichtbar wurde. Im Einzelhandel konnten die Umsätze gegenüber dem Niveau des Vorjahres gesteigert werden. Obwohl die Beschäftigung insgesamt zugenommen hat und die Arbeitslosigkeit zurückging, bleibt die Arbeitsmarktlage das Kardinalproblem der Wirtschaft Mecklenburg-Vorpommerns, denn die hohen Wirtschaftswachstumsraten führten hier bisher noch nicht zu einer deutlichen Entlastung.

5.4 Expertenbefragung

5.4.1 Methodik der Befragung

Die erwarteten regionalwirtschaftlichen Effekte während der Errichtungs- und vor allem während der Betriebsphase der MSB TRP waren ausschlaggebend für die Zustimmung der Länder zum Magnetschwebebahnbedarfsgesetz. In Abschnitt 4.2.4 wurde dargestellt, daß ökonomische Effekte, die durch den Bau und Betrieb der MSB-Strecke entstehen, nicht endgültig mit volkswirtschaftlichen Berechnungsverfahren ermittelt werden können.

Die Berechnungen des IFB, bezogen auf die Beschäftigungseffekte, gehen generell von optimistischen Annahmen aus. Die zugrundegelegte Arbeitsproduktivität in den neuen Bundesländern ist für den Erstellungszeitraum nicht mehr realistisch. Wenn sich die Produktivität in den neuen Bundesländern, wie zu vermuten, dem Westniveau weiter angleicht, reduzieren sich die vom IFB berechneten Arbeitsplatz-Effekte deutlich (vgl. Mnich/IFB, 1991, S. 19). Weiterhin ist unklar, ob es sich um die Schaffung neuer Arbeitsplätze handeln wird oder um die Erhaltung von bestehenden Arbeitsplätzen. Die Voraussetzung der Input-Output-Rechnung, daß die zusätzliche Nachfrage nicht durch eine höhere Auslastung befriedigt werden kann, sondern automatisch zusätzliche Kapazitäten erfordert, ist unrealistisch. Die Aufträge für den Bau der TRP-Strecke müssen EU-weit ausgeschrieben werden, daher ist fraglich, in welchem Umfang regionale Arbeitsplatzeffekte entstehen.

Das im BVWP '92 zugrundegelegte Bewertungsverfahren für Verkehrsinfrastrukturprojekte macht ebenfalls deutlich, daß die quantitativen Verfahren nicht ausreichen, um alle Aspekte aus den Bereichen der Verkehrspolitik, der Raumordnung sowie der Bevölkerungs-, Siedlungs-, Wirtschafts- und Umweltstruktur zu erfassen.

Zusätzlich zur Nutzen-Kosten-Analyse werden daher für das BVWP-Verfahren ergänzende qualitative Beurteilungskriterien herangezogen (vgl. Mnich/IFB, 1991, S. 19).

Die hier herausgearbeiteten Einwände gegen die Anwendung der Methoden und Modelle der bisherigen Studien auf einen konkreten Planungsfall machen eine **Erkenntnislücke** deutlich. Die gesamtwirtschaftlichen Bewertungsmethoden und -modelle können nach Ansicht der Verfasser diese Lücke nicht schließen.

Da sich die Erkenntnislücke der bisherigen Untersuchungen im Bereich der regionalen Auswirkungen insbesondere auf mögliche Sekundäreffekte der MSB TRP beziehen, wurden im Rahmen der vorliegenden Studie Experteninterviews geführt. Als Interviewgebiete kamen somit insbesondere die Regionen Berlin, Schwerin und Hamburg in Betracht. Da aber Bonn Standort für Vertreter von z. B. Wirtschaftsverbänden ist, die regional verankert sind, wurden ebenfalls Experten aus dieser Region angesprochen.

Ein **Fragenkatalog mit folgenden Fragenkomplexen** wurde aufgestellt, um einen Beitrag zur Schließung der festgestellten Erkenntnislücke zu leisten:

- Allgemeine Fragen zur ökonomischen Entwicklung und zu den Entwicklungspotentialen in den Anrainerregionen der geplanten MSB-Verbindung;
- Allgemeine Fragen zur Verkehrinfrastrukturausstattung und zum möglichen Bedarf in und zwischen den Regionen;
- Spezielle Fragen zum möglichen Einfluß der MSB-Verbindung auf die ökonomische und demographische Entwicklung in und zwischen den Regionen (getrennt in Errichtungs- und Betriebsphase sowie aufgeteilt nach Wirtschaftssektoren);
- Spezielle Fragen zur verkehrlichen Nutzung der MSB-Verbindung;
- Allgemeine Fragen zur ökonomischen Einschätzung des TRP-Systems;
- Allgemeine und spezielle Fragen bzgl. ökologischer Wirkungen;
- Allgemeine Fragen zur Person.

Zur Absicherung der angewandten Methode und zur Überprüfung der Stringenz der Struktur des Fragebogens sowie der Relevanz und Klarheit der Einzelfragen wurde vor der Befragung in den Regionen eine **Pretest-Phase** mit insgesamt 4 ausgewählten Experteninterviews durchgeführt. Die Auswahl der Interviewpartner aus den Regionen Berlin, Schwerin, Hamburg und Bonn fand parallel zur Optimierung des Fragebogens statt. Der Fragebogen sollte folgenden Anforderungen genügen:

- Standardisierung der Fragen, bezogen auf Auswertbarkeit mit Hilfe eines EDV-gestützen Verfahrens (SPSS) sowie hohe Vergleichbarkeit der Ergebnisse.
- Neutralität der Fragen, bezogen auf aktuelle politische Entscheidungsprozesse, die in Zusammenhang mit der MSB TRP stehen.
- Sachlichkeit der Fragestellung, um keine Emotionen bei den Experten hervorzurufen.

Auswahl der Interview-Partner:

Ein Liste mit insgesamt 112 möglichen Kontakten wurde erstellt, die, wie in Abbildung 5.7 dargestellt, auf die einzelnen Regionen verteilt waren:

	Berlin	**Schwerin**	**Hamburg**	**Bonn**
Anzahl Adressen	35	27	31	19
Anzahl Interviews	23	20	6	8

Abb. 5.7: Verteilung der Interviewpartner

Alle 112 Experten wurden im Vorfeld der Befragung angeschrieben, um sie über die Grundlagen der Befragung in Kenntnis zu setzen. Nach Versendung der Interviewankündigung wurden telefonische Terminvereinbarungen durchgeführt. Hierbei wurde besonders darauf geachtet, daß die Interviewtermine in einem möglichst engen Zeitraum durchgeführt werden konnten. Die Befragung fand dann im Zeitraum vom 28. Mai bis 7. Juni 1996 statt. Insgesamt erklärten sich 57 der angeschriebenen Experten bereit, ein Interview zu geben, 21 hatten keine terminlichen Möglichkeiten und 34 fühlten sich zur Thematik nicht kompetent oder wollten aus persönlichen bzw. politischen Gründen keine Stellung nehmen.

Bei der **Auswahl** jedes einzelnen potentiellen **Interview-Partners** waren folgende Prämissen ausschlaggebend:

- Direkter Bezug zu mindestens einer der betroffenen Regionen,
- Experte im Bereich Wirtschaft oder/und Technik, Verkehr, Ökologie,
- kein direktes Verhältnis zum TRP-Planer- oder -Betreiberkonsortium (Mitarbeiter, Berater, o.ä.), mit Ausnahme von Vertretern der DB AG,
- Fachkenntnisse, bezogen auf die MSB-Thematik.

Um eine **vergleichbare Verteilung** in den einzelnen Regionen zu gewährleisten, wurden folgende Institutionen in allen drei Regionen um Interviewtermine gebeten:

- Industrie- und Handelskammern,
- Wirtschafts-, Verkehrs-, und Umweltbehörden,
- Wirtschafts-, verkehrs- und umweltpolitische Sprecher aller im Landtag vertretenen Parteien,
- Tourismuszentralen,
- Tageszeitungen,
- Energieversorgungsunternehmen.

Außerdem wurden Vertreter von Forschungsinstituten, Gewerkschaften, führenden regionalen Wirtschaftsunternehmen, Wirtschaftsberatungen und Hochschullehrer ausgewählt. Eine spezielle Gruppe, ohne direkten regionalen Bezug, stellten Vertreter von Bundesministerien und -verbänden dar.

Durchführung der Interviews und Resonanz der Befragten:

Alle Befragungen verliefen in einer sehr sachlichen Atmosphäre. Besonders die neutrale Vorgehensweise wurde von den befragten Experten gelobt. Zu bemerken ist, daß es, bezogen auf das generelle Interesse, starke Unterschiede in den einzelnen Regionen gab. Besonders interessiert zeigten sich die Experten in Schwerin, wohingegen in Hamburg eine weitaus reserviertere Einstellung zur vorliegenden Problematik anzutreffen war. Diese Feststellung bestätigt auch die Quote der tatsächlich erreichten Interviewtermine in den einzelnen Regionen. Die folgenden Abbildungen 5.8 und 5.9 zeigen auf, welchen **Institutionen** die 57 interviewten Experten angehören und welcher **Region** sie zuzuordnen sind. Sie bilden die Datengrundlage der Erhebung.

Wirtschaft	12,3 %
Politik	22,8 %
Verbände, IHK, etc.	29,8 %
Ministerien, Senatsverwaltungen und Ämter	26,3 %
Bürgerinitiativen	3,5 %
Wissenschaft und Forschung	5,3 %

Abb. 5.8: Institutionelle Zuordnung der Experten

Hamburg	10,5 %
Berlin	40,4 %
Schwerin	35,1 %
Bonn	14,0 %

Abb. 5.9: Regionale Zuordnung der Experten

5.4.2 Interviewauswertung: Ökonomische Wirkungen[1]

5.4.2.1 Allgemeine ökonomische Entwicklung

Um grundlegende Erkenntnisse über die Regionen zu gewinnen, wurden auch Fragen bzgl. der regionalen Entwicklungspotentiale gestellt.

Generelle wirtschaftliche Entwicklung in den Regionen:
Über 70 % der befragten Experten gehen von einem großen bis sehr großen wirtschaftlichen Wachstum in der Region **Berlin** aus (siehe Abbildung 5.10). Als primäre Entwicklungspotentiale wurden hierfür die Bereiche des Handels, der Dienstleistungen und des Baugewerbes genannt, aber auch dem Tourismus werden in Berlin gute Entwicklungspotentiale vorausgesagt. Dieser sehr positiven Einschätzung folgten die befragten Experten aller drei Regionen gleichermaßen. Die Einschätzungen bezüglich der Region **Schwerin** unterscheiden sich hingegen deutlich voneinander. Besonders die Berliner Befragten geben Schwerin gegenüber eine eher mäßige Prognose ab; 59 % der Berliner sagen ein nur geringes Wachstum für Schwerin voraus. Die Bonner Experten prognostizieren die Entwicklung Schwerins viel positiver, 37,5 % Prozent rechnen mit einem großen Wachstum. In Schwerin selbst rechnen 85 % der Experten mit einem geringen Wachstum ihrer Region. Interessant ist, daß eine Einschätzung der Entwicklung Schwerins besonders in den beiden Großstädten als schwierig beurteilt wurde. 70 % aller Experten kommen auf ein nur mäßiges Wachstum für Schwerin. Dieses Ergebnis bestätigt die Einschätzung der meisten Experten aus den Regionen Berlin und Hamburg, daß sich die wirtschaftliche Orientierung der Hamburger eher Richtung Berlin entwickelt und umgekehrt als in Richtung Schwerin. Für **Hamburg**, nach Berlin die zweitgrößte deutsche Stadt, wird ein geringes Wachstum vorausgesagt, wobei besonders interessant ist, daß speziell die Berliner Experten eine positive Entwicklung für Hamburg voraussehen. Hamburg als die Werbe- und Medien-Stadt liegt bereits auf einem sehr hohen wirtschaftlichen Niveau. Als stärkste Wachs-

[1] Die Ergebnisse der Befragung bzgl. der ökologischen Wirkungen werden in Kapitel 6 vorgestellt.

tumsbereiche wurden die Bereiche Dienstleistungen, Handel und die Verbrauchs- und Konsumgüterindustrie genannt.

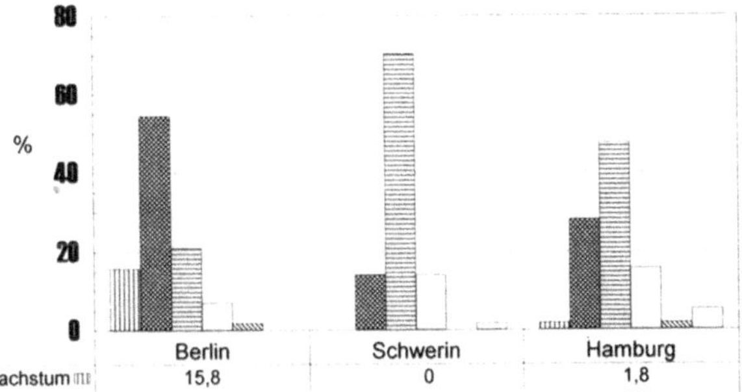

	Berlin	Schwerin	Hamburg
sehr großes Wachstum	15,8	0	1,8
großes Wachstum	54,4	14	28
geringes Wachstum	21	70,2	47,4
Stagnation	7	14	15,7
Rückgang	1,8	0	1,8
k.A.	0	1,8	5,3

Abb. 5.10: Generelle regionale wirtschaftliche Entwicklung bis zum Jahr 2010

Hauptstadt-Aspekt:

Zu der sehr positiven Einschätzung bezüglich der Entwicklung Berlins trägt nach Meinung von 90 % aller Experten der Umzug der Bundesregierung und des Bundestages bei (siehe Abbildung 5.11). Auch Schwerin wird durch diesen Umzug einen geringen bis großen Einfluß auf die wirtschaftliche Entwicklung zu spüren bekommen, schätzen immerhin etwa 55 % der Befragten.

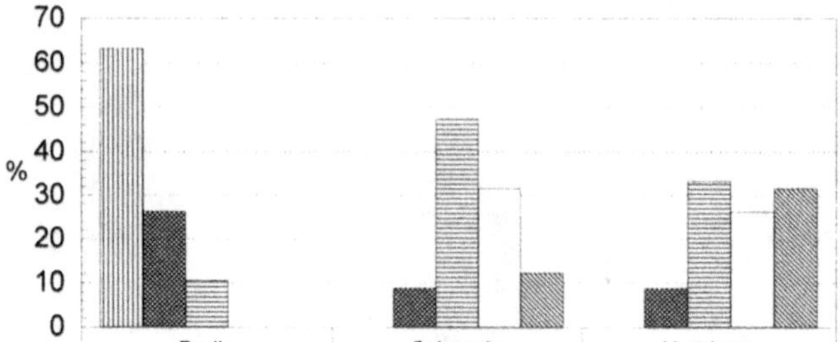

	Berlin	Schwerin	Hamburg
sehr groß	63,2	0	0
groß	26,3	8,8	8,8
gering	10,5	47,3	33,3
sehr gering	0	31,6	26,3
kein Einfluß	0	12,3	31,6

Abb. 5.11: Einfluß des Umzugs der Bundesregierung und des Bundestages auf die regionale wirtschaftliche Entwicklung bis zum Jahr 2010

Neuansiedlungen zwischen Berlin und Hamburg 1992 - 1996:

Da keine statistischen Daten vorlagen, die die Neuansiedlungen in den Regionen darstellen, wurden die regionalen Experten gefragt, was für Unternehmen, Institutionen oder Technologiezentren sich ihres Wissens seit 1992 zwischen Berlin und Hamburg angesiedelt haben. Über 80 % der befragten Experten gaben an, daß es Neuansiedlungen gegeben hat (siehe Abbildung 5.12). Am häufigsten haben sich offensichtlich **Logistikzentren** gebildet. Im Gürtel um Berlin wurde insbesondere die Ansiedlung von Bildungseinrichtungen und Technologiezentren genannt.

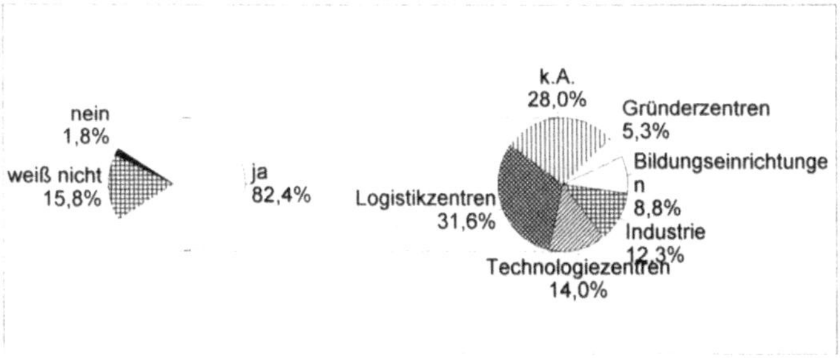

Abb. 5.12: Neuansiedlungen zwischen Hamburg und Berlin seit 1992 und deren Kategorien

5.4.2.2 Verkehrsinfrastruktur

In der Planungsphase des Baues und Betriebes der TRP-Strecke Berlin und Hamburg steht die Frage nach dem Bedarf einer solchen Verbindung im Vordergrund. In den Regionen können nur dann positive Auswirkungen zutage treten, wenn ein genügendes Beförderungspotential zur Verfügung steht (vgl. Rothengatter, 1996, S. 287).

Bedarf an Verkehrinfrastrukturausstattung:
Praktisch alle Experten (98,2 %) sind sich einig, daß eine Verbesserung der Verkehrsverbindung zwischen den Städten Berlin, Schwerin und Hamburg und ihrem Umland notwendig ist. 93 % der Experten halten eine Verbesserung für den Bereich des Personenverkehrs und 78,9 % für den Güterverkehr für erforderlich.

Zum Erreichen dieser Verbesserungen wird von 77,2 % der Experten der **Ausbau** der Eisenbahnverbindung genannt. 10,5 % der Befragten setzen den Ausbau von Autobahnen an erste Stelle. 12,3 % aller Experten meinen, daß der Ausbau von Bundes- und Landesstraßen dringlich sei. Der Ausbau von Flughäfen und Binnenwasserstraßen wird hierbei überhaupt nicht genannt.

Bezogen auf **Neubauprojekte,** halten 29,8 % aller Befragten eine ICE-Verbindung für sinnvoll. 10,5 % befürworten den Neubau von Eisenbahnstrecken für den Mischverkehr. Nur 3,5 % halten den Neubau von Flughäfen für notwendig, ebensoviele meinen, daß Binnenwasserstraßen neu erstellt werden sollten. Insgesamt sind 14 % der Befragten der Auffassung, daß der Neubau von Autobahnen, Bundes- und Landesstraßen erforderlich sei. 38,6 % der Befragten halten den Neubau der TRP-Strecke für sinnvoll, um die Verkehrsituation zwischen Hamburg, Schwerin und Berlin zu verbessern. Immer noch 12,1 % stuften den Neubau der TRP-Strecke an zweiter und dritter Stelle einer Rangfolge notwendiger Neubauprojekte ein. Zusammen sehen also mehr als die Hälfte der Interviewten in der TRP-Strecke eine sinnvolle Neubaumaßnahme, um die Verkehrssituation zu verbessern. Allerdings sind auch über 40 % der befragten Experten für den Neubau einer ICE-Verbindung.

In bezug auf die allgemeine Meinung, daß eine Verbesserung der Verkehrsinfrastruktursituation im Korridor Berlin-Schwerin-Hamburg notwendig ist, wird als dringlichste Maßnahme der Ausbau des spurgeführten Personenverkehrs gesehen. Eindeutig geht hervor, daß sich die Experten in zwei Gruppen einordnen lassen. Die eine Gruppe gibt dem Bau der MSB-Verbindung den Vorzug, die andere Gruppe würde eine ICE-Neu- oder Ausbaustrecke bevorzugen.

5.4.2.3 Auswirkungen der Magnetschwebebahn

Von besonderem Interesse für die betroffenen Regionen sind die vom TRP ausgelösten ökonomischen Effekte. Die folgenden Ausführungen geben Aufschluß über Unklarheiten, die z. Zt. noch existieren.

Neuansiedlungen durch den TRP:
Wie aus Abbildung 5.13 deutlich wird, meinen über die Hälfte aller Experten, **daß es durch die MSB-Verbindung zu Neuansiedlungen kommen wird**. Von diesen Experten machten 63,1 % keine Angaben zu der Art der Neuansiedlungen. Immerhin nannten 14 % Technologiezentren, gefolgt von Industrie und Logistikzentren mit jeweils 8,8 %.

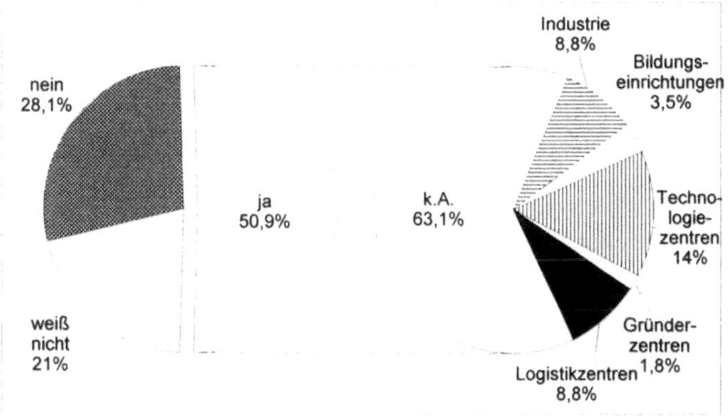

Abb. 5.13: Durch den Transrapid zu erwartende Neuansiedlungen und deren Kategorien

TRP-Strecke und regionale wirtschaftliche Entwicklung:
Bei der Beurteilung des wirtschaftlichen Einflusses der TRP-Strecke während der **Errichtungsphase** (siehe Abbildung 5.14) werden für Hamburg und Berlin etwa die gleichen Prognosen abgegeben. Etwa je ein Viertel der befragten Experten sagt, daß die Errichtung der Strecke **einen großen bis sehr großen Einfluß auf die wirtschaftliche Entwicklung der Regionen** haben wird. Für Hamburg und Berlin schätzen etwa jeweils 40 % der Experten einen mäßigen Einfluß auf die wirtschaftliche Entwicklung. Der Einfluß auf die wirtschaftliche Entwicklung Schwerins wird etwas positiver prognostiziert. Für Schwerin gehen 43,8 % der Interviewten von einem großen bis sehr großen Einfluß während der Bauphase aus. Weitere 31,6 % rechnen immerhin mit einem mäßigen Einfluß.

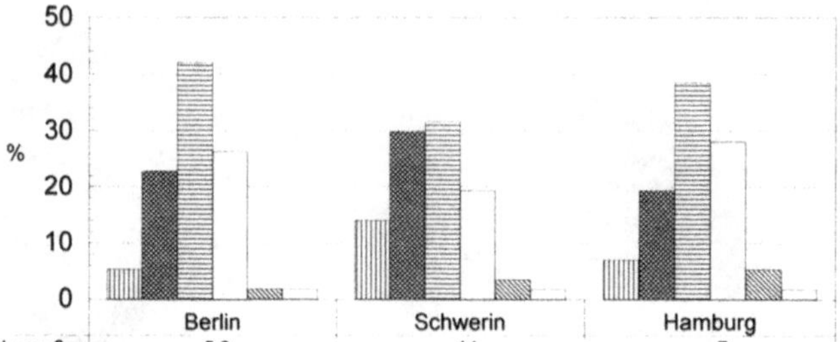

	Berlin	Schwerin	Hamburg
sehr groß	5,3	14	7
groß	22,8	29,8	19,3
mäßig	42	31,6	38,5
gering	26,3	19,3	28,1
sehr gering	1,8	3,5	5,3
k.A.	1,8	1,8	1,8

Abb. 5.14: Einfluß der Transrapidstrecke auf die regionale Entwicklung während der Errichtungsphase

In der **Betriebsphase** (siehe Abbildung 5.15) wird der Einfluß auf die wirtschaftliche Entwicklung in allen drei Regionen nahezu als gleich eingeschätzt. Etwa ein Drittel der befragten Experten ist der Meinung, daß die MSB-Verbindung einen **großen bis sehr großen Einfluß auf die wirtschaftliche Entwicklung der einzelnen Regionen** hat. Etwa ein weiteres Drittel der Befragten rechnet noch mit einem mäßigen Einfluß. Knapp 30 % der Interviewten meinen, daß die TRP-Strecke eine geringe oder sehr geringe Auswirkung auf die wirtschaftliche Entwicklung von Berlin, Schwerin und Hamburg haben wird. Die befragten Experten sehen also insgesamt einen positiven regionalökonomischen Einfluß hinsichtlich Errichtung und Betrieb des TRP auf Berlin, Schwerin und Hamburg. Ob sich dieser regionalökonomische Einfluß auch als volkswirtschaftlich positiv beurteilen läßt, ist hieraus allerdings nicht abzuleiten.

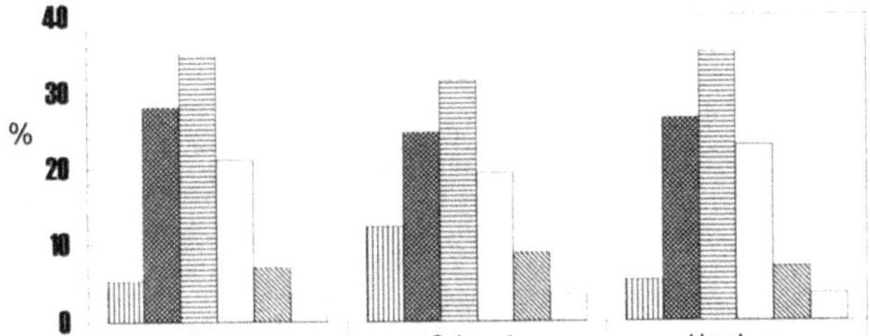

	Berlin	Schwerin	Hamburg
sehr groß	5,3	12,3	5,3
groß	28	24,6	26,3
mäßig	35,1	31,5	35,1
gering	21,1	19,3	22,8
sehr gering	7	8,8	7
k.A.	3,5	3,5	3,5

Abb. 5.15: Einfluß der Transrapidstrecke auf die regionale wirtschaftliche Entwicklung während der Betriebsphase

Auswirkungen der TRP-Strecke auf verschiedene Wirtschaftsbereiche:
Zwei spezielle Fragestellungen befassen sich mit den Auswirkungen der TRP-Strecke auf verschiedene Wirtschaftsbereiche, getrennt in Errichtungs- (siehe Abbildung 5.16) und Betriebsphase (siehe Abbildung 5.17).

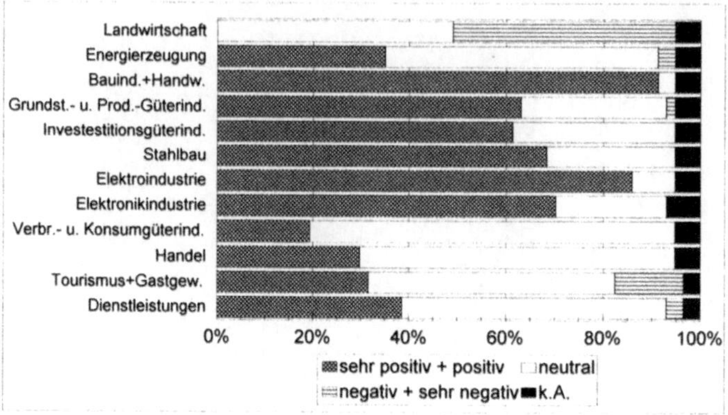

Abb. 5.16: Auswirkungen der Transrapidstrecke auf verschiedene Wirtschaftsbereiche während der Errichtungsphase

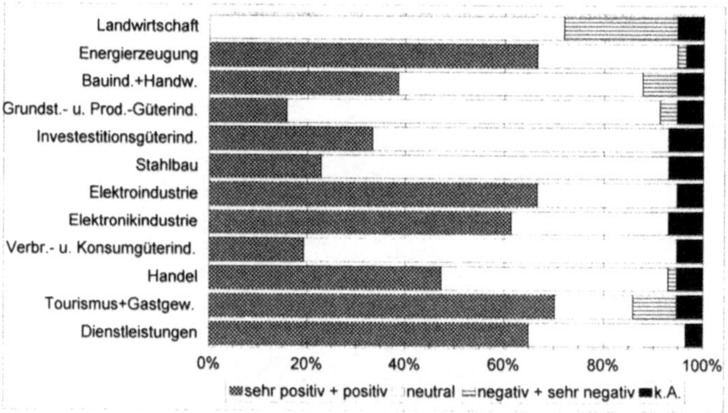

Abb. 5.17: Auswirkungen der Transrapidstrecke auf verschiedene Wirtschaftsbereiche während der Betriebsphase

In der **Errichtungsphase** werden die **Auswirkungen auf die Bauindustrie und das Handwerk, die Elektroindustrie, die Elektronikindustrie, den Stahlbau, die Grundstoff- und Produktionsgüterindustrie sowie die Investitionsgüterindustrie** von gut 60 % der Befragten als positiv bzw. sehr positiv beurteilt. Ein negativer oder sehr negativer Einfluß wird hier nicht genannt. Insbesondere der Wirtschaftszweig Bauindustrie und Handwerk schneidet bei 40,4 % der Interviewten mit sehr positiven Nennungen für die Errichtungsphase am besten ab. Handel, Tourismus und Gastgewerbe sowie Dienstleistungen werden durch die Errichtung der TRP-Strecke weder negativ noch positiv beeinflußt. Daher stufen gut 50 % der Befragten diese Wirtschaftszweige als neutral ein. Lediglich für die Landwirtschaft wird ein negativer bzw. sehr negativer Einfluß bei 45,6 % der Experten gesehen. Positive Auswirkungen wurden hierfür gar nicht konstatiert.

Die Aussagen für die **Betriebsphase** unterscheiden sich teilweise sehr stark von denen der Errichtungsphase. Für diesen Zeitraum überwiegen bei der Beurteilung der Auswirkungen auf die Landwirtschaft neutrale Nennungen der Experten (71,9 %); nur noch 22,8 % sehen einen negativen oder sogar sehr negativen Einfluß. Besonders auffällig ist, daß für die Wirtschaftsbereiche **Handel, Dienstleistungen, Energieerzeugung und vor allem Tourismus und Gastgewerbe**, im Gegensatz zur Errichtungsphase, knapp 50 % der Befragten sehr positive und positive Einflüsse identifizieren. Für den Bereich Tourismus und Gastgewerbe prognostizierten 70,1 % der befragten Experten eine positive oder sogar sehr positive Beeinflussung. Zu den Wirtschaftszweigen, die in der Errichtungsphase mindestens positiv beeinflußt werden, gehören laut den Interviewten nur noch die Bereiche Elektro- und Elektronikindustrie. Hier stimmten über 60 % für positive oder sehr positive Auswirkungen der TRP-Strecke Berlin-Hamburg.

Als Ergebnis dieser beiden Fragestellungen kann festgehalten werden, daß in der Errichtungsphase die am Bau beteiligten Industrien positive Impulse erhalten; in der zeitlich weitaus längeren Betriebsphase sind typische Dienstleistungsbereiche (inkl. Tourismus und Gastgewerbe), der Handel sowie die Energieerzeuger die Nutznießer der Auswirkungen der TRP-Strecke.

Bevölkerungszuwachs im Raum Schwerin:

Bezüglich der Bevölkerungsentwicklung im Raum Schwerin **sind die Experten unentschieden**, ob es durch die TRP-Strecke zu einem Anstieg der Einwohnerzahl kommt oder nicht. Das Verhältnis von geringem bzw. großem Zuwachs der Bevölkerungszahl zu keinem Zuwachs ist ca. 50 % zu 50 % (siehe Abbildung 5.18). Als Ergebnis kann festgehalten werden, daß durch die TRP-Strecke Schwerin zumindest nicht an Einwohnern verlieren wird.

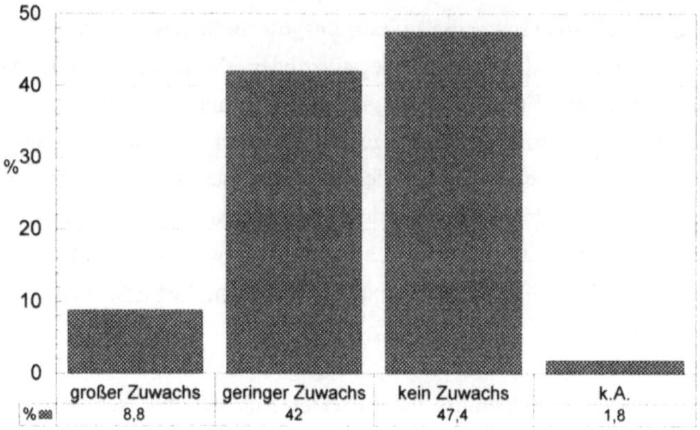

Abb. 5.18: Einfluß der Transrapidstrecke auf die Bevölkerungszahl im Raum Schwerin

5.4.2.4 Nutzung der Magnetschwebebahnverbindung

Die Nutzung der MSB-Verbindung spielt bezüglich der ökonomischen Entwicklungen in den Regionen eine sehr wichtige Rolle. Daher ist eine Erhebung, die diesen Bereich einschließt, notwendig. Denn nur so kann geklärt werden, wo in der Zukunft Personenströme ankommen, welchen zahlenmäßigen Umfang diese haben und welche logistischen und planerischen Vorbereitungen zu treffen sind. Weiterhin ist von Interesse, welcher Personenkreis den TRP nutzen wird. Dieser Fragenkomplex wird im folgenden Abschnitt behandelt.

Ersatz von Verkehrsmitteln durch den TRP:
Allgemein kann gesagt werden, daß der TRP nach den Einschätzungen der befragten Experten **sehr viel stärker zum Transport von Personen als zum Gütertransport genutzt werden wird**. Abbildung 5.19 verdeutlicht dies.

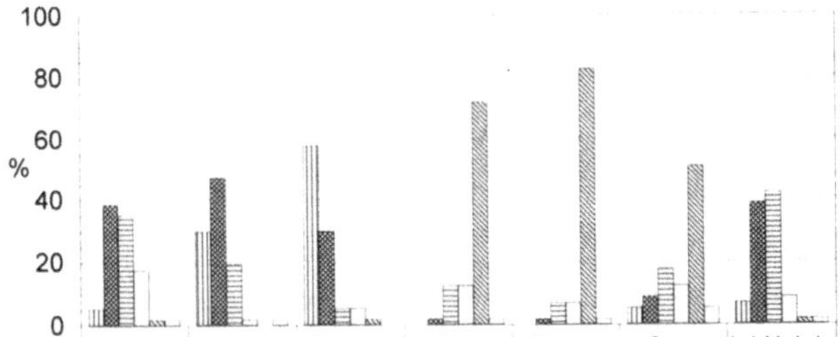

	Pkw	PV DB	Flugzeug	Lkw	Güterzug	Cargo	ind. Verkehr
sehr stark	5,3	29,8	57,8	0	0	5,3	7
stark	38,5	47,3	29,8	1,8	1,8	8,8	38,5
schwach	35,1	19,3	5,3	12,3	7	17,5	42,1
sehr schwach	17,5	1,8	5,3	12,3	7	12,3	8,8
überhaupt nicht	1,8	0	1,8	71,8	82,4	50,8	1,8
k.A.	1,8	1,8	0	1,8	1,8	5,3	1,8

Abb. 5.19: Substitution von Verkehrsmitteln und durch den Transrapid induzierter Verkehr auf der Strecke Berlin-Hamburg

Es liegen jedoch auch innerhalb der einzelnen Verkehrskategorien starke Einschätzungsunterschiede vor. Von einer **Substitution des Flugverkehrs** kann eindeutig ausgegangen werden. Über 87 % der Befragten sagen einen zumindest starken Ersatz des Personenflugverkehrs voraus. Auch der **Personenverkehr der Bahn** (PV DB in Abbildung 5.19) wird stark ersetzt werden; 77,1 % der interviewten Experten sagen, daß die Anziehungskraft der MSB TRP hier zumindest als stark zu bezeichnen ist. Beim **Individualverkehr** (PKW) ist die Abwanderung **weitaus geringer**. Die Mehrzahl der Befragten sieht nur einen schwachen bis sehr schwachen Anteil von Umsteigern.

Der Güterverkehr auf der Schiene wird nach Auffassung der Experten genauso wenig auf den TRP umgelagert, wie der des LKW-Verkehrs. Im Cargo-Verkehr sagt die Hälfte der Experten (50,8 %) überhaupt keine Verlagerungen voraus.

Der durch den TRP induzierte Verkehr liegt, so die Befragten, in einem Bereich, der mindestens so groß ist wie der des verlagerten PKW-Verkehrs.

Abschließend kann zur Einschätzung des Einsatzes der MSB TRP wiederholt werden, daß der TRP fast ausschließlich zur Beförderung von Personen genutzt werden wird. Insbesondere diejenigen Verkehrsströme werden sich auf den TRP verlagern, die bereits heute zentral, z. B. an Bahnhöfen oder Flughäfen, anfallen.

Es ist aber auch mit TRP-Nutzern zu rechnen, die vorher den PKW für diese Strecke gebraucht haben. In einer ähnlichen Größenordnung verursacht der TRP Neuverkehr (induzierten Verkehr).

Logistische Anbindung des TRP:
Insbesondere der **ÖPNV** sollte eine sehr gute Verbindung zum TRP haben. 84,1 % der befragten Experten sagen, daß die Anbindung sehr wichtig ist (siehe Abbildung 5.20). Für ähnlich wichtig wird ein Anschluß an den **Personenverkehr der DB AG** gehalten. Nur die in Schwerin ansässigen Experten stehen einer solchen Anbindung zu 50 % neutral gegenüber. Die Gesamtheit aller Befragten hält dies zu 89,4 % für wichtig. Den weitaus schwieriger zu leistenden Anschluß an den **Individualverkehr** (PKW) halten 70,2 % für wichtig oder sehr wichtig. Das Verkehrssystem **Flugzeug** direkt mit dem TRP zu erreichen war nur noch für 63,1 % mindestens wichtig. Der Rest der Experten stand der Situation neutral gegenüber, hielt die Verbindung für weniger wichtig oder sogar für unwichtig (8,8 %).

Insgesamt ist eine klare Abstufung der Prioritäten zu erkennen. Speziell die Anbindung des TRP an den ÖPNV, Züge der DB AG und den Individualverkehr steht im Mittelpunkt des Interesses. Es kann also davon ausgegangen werden, daß Personen, die auf der Strecke Berlin-Hamburg ohne die Existenz des TRP die Bahn benutzt hätten, erwarten, daß die Ankunft mit der MSB am selben Ort erfolgt. Für Schwerin, so die Experten, hat die MSB-Verbindung eine hohe verkehrliche Bedeutung, da z. Zt. keine Schnellbahnlinie durch Schwerin führt. Somit hat die Anbindung des regional genutzten Bahnhofes keinen hohen Stellenwert. Eine erhebliche Anzahl von Personen wird bei guter logistischer Anbindung des Individualverkehrs bereit sein, den PKW stehen zu lassen, um den TRP zu nutzen.

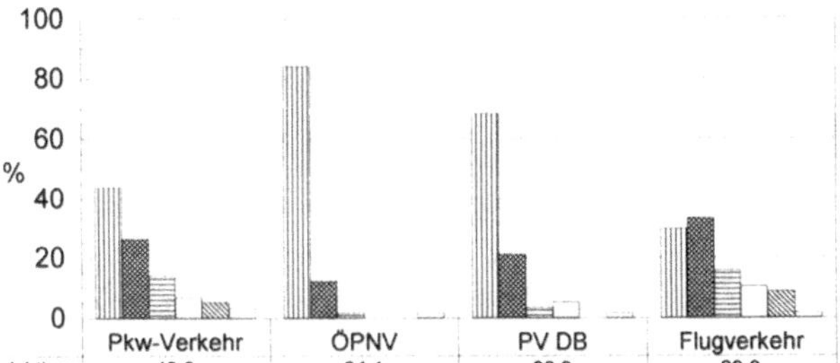

	Pkw-Verkehr	ÖPNV	PV DB	Flugverkehr
sehr wichtig	43,9	84,1	68,3	29,8
wichtig	26,3	12,3	21,1	33,3
neutral	14	1,8	3,5	15,8
weniger wichtig	7	0	5,3	10,5
unwichtig	5,3	0	0	8,8
k.A.	3,5	1,8	1,8	1,8

Abb. 5.20: Anbindung des Transrapid an unterschiedliche Verkehrssysteme aus logistischer Sicht

Gründe für die Nutzung des TRP:

Als Nutzungsgrund für die TRP-Strecke Berlin-Hamburg wird insbesondere der **Geschäftsreiseverkehr** genannt (siehe Abbildung 5.21). Die Befragten sagten zu 70,2 %, daß der TRP für eine eintägige Geschäftsreise voraussichtlich sehr stark genutzt wird. Auch für mehrtägige Geschäftsreisen wird der TRP mindestens stark frequentiert (72 %). In einer ähnlichen Größenordnung, so die Experten, bewegt sich das Aufkommen an Reisenden, die eine **eintägige Freizeitreise** vorhaben. Im Gegensatz hierzu fällt die Nutzung der Verbindung für eine mehrtägige Freizeitreise eher gering oder sehr gering aus. Für den **Berufspendelverkehr** kommen insbesondere die Verbindungsstrecken Schwerin-Hamburg und Schwerin-Berlin in Betracht; d. h. Schwerin ist hauptsächlich Ausgangspunkt des Berufspendelverkehrs mit dem TRP. Die Schweriner Experten sehen selbst jedoch weitaus größere Pendelbewegungen nach Hamburg (84,7 % mindestens stark) als nach Berlin (56,6 % mindestens stark). Die Hauptnutzer des TRP werden demzufolge Geschäftsreisende und Kurzurlauber sowie Berufspendler aus Schwerin sein.

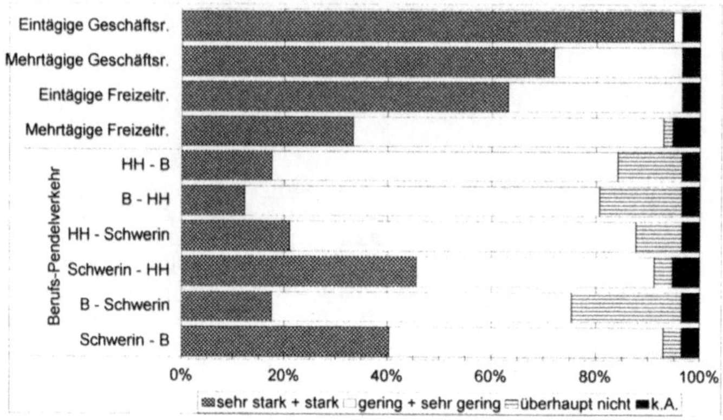

Abb. 5.21: Gründe für die Nutzung des Transrapid und Aufgliederung des Berufspendelverkehrs nach Verbindungsstrecken

Fahrgastzahlprognose:

Der **Prognose des IWW von 14,5 Mio. Fahrgästen pro Jahr** für die MSB-Verbindung Berlin-Hamburg im Jahr 2010 (vgl. Abschnitt 4.2.5) **standen die Experten sehr verhalten gegenüber** (siehe Abbildung 5.22). Nur 21,1 % der Befragten sieht die Zahl als realistisch an. Für mindestens zu hoch halten 75,3 % der Interviewten die Prognose. Dies ist zu registrieren, obwohl der Ersatz anderer Verkehrsträger entsprechend Abbildung 5.19 als relativ stark eingeschätzt wird. Besonders auffallend sind die Abweichungen der in Berlin befragten Experten von denen der übrigen Experten. Hier halten nur 8,7 % der Interviewten die Prognose für realistisch, aber 43,5 % für viel zu hoch (siehe Abbildung 5.23).

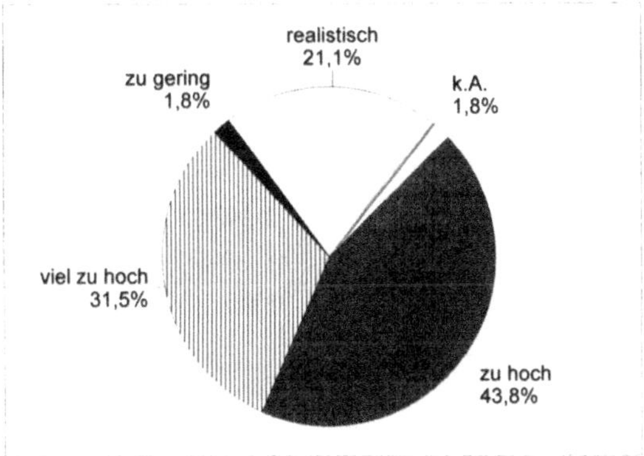

Abb. 5.22: Wertung der Prognose von 14,5 Millionen Fahrgästen

	viel zu hoch	zu hoch	realistisch	zu gering
Hamburg	33,3 %	33,4 %	33,3 %	0 %
Berlin	43,5 %	47,8 %	8,7 %	0 %
Schwerin	20,0 %	40,0 %	35,0 %	5,0 %
Bonn	28,6 %	57,1 %	14,3 %	0 %

Abb. 5.23: Einschätzung der Fahrgastzahlprognose, getrennt nach Ort der Erhebung

5.4.2.5 Einschätzung des Transrapid-Systems

Die Stellung der Experten zum TRP-System generell ist unter dem Blickwinkel der ökonomischen Analyse regionaler Auswirkungen wertvoll. Die Interviewten werden überwiegend als Meinungsführer für den Bereich einer neuen Technologie angesehen. Somit ist ihre Ansicht voraussichtlich von besonderer Bedeutung für die Nutzungsphase und das zu erzielende Aufkommen an Reisenden.

Strecken für den TRP:

Wie in Abbildung 5.24 dargestellt, können sich 82,5 % der Experten **andere ökonomisch sinnvolle Strecken** vorstellen. Als konkrete Städteverbindung wurde nur die Strecke **Frankfurt am Main-Köln** von 10,5 % angeführt. Diese Trasse scheidet allerdings als Anwendungsstrecke für den TRP aus, da sie von der DB AG als ICE-Hochgeschwindigkeitsstrecke gebaut wird. Dies war auch allen Experten bewußt, hier wurde jedoch ein Verkehrsaufkommen gesehen, das den Bau und Betrieb einer TRP-Strecke rechtfertigen kann. Exportchancen wurden insbesondere in Osteuropa gesehen. Es überwiegt jedoch der Anteil der Experten, die sich zwar eine ökonomisch sinnvolle Strecke für den TRP vorstellen können, aber keine konkreten Vorstellungen äußerten, wo eine geeignete Verbindung sein könnte (59,6 %).

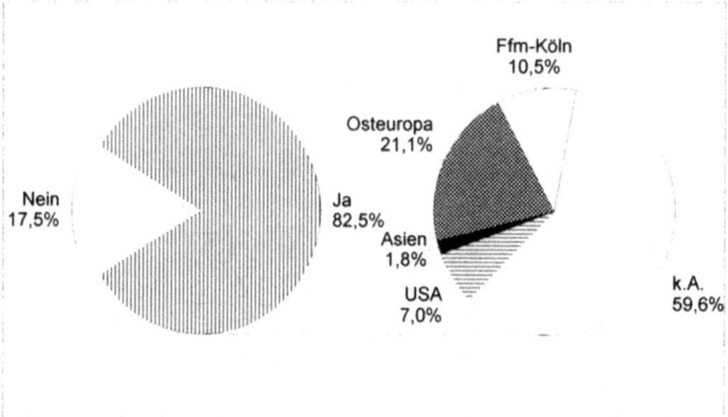

Abb. 5.24: Andere ökonomisch sinnvolle Strecken (außer Berlin-Hamburg) für den Transrapid

Beurteilung des TRP-Systems:

Von Thyssen und Siemens wird die MSB TRP als Ergänzung zum ICE gesehen (vgl. Forst-Lürken, 1996). **Die befragten Experten sehen den TRP jedoch zu 66,6 % als Konkurrenz zum ICE** (siehe Abbildung 5.25). Hieraus können sich insbesondere im Zusammenwirken mit den bereits mehrfach beschriebenen Problemen bei der Streckenfindung Schwierigkeiten ergeben, die auch die weitere Vermarktung und den Export der MSB betreffen. Wenn die TRP-Strecke Berlin-Hamburg allerdings eine Insellösung bleibt, ergeben sich auch in den Regionen ökonomische Verschiebungen, welche diese Untersuchung nicht abschätzt.

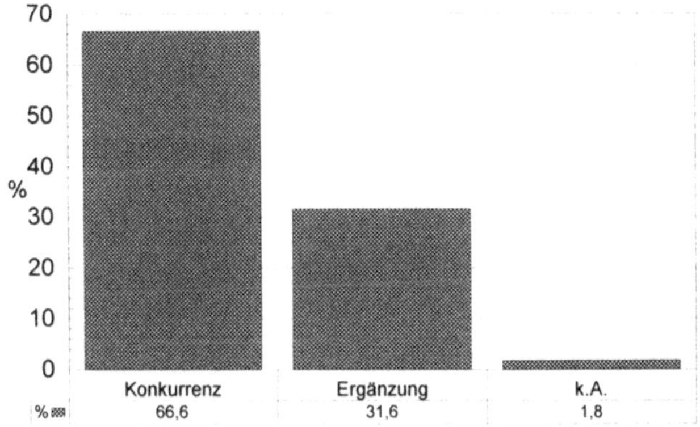

Abb. 5.25: Beurteilung des Transrapid-Systems im Verhältnis zum ICE-System

Anwendung des TRP:
Die Experten treffen mit einer Mehrheit von zwei Dritteln der Befragten eine klare Aussage zugunsten der Anwendung des TRP-Systems (siehe Abbildung 5.26).

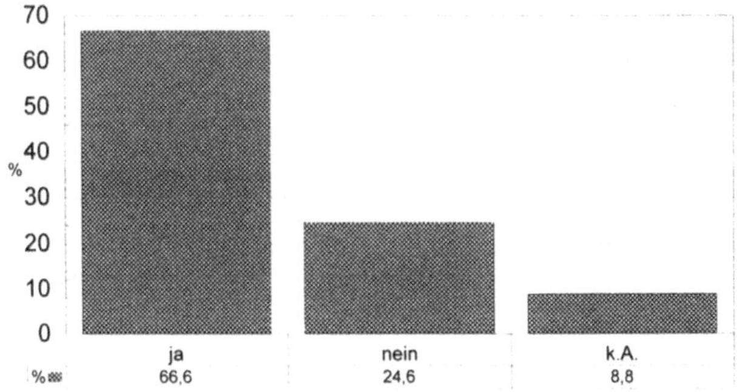

Abb. 5.26: Sollte der Transrapid aus der persönlichen Sicht der Befragten zur Anwendung kommen?

5.4.3 Zusammenfassung der Ergebnisse der Befragung

Die in den vorangegangenen Abschnitten für jede Fragestellung einzeln dargestellten Ergebnisse werden abschließend zu **Kernaussagen** verdichtet und gemäß der in Abschnitt 4.3.1 erarbeiteten Struktur eingruppiert. Die Ergebnisse beziehen sich auf Auswirkungen durch den Bau und Betrieb des TRP auf der Strecke Berlin-Hamburg mit Zwischenhalt in Moorfleet, Holthusen und Spandau.

In allen drei Regionen sind große ökonomische Entwicklungspotentiale vorhanden. Sie erstrecken sich insbesondere auf die Sektoren sonstige Dienstleistungen, Handel und Tourismus. Die Infrastrukturmaßnahme (Bau der TRP-Strecke) trifft also auf eine wirtschaftlich positive Grundstimmung in den Regionen, die eine notwendige Bedingung für den Erfolg der Baumaßnahme darstellt.

Verkehrswirtschaftliche Ergebnisse:

- Eine Verbesserung des Personenverkehrs zwischen Berlin und Hamburg ist notwendig.
- Der TRP wird hierfür als geeignetes Verkehrsmittel angesehen.
- Mit der fast vollständigen Substitution des Flugverkehrs ist zu rechnen.
- Vom Personenfernverkehr der DB AG kommen die meisten Umsteiger auf den TRP. Die Abwanderungen werden stark sein.
- Der PKW-Verkehr wird nur mäßig ersetzt.
- Der induzierte Verkehr liegt in einer ähnlichen Größenordnung wie die Abwanderungen vom Individualverkehr.
- Täglicher Berufspendelverkehr tritt auf.
- Es kommt zu keinen nennenswerten Verlagerungen des Güterverkehrs.
- Als Beförderungsgegenstand für den TRP kommen auf der Strecke Berlin-Hamburg nur Personen in Frage.
- Es werden weniger als 14,5 Mio. Fahrgäste im Jahr 2010 für die MSB-Verbindung Berlin-Hamburg erwartet.

Regionalwirtschaftliche Ergebnisse:

Siedlungs- und Infrastruktureffekte:

- Die Einwohnerzahl in Schwerin nimmt weder zu noch ab.
- Eine gute Anbindung an das ÖPNV- und das Bahn-Netz ist zwingend erforderlich.
- Die Errichtungsphase hat einen negativen Einfluß auf die Landwirtschaft.
- Insbesondere der Lehrter Bahnhof in Berlin und der Hamburger Hauptbahnhof werden stärker frequentiert als ohne den TRP.

Wirtschaftsstruktureffekte:

- Von der Errichtungsphase des TRP profitieren die Sektoren Bauindustrie, Handwerk, Elektronik- und Elektroindustrie, Stahlbau, Grundstoff- und Produktionsgüterindustrie sowie die Investitionsgüterindustrie.
- In der Betriebsphase kommt es zu wirtschaftlich sehr positiven Auswirkungen für die Sektoren Handel, Energieerzeugung, Dienstleistungen und insbesondere für den Tourismus und das Gastgewerbe.
- Von den am Bau direkt beteiligten Sektoren wird in der Betriebsphase nur die Elektro- und Elektronikindustrie deutlich positiv beeinflußt.

Allgemein kann gesagt werden, daß der TRP ein Verkehrssystem ist, das in der Phase der Verkehrswegeplanung in Konkurrenz zum ICE steht. Dies wird an mehreren Punkten der Befragung deutlich. Daher ist auch ein Wettbewerb der Systeme beim Export sehr wahrscheinlich.

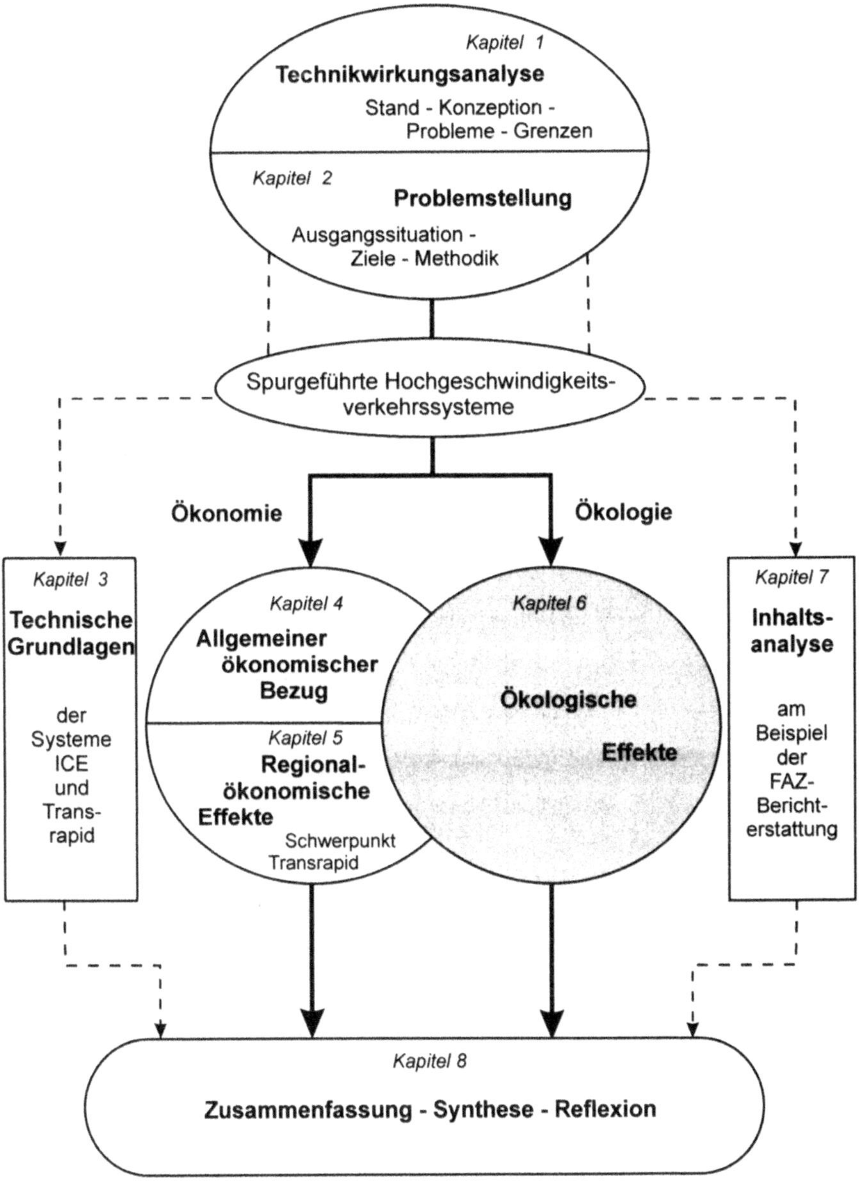

Kapitel 1
Technikwirkungsanalyse
Stand - Konzeption - Probleme - Grenzen
Kapitel 2
Problemstellung
Ausgangssituation - Ziele - Methodik
Spurgeführte Hochgeschwindigkeits-verkehrssysteme
Ökonomie
Ökologie
Kapitel 3
Technische Grundlagen
der Systeme ICE und Trans-rapid
Kapitel 4
Allgemeiner ökonomischer Bezug
Kapitel 5
Regional-ökonomische Effekte
Schwerpunkt Transrapid
Kapitel 6
Ökologische Effekte
Kapitel 7
Inhalts-analyse
am Beispiel der FAZ-Bericht-erstattung
Kapitel 8
Zusammenfassung - Synthese - Reflexion

6 Ökologische Auswirkungen und Externe Effekte der Magnetschwebebahn Transrapid im Vergleich mit dem InterCityExpress

VOLKER GERS

6.1 Die Ökologie als Engpaßsektor bei der Planung neuer Technologien und Produkte

Die Errichtung eines spurgeführten Hochgeschwindigkeitsverkehrssystems (HGVS) stellt in der ökonomischen Theorie einen Produktionsprozeß dar. In der Produktionstheorie wird die Produktion als Kombination und Transformation verschiedener Einsatzfaktoren aufgefaßt. Die klassische nationalökonomische Faktorsystematik unterteilt diese Produktionsfaktoren in menschliche Arbeit, Kapital und Boden. Neuere, einzelwirtschaftlich orientierte Ansätze unterscheiden die Faktoren detaillierter. So wird neben der menschlichen Arbeitsleistung nach Betriebsmitteln, Be- und Verarbeitungsobjekten und Informationen unterschieden. Ferner werden aber auch externe Faktoren bzw. Zusatzfaktoren berücksichtigt, insbesondere die sog. Umweltbeanspruchung. Kennzeichnend *für die* **Umweltbeanspruchung** *ist, daß sie einen Produktionsfaktor darstellt, der dem Produzenten i. d. R. kostenlos zur Verfügung steht, der jedoch einen Güterverzehr bei der Allgemeinheit begründet (vgl. Kern, 1992, S. 13 ff.).*

Diese Wirkungen, bei denen Verursacher und Betroffene nicht übereinstimmen, werden als **Externe Effekte** *bezeichnet. Sie stellen Interdependenzen zwischen verschiedenen Wirtschaftssubjekten dar, die nicht über Austauschbeziehungen auf einem Markt vermittelt werden (zur Begriffserläuterung siehe auch Abschnitt 2.2).*

Ist das entsprechende Wissen bzw. der Produktionsfaktor Information in ausreichendem Maße verfügbar, um eine innovative Technologie zu verwirklichen, dann ist es möglich, mittels der anderen Produktionsfaktoren eine Faktorkombination zu bilden und das Produkt zu erstellen. Während die Produktionsfaktoren menschliche Arbeit und Kapital zwar knappe Güter darstellen, jedoch zum jeweiligen Marktpreis in dem jeweils notwendigen Umfang erworben werden können, steht der Produktionsfaktor Boden und hier speziell die Umweltbeanspruchung nur begrenzt zur Verfügung: Als natürlicher Produktionsfaktor wird das unveränderliche und unelastische Angebot von der Natur bereitgestellt und kann nicht vermehrt werden.

In der Planungsphase von Verkehrsinfrastruktur und anderen technischen Großprojekten wird die Begrenztheit dieses Produktionsfaktors erkennbar: Die Durchsetzung neuer Projekte gestaltet sich schwierig, Planungsverfahren werden in die Länge gezogen, durch negative

Externe Effekte Betroffene sowie Umweltverbände versuchen, die Anwendung der neuen Technologien zu verhindern. Wenn auch möglicherweise nicht objektiv begründbar, jedoch vielfach subjektiv als überbeansprucht und erschöpft empfunden, wird die Beschaffung des Produktionsfaktors Umwelt zum begrenzenden Faktor bei der Umsetzung neuer Technologien und Produkte. Die Beschaffung des Produktionsfaktors Umwelt stellt daher den außerbetrieblichen Minimum- bzw. Engpaßsektor dar, der gemäß dem „Ausgleichsgesetz der Planung" als schwächster Teilbereich das Gesamtsystem dominiert (vgl. Gutenberg, 1983, S. 164).

Andererseits ist das Mobilitätsbedürfnis der Menschen und der Beitrag von Verkehrssystemen zur wirtschaftlichen Entwicklung unbestreitbar. Ziel der Planung muß daher sein, den Engpaßsektor angemessen zu berücksichtigen und mittels technischer und organisatorischer Maßnahmen auf das Niveau der anderen Teilbereiche zu regulieren (vgl. Gutenberg, 1983, S. 165). Voraussetzung hierfür ist die Kenntnis der „Engpaßfaktoren", hier insbesondere der unerwünschten bzw. schädlichen Wirkungen und Folgen der Anwendung einer neuer Technologien. Ein Instrumentarium zur Erreichung einer größeren Transparenz ist die in Kapitel 1 dargestellte Technikwirkungsanalyse (TWA).

Das vorliegende Kapitel stellt die Ergebnisse der Technikwirkungsanalyse für den in Kapitel 2 abgegrenzten Untersuchungsbereich dar. Die Magnetschwebebahn Transrapid (MSB TRP) und das Rad-/Schienesystem (R/S-System) ICE werden in Abschnitt 6.2 bezüglich der folgenden Wirkungskategorien analysiert:

- Landschaftsverbrauch,
- Materialeinsatz,
- Energieverbrauch,
- Schadstoffemission,
- Schall und Erschütterungen sowie
- Verkehrsunfälle.

Einen Schwerpunkt der Analyse stellt der geplante Einsatz der MSB TRP zwischen Berlin und Hamburg dar. Hier soll versucht werden, über den direkten Vergleich beider Systeme hinaus zu Aussagen zu gelangen, wie sich ein Szenario hinsichtlich der untersuchten Wirkungskategorien im Jahr 2010 mit und ohne MSB Berlin-Hamburg darstellt.

Zur Durchführung der Technikwirkungsanalyse wurde ein Methodenmix aus Literaturanalyse, Analogieschlüssen und einzelnen themenbezogenen Interviews angewandt. Analogieschlüsse und insbesondere Fachgespräche mit Spezialisten wurden vor allem dann genutzt, wenn die einschlägige Fachliteratur nur unzureichende Information lieferte.

Unabhängig davon beschreibt Abschnitt 6.3 die Ergebnisse der Expertenbefragung auf der Grundlage des Fragebogens zu den ökologischen Auswirkungen einer MSB Berlin-Hamburg (zur Methodik der Befragung siehe Abschnitt 5.4.1). Die Methode der Expertenbefragung führt zwar nicht wie die vorherige Analyse der Wirkungskategorien zu quantitativen Ergebnissen, vielmehr liefert sie Trendindikatoren als ergänzende Hinweise zur analytischen Betrachtung.

6.2 Analyse möglicher Wirkungskategorien

6.2.1 Landschaftsverbrauch

6.2.1.1 Landschaftsverbrauch in der Bauphase

Der Landschaftsverbrauch der Hochgeschwindigkeitsverkehrssysteme in der Bau- und in der Betriebsphase wird in der Folge unter folgenden drei Aspekten betrachtet: Der **Flächenbedarf** als wichtigster Gesichtspunkt erfaßt die direkt oder indirekt durch den Bau und Betrieb beanspruchte Fläche, z. B. durch Überbauung oder Emission. Unter dem Aspekt des Flächenbedarfs ist auch das Kriterium **Bodenversiegelung** zu diskutieren.

Die **Trennwirkung** erfaßt den **Zerschneidungseffekt** einer neuen Trasse. Die Zerschneidung einer Landschaft ist zwar nicht mit dem direkten Verbrauch von Flächen verbunden, jedoch geht sie einher mit einer Änderung der Funktionen einer Landschaft und somit auch der Wertigkeit einer Landschaft. Die Zerschneidung stellt damit einen indirekten und vor allem in qualitativen Kategorien erkennbaren Landschaftsverbrauch dar.

Die **optische Beeinflussung** der Landschaft stellt ebenfalls nur einen indirekten bzw. qualitativen Landschaftsverbrauch dar, der zudem stark von der subjektiven **menschlichen** Empfindung abhängig ist und sich nur schwer anhand von objektiven Bewertungskriterien diskutieren läßt und der ferner für die Flora keine und für die Fauna kaum Bedeutung hat.

In diesem und den weiteren Abschnitten werden folgende Bauweisen des Fahrwegs in der Geraden zugrunde gelegt und berechnet[1]:

---

[1] Zu der folgenden Darstellung und Berechnung der verschiedenen Trassierungsvarianten ist anzumerken, daß sie nur grobe Richtwerte liefern kann. Einzelfallabhängige Abweichungen in der Trassierung aufgrund von z. B. schützenswerten Gebieten, Wohnbereichen oder der geologischen Gegebenheiten sind häufig zu erwarten. Auch hinsichtlich der Bautechnologie besteht in der Literatur kein vollends geschlossenes Bild, so daß z. T. Schätzungen notwendig werden.

- Ebenerdiger Fahrweg,
- Fahrweg in Einschnitten (Höhe 5 m, Böschungsneigung 1:1,5)[1],
- Fahrweg auf Dämmen (Höhe 5 m, Böschungsneigung 1:1,5, nur ICE),
- Fahrweg auf Brücken,
- Fahrweg in Tunnels (bergmännischer Vortrieb, einröhrig),
- Fahrweg in Tunnels (offene Bauweise, einröhrig),
- Aufgeständerter Fahrweg (Höhe 3,5 - 10 m, Beton-/Stahlfahrweg, nur MSB).

a) Flächenbedarf in der Bauphase

aa) Direkter Flächenbedarf

Der **direkte Flächenbedarf** in der **Bauphase** einer neuen Verkehrstrasse umfaßt neben der Trasse im engeren Sinne vor allem die für die Baulogistik notwendigen Einrichtungen. Hierzu zählen Baustraßen, Deponien, Unterkünfte usw., deren Zahl, Dimensionierung und **zeitliche Befristung** eng mit dem jeweiligen Bauvorhaben verknüpft ist. Werden alle temporären Baustellen über die gesamte Bauphase hinweg zusammengefaßt, liegt ihr Flächenbedarf naturgemäß höher als der Flächenbedarf der HGVS in der Betriebsphase.

Transrapid

Für die **Trasse der MSB** ergibt sich der **direkte Flächenbedarf** in der Bauphase aus der Breite der Baufeldräumung (siehe Abbildung 6.1). Hierbei ist zu beachten, daß Abweichungen von den Angaben aufgrund der örtlichen Verhältnisse möglich sind.

---

[1] Eine Böschungsneigung von 1:1,5 dient als Grundlage der eigenen Berechnungen. In den berücksichtigten Quellen differiert dieser Wert zwischen 1:1,5 und 1:2.

Bauweise des Fahrwegs (Doppelspur)	Baufeldbreite	Fläche ha/km
Ebenerdiger Fahrweg	20 m	2 ha
Fahrweg in Einschnitten	36 m	3,6 ha
Fahrweg auf Brücken	20 m	2 ha
Fahrweg in Tunnels (offene Bauweise)	32 m (45 m)[1]	3,2 ha (4,5 ha)
Fahrweg in Tunnels (bergmännische Bauweise)	- -	- -
Aufgeständerter Fahrweg (Beton/Stahl)	25 m	2,5 ha

Abb. 6.1: Baufeldbreite des Fahrwegs der MSB (vgl. IFB, 1993, S. 75 ff.)

Weichen, Kabelgräben, Schaltstellen, Funkmaste, Schallschutzbauwerke und z. T. Baustraßen (parallel zum Fahrweg) liegen im Bereich der Baufeldräumung für den Fahrweg, so daß für diese Bauwerke in der Bauphase keine zusätzliche Fläche über das Baufeld der Trasse hinaus benötigt wird.

Ein zusätzlicher Flächenbedarf entsteht jedoch durch die Errichtung von Feldfabriken, Baustelleneinrichtungen für den Regelfahrweg (Fahrweg im Einschnitt, ebenerdiger und aufgeständerter Fahrweg) sowie für Sonderbauwerke (Fahrweg im Tunnel und auf Brücken), Unterwerken, 110 kV-Stichleitungen, Stationen, Betriebsanlagen und von Baustraßen, die nicht im Bereich des Trassenbaufelds liegen.

Die Breite der Baufeldräumung für die Baustraßen hängt von ihrem Einsatzzweck ab. Im Bereich des untergeordneten Baustellenverkehrs genügt eine Baufeldräumung von 5,5 m (Straßenbreite 4,5 m), im Bereich des ebenerdigen Fahrwegs von 8 m (7 m) und im Bereich von Trägertransporten von 9 m (8 m) (vgl. ARGE Systemauslegung Transrapid, 1996b, S. 24). Sofern möglich, werden vorhandene Verkehrswege genutzt, so daß nur in unerschlossenem Gelände Zufahrtsstraßen zur Baustelle und den dazugehörigen Einrichtungen notwendig werden.

Für den Bau der MSB Berlin-Hamburg ist die Errichtung von drei Feldfabriken in trassennahen Industrie- oder Gewerbegebieten geplant. Zwei der Fertigungsstätten dienen der Herstellung der Fahrwegträger in Betonbauweise (Fläche jeweils rund 17 ha), eine in Stahlbauweise (ca. 4 ha) (vgl. Magnetschnellbahn-Planungsgesellschaft mbH, 1996b, S. 93).

[1] Die größere Baufeldbreite ist beim Bau mit Böschung anstelle eines Verbaus mit Spundwänden notwendig.

Um einen kontinuierlichen Bauablauf zu erreichen, bietet es sich an, die zu bauende Strecke in Großlose mit Wanderbaustellen einzuteilen. Zur Errichtung der MSB Berlin-Hamburg sind zehn Großlose geplant, davon fünf zum Bau des ebenerdigen Fahrwegs (20-25 km je Los) und fünf zum Bau des aufgeständerten Fahrwegs (ca. 33 km je Los). Innerhalb eines Bauloses des aufgeständerten Fahrwegs befinden sich drei gleichzeitig betriebene Wanderbaustellen (ebenerdiger Fahrweg: zwei Wanderbaustellen), die jeweils rund 2 km (2,5 km) der zu bauenden Trasse abdecken. Jede dieser Wanderbaustellen erhält eine eigene Baustelleneinrichtung mit Tagesunterkünften, Lager und Magazin (Platzbedarf pro Baustelleneinrichtung ca. 480 m^2).

Die drei Wanderbaustellen pro Los (ebenerdiger Fahrweg: zwei Wanderbaustellen) werden von einer örtlichen Bauleitung überwacht, die eine Fläche von ca. 210 m^2 beansprucht. Außerdem wird in jedem Großlos eine zentrale Baustelleneinrichtung für die Oberbauleitung des Auftraggebers und -nehmers, für zentrale Werkstätten und Lager sowie für die Wohnunterkünfte der eingesetzten gewerblichen Mitarbeiter mit einer Fläche von rund 2.670 m^2 benötigt.

Die Wanderbaustellen und ihre örtliche Bauleitung werden innerhalb eines Loses des aufgeständerten Fahrwegs viermal umgesetzt (ebenerdiger Fahrweg: dreimal). Im Falle des aufgeständerten Fahrwegs werden die Einrichtungen der Wanderbaustelle auch für die nachfolgenden Verlegearbeiten genutzt, so daß immer die doppelte Fläche gleichzeitig aktiviert ist. Innerhalb eines Loses des aufgeständerten Fahrwegs ergibt sich daher während der gesamte Bauzeit der sechsfache Flächenbedarf für die Wanderbaustellen und ihre örtlichen Bauleitungen (ebenerdiger Fahrweg: vierfach). Zur Errichtung von Sonderbauwerken (Tunnels, Brücken) wird eine zusätzliche Fläche für Baustelleneinrichtungen von rund 400 m^2 pro Bauwerk benötigt (vgl. ARGE Systemauslegung Transrapid, 1996b, S. 9).

Der Flächenbedarf für die Errichtung von Unterwerken, 110 kV-Stichleitungen, Stationen und Betriebsanlagen entspricht weitgehend der Betriebsphase, weshalb an dieser Stelle auf die Ausführungen zur Betriebsphase verwiesen wird.

ICE

Der **Flächenbedarf** in der Bauphase des **ICE** stellt sich ähnlich der Errichtung der MSB dar, da sich die Dimensionierung der Trassenbauwerke, aber auch die Bautechnologie, weitgehend entsprechen. Detaillierte Angaben liegen jedoch nicht vor. Hinsichtlich der Baufeldbreite für die verschiedenen Trassenbauwerke für den Fahrweg ist zu berücksichtigen, daß der ICE einen ca. 2 m breiteren Fahrweg benötigt als die MSB und somit auch die Baufeldbreite entsprechend höher ausfällt. So entspricht die Baufeldbreite zur Errichtung eines Damms für den ICE-

Fahrweg (Höhe 5 m) grob derjenigen zur Errichtung eines Einschnitts (38 m).

Wie bei der MSB werden zur Errichtung einer ICE-Verbindung Baustraßen benötigt, um das Baumaterial heranzuführen und den Erdaushub zu Deponien zu transportieren. Hinsichtlich Breite und Befestigung (gebundener/ungebundener Oberbau) der Baustraßen ist von gleichen Anforderungen wie bei der MSB auszugehen, wobei an Baustraßen im Bereich der Trägertransporte der MSB (aufgeständerter Fahrweg) höhere Anforderungen an den Ausbau gestellt werden.

Ein Unterschied hinsichtlich des Flächenbedarfs des ICE in der Bauphase im Vergleich zur MSB besteht allerdings in der Produktion der Fahrwegkomponenten. Während die Produktion der Fahrwegträger bzw. Fahrwegplatten (ebenerdige Bauweise) der MSB in Feldfabriken erfolgt, werden die Komponenten des ICE-Fahrwegs in ortsfesten Produktionsstätten hergestellt. Die Fläche und Kapazität dieser ortsfesten Produktionsstätten ist nicht bekannt, weshalb eine anteilige Berechnung für den ICE-Fahrweg unterbleibt.

Bei der Betrachtung der in der Bauphase genutzten Flächen für Baustelleneinrichtungen ist beim ICE und bei einer MSB von einer etwa gleichen Größe auszugehen. Zwar werden die Baustelleneinrichtungen der MSB überwiegend für Ortbetonarbeiten genutzt, deren Umfang beim ICE - sofern die höhere Zahl der Sonderbauwerke ausgeklammert wird - deutlich geringer ist, jedoch ist beim Bau einer ICE-Verbindung der Umfang der Erdarbeiten weitaus größer als bei einer MSB und erfordert entsprechend mehr Werkstätten, Unterkünfte etc.

ab) Indirekter Flächenbedarf beider Systeme

Schließlich muß bei der Beurteilung des Flächenbedarfs in der Bauphase beider Bahnsysteme auch der **indirekte Flächenbedarf** Berücksichtigung finden. Als über das Baufeld hinausreichende Effekte kommen Schadstoff- und Schallemissionen in Betracht (siehe auch Abschnitt 6.2.4.1 und 6.2.5.1). Diese Effekte treten an der Baustelle, an den Baustraßen sowie an der sonstigen Bauinfrastruktur auf. Die räumliche Ausbreitung der Schadstoffemissionen von Baufahrzeugen beträgt bis zu ca. 200 m und die Reichweite der Schallemission der Baustelle beträgt bis zu 800 m (vgl. IFB, 1993, S. 178 f.).

Zusätzlicher indirekter Flächenbedarf entsteht durch dauerhafte Erddeponien. Der Flächenbedarf für Erddeponien ist stark abhängig von der Topographie des Geländes und der Bauform des Fahrwegs. Zwar kann nach Beendigung der Bauarbeiten und nach Rückbau der Bauinfrastruktur ein Teil der bewegten Erde wieder auf die Baufeldflächen aufgebracht werden, so daß sich nur eine vorübergehende Deponierung ergibt. Dauerhafte Erddeponien sind meist jedoch für einen Teil des Erdaushubs der Fahrwegtrasse unvermeidlich[1].

Relativ günstig schneiden hierbei die Regelbauformen des MSB-Fahrwegs ab. Die Sonderbauformen Tunnel und Einschnitt hingegen führen zu vergleichsweise großen Mengen an Aushub, die auf Deponien endgelagert werden müssen (vgl. Abbildung 6.2).

Fahrwegart (Gerade)	**dauerhafte Erddeponierung in m³**
Aufständerung, Höhe 3,5 - 10 m, Flachgründung (Pfahlgründung)	1.500 (800)
Aufständerung, Höhe 10 - 20 m, Flachgründung (Pfahlgründung)	2.800 (1.400)
Ebenerdig, Höhe 1,2 - 3,5 m, Gerade und Kurve	10.500
Einschnitt mit Stützmauern, Höhe 5 m (mit Böschung, Höhe 5 m)	100.300 (154.600)
Tunnel, offene Bauweise, getrennte Röhren (einröhrig)	132.000 (104.000)
Tunnel, bergmännische Bauweise, getrennte Röhren (einröhrig)	133.000 (122.000)

Abb. 6.2: Dauerhafte Erddeponierung je Kilometer Doppelspurfahrweg der MSB (vgl. IFB, 1993, S. 76 ff.)

Die benötigten Deponieflächen für überschüssigen Aushub sind bei dem R/S-System insgesamt größer als bei der MSB, da für den Bau der ICE-Trasse deutlich mehr Erdbewegungen anfallen als bei der MSB (siehe Abschnitt 6.2.2.1). Ein Teil des Aushubs der ICE-Trasse kann jedoch zur Verfüllung in weiteren Trassenbauwerken genutzt werden, z. B. bei Dämmen. Bei der MSB ist die Möglichkeit des Masseausgleichs wesentlich geringer, da anstelle von Dammbauwerken i. d. R. die aufgeständerte Bauweise gewählt wird (vgl. MVP, 1991, S. 26).

Zur Verdeutlichung des hohen Flächenbedarfs von Erddeponien: Auf dem 111 km langen Teilstück der ICE-Trasse zwischen Kassel und Fulda, einer allerdings stark von Mittelgebirgen geprägten Strecke, fielen ca. 16 Mio. m³ überschüssigen Aushubs an, der 30 Erddeponien erforderte (0,27 Deponien/km). Damit einher gingen rund 1 Mio. LKW-Fahrten zu den Deponien und eine gleiche Anzahl Leerfahrten, die wiederum hinsichtlich ihrer Emissionen zu einer Erhöhung des indirekten Flächenbedarfs führten (vgl. GhK, 1988, S. 73 f.).

[1] Vorübergehende Erddeponien sind dagegen als direkter Flächenbedarf in der Bauphase zu betrachten, da sie keinen neuen (dauerhaften) Lebensraum bilden. Die Einstufung einer Dauererddeponie als indirekten Flächenbedarf ergibt sich aus der Veränderung der Funktion und Wertigkeit der betroffenen Flächen.

ac) Bodenversiegelung beider Systeme

Die **Bodenversiegelung** in der Bauphase beider Systeme entspricht der versiegelten Fläche in der Betriebsphase, zuzüglich der befestigten Flächen für Baustraßen und Baustelleneinrichtungen. Dabei ist zu berücksichtigen, daß auch bei einer ungebundenen Erstellung des Belags dieser Flächen i. d. R. eine Versiegelung vorliegt, da zur erleichterten Rückgewinnung der Baustoffe (z. B. Kies, Schotter) meist eine wasserdichte Geotextilschicht über dem Erdboden eingebaut wird (vgl. IFB, 1993, S. 138 f.).

b) Trennwirkung und optische Beeinträchtigung der Landschaft durch beide Systeme

Die **Zerschneidung** und die **optische Beeinträchtigung der Landschaft** unterscheidet sich in der Bauphase der Bahnsysteme von der Betriebsphase vor allem durch die größere Breite des Trassenbaufelds und die damit verbundene Ansicht „nackter“ Erde. Hinzu kommt der Betrieb von Baufahrzeugen und -maschinen sowie die Errichtung von Bauinfrastruktur und Baustraßen. Die Trennwirkung wird zudem durch nicht fertiggestellte Kreuzungsbauwerke, die dem Zweck dienen, die Folgen der Zerschneidung zu mindern, weiter erhöht, so daß vermutet werden kann, daß sowohl die Wirkungen der Zerschneidung als auch die optische Beeinträchtigung in der Bauphase stärker sind als in der Betriebsphase.

6.2.1.2 Landschaftsverbrauch in der Betriebsphase

a) Flächenbedarf in der Betriebsphase

aa) Direkter Flächenbedarf beider Systeme

Der **direkte Flächenbedarf** in der Betriebsphase umfaßt die Trasse mit dem Fahrweg und die Flächen für Infrastruktur. Den Flächenbedarf für die **Trasse** der MSB und des ICE unter Berücksichtigung der verschiedenen Fahrwegformen zeigt Abbildung 6.3.

	MSB		ICE	
Fahrwegform	**Breite in m**	**Fläche ha/km**	**Breite in m**	**Fläche ha/km**
ebenerdig[1]	max. 11,8 (10,8) [3]	1,2	13,7 (13,2) [6]	1,4
Einschnitt	31	3,1	33	3,3
Damm	---	---	33	3,3
Brücke[2]	durchschnittl. 1 [4]	0,1	durchschnittl. 1 [7]	0,1
Tunnel	->0	->0	->0	->0
aufgeständert	durchschnittl. 1,5 [5]	0,15	---	---

Abb. 6.3: Direkter Flächenbedarf der MSB- und der ICE-Trasse (Doppelspur)

Neben den Flächen für den Fahrweg ist der Flächenbedarf für **Infrastruktur** zu betrachten. Dabei ist für den gesamten direkten Flächenbedarf der Bahnsysteme nicht allein der Flächenbedarf pro Bauwerk ausschlaggebend, sondern auch die Anzahl der jeweiligen Bauwerke entlang der Trasse. Abbildung 6.4 gibt einen Überblick über den ungefähren Flächenbedarf der Infrastruktur der **MSB**, der jedoch der weiteren Kommentierung bedarf.

Der Flächenbedarf für Zufahrts- und Versorgungswege der MSB kann unter der Annahme vernachlässigt werden, daß vorhandene Straßen genutzt werden und nur in geringem Umfang neue Wege angelegt werden. Allerdings ist die Frage nach der Notwendigkeit eines Bahnseitenwegs für die MSB nicht abschließend geklärt, zumal die Trennwirkung der MSB TRP im Bereich des ebenerdigen Fahrwegs bzw. im Bereich von Einschnitten der Trennwirkung des R/S-Systems weitgehend entspricht.

Der Flächenbedarf der **Infrastruktur** des **ICE** ähnelt nach Art der Infrastruktur und ihrem Umfang dem der MSB (zum Flächenbedarf der Trasse siehe Abbildung 6.3). Einige Unterschiede sowie Parallelen sollen jedoch hervorgehoben werden. Grundsätzlich benötigt der ICE ebenfalls die in Abbildung 6.4 für die MSB genannten Bauwerke. Ausnahmen hiervon bilden

---

[1] MSB: Breite des Lichtraumprofils; ICE: Kronenbreite einschließlich Oberleitungsmasten.
[2] Die Angaben sind stark abhängig von der Konstruktionsweise des Primärtragwerks Brücke.
[3] Bei Geschwindigkeiten bis 400 km/h (vgl. Miller et al., 1995, S. 227). Die planmäßige Geschwindigkeit beträgt bis zu 430 km/h (vgl. Magnetbahn-Planungsgesellschaft mbH, 1996b, S. 49). Lediglich auf einer Länge von etwa 30 km soll die Trassierung eine Geschwindigkeit von 500 km/h ermöglichen (vgl. ARGE Systemauslegung Transrapid/DB AG, 1995, S. 22).
[4] Überdeckte Fläche dagegen ca. 12 m^2/m bzw. 1,2 ha/km. Werden hiervon die Gründungsflächen abgezogen, errechnet sich der indirekte Flächenbedarf (ca. 11 m^2/m bzw. 1,1 ha/km).
[5] Überdeckte Fläche dagegen 7,9 m^2/m bzw. 0,8 ha/km (vgl. Miller et al., 1995, S. 227).
[6] Auf Strecken mit ausschließlichem Personenverkehr. Strecken mit Mischverkehr werden für überbreite Gütertransporte mit größerem Spurmittenabstand gebaut (vgl. DB/DR, 1993, S. 12).
[7] Überdeckte Fläche dagegen ca. 14,3 m^2/m bzw. 1,4 ha/km (vgl. Hörstel/Niedt, 1991, S. 30).

Infrastruktur	Flächenbedarf je Bauwerk	Anmerkung zum Abstand
Unterwerke	5.500 m^2 (2.500 m^2) [1]	30 - 50 km (B-HH: 11)
110 kV-Freileitung/Masten	0,36 - 3,8 m^2 [2]	ca. 3 je km (B-HH: ca. 150) [6]
Schaltstellen	10 m^2	500 - 2.000 m
Trafostationen	35 m^2	ca. 4 km
(Langsamfahr-)Weichen	≈ 3 m^2 [3]	variabel (B-HH: 38) [7]
Weichenschaltstellen	30 m^2	1 pro Weiche
Überleitverbindung/Trafo	120 m^2	1x je Überleitung (B-HH: 9)
Funkmasten	1,5 - 5 m^2	1 -3 km
Haltestellen (außerplanmäßig)	60 m^2 [4]	8 km
Stationen (Bahnsteigfläche)	variabel (≈ 1.500 - 5.000 m^2)	variabel (B-HH: 5)
Betriebsleitzentrale	keine Daten vorhanden	1
Instandhaltungszentrale	≈ 18.000 - 23.000 m^2	variabel (B-HH: 1)
Fahrweginstandhaltungsbasis	keine Daten vorhanden	variabel (B-HH: 2)
Abstellanlagen	≈ 13.000 - 17.000 m^2 [5]	variabel (B-HH: 2)
Waschanlage (HH Hbf)	≈ 2.000 - 3.000 m^2	variabel (B-HH: 1)

Abb. 6.4: Flächenbedarf der Infrastruktur der Magnetschwebebahn (vgl. ARGE Systemauslegung Transrapid/DB AG, 1995, S. 13 ff.; IFB, 1993, S. 61 ff.; Magnetschnellbahn-Planungsgesellschaft mbH, 1996b, S. 52 ff.; UBA, 1990, S. 15 ff.)

[1] In Klammern: Rangierunterwerke zur Speisung von Stationen, Abstell- und Instandhaltungsanlagen (Voraussichtlich im Bereich des EVU HEW bzw. in Bereichen mit einer 20-kV-Einspeisung).

[2] Fundament: Je vier Pfahlgründungen oder Betonstufenfundamente mit am Erdaustritt zylindrischen Betonkörpern von 0,6 - 1,1 m Durchmesser.

[3] Der direkte Flächenbedarf einer Weiche liegt geringfügig über dem aufgeständerten Fahrweg, da die Weichen mit ihren einzelnen Stellorten i. d. R. ebenfalls auf Stützen lagern (vgl. Schwindt/Gaede, 1989, S. 32 ff.). Bei einer Länge der (Langsamfahr-)Weichen von 78,4 m und vier Stützen pro Weiche zwischen Festpunkt und Anschlußfahrweg (vgl. Magnetschnellbahn-Planungsgesellschaft mbH, 1996b, S. 67) errechnet sich etwa die halbe Feldweite der Stützen des aufgeständerten Fahrwegs und damit ein etwa doppelter Flächenbedarf. Der indirekte Flächenbedarf, bedingt durch den Verstellweg der Weiche (3,65 m) und ihrer Einzäunung (sofern aus Sicherheitsgründen notwendig), liegt entsprechend höher und läßt sich auf 500 - 600 m^2 schätzen. Analoge Überlegungen lassen sich im Falle einer ebenfalls denkbaren ebenerdigen Ausführung der Weichen anstellen.

[4] Fläche des Gebäudes zur externen Energieversorgung. Verlassen des Fahrzeugs dagegen i. d. R. über mitgeführte Ausstiegseinrichtungen (Treppe, Rettungsschläuche etc.). Nur in Ausnahmefällen werden Ausstiegsplattformen erforderlich.

[5] Abhängig von der Anzahl der Züge, der Anzahl ihrer Sektionen und der Anordnung der Abstellpositionen. Hier: 8 Züge, 6 - 8 Sektionen, je 2 Züge hintereinander, Spurmittenabstand 7,5 m zuzüglich einer Spur für Sonderfahrzeuge und einer Spur für dezentrale Fahrzeuginstandhaltung.

[6] Regelspannweite der Masten 300 - 360 m. Maximal 30 km neuer 110 kV-Freileitungstrasse sollen zur Versorgung der Streckenunterwerke der TRP-Strecke B - HH zusätzlich notwendig werden.

[7] Geplante Zweiwegeweichen auf freier Strecke, ohne Zwei- und Dreiwegeweichen in Betriebsanlagen. Vier Weichen bilden dabei eine Überleitverbindung. Zusätzlich auf freier Strecke zwei Zweiwegeweichen an den Basisstandorten der Fahrweginstandhaltung.

die magnetbahnspezifischen Bauwerke wie Schaltstellen, außerplanmäßige Haltestellen oder die Trafostationen an den Überleitverbindungen. Andererseits werden bei Mischverkehr z. B. Überholbahnhöfe für den Güterverkehr der DB AG notwendig (ca. alle 20 km). Die z. T. über 10 km langen Tunnel der Neubaustrecken (NBS) im Mittelgebirge[1] (vgl. u. a. Hörstel/Niedt, 1991, S. 25 f.) erfordern aufwendige Rettungskonzepte wie etwa Notausstiege zur Oberfläche (Abstand rund 1000 m), Rettungsplätze in der Nähe der Notausstiege und der Tunnelportale (ca. 1.500 m^2 Fläche), vorbereitete Hubschrauberlandemöglichkeiten oder die Anlage von Löschwassertanks (vgl. o. V., 1996c, S. 10 f.). Weiter ist der Bahnseitenweg (Breite ca. 3,5 m) zu nennen, der immer in der Nähe der Trasse verläuft und meist beiderseits der Trasse geführt wird, um die Trennwirkung der Trasse zu mindern. Damit verbunden sind zahlreiche Kreuzungsbauwerke.

Andere Komponenten des ICE-Systems unterscheiden sich durch die Dimensionierung von den Komponenten der MSB. So beträgt die in den Unterwerken der ICE-Trasse installierte Leistung 2 x 15 MVA, in den Unterwerken der MSB dagegen aufgrund des höheren Leistungsbedarfs der MSB TRP 2 x 30 MVA (vgl. Henning et al., 1995, S. 230 f.). Zwar werden in den Unterwerken der ICE-Trasse zusätzlich Umformer für die Umwandlung des Stroms aus dem Landes- bzw. Bahnnetz in Einphasenstrom (16 2/3 Hz), den Fahrstrom des ICE, benötigt, jedoch ist der Flächenverbrauch der ICE-Unterwerke geringer anzusetzen als der für ein MSB-Unterwerk.

Einige Komponenten der Infrastruktur des ICE erfordern dagegen mehr Fläche als die der MSB: Bei unterstellter gleicher Breite des Bahnsteigs von ICE und MSB benötigt der ICE bei einer Länge des Bahnsteigs von 400 m (vgl. Kurz, 1992, S. 366) eine Bahnsteigfläche zwischen 3.800 und 9.800 m^2 (pro Doppelspur). Das ICE-Betriebswerk Hamburg-Eidelstedt besteht im Kern aus einer ca. 28.000 m^2 großen Halle. Zuzüglich der Versorgungsgebäude, Lager und einer Außenreinigungsanlage liegt der Flächenbedarf etwa doppelt so hoch wie bei der MSB-Instandhaltungszentrale (vgl. Bundesbahndirektion HH, 1989, S. 2 f., und Abbildung 6.4).

Als weitere Komponenten der ICE-Infrastruktur mit Flächenbedarf sind Weichen[2] (inkl. Weichenheizungen) und Weichenstellwerke sowie Kommunikations- und Zugsicherungssysteme wie die Funkzugbeeinflussung (erstmals auf der NBS Köln-Rhein/Main, vgl. o. V., 1996d, S. 5), das C-Netz oder auch der analoge Bahnfunk zu berücksichtigen (vgl. Zeilhofer, 1994, S. 4 ff.).

---

[1] Die flexibleren Trassierungsmöglichkeiten der MSB TRP führen dagegen im Mittelgebirge zu einem geringeren Anteil von Tunnels.

[2] Die Zahl der Überleitverbindungen/Weichen liegt beim ICE rund fünfmal höher als bei der MSB.

ab) Indirekter Flächenbedarf beider Systeme

Wie auch bei den Daten zum Fahrweg muß der **indirekte Flächenbedarf** der Infrastruktur berücksichtigt werden, der sich vor allem durch die Intensität der Beeinträchtigung der indirekt beanspruchten Flächen unterscheidet. So ist etwa der dauerhafte indirekte Flächenbedarf für Erddeponien aller Bauwerke anzuführen, insbesondere bei der Erstellung von Tunnels, die im Vergleich des direkten Flächenbedarfs mit einem gegen Null tendierenden Verbrauch von Fläche am günstigsten zu bewerten sind. Aber auch die durch Brücken und den aufgeständerten Fahrweg überdeckten Flächen (siehe Fußnoten Abbildung 6.3) werden in ihrer Nutzung deutlich beeinträchtigt, wenngleich ihr Wert durchaus auch erhalten bleiben kann, beispielsweise bei der Nutzung als Verkehrsfläche oder als Weide.

Zudem gelten beiderseits der MSB- und der ICE-Trasse Einschränkungen für Art und Höhe des Bewuchses, damit eine Kollision mit herabgefallenen Ästen oder entwurzelten Bäumen ausgeschlossen werden kann.

Ferner ist der indirekte Flächenbedarf der Stromversorgung zu beachten. Die Masten der 110 kV-Freileitungen benötigen zwar nur eine geringe Fundamentfläche, die Mastfußbreite beträgt aber zwischen ca. 3,90 und 7,00 m. Dies entspricht einer überdeckten Fläche von ca. 15 – 49 m^2. Weiter benötigen die Hochspannungsleitungen entlang ihrer Trasse einen Schutzstreifen von ca. 30 – 60 m Breite, auf dem Einschränkungen hinsichtlich der Bepflanzung und Bebauung gelten. Die parallel zum Fahrweg erdverlegten Streckenkabel liegen i. d. R. im Bereich der Trasse, so daß nur in Ausnahmefällen ein zusätzlicher indirekter Flächenverbrauch vorliegt.

Die vom Betrieb der MSB TRP und dem ICE ausgehenden Emissionen (v. a. Schall und ggf. Staubaufwirbelungen, vgl. Abschnitt 6.2.4 und 6.2.5) führen zu einem weiteren indirekten Flächenbedarf.

ac) Bodenversiegelung beider Systeme

Unter dem Aspekt der **Bodenversiegelung** ist bei der **MSB** weder die Breite des Fahrwegtischs (2 mal je 2,80 m), des Stützenkopfs (bei Aufständerung, Breite ca. 2 mal je 3,40 m), der Stützen noch der Wandscheiben ausschlaggebend. Die durch die MSB versiegelte Fläche wird durch das Fundament des Fahrwegs bestimmt. Die Oberkante der Fundamente liegt i. d. R. 30 cm unter Geländeniveau (vgl. ARGE Systemauslegung Transrapid/Deutsche Bahn AG, 1995, S. 24 f.), so daß diese Flächen zwar keine vegetationslose Zone darstellen, wohl aber als versiegelte Flächen mit **Auswirkungen auf die Wasserwirtschaft** der Umgebung gelten müssen.

Es ist dabei zwischen einer kontinuierlichen und einer diskreten Lagerung des Fahrwegs auf dem Fundament zu unterscheiden. Kontinuierliche Lagerung bedeutet ein durchlaufendes Streifenfundament unterhalb des Fahrwegs mit einer Breite von etwa 2 - 2,4 m pro Spur (versiegelte Fläche ca. 4.400 m^2/km Doppelspur). Die kontinuierliche Lagerung des Fahrwegs wird in der Fachliteratur jedoch nur für den ebenerdigen Fahrweg besprochen (vgl. z. B. Hilliges, 1994, S. 36 f.). Dagegen wird die diskrete Lagerung des Fahrwegs sowohl für die Aufständerung als auch für den ebenerdigen Fahrweg beschrieben.

Die diskrete Lagerung des Fahrwegs meint Fundamentsockel anstelle eines durchlaufenden Streifenfundaments. Unter der Einschränkung einer unterschiedlichen Bauausführung der Fahrwegformen läßt sich als grober Richtwert für die Aufständerung eine Breite des Sockels von rund 8,4 m (Doppelspur) und für den ebenerdigen Fahrweg von rund 2 - 2,4 m (Einzelspur) bestimmen. Bei einer Feldweite der Fahrwegträger von 12 m bei ebenerdiger Bauweise und 31 m bei Aufständerung (vgl. Magnetschnellbahn-Planungsgesellschaft mbH, 1996b, S. 63 ff.) und einer Länge der Fundamentsockel von etwa 2,5 m bzw. 5 m errechnet sich bei diskreter Lagerung eine versiegelte Fläche von rund 900 m^2 je Kilometer ebenerdiger Doppelspur bzw. 1.350 m^2/km aufgeständerter Doppelspur.

Die durch die **ICE-Trasse versiegelte Fläche** beträgt ca. 20 m^2/m Fahrweg (2 ha/km). Diese Fläche setzt sich einesteils aus dem ca. 3,5 m breiten Bahnseitenweg, andernteils aus dem Fahrweg zusammen. Hierbei spielt es keine Rolle, ob der Fahrweg den klassischen Oberbau aus Schotter, Schwellen und Schiene erhält oder ob der Oberbau als feste Fahrbahn errichtet wird, wie z. B. auf dem ca. 130 km langen Teilstück zwischen Siegburg und dem Maintal (vgl. Eberhardt, 1995, S. 14). Grund für die Bewertung auch des Oberbaus aus Schotter als versiegelte Fläche ist eine eingebaute Geotextilschicht von rund 17 m Breite, die darunterliegende Erdschichten, die z. T. mit Kalk und anderen Zusätzen aufbereitet wurden, schützen soll. Gleichwohl werden die Randbereiche (ca. 3 m) der Geotextilschicht - sofern sich keine Entwässerungsbauwerke dem Geotextil anschließen - wieder mit Erde abgedeckt, so daß diese Bereiche neben der Fahrbahn nicht vegetationslos sind.

b) Trennwirkung in der Betriebsphase beider Systeme

Die **Trennwirkung** bzw. Landschaftszerschneidung, die aus dem Betrieb **beider HGVS** resultiert, wird maßgeblich von der Bauweise des Fahrwegs bestimmt (siehe Abbildung 6.5)[1].

Stärke der Trennwirkung	Trassierung des Fahrwegs
hoch bzw. sehr hoch	ebenerdiger Fahrweg Fahrweg im Einschnitt Fahrweg auf Dämmen
niedrig bzw. sehr niedrig	Fahrweg im Tunnel Fahrweg auf Brücken aufgeständerter Fahrweg

Abb. 6.5: Trennwirkung der Trassierungsformen des Fahrwegs

Um die Stärke der Trennwirkung einzuordnen, kann beispielsweise die Bewegungsfreiheit der Menschen betrachtet werden, der Populationsaustausch von Tierarten oder die Verinselung von Biotopen (vgl. Mader, 1985, S. 19 ff., BUWAL et al., 1992, S. 132 f.). Während es durch den Bau von Kreuzungsbauwerken, Bahnseitenwegen u. ä. gelingt, die **trennende Wirkung der Trassen** für den Menschen deutlich zu vermindern, ist dies **hinsichtlich der Fauna und Flora weitaus problematischer**. Die Einrichtung von Ausgleichsflächen kann die negativen Wirkungen der Zerschneidung sicherlich nur teilweise kompensieren.

Die Zerschneidung der Landschaft wird durch die **Bündelung** geplanter und vorhandener Verkehrswegen reduziert, da die trennende Wirkung dann nicht zweifach auftritt. Ein wesentliches Bewertungskriterium ist dabei die räumliche Nähe der verschiedenen Verkehrs- bzw. Leitungstrassen (vgl. Magnetschnellbahn-Planungsgesellschaft mbH, 1996b, S. 70 ff.). Neben der Minderung der Landschaftszerschneidung wird durch eine möglichst enge Bündelung von Trassen auch die Größe der von der „Linsenbildung" betroffenen Flächen reduziert, also Flächen, die bei der Parallelführung zwischen den Trassen für andere Nutzungen unbrauchbar

[1] Auch von den Emissionen des Fahrbetriebs (v. a. Schall) geht eine trennende Wirkung aus.

werden (vgl. Kieslich et al., 1992, S. 17)[1].

c) Optische Beeinflussung der Landschaft in der Betriebsphase beider Systeme

Sowohl von einer MSB- als auch von einer ICE-Trasse wird die durchfahrene Landschaft optisch beeinflußt oder gar geprägt. Das Ausmaß ist abhängig von verschiedenen Faktoren, beispielsweise vom Relief, der Trassierung des Fahrwegs oder vom Bewuchs der Landschaft (vgl. Bundesministerium für Bauten und Technik, 1985, S. 35). Die positive, neutrale oder negative Beurteilung der **optischen Beeinflussung** ist individuell unterschiedlich. So war es zeitweise die Theorie der Autobahnbauer, daß die Straßen die Landschaft akzentuieren und überhaupt erst wahrnehmbar machen (vgl. Burckhardt, 1988, S. 37 f.). Der sonntägliche Familienausflug zu Flughäfen oder Schiffahrtswegen bzw. Kanälen zeigt, daß Verkehrsinfrastruktur wenn nicht als schön, dann aber zumindest als interessant gilt. Auch gibt es kaum eine Ferienregion in Deutschland, die nicht wenigstens eine sog. Ferienstraße ihr eigen nennt.

Wenn also von Verschandelung der Landschaft durch die Trassen der MSB bzw. des ICE die Rede ist, scheint diese Beurteilung - von Ausnahmen abgesehen - weniger direkt von dem Antlitz der MSB und des ICE auszugehen als vielmehr von einer grundsätzlich ablehnenden Haltung gegenüber den Verkehrssystemen, z. B. aufgrund der Kenntnis und individuellen Bewertung verschiedener negativer externen Effekte, die mit Bau und Betrieb verbunden sind.

6.2.1.3 Ergebnisse der Analyse der Wirkungskategorie Landschaftsverbrauch

Flächenbedarf in der Bauphase beider Systeme

Für den **Flächenbedarf** in der **Bauphase** eines Bahnsystems existieren in der Literatur unterschiedliche Angaben. Ingenieur-Consult Haas & Partner schätzen den Flächenbedarf für die Abwicklung des Baubetriebs doppelt so groß wie die später durch den Betrieb in Anspruch genommene Fläche. Der Flächenbedarf in der Bauphase wird mit 5 – 10 ha pro km der R/S-Trasse einschließlich der Bauhöfe, Lagerplätze, Umgehungs- und Baustraßen angegeben (vgl. Ingenieur-Consult Haas & Partner, 1990 zitiert nach Kieslich et al., 1992, S. 22). Die DB AG

---

[1] Bei der Zusammenlegung der Trasse der MSB TRP mit einer Trasse des R/S-Systems beträgt der Achsabstand beider Trassen im Bestfall etwa 15 m (vgl. Magnetschnellbahn-Planungsgesellschaft mbH, 1996a, Anlage 3). Hinsichtlich der Bündelung der MSB mit anderen Trassen werden folgende **Achsenabstände** als Minimum genannt: Autobahn (4-spurig) 40 m, Wasserstraßen 55 m, Hochspannungsleitungen 21 m (vgl. ARGE Systemauslegung Transrapid, 1995a, S. 18 f.). Der positive Effekt der Bündelung einer MSB-Trasse mit einer Hochspannungsfreileitung, von der selbst keine hohe Trennwirkung ausgeht, ist dagegen als deutlich geringer einzustufen.

nennt für die 204 km lange NBS Köln-Rhein/Main einen dauerhaften Flächenbedarf von 708 ha (ca. 3,5 ha/km) inkl. Böschungen, Gräben etc. Darüber hinaus werden in der Bauphase vorübergehend rund 342 ha (ca. 1,7 ha/km) beansprucht, so daß die durch Bau und Betrieb berührte Fläche etwa 5,2 ha/km bzw. 1.050 ha insgesamt beträgt (vgl. o. V., 1995b, S. 8)[1].

Zum Flächenbedarf der MSB in der Bauphase liegen wenige Daten vor. Für die MSB Berlin-Hamburg wird ein temporärer Flächenbedarf für Baustelleneinrichtungen während der Bauzeit von ca. 10,6 ha genannt, davon rund 5,6 ha zur gleichen Zeit (vgl. ARGE Systemauslegung Transrapid, 1996b, Anlage 2.7), und ein Flächenbedarf von 571 ha in der Betriebsphase (vgl. Magnetschnellbahn-Planungsgesellschaft mbH, o. J.). Um näherungsweise den Flächenbedarf der MSB in der Bau- und Betriebsphase zu bestimmen und mit dem des ICE-Systems **direkt vergleichbar** zu machen, wird der **Trassierungsvergleich Magnetschwebebahn/ICE** aus der Planungsstudie für den Korridor Rhein/Ruhr - Rhein/Main herangezogen, da dieser beide Systeme in einer gleichen Topographie gegenüberstellt (siehe Abbildung 6.6).

	ICE (v_{max} = 300 km/h)		**Magnetschwebebahn (v_{max} = 400 km/h)**	
Topographie	Flachland	Mittelgebirge	Flachland	Mittelgebirge
Grunderwerb[2] in m^2/m	26	43	23	24
Fahrwegbauformen:				
Tunnel	5 %	11 %	5 %	6 %
Einschnitt > 2 m	19 %	34 %	30 %	37 %
Geländegleichlage (ebenerdig +/- 2 m)	36 %	13 %	11 %	12 %
Damm	38 %	35 %	-	-
Aufständerung	-	-	53 %	44 %
Brücken	2 %	7 %	1 %	1 %

Abb. 6.6: Trassierungsvergleich Magnetschwebebahn/ICE aus der Planungsstudie für den Korridor Rhein/Ruhr - Rhein/Main (vgl. MVP, 1991, S. 26)

Unter Berücksichtigung der in Abschnitt 6.2.1.1 und 6.2.1.2 ermittelten Werte lassen sich grob die Flächen errechnen, die eine MSB- bzw. ICE-Trasse im **Korridor Rhein/Main -**

[1] Zwecks Kompensations- bzw. Ausgleichsmaßnahmen werden für die gesamte NBS Köln-Rhein/Main rund 1.880 ha zusätzlich benötigt (vgl. o. V., 1995b, S. 9).

[2] Nur Breite der Trasse, ohne sonstige Nebenflächen.

Rhein/Ruhr benötigt[1]. Der Flächenbedarf für das Baufeld der **ICE-Trasse** beträgt ca. 3 ha/km im Flachland und 3,1 ha/km im Mittelgebirge[2]. Nicht berücksichtigt wurden Flächen für Umgehungsstraßen, Baustraßen außerhalb des Baufelds, Erddeponien, Bauinfrastruktur, Baufelder der Bahninfrastruktur, Flächen, die aus rechtlichen Gründen erworben werden müssen etc., so daß ein **gesamter Flächenbedarf** von etwa **5,2 ha/km** in der **Bauphase** einer **ICE-NBS** in einer überwiegend von Mittelgebirgen geprägten Landschaft realistisch erscheint.

Eine **MSB-Trasse** im gleichen Korridor würde rund 2,7 ha/km für das Baufeld der Trasse beanspruchen (beide Reliefformen). Da die Größe der sonstigen benötigten Flächen weitgehend dem R/S-System entspricht, läßt sich der **Flächenbedarf** in der **Bauphase** einer **MSB TRP** im gleichen Korridor auf etwa **4,8 ha/km** schätzen.

Flächenbedarf in der Betriebsphase beider Systeme

Im der **Betriebsphase** benötigt eine **ICE-Trasse** (ohne Infrastruktur etc.) im Flachland rund 2,4 ha/km, im Mittelgebirge etwa 2,5 ha/km. Obwohl im Mittelgebirge die Trassierung aufwendiger ist, erhöht sich der Flächenbedarf der Trasse kaum, da Brücken und Tunnels, die hier vermehrt notwendig werden, nur einen geringen direkten Flächenbedarf haben[3]. Der Bahnseitenweg erhöht den Flächenbedarf um rund 0,4 ha/km. Unter Berücksichtigung der Angabe der DB AG von einem **Gesamtflächenbedarf** in der **Betriebsphase** von ca. **3,5 ha/km** bleibt ein Rest von ca. 0,6 ha/km für Infrastruktur oder auch für Flächen, die z. B. aus sicherheitstechnischen oder rechtlichen Gründen erworben werden müssen.

Die Trasse einer **MSB** (ohne Infrastruktur etc.) würde dagegen in diesem Korridor im Flachland eine Fläche von ca. 1,1 ha/km und im Mittelgebirge von ca. 1,4 ha/km beanspruchen. Ein Bahnseitenweg wird i. d. R. nicht gebaut. Zuzüglich eines Flächenzuschlags in der gleichen Größe wie bei dem R/S-System von 0,6 ha/km für Infrastruktur etc. errechnet sich ein **Gesamtflächenbedarf von 1,7 ha/km bzw. 2 ha/km**.

---

[1] Der Trassierungsvergleich des Korridors Rhein/Ruhr-Rhein/Main in Abbildung 6.6 entspricht weitgehend der Trassierung der ICE-NBS Köln-Rhein/Main.

[2] Zu berücksichtigen ist, daß die Fläche des Trassenbaufelds und auch der fertiggestellten Trasse tatsächlich etwas größer sein wird als in der Berechnung, da die zugrundeliegende vereinfachte Annahme einer Damm- bzw. Einschnitthöhe von 5 m einen Mittelwert für eine Trasse Berlin-Hamburg darstellt. Der Korridor Rhein/Ruhr-Rhein/Main dagegen führt in großen Teilen durch eine Mittelgebirgslandschaft und erfordert entsprechend eine größere Dimensionierung von Einschnitten und Dämmen.

[3] Ein anderes Bild ergibt sich, wenn die durch Brücken überbauten Flächen, die Flächen von Erddeponien etc. eingerechnet werden.

Bodenversiegelung in der Betriebsphase beider Systeme

Die durch die Trasse **versiegelte Fläche** beträgt im Vergleichskorridor bei dem **R/S-System** im **Flachland ca. 2,0 ha/km** und im **Mittelgebirge ca. 1,8 ha/km** (inkl. Bahnseitenweg, ohne sonstige Infrastruktur). Eine **MSB-Trasse** dagegen würde deutlich weniger Boden versiegeln, nämlich **0,18 ha/km** im **Flachland und 0,19 ha/km** in der **Mittelgebirgslandschaft**[1].

Trennwirkung in der Betriebsphase beider Systeme

Um die **Trennwirkung** beider Schnellbahnsysteme im Vergleichskorridor zu beurteilen, können die Trassen entsprechend der ordinalen Einordnung der Trennwirkung der Bauformen des Fahrwegs in Abbildung 6.5 und ihrer anteilsmäßige Gewichtung gemäß Abbildung 6.6 bewertet werden. Für die ICE-Trasse ergibt sich dann im Vergleichskorridor im Flachland auf 93 %, im Mittelgebirge auf 82 % der Strecke eine hohe bzw. sehr hohe Trennwirkung. Die Trennwirkung einer MSB-Trasse im gleichen Korridor wäre dagegen mit 41 % hoher bzw. sehr hoher Trennwirkung im Flachland und 49 % im Mittelgebirge deutlich niedriger. Zu berücksichtigen ist jedoch, daß neben zahlreichen Kreuzungsbauwerken der Bahnseitenweg des ICE die trennende Wirkung der Trasse zumindest hinsichtlich der Bedürfnisse des Menschen weiter vermindert. Außerdem führt eine Bündelung mit vorhandenen Trassen - hier im konkreten Fall vor allem mit der Autobahn A 3 (vgl. o. V., 1995c, S. 6 f.) - dazu, daß in diesen Bereichen keine neue Zerschneidung und somit keine erneute Trennwirkungen entstehen.

Projektion der Ergebnisse auf die geplante MSB Berlin-Hamburg

Für die **MSB Berlin-Hamburg** lassen sich auf der Grundlage der oben ermittelten Ergebnisse ebenfalls Aussagen über den Landschaftsverbrauch treffen. Die Trassierung der MSB Berlin-Hamburg im Planfall 8b sieht folgende Anteile der verschiedenen Fahrwegformen vor (vgl. ARGE Systemauslegung Transrapid, 1996c, S. 1 ff.):

---

[1] Jeweils 50 % Anteil der diskreten und der kontinuierlichen Lagerung des Fahrwegs beim ebenerdigen Fahrweg und beim Fahrweg in Einschnitten.

- Primärtragwerk Brücke ca. 4,7 km,
- Primärtragwerk Tunnel ca. 0,25 km (offene Bauweise),
- Fahrweg aufgeständert ca. 139 km,
- Fahrweg ebenerdig ca. 148,5 km[1].

In der **Bauphase** der MSB Berlin-Hamburg werden rund **2,42 ha/km** bzw. **709 ha** insgesamt für das **Baufeld** der Trasse (ohne Infrastruktur) benötigt. Über den zusätzlichen Flächenbedarf für Stichstraßen zur Erschließung der Baustelle oder für Umgehungsstraßen liegen keine Angaben vor, jedoch ermöglicht die enge Bündelung der MSB-Trasse mit anderen Trassen in großen Teilen die Nutzung vorhandener Wege, so daß nur in geringem Umfang Baustraßen außerhalb des Trassenbaufeldes notwendig werden. Der Flächenbedarf für die Baustellen der Infrastruktur entspricht grob dem Flächenbedarf der Infrastruktur in der Betriebsphase, wobei zu berücksichtigen ist, daß ein Teil der Infrastruktur im Bereich des Baufeldes des Fahrwegs errichtet wird (z. B. Funkmaste, Schaltstellen, Weichenschaltstellen etc.). Die Baustelleneinrichtungen benötigen insgesamt 10,6 ha.

Der **direkte Flächenbedarf** in der **Betriebsphase** der MSB Berlin-Hamburg liegt bei rund **0,9 ha/km** bzw. **264 ha** für die **Trasse**[2]. Die Infrastruktur der gesamten MSB erfordert etwa 12 ha Fläche[3]. Wird außerdem der indirekte Flächenbedarf der durch die Trasse überspannten Flächen hinzugerechnet (Aufständerung: Lichtraumbreite), was unter dem Aspekt rechtlicher und wirtschaftlicher Einschränkungen als durchaus opportun erscheint, erhöht sich der Flächenbedarf der Trasse auf rund 1,4 ha/km bzw. 416 ha insgesamt. Werden zusätzlich Flächen für die Infrastruktur (ca. 12 ha) sowie für Kreuzungsbauwerke, Schallschutzwände, Schutzbereiche für die Weichen, Versorgungsstraßen, Erddeponien etc. hinzugerechnet, dann erscheint die Angabe der Magnetschnellbahn-Planungsgesellschaft von **571 ha (ca. 1,95 ha/km)** für den **gesamten Flächenbedarf** der **MSB Berlin-Hamburg** in der Betriebsphase realistisch.

Die durch die Trasse **versiegelte Fläche** umfaßt **ca. 59 ha insgesamt** bzw. **0,2 ha/km.**

Die **Trennwirkung** der Trasse ist auf ca. **51 % der Strecke hoch** oder **sehr hoch**. Zur Beurteilung der Trennwirkung der MSB Berlin-Hamburg ist jedoch die Bündelung mit anderen

[1] Über den Anteil des ebenerdigen Fahrwegs der in Einschnitten gebaut werden soll, liegen für den hier betrachteten Planfall 8b keine Angaben vor. Für den nicht aktuellen Planfall 6a wurde der Anteil des ebenerdigen Fahrwegs, der in Einschnitten errichtet werden sollte, mit 23 % des ebenerdigen Fahrwegs angegeben. Analog wird für den hier betrachteten Planfall 8b angenommen, daß 34 km des ebenerdigen Fahrwegs im Einschnitt liegen.

[2] Bei Aufständerung und Brücken wurde die Fläche der Stützen berechnet.

[3] Summe der Mittelwerte einschließlich Bahnsteige, jedoch ohne sonst. Funktionen der Bahnhöfe. Ggf. notwendige Versorgungsstraßen nicht eingeschlossen. Ohne indirekten Flächenbedarf, z. B. für die von den 110 kV-Freileitungen überspannten Flächen.

Trassen zu berücksichtigen, da von Bereichen mit einer engen Bündelung nur eine mäßige **zusätzliche Trennwirkung** und erneute Landschaftszerschneidung ausgeht (siehe Abbildung 6.7).

Bündelung mit Trasse von	Bündelung < 50 m		Bündelung < 500 m	
Autobahnen	39 km	13 %	77 km	26 %
DB-Strecken	53 km	18 %	80 km	27 %
Hochspannungsleitungen	24 km	8 %	35 km	12 %
Gesamt[1]	116 km	40 %	192 km	66 %

Abb. 6.7: Trassenbündelung der MSB Berlin-Hamburg

Wird ferner berücksichtigt, daß im Bereich der Bündelung mit Autobahnen und bei der Bündelung mit DB-Strecken, also in Bereichen, in denen die Trennwirkung ohnehin bereits hoch ist, überwiegend der Fahrweg im Einschnitt oder der ebenerdige Fahrweg zur Anwendung kommt[2], daß andererseits im freien Gelände und bei der Bündelung mit Hochspannungsleitungen, von denen nur eine geringe Trennwirkung ausgeht, überwiegend der aufgeständerte Fahrweg zur Anwendung kommt (vgl. Magnetschnellbahn-Planungsgesellschaft mbH, 1996b, S. 70 ff.), dann kann die von der MSB Berlin-Hamburg ausgehende **Trennwirkung** als **relativ gering** bezeichnet werden (vgl. auch BMFT, 1994, S. 12).

Zusammenfassend läßt sich hinsichtlich der Analyse des Landschaftsverbrauchs feststellen:

- Im Vergleichskorridor Rhein/Ruhr - Rhein/Main beträgt der Flächenbedarf für das Baufeld der ICE-Trasse im Flachland ca. 3 ha/km und im Mittelgebirge 3,1 ha/km. Der gesamte Flächenbedarf in der Bauphase einer ICE-NBS in diesem Korridor liegt bei etwa 5,2 ha/km. Eine MSB-Trasse im gleichen Korridor würde dagegen rund 2,7 ha/km für das Baufeld der Trasse beanspruchen (beide Reliefformen). Der gesamte Flächenbedarf in der Bauphase einer MSB im gleichen Korridor kann auf etwa 4,8 ha/km geschätzt werden.
- In der Betriebsphase benötigt eine ICE-Trasse im Vergleichskorridor im Flachland rund 2,4 ha/km, im Mittelgebirge etwa 2,5 ha/km. Zuzüglich Infrastruktur und sonstiger Flächen kann der Gesamtflächenbedarf des ICE in der Betriebsphase mit ca. 3,5 ha/km angegeben werden. Die Trasse einer MSB würde dagegen in diesem Korridor im Flachland eine Fläche

[1] Rundungsbedingte Differenzen bei den Prozentangaben.

[2] Der ebenerdige Fahrweg bietet bei einer Bündelung mehrere Vorteile: Das landschaftliche Erscheinungsbild wird günstig beeinflußt, i. d. R. kann das Höhenniveau kreuzender Verkehrswege beibehalten und die visuelle Beeinflussung der Fahrzeuge auf der parallel liegenden Straße leicht vermieden werden (vgl. Magnetschnellbahn-Planungsgesellschaft mbH, 1996b, S. 74).

von ca. 1,1 ha/km und im Mittelgebirge von ca. 1,4 ha/km beanspruchen. Insgesamt errechnet sich für die MSB im Vergleichskorridor ein Flächenbedarf in der Betriebsphase von 1,7 ha/km bzw. 2 ha/km.

- Im Vergleichskorridor beträgt die in der Betriebsphase durch die Trasse versiegelte Fläche bei dem R/S-System im Flachland ca. 2,0 ha/km und im Mittelgebirge ca. 1,8 ha/km (inkl. Bahnseitenweg, ohne sonstige Infrastruktur). Eine MSB-Trasse dagegen würde deutlich weniger Boden versiegeln, nämlich rund 0,18 ha/km im Flachland und etwa 0,19 ha/km in der Mittelgebirgslandschaft.
- Eine ICE-Trasse hat im Vergleichskorridor in der Betriebsphase auf 93 % (Flachland) bzw. 82 % (Mittelgebirge) der Strecke eine hohe Trennwirkung. Die Trennwirkung einer MSB-Trasse im gleichen Korridor wäre dagegen mit einem Wert von 0,41 % im Flachland und 0,49 % im Mittelgebirge deutlich niedriger.
- Der direkte Flächenbedarf der Trasse in der Betriebsphase der MSB Berlin-Hamburg liegt bei rund 0,9 ha/km bzw. 264 ha. Der gesamte Flächenbedarf der MSB Berlin-Hamburg beträgt in der Betriebsphase ca. 1,95 ha/km.
- Durch die Trasse der MSB Berlin-Hamburg werden pro km rund 0,2 ha Boden versiegelt.
- Auf 51 % der Strecke der MSB Berlin-Hamburg ist die Trennwirkung hoch. Die enge Bündelung der MSB Berlin-Hamburg mit anderen Trassen führt jedoch dazu, daß von der MSB-Trasse nur eine geringe zusätzliche Trennwirkung und erneute Zerschneidung der Landschaft ausgeht.

6.2.2 Materialeinsatz

6.2.2.1 Materialeinsatz in der Bauphase

Der Materialeinsatz zur Erstellung eines HGVS wird maßgeblich vom Fahrweg bestimmt. Als weitere Komponenten mit allerdings geringem Anteil am gesamten Materialeinsatz können die Fahrzeuge und die Infrastruktur betrachtet werden. Aufgrund der Dominanz des Fahrwegs in der Bilanzierung des Materialeinsatzes zur Errichtung der MSB und des ICE liegt der Schwerpunkt der folgenden Untersuchung bei der Analyse des Fahrwegs.

Die **Hauptbestandteile des Fahrwegs** der **MSB** sind Beton und Stahl. Ferner sind die für den Bau notwendigen Erdbewegungen zu berücksichtigen (siehe auch Abbildung 6.2 bezüglich der dauerhaften Erddeponierung). Hinsichtlich der Statorpakete des Fahrwegs der MSB besteht ein Abgrenzungsproblem: Einerseits stellen sie einen Teil des Antriebs dar, andererseits sind sie jedoch Bestandteil des Fahrwegs[1]. Abbildung 6.8 gibt einen Überblick über die Art und die Mengen der eingesetzten Materialien, wobei die verschiedenen Fahrwegformen unterschieden werden.

Das **Material der Statorpakete** ist in Abbildung 6.8 bereits berücksichtigt. Um das erwähnte Abgrenzungsproblem hinsichtlich der Zurechenbarkeit der Statorpakete zum Fahrweg zu berücksichtigen, kann der Materialanteil dieser Antriebskomponente subtrahiert werden: Die Statorpakete bestehen pro **Doppelkilometer (Dkm)** im wesentlichen aus **400 t Elektroblech** und ca. **20 t Aluminium** für die Kabelwicklung.

	Materialart und -menge pro Doppelkilometer			
Bauform des Fahrwegs	**Beton, Stahlbeton etc. in m^3**	**Stahl, Blech, Betonstahl etc. in t**	**Aluminium in t**	**Erdaushub in m^3**
• Aufgeständert[2] mit				
a) Betonfahrwegträger	6.500	1.762,5	20	11.000
b) Stahlfahrwegträger	2.900	3.132,5	20	11.000
• Ebenerdig[3]	3.610	1.321	20	20.000
• Einschnitt[4] mit				
a) Böschung	3.610	1.321	20	168.100
b) Stützmauern	14.610	1.971	20	189.800
• Tunnel, Bauweise				
a) offen	37.460	3.221	20	206.800
b) bergmännisch	23.610	1.321	20	122.000
• Brücke[5]	15.100	2.810	20	20.800

Abb. 6.8: Materialeinsatz zur Errichtung des Fahrwegs der MSB (eigene Berechnung nach IFB, 1993, S. 75 ff.)

[1] Seitenführungsschiene und Gleitleiste (zusammen 440 t Flachstahl) lassen sich dagegen eindeutig dem Fahrweg zuordnen, da sie der Aufgabe „Führen" dienen.

[2] Annahme eines Mittelwerts: Gleicher Anteil von Flach- und Pfahlgründung.

[3] Hier ausschließlich kontinuierliche Lagerung des Fahrwegs, da keine Daten zur diskreten Lagerung vorliegen.

[4] Siehe Fußnote ebenerdiger Fahrweg! Ferner ist zu berücksichtigen, daß der Einschnitt mit Stützmauern nur in Ausnahmefällen zur Anwendung kommt (z. B. bei der Stadteinfädelung), um dann die beanspruchte Fläche möglichst gering zu halten.

[5] Der durchschnittliche Materialeinsatz zur Errichtung eines Primärtragwerks Brücke ist „ex ante" kaum zu bestimmen, da die jeweiligen topographischen und geologischen Umstände vor Ort eine einzelfallabhängige Konstruktion der Brücken erfordern. Der Fahrwegtisch auf dem Primärtragwerk entspricht dem ebenerdigen Fahrweg ohne Gründungsfundament. Dies entspricht rund 2.010 m3 Beton, 1.171 t Stahl und 20 t Aluminium pro Dkm. Um jedoch einen Näherungswert zu erhalten, der auch die Gründung und die Stützen berücksichtigt, wird anstelle des Primärtragwerks Brücke mit Fahrwegtisch der Materialeinsatz des aufgeständerten Fahrwegs (Fahrwegträger aus Beton) mit einer Höhe > 20 m betrachtet, welcher weitgehend standardisiert ist.

Weiterhin werden zur Errichtung des ebenerdigen Fahrwegs und des Fahrwegs im Einschnitt 8.400 m^3 Kies für die Frostschutzschicht und 2.000 m Rohr für die Tiefenentwässerung eingesetzt (je Dkm). Für die Tiefenentwässerung der Einschnitte mit Böschung werden weitere 700 m^3 Kies und 2.000 m Dränrohr benötigt (Einschnitt mit Stützmauer: 500 m^3 Kies/1.000 m Rohr). Um die Schallabstrahlung des Stahlfahrwegträgers um ca. 2-3 dB(A) zu reduzieren, wurde in Versuchen auf der TVE der Hohlraum der Stahlfahrwegträger teilweise mit Kies gefüllt. Auch für die Anwendungsstrecke Berlin-Hamburg ist eine teilweise Füllung des Kastenquerschnitts mit Kies vorgesehen (vgl. Riegert et al., 1994, S. 56). Genaue Mengenangaben liegen nicht vor, jedoch sind für diesen Zweck einige hundert bis max. 1.000 m^3 Kies je Dkm anzusetzen.

Das Gewicht bzw. das Volumen der anderen Materialien liegt mit einem Einsatz von maximal einigen Tonnen bzw. Kubikmetern pro Dkm deutlich niedriger, so daß ein Verzicht auf eine detaillierte Analyse dieser Stoffe durchaus vertretbar ist, da dadurch das Ergebnis kaum beeinflußt wird. Über den **Materialbedarf** zur Errichtung einer **ICE-Trasse** liegen zwei verschiedene Angaben vor (siehe Abbildung 6.9):

	Materialbedarf des Schienenbaus	
Materialart	**Angaben nach Enquete-Kommission** (vgl. Enquete-Kommission, 1995, Kap. 3, S. 175)	**Eigene Recherche/Berechnung** (vgl. Gers/Otto, 1996, S. 1 ff.) Klammern: nur Schwelle/Schiene
Erde: Abtrag/Auftrag/Fremdmat.	keine Angabe	62.000/100.000/57.000 m^3
Schotter	8.590 t	14.686 m^3
Kies	keine Angabe	10.133 m^3
Beton[1]	1.720 t	2.488 m^3 (583 m^3)
Stahl	330 t	619 t (318 t)
Kupfer/Bronze	5,5 t	5,7 t [3]
Aluminium	2,2 t	1,6 t [4]
Kabel	3,3 t	keine Angabe
Kunststoff	0,2 t	6.000 m^2
Bitumen[2]	keine Angabe	1.192 m^3

Abb. 6.9: Materialbedarf des Schienenbaus pro Doppelkilometer

[1] Die Dichte von Festbeton beträgt ca. 1,5 - 2,4 g/cm^3 bei 20 °C, d. h. 1.720 t Beton entsprechen rund 860 m^3 Beton (vgl. Weigler/Sieghart, 1989, S. 253 f.).
[2] Die Dichte von Bitumen beträgt ca. 1,01 - 1,08 g/cm^3, d. h. 1.192 m^3 Bitumen entsprechen rund 1.252 t Bitumen (vgl. Velske, 1976, S. 18).
[3] Diese Angabe von Gers/Otto bezieht sich ausschließlich auf die Oberleitung. Sie ist daher nicht dem Fahrweg i. e. S. zuzurechnen, sondern der für den Betrieb notwendigen Infrastruktur.
[4] dito.

Die Enquete-Kommission spezifiziert die Angaben, indem sie den Anteil des Oberbaus mit 7.600 t Schotter, 985 t Beton und 268 t Stahl beziffert und weitere 12.500 - 100.000 t Beton für Sonderbauwerke angibt. Der Anteil der **Fahrleitung** an den genannten Werten beträgt demnach **42 t Beton, 25 t Stahl, 5 t Kupfer/Bronze und 2 t Aluminium**. Auch Signalanlagen sind in den Angaben mit 500 t Beton, 0,2 t Kunststoff und - widersprüchlicherweise - 28 t Kabel, wobei hier 2,8 t Kabel realistisch erscheinen, enthalten.

Die Recherchen von Gers und Otto hingegen berücksichtigen einerseits die baulichen Unterschiede und größere Dimensionierung des ICE-Fahrwegs im Vergleich zum konventionellen R/S-System[1], andererseits werden die Bahnseitenwege mit zur ICE-Trasse gezählt, da diese im allgemeinen dem Zweck dienen die Trennwirkung der Bahnstrecke zu reduzieren und eben ohne den Schienenweg i. d. R. nicht erforderlich wären, somit auch nicht gebaut würden. Ferner beinhalten die Werte von Gers und Otto im Gegensatz zu den Angaben der Enquete-Kommission einen Mittelwert für Kreuzungsbauwerke, woraus eine größere Materialmenge vor allem hinsichtlich der Baustoffe Stahl und Beton resultiert. Diese Einbeziehung der Kreuzungsbauwerke zum Materialbedarf der ICE-Trasse scheint methodisch berechtigt, da sie einerseits durch den Verzicht auf niveaugleiche Kreuzungen (Bahnübergänge) erforderlich werden, andererseits im Vergleich zur MSB einen systemtypischen Unterschied darstellen, der aus der deutlich höheren Trennwirkung der ICE-Trasse resultiert[2]. Nicht berücksichtigt wurde in den aufgeführten Angaben zur Materialbilanz (Abbildung 6.9) die für den Betrieb erforderliche Infrastruktur, wie z. B. Signalmasten, Stellwerke, Streckenkabel[3] oder Unterwerke.

Grundlage für diese Analyse war der **Planungsabschnitt 1.1 der ICE-NBS Leipzig-Erfurt**. Dieser Abschnitt der NBS ist vor allem hinsichtlich der Topographie vergleichbar mit den Bedingungen der MSB Berlin-Hamburg. Für die folgenden Ausführungen und Berechnungen, z. B. zum Material- oder Energieeinsatz zur Errichtung einer ICE-Trasse, dient daher diese Materialbilanz, die einen Mittelwert verschiedener Trassierungsformen des Fahrwegs darstellt, als Grundlage.

---

[1] Beispielsweise beträgt der Querschnitt der ICE-Fahrdrahtleitungen 120 mm^2 statt 100 mm^2 beim konventionellen R/S-System.

[2] Kreuzungsbauwerke der MSB-Trasse werden in dieser Analyse durch den genannten Anteil von Brücken und Tunnels an der MSB Berlin-Hamburg (siehe Abschnitt 6.2.1.3) berücksichtigt, wobei die Zahl der Kreuzungsbauwerke auf der MSB-Trasse etwa um den Faktor 2,5 niedriger liegt als auf der ICE-NBS, bedingt hauptsächlich durch die vorteilhaften Trassierungsmöglichkeiten der Aufständerung.

[3] Die Streckenkabel bestehen aus ca. 11,6 t Kupfer pro Dkm Trasse.

Der Materialeinsatz zur **Herstellung** der **Fahrzeuge** läßt sich nur schwer genau bestimmen, da die Fahrzeuge aus einer Vielzahl von Komponenten bestehen, die zudem von verschiedenen Zulieferern bezogen werden, so daß eine derartige Bilanzierung der Materialien allenfalls durch die Systemführer detailliert erfolgen könnte. Andererseits ist der **Anteil** der **Fahrzeuge** am **gesamten Materialeinsatz** der Bahnsysteme **sehr gering**: So beträgt das Leergewicht einer **TRP-Sektion** ca. 46 t (vgl. Jänsch, 1994, S. 5) und das Leergewicht aller 13 - 14 Sechs-Sektionenzüge, die als voraussichtlicher Bedarf der Strecke Berlin-Hamburg genannt werden (vgl. Magnetschnellbahn-Planungsgesellschaft mbH, 1996b, S. 51), ca. 3.588 t bzw. 3.864 t. Verglichen mit dem Gewicht der Materialien zur Errichtung eines Kilometers Fahrweg der MSB (siehe Abbildung 6.8), zeigt sich, daß der (Gewichts-)Anteil der MSB-Fahrzeuge an der gesamten Materialbilanz deutlich unterhalb eines Prozents liegt.

Ähnlich gering ist der Anteil der **ICE-Fahrzeuge** am Materialeinsatz des gesamten ICE-Systems: Ein ICE-Mittelwagen (Bauartreihe 801-804) wiegt ca. 53 t und der ICE-Triebkopf (Bauartreihe 401) hat ein Gewicht von ca. 80 t (vgl. Eberhardt, 1992, S. 12). Da ein Zug des ICE-Systems aus zwei Triebköpfen und 10 - 14 Mittelwagen besteht, errechnet sich ein Gewicht von 690 - 902 t pro Zug. Abhängig von der Transportleistung und damit der Zahl der auf einer Schienentrasse eingesetzten Fahrzeuge zeigt sich jedoch, daß der **(Gewichts-)Anteil** der **ICE-Fahrzeuge** am gesamten ICE-System ebenfalls **weniger als ein Prozent** beträgt (siehe auch Abbildung 6.9).

Hinsichtlich der Art der verwendeten Materialien zur Herstellung der Fahrzeuge ist eine (historische) Entwicklung zu vermerken: Wurde der Wagenkasten der Eisenbahnen zu Beginn ihrer Entwicklung zunächst in Holz-, später in beblechter Holzgerippebauweise erstellt, so wird heute im Eisenbahnbau vorwiegend eine Stahl- und Aluminiumbauweise angewandt (vgl. Plamper, 1994, S. 6). Zudem werden Erfahrungen aus dem Flugzeugbau genutzt, um das Gewicht der Fahrzeuge zu reduzieren. So ist für die Struktur der Zelle des TRP eine Aluminium-Leichtbauweise mit kombinierter Profil-/Sandwichtechnik aus Glasfaserkunststoff vorgesehen (vgl. Wegerer et al., 1994, S. 8).

Die Anteile der Materialien am Gesamtgewicht der Fahrzeuge lassen sich nur grob ermitteln: Eine Zugeinheit des ICE besteht etwa zur Hälfte aus Stahl, zu einem Viertel aus Aluminium und zu einem Viertel aus sonstigen Materialien, wie etwa Glas (vgl. Gers/Otto, 1996, S. 1 ff.). Bei der Herstellung des TRP wird verstärkt Stahl durch Aluminium substituiert, so daß geschätzt werden kann, daß beide Materialien zu gleichen Teilen rund zwei Drittel des Gewichts der Fahrzeuge ausmachen (vgl. Thyssen Henschel Magnetfahrtechnik, 1995c, S. 1 ff.).

Der **Materialeinsatz** zur Errichtung der **Infrastruktur** der **MSB** ist, verglichen mit dem

Materialeinsatz zur Errichtung des Fahrwegs, ebenfalls sehr gering. Einige Beispiele verdeutlichen dies[1]: Die Funkmaste bestehen im Durchschnitt aus 2,3 t Baustahl sowie 2 m^3 Beton für die Gründung. Entsprechend beträgt die Masse der bewegten Erde und die dauerhafte Erddeponierung 2 m^3 (vgl. IFB, 1993, S. 75 ff.).

Zur Errichtung der 110 kV-Masten werden pro Mast ca. 6,12 t Stahl eingesetzt (vgl. Merten et al., 1995, S. 55 f.) und je nach Belastung durch Wind etc. mindestens 11,48 m^3 Beton für die Gründung (Erdaushub/-deponierung mind. 20,8 m^3/11,2 m^3). Die sechs Leiterseile der Masten bestehen aus je 230 mm^2 Aluminium und 30 mm^2 Stahl, das Erdseil dagegen aus 95 mm^2 Aluminium und 55 mm^2 Stahl. Als Masse der Leitungen eines Kilometers der Hochspannungsfreileitungstrasse errechnen sich hieraus rund 4 t Aluminium und 1,9 t Stahl (vgl. Magnetschnellbahn-Planungsgesellschaft mbH, 1996b, S. 82 ff.).

Das beiderseits des Fahrwegs vorhandene Streckenkabel besteht aus mehreren Leitungen. Der Querschnitt der Leitungen berechnet sich nach dem durchfließenden Strom. Bei einer Auslegung der Betriebsgeschwindigkeit der MSB Berlin-Hamburg von 400 km/h und höher läßt sich für die vermutlich zum Einsatz kommenden Aluminiumleitungen ein Querschnitt von 500 mm^2 errechnen, wobei eine gewisse „Reserve" berücksichtigt wurde, die einerseits die Lebensdauer der Leitungen verlängert und andererseits die Option für höhere Betriebsgeschwindigkeiten oder auch Geschwindigkeitsrekorde gewährt. Die Anzahl der Leitungen richtet sich nach dem Speiseverfahren der Kabelwicklung der Statorpakete. Im Regelfall kommt das Wechselschrittverfahren zur Anwendung, wobei beiderseits des Fahrwegs je sechs Leitungen verlegt werden. Nur in Beschleunigungsabschnitten, also hinter Haltepunkten, wird das Dreischrittverfahren verwendet, das eine komfortablere Beschleunigung ermöglicht. Für das Dreischrittverfahren werden je Spur neun Leitungen benötigt (vgl. Gers/Otto, 1996, S. 1 ff.).

Der Materialeinsatz für die Streckenkabel beträgt somit i. d. R. pro Dkm Fahrweg 16,2 t Aluminium, in Beschleunigungsabschnitten dagegen 24,3 t/Dkm. Auf die MSB Berlin-Hamburg bezogen, errechnet sich für die Streckenkabel ein Mittelwert von rund 17 t Aluminium je Dkm, wobei zwei Beschleunigungsabschnitte auf die maximale Betriebsgeschwindigkeit und zwei Beschleunigungsabschnitte im Stadtgebiet (auf 200 km/h) berücksichtigt sind. Weitere Kabel entlang des Fahrwegs, z. B. Datenübertragungskabel für den Antrieb und das Leitsystem oder Mittel- und Niedrigspannungskabel, haben dagegen nur geringen Einfluß auf die Materialbilanz der MSB.

Die Unterwerke stellen ein umfangreiches Untersuchungsobjekt dar. Die Analyse beschränkt sich daher auf die Transformatoren, dem Hauptbestandteil der Unterwerke. Jeweils vier Trans-

---

[1] Zur Häufigkeit der Bauwerke siehe Abbildung 6.4.

formatoren mit einer installierten Leistung von 15 MVA gehören zu einem Unterwerk der MSB. Jeder der Transformatoren besteht im wesentlichen aus ca. 23,7 t Blech, 7,2 t Stahl, 6,4 t Kupfer und 12 t Öl. Bezogen auf die MSB Berlin-Hamburg, errechnet sich für jeden Dkm Trasse ein Anteil von 7,4 t an den Transformatoren (vgl. Gers/Otto, 1996, S. 1 ff.).

Neben den Streckenkabeln und den Unterwerken haben die Weichen maßgeblichen Einfluß auf den Materialeinsatz zur Erstellung der Infrastruktur: Für die Errichtung einer (Langsamfahr-)Weiche werden ca. 426 m^3 Beton bzw. Stahlbeton, ca. 261 t Stahl und Blech sowie 0,78 t Aluminium benötigt. Es werden ca. 1.150 m^3 Erde bewegt, wovon ca. 135 m^3 dauerhaft zu deponieren sind (vgl. IFB, 1993, S. 75 ff.). Auf einen Dkm der MSB Berlin-Hamburg bezogen, ergibt sich ein Materialanteil für Weichen von 55,3 m^3 Beton und 34 t Stahl und Blech.

Da nur die materialintensiven Fahrwege der Bahnsysteme gegenübergestellt werden sollen, nicht aber die verschiedenen Komponenten der Infrastruktur, wird auf eine weitere detaillierte Analyse der Infrastruktur des TRP und des ICE verzichtet.

6.2.2.2 Materialeinsatz in der Betriebsphase

Als günstige Systemeigenschaft der **Magnetschwebetechnik** wird in der Literatur der berührungsfreie Antrieb, das berührungsfreie Bremsen sowie das berührungsfreie Trag- und Führsystem hervorgehoben (vgl. z. B. Heßler/Raschbichler, 1989, S. 11 f.). Allerdings arbeitet die Wirbelstrombremse des TRP nur im Bereich von 500 km/h bis 180 km/h völlig berührungs- und verschleißfrei. Im Geschwindigkeitsbereich von 180 km/h bis 10 km/h kommt es zu Berührungen zwischen den Seitenführungsschienen und den Gleitplatten der Bremsmagnete. Der Abrieb an den Gleitplatten liegt bei ca. 0,01 mm pro Bremsvorgang (vgl. Wegerer et al., 1994, S. 20). Unterhalb von 10 km/h wird das Fahrzeug auf die Tragkufen abgesetzt, wobei ebenfalls ein geringer Abrieb zu vermuten ist.

Kennzeichnend für den TRP ist aber generell, daß verschleißanfällige Mechanik weitgehend durch Elektronik ersetzt wird. So hat die MSB kein Räderfahrwerk, bei dem mit hoher Betriebsgeschwindigkeit der Verschleiß ebenso wie an der Schiene überproportional zunimmt (vgl. Rogg, 1994, S. 15). Gleichwohl darf nicht übersehen werden, daß auch Elektronik einem Verschleiß unterliegt und daß daher Komponenten der Magnetschwebebahn wie etwa das Streckenkabel oder die Transformatoren der Unterwerken eine begrenzte Lebensdauer haben.

Der Fahrweg der MSB, Fahrwegträgerbauten und Spurwechseleinrichtungen sind für eine Nutzungsdauer von (mindestens) 80 Jahren dimensioniert, wie es gleichermaßen auch bei

Straßen- oder Eisenbahnbauten üblich ist (vgl. Enderlein/Kunert, 1992, S. 55 ff.). Auch die Gleitleisten und die Seitenführungsschienen des Fahrwegs sollen diesen Zeitraum ohne Auswechslung überdauern (vgl. Gelles et al., 1994, S. 7). Zur Lebensdauer der Statorpakete und ihrer Kabelwicklung finden sich in der Literatur keine konkreten Angaben, jedoch zumindest für die Kabelwicklung kann ein Verschleiß unterstellt werden, der z. B. dem Verschleiß der Kabel einer Hochspannungsfreileitungstrasse ähnelt. Es ist daher während der gesamten Nutzungsdauer des Fahrwegs durchaus mit dem Austausch der Kabelwicklung zu rechnen.

Ein geringer Verschleiß des Fahrwegs wird auch durch ein innovatives Instandhaltungskonzept der MSB gewährleistet: Im Sinne eines Qualitätssicherungssystems sind während der Fahrt betriebsbegleitende Prüfungen des Fahrwegs durch Überwachungseinrichtungen in den Fahrzeugen vorgesehen. Abweichungen der Lage der Statorpakete oder der Seitenführungsschienen werden so frühzeitig erkannt und on line gemeldet, so daß der Mangel zügig behoben werden kann und keine weiteren Folgeschäden entstehen (vgl. Gelles et al., 1994, S. 8).

Bezüglich der Nutzungszeit der Fahrzeuge der MSB kann wie bei Fahrzeugen des R/S-Systems von rund 30 Jahren ausgegangen werden (vgl. Lübke, 1991, S.43). Ein Redesign der Fahrzeuge ist entsprechend nach etwa 15 Jahren denkbar.

Der Verschleiß des **R/S-Systems ICE** ist durch die punktuelle Berührung von Rad und Schiene sowie von Stromabnehmern und Fahrdraht naturgemäß höher. Die Berührungen von Rad und Schiene setzen sich als Erschütterungen in den Ober- und den Unterbau des Fahrwegs fort und verursachen auch hier langfristig Schäden. So wird je nach Betriebsbelastung und Geschwindigkeit der Züge ein Durcharbeiten des Schotteroberbaus mit Stopf- und Richtmaschinen nach ca. 20 bis 60 Mio. Leistungstonnen erforderlich. Auf der seit Anfang der achtziger Jahre in Betrieb befindlichen und mit hoher Geschwindigkeit befahrenen TGV-Strecke Paris-Lyon wurde bzw. wird der Schotter bereits nach etwa 15 Jahren ausgewechselt, entsprechend 100 bis 150 Mio. Leistungstonnen (vgl. Eisenmann/Leykauf, 1988, S. 176 ff.).

Um vor allem die Schallemission gering zu halten, ist regelmäßig ein Instandsetzen der Schienen erforderlich, was mittels Austauschs der Schienen oder durch ihr Abschleifen erreicht wird. Ebenso müssen die Schienenbefestigungen kontrolliert und gegebenenfalls ausgetauscht werden. Eine vollständige Erneuerung der Gleise und Weichen der ICE-Neubaustrecken wird nach rund 25 Jahren Nutzungsdauer notwendig (vgl. Fendrich/Junkermann, 1991, S. 362). Trotz der Reibung zwischen den Stromabnehmern und dem Fahrdraht der Oberleitung wird die Lebensdauer des Fahrdrahts mit ca. 30 Jahren angegeben (vgl. MVP, 1991, S. 18). Der Austausch der beiden Schleifstücke des Stromabnehmers, die nur eine Masse von je 2,9 kg haben, erfordert einen geringen Materialeinsatz (vgl. Herbert, 1992, S. 386 f.).

Für die Nutzungsdauer der Fahrzeuge des ICE-Systems gilt wie für die MSB eine Annahme von ca. 30 Jahren. Jedoch haben einige Teilkomponenten des ICE eine deutlich kürzere Lebensdauer: In den Triebköpfen des ICE, die seit rund sechs Jahren in Betrieb sind, befindet sich heute nach Auskunft von Experten bereits die dritte Generation Motoren, die allerdings teilweise nicht ersetzt, sondern generalüberholt wurden.

Für die Drehgestelle wird bei einer jährlichen Laufleistung von rund 500.000 km von einem Laufkilometergrenzwert von 1,2 Mio. km ausgegangen (vgl. Lübke, 1991, S. 43). Unter dem Gesichtspunkt der Reduzierung der Schallemission kommt der Instandsetzung der Räder eine besondere Bedeutung zu. Flachstellen an den Rädern, die z. B. durch Bremsungen entstehen können, müssen durch Aufschweißung neuer Radlaufflächen oder durch Austausch der Räder beseitigt werden.

Hoher Verschleiß entsteht außerdem an den Bremsen des ICE. Zwar ist für die **Regulier- („Betriebs"-)Bremsung** des ICE eine Rangfolge der Bremssysteme in der Art festgelegt, daß zunächst die generatorische Bremse mit Bremsenergierückspeisung in den Fahrdraht und dann die Magnetschienenbremse oder - sofern vorhanden - die Wirbelstrombremse genutzt wird, um den Verschleiß zu minimieren, jedoch werden als drittes Bremssystem Scheibenbremsen eingesetzt. Für Betriebsbremsungen wird die Scheibenbremse nur bei Geschwindigkeiten unterhalb von 50 km/h genutzt, da im unteren Geschwindigkeitsbereich die Bremswirkung der Wirbelstrombremse (bzw. Magnetschienenbremse) nachläßt. Dagegen werden bei **Schnellbremsungen** die Scheibenbremsen immer eingesetzt, da die Bremswirkung der generatorischen Bremse, die wie die Scheibenbremse auf die Räder wirkt[1], allein zu gering ist (vgl. Becker-Lindhorst, 1991, S. 85).

Pro Zugkilometer beträgt der Abrieb an den Bremsbelägen der Scheibenbremsen einer ICE-Zugeinheit bei einer Höchstgeschwindigkeit von 250 km/h ca. 5,5 g. Bei einer jährlichen Laufleistung von über 500.000 km entspricht dies einem Verbrauch von 2,8 t Bremsbelag pro Zug und Jahr bzw. rund 170 t Bremsbelag im Jahr für alle 60 ICE der DB AG.

Im Rahmen von Expertengesprächen (vgl. Gers/Otto, 1996, S. 1 ff.) wurde zudem deutlich, daß die Erhöhung der Betriebsgeschwindigkeit auf den Neubaustrecken von 250 km/h auf 280 km/h zusätzlich pro Jahr etwa 2 Mio. DM für die Instandhaltung der Scheibenbremsen aller 60 ICE-Garnituren erfordert, da vor Tunnels die Geschwindigkeit mittels Schnellbremsung auf 250 km/h reduziert werden muß. Die Zahl der verbrauchten Bremsbeläge aller

[1] Im Gegensatz zur generatorischen Bremse und der Scheibenbremse wirkt die Wirbelstrombremse bzw. die Magnetschienenbremse unabhängig vom Rad/Schiene-Kraftschluß direkt auf die Schiene und bietet daher auch bei ungünstigen Schienenzuständen kurze Bremswege.

60 ICE erhöht sich dadurch von 30.000 auf 50.000 Stück bzw. der Abrieb pro Zugkilometer von 5,5 g auf 9,1 g, was einem Gewicht von rund 4,7 t pro Zug und Jahr bzw. von rund 282 t für alle 60 ICE entspricht.

Als Kosten für die Wartung einer Zugeinheit des ICE wurde von Expertenseite sechs Mark pro Zugkilometer genannt. Berechnet auf die Fahrleistung, sind dies drei Mio. Mark im Jahr pro Zugeinheit. Bezogen auf den Anschaffungspreis von rund 50 Mio. Mark je ICE-Garnitur mit zwei Triebköpfen und 11-12 Mittelwagen, entspricht dies jährlich sechs Prozent der Anfangsinvestition und, betrachtet über den gesamten Lebenszyklus von 30 Jahren, fast dem Doppelten des Anschaffungspreises.

Ein Rückschluß von den Wartungskosten auf den Materialeinsatz in der Betriebsphase des ICE ist allerdings nur eingeschränkt möglich, da bei der DB AG nach dem ökologisch sinnvollen Prinzip verfahren wird, zunächst zu versuchen, defekte Komponenten zu reparieren, anstatt sie direkt durch neue Teile zu ersetzen, auch wenn dies der kostengünstigere Weg sein mag. Dieses Prinzip senkt einerseits den Materialeinsatz in der Betriebsphase und verringert die Entsorgungsproblematik, führt aber andererseits zu höheren Personalkosten, die wiederum zu einer Erhöhung der Wartungskosten beitragen.

Vollständige und vor allem direkt vergleichbare Daten aus dem Regelbetrieb beider HGVS liegen nicht vor, jedoch scheint die Feststellung aufgrund der bekannten Daten und der bekannten technischen Wirkungszusammenhänge begründet, daß der Betrieb der MSB deutlich weniger Materialeinsatz erfordert als der Betrieb vergleichbarer R/S-Systeme.

6.2.2.3 Ergebnisse der Analyse der Wirkungskategorie Materialeinsatz

Die Analyse des **Materialeinsatzes** zur Errichtung der **Trassen** der HGVS TRP und ICE zeigt, daß die Errichtung der ICE-Trasse unter dem Aspekt des Volumens der eingesetzten Materialien einen größeren Materialeinsatz erfordert, der aber maßgeblich von den Materialarten Schotter und Erde bestimmt wird. Für die Errichtung einer MSB-Trasse wird dagegen im Vergleich zu einer ICE-Trasse mehr als das Doppelte der höherwertigen Baustoffe Stahl und Beton eingesetzt. Abbildung 6.10 zeigt die Mengen der wesentlichen Materialarten, die zur Errichtung einer MSB- bzw. ICE-Trasse notwendig sind:

	MSB		ICE	
Materialart	**Materialeinsatz pro Dkm (Durchschnitt)**	**Materialeinsatz Trasse B-HH insgesamt**	**Materialeinsatz pro Dkm (Durchschnitt)**	**Materialeinsatz einer 292,5 km langen Trasse**
Erdbewegung[1]	43.584 m^3	12.748.365 m^3	239.000 m^3	69.907.500 m^3
Schotter	63 m^3	18.320 m^3	14.686 m^3	4.295.655 m^3
Kies	4.346 m^3	1.271.200 m^3	10.133 m^3	2.963.903 m^3
Beton	4.653 m^3	1.361.060 m^3	2.488 m^3	727.740 m^3
Stahl	1.396 t	408.201 t	619 t	181.058 t
Bitumen	- -	- -	1.192 m^3	348.660 m^3

Abb. 6.10: Vergleich des Materialeinsatzes zur Errichtung einer Transrapid- und einer ICE-Trasse im Korridor Berlin-Hamburg (eigene Zusammenstellung nach IFB/eigene Berechnung, vgl. IFB, 1993, S. 75 ff.)

Die Angaben in Abbildung 6.10 berücksichtigen die Trasse mit dem Fahrweg. Nicht berücksichtigt wurden die Energieeinspeisung, die Betriebsinfrastruktur sowie der Antrieb des TRP (Statorpakete 400 t/Dkm Elektroblech, Kabelwicklung 20 t/Dkm Aluminium), der je nach gewähltem Abgrenzungskriterium gegebenenfalls hinzugerechnet werden kann. Grundlage für die Ermittlung des durchschnittlichen Materialeinsatzes pro Kilometer Doppelspur der MSB und des gesamten Materialeinsatzes zur Errichtung der MSB-Trasse zwischen Berlin und Hamburg ist die in Abschnitt 6.2.1.3 genannte Aufteilung zwischen den verschiedenen Fahrwegformen. Ergänzend ist anzumerken, daß im Anteil des aufgeständerten Fahrwegs die Weichen mit einer Gesamtlänge von 1,49 km berücksichtigt wurden und daß für den verbleibenden aufgeständerten Fahrweg mit einer Länge von rund 137,5 km ein Anteil des Stahlfahrwegträgers gegenüber dem Betonfahrwegträger im Verhältnis von 1:2 angenommen wurde, was der derzeit noch unbekannten, späteren Aufteilung näherungsweise entsprechen wird.

Ferner wird bei der ebenerdigen Trassierung eine kontinuierliche Lagerung des Fahrwegs sowie ein Anteil des ebenerdigen Fahrwegs im Einschnitt (mit Böschung) von 34 km unterstellt. Zur Berechnung des Anteils von Brücken wurde aus Gründen, die in Abschnitt 6.2.2.1 erläutert wurden, der aufgeständerte Betonfahrweg mit einer Höhe > 20 m herangezogen. Die Tunnels der MSB Berlin-Hamburg werden vermutlich in offener Bauweise erstellt.

[1] Erfaßt sind hier alle Erdmassen, die abgetragen oder als Fremd- bzw. Eigenmaterial aufgetragen werden. Entsprechend wird Erde, die zu einer Zwischendeponie verbracht wird, zweifach gezählt und Erde, die dauerhaft deponiert wird, einfach berücksichtigt. Neben Erdauftrag und -abtrag wird bei der Errichtung einer ICE-Trasse zudem eine Bodenbehandlung zwecks Untergrundverbesserung von ca. 20.000 m^3 Erde je Dkm notwendig.

Materialarten und Komponenten mit geringem Anteil am Gesamtvolumen wurden nicht berücksichtigt, so etwa Schutzanstriche oder Dränrohre.

Die Berechnungen zum Materialeinsatz zur Errichtung einer ICE-Trasse beruhen wiederum auf den Daten des 8,5 km langen Planungsabschnitts 1.1 der ICE-NBS Leipzig-Erfurt (siehe Abbildung 6.9). Unter der Annahme, daß auch bei der Planung einer neuen ICE-Trasse zwischen Berlin und Hamburg politische Zugeständnisse wie die Anbindung Schwerins, welche die Verbindung zwischen Berlin und Hamburg um fast 40 km verlängert, erforderlich werden, lassen sich die gemittelten Werte dieses Planungsabschnitts für eine 292,5 km lange Verbindung hochrechnen.

Eine Aussage zu treffen, welche Hochgeschwindigkeitstrasse mehr bzw. weniger Materialeinsatz zur Errichtung erfordert, ist nur eingeschränkt möglich, da sich die Materialien nach Art und Menge zu sehr unterscheiden. Unter rein **quantitativen Gesichtspunkten** ist eine **MSB-Trasse** als **günstiger** zu bewerten. Soll dagegen der Materialeinsatz unter qualitativen Gesichtspunkten bewertet werden, müssen zunächst Kriterien entwickelt werden, die diesen Aspekt erfassen. Mögliche Kriterien zur Bewertung können dabei der Verbrauch von Luft, Wasser, Energie oder Landschaft zur Gewinnung der Materialien sein oder der bei der Erzeugung entstehende Abfall.

Ein geschlossenes Instrumentarium zur Bewertung des qualitativen Aspekts des Materialeinsatzes steht nicht zur Verfügung, obgleich Materialintensitätsanalysen der Untersuchungsgegenstand mehrerer Forschungseinrichtungen in Deutschland sind. Ein wesentlicher Anhaltspunkt zur Bewertung des qualitativen Aspekts wird jedoch in Abschnitt 6.2.3.1 gegeben, in dem auf den Herstellungsenergieaufwand der verschiedenen Materialien eingegangen wird.

Hinsichtlich des **Materialeinsatzes** zur Herstellung der **Fahrzeuge** ist eine eindeutige Aussage möglich: Die Masse pro Sitzplatz beträgt beim TRP ca. 520 kg und beim ICE ca. 1.250 kg[1]. Da weitgehend gleiche Materialien zur Produktion der Fahrzeuge eingesetzt werden und sich deren Anteile am gesamten Fahrzeuggewicht grob ähneln, ist festzustellen, daß die Herstellung der Fahrzeuge des ICE-Systems sowohl unter dem qualitativen als auch dem quantitativen Aspekt etwa den doppelten Materialeinsatz der Herstellung der Fahrzeuge der MSB erfordert.

Die Bewertung des **Materialeinsatzes** zur Errichtung der **Infrastruktur** gestaltet sich ebenfalls als problematisch, da die Daten einerseits nicht vollständig ermittelt werden konnten und andererseits die Materialien nach Art und Menge wiederum variieren. So kann etwa für

---

[1] TRP mit acht Sektionen (702 Sitzplätze), ICE mit zwei Triebköpfen und 12 Mittelwagen (654 Sitzplätze) (vgl. Thyssen Henschel Magnetfahrtechnik, 1995a, Blatt 3).

Kommunikationseinrichtungen, Bahnhofsflächen etc. ein ähnlicher Materialeinsatz angenommen werden. Wird dagegen die Energieeinspeisung betrachtet, zeigen sich deutliche Systemunterschiede.

Während sich in der bisher vorgenommenen **statischen Analyse** des Materialeinsatzes beider HGVS keine eindeutigen Vorteile eines Systems zeigten, da einerseits Fahrzeuge und Infrastruktur nur einen geringen Teil zum gesamten Materialeinsatz beitragen und andererseits die MSB bei der Analyse der Trasse nur unter quantitativen Aspekten Vorteile aufwies, ändert sich die Bewertung, wenn die statische Analyse um eine **dynamische Komponente** erweitert wird. Eine dynamische Betrachtung muß versuchen, den Materialeinsatz über die gesamte Nutzungszeit der Bahnsysteme zu erfassen. Zwar konnte die Analyse des Materialeinsatzes in der Betriebsphase von MSB und ICE in Abschnitt 6.2.2.2 nur ansatzweise auf der Basis unvollständiger Daten erfolgen, jedoch konnte die Lebensdauer wesentlicher Komponenten der Trasse bestimmt werden.

Werden während der 80jährigen Nutzungsdauer einer ICE-Trasse die Schienen zwei- oder dreimal ausgetauscht[1], dann entspricht die Menge des eingesetzten Stahls für Errichtung und Instandhaltung der ICE-Trasse grob der Menge Stahl zur Errichtung der MSB-Trasse, die aufgrund des berührungsfreien Betriebs einen deutlich geringeren Materialeinsatz zur Instandhaltung erfordert.

Wird außerdem das Fahrgastaufkommen in der dynamischen Analyse berücksichtigt, also der Materialeinsatz pro Passagier betrachtet, dann wird der Vorteil der MSB noch deutlicher: Für die Verbindung Berlin-Hamburg werden der MSB für das Jahr 2010 zwischen 14,51 Mio. Passagiere (vgl. TUKAN, 1993, S. 22) und 17 Mio. Passagiere (vgl. Intraplan, 1996, S. 3) prognostiziert, einer alternativen ICE-Verbindung dagegen nur über 9 Mio. Passagiere pro Jahr für das Jahr 2010 (vgl. Thyssen Henschel Magnetfahrtechnik, 1996a, S. 7)[2].

Zusammenfassend läßt sich hinsichtlich der Analyse des Materialeinsatzes feststellen:

- In der Errichtungsphase der Trassen beider Systeme ist eine Bewertung nur unter dem quantitativen Aspekt eindeutig möglich. Hier weist die MSB deutliche Vorteile auf.

---

[1] Der Verschleiß richtet sich natürlich vor allem nach der Nutzungsintensität und ist weniger an Zeiträume gebunden.

[2] Im Rahmen der Expertengespräche wurden diese Prognosen allerdings überwiegend als zu optimistisch bezeichnet. Sollte diese Einschätzung der Experten zutreffen, ändern sich die Ergebnisse in ihrer quantitativen Aussage, nicht jedoch in ihrer qualitativen Aussage. Gleiches gilt umgekehrt für eine möglicherweise höhere Passagierzahl, die alle Prognosen widerlegt. In der Folge wird für alle Berechnungen eine Fahrgastzahl der MSB Berlin-Hamburg von 14,5 Mio. Reisenden pro Jahr unterstellt.

- Wird der Verschleiß der Trassen im Nutzungszeitraum berücksichtigt, dann gleichen sich die Mengen der eingesetzten höherwertigen Materialien beider Systeme an.
- Geringen Anteil am Materialeinsatz haben Fahrzeuge und Infrastruktur. Hinsichtlich der Fahrzeuge wird für das ICE-System rund die doppelte Menge Material eingesetzt. Bei der Analyse der Infrastruktur zeigt sich ein deutlicher Vorteil zugunsten des ICE, sofern Statorpakete und Kabelwicklung zur Infrastruktur gerechnet werden.
- Wird in der dynamischen Analyse neben dem Verschleiß auch die Intensität der Nutzung berücksichtigt, dann bleibt festzustellen, daß der Materialeinsatz des ICE-Systems pro Passagier fast um den Faktor zwei höher liegt als bei der MSB.

6.2.3 Energieverbrauch

6.2.3.1 Energieverbrauch in der Bauphase

Bei der folgenden Betrachtung des Energieeinsatzes für die Errichtung einer neuen Hochgeschwindigkeitsbahnstrecke wird zwischen der **Produktionsenergie** im engeren Sinne, also der zur Materialherstellung und -gewinnung eingesetzten Energie, und der Produktionsenergie im weiteren Sinne, der **Konstruktionsenergie**, unterschieden. Die Konstruktionsenergie bzw. Produktionsenergie i. w. S. umfaßt den Energieaufwand für den Zusammenbau, also für die Umwandlung der Materialien in Trassenbauteile und deren Montage auf der Baustelle bis hin zur Fertigungstellung der Trasse. Gleichwohl ist eine Unterscheidung in Produktionsenergie i. e. S. und einer solchen i. w. S. nicht immer eindeutig möglich. Zusammengenommen errechnet sich aus der Produktionsenergie und der Konstruktionsenergie der **gesamte** Energieeinsatz zur Errichtung der Hochgeschwindigkeitsbahnstrecken, der im folgenden als **Errichtungsenergie** bezeichnet wird.

Genaue Daten zum Energieeinsatz in der Bauphase des Transrapid und des ICE liegen nicht vor. Als Anhaltspunkt für die Größe des Energieeinsatzes beim Bau beider HGVS kann zunächst die Schätzung des Energieaufwands für den Bau des BARTD (Bay Area Rapid Transit District) Schnellbahnsystems in San Franzisko herangezogen werden. Diese Untersuchung differenziert den **(Primär-)**Energieaufwand zur Gewinnung und Herstellung der Baumaterialien des Fahrwegs nach Bauweise und Lage der Gleise zur Erdoberfläche (siehe Abbildung 6.11).

Bauweise und Lage der Gleise	Energieaufwand je Gleis pro (Einzel-)km (bezogen auf einen doppelgleisigen Ausbau)
Auf Erdoberflächenniveau	3,5 Mio. kWh
Hochbauweise	10,2 Mio. kWh
Im Tunnel geführt, der von der Erdoberfläche her ausgehoben wurde	29,9 Mio. kWh
Im Tunnel geführt, der durch bergmännischen Vortrieb gebaut wurde	60,1 Mio. kWh

Abb. 6.11: Energieaufwand zur Herstellung des Baumaterials des BARTD-Schnellbahn systems (vgl. Fels, 1975, S. 301, sowie Kandler et al. 1992, S. 27)

Zusätzlich wird von Fels (vgl. Fels, 1975, S. 300) für die Fertigung der Trassenkomponenten und für den Bau der Trasse ein (Primär-)Energieaufwand von 35,7 % der für die Rohmaterialherstellung eingesetzten Energie angenommen und für Transporte zur Baustelle und während der Komponentenherstellung ein Zuschlag von rund 2,8 %. Dieser zusätzliche Energieaufwand entspricht der eingangs in Abschnitt 6.2.3.1 getroffenen Abgrenzung des Begriffs Konstruktionsenergie.

Die Enquete-Kommission dagegen beziffert lediglich den Primärenergieaufwand für die Werkstoffproduktion der von ihr ermittelten Materialmengen (siehe Abbildung 6.9) mit ca. 8.400 GJ/km Doppelspur der DB AG (entspricht rund 2,3 Mio. kWh). In dieser Angabe ist jedoch weder die Energie für die Fertigung der berücksichtigten Trassenbauteile und deren Montage an der Baustelle noch die Errichtungsenergie für zur Trasse gehörige, aber nicht berücksichtigte Bauwerke wie Tunnels oder Brücken enthalten (vgl. Enquete-Kommission, 1994, S. 287).

Aufgrund der in der Literatur nur ansatzweise vorzufindenden Analyse der Errichtungsenergie von Bahnsystemen ist eine detaillierte Berechnung der für die Errichtung der Trassen der MSB und des ICE erforderlichen Produktions- und Konstruktionsenergie notwendig. Dies vor allem auch, da sich MSB und ICE von der konventionellen R/S-Technologie hinsichtlich des Materialeinsatzes deutlich unterscheiden: So weisen die beiden HGVS generell eine größere Dimensionierung auf (z. B. Tunnelquerschnitt), die durch die hohen Betriebsgeschwindigkeiten notwendig wird. Ferner wird aufgrund der großen Geschwindigkeiten auf niveaugleiche

Kreuzungen verzichtet und - insbesondere bei dem ICE[1] - wenig Rücksicht auf die vorhandene Topographie genommen, was in beiden Fällen zu aufwendigen Sonderbauwerken führt.

Die Bestimmung der Produktionsenergie i. e. S. kann anhand der in Abschnitt 6.2.2.1 ermittelten und in Abbildung 6.8 und 6.9 aufgeführten Materialmengen erfolgen. In einer Untersuchung im Auftrag des Hessischen Umweltministeriums werden folgende Angaben zum materialbezogenen Primärenergieaufwand zur Produktion einiger wesentlicher Materialien, die zur Errichtung der Bahnsysteme benötigt werden, genannt (siehe Abbildung 6.12):

Material	**Angabe in MJ/kg**	**Umrechnung in kWh/t**
Aluminium	250	69.444
Kupfer	95	26.389
Stahl	30	8.333
Zement	4	1.111
Glas	20	5.556
Kunststoffe (Polystyrol)	65	18.056

Abb. 6.12: Materialbezogener Produktionsenergieaufwand (vgl. Hessisches Ministerium für Umwelt, Energie und Bundesangelegenheiten, 1995, S. 129)

Für die in dieser Untersuchung nicht berücksichtigten Materialien finden sich in der Literatur die folgenden Angaben für den Primärenergieaufwand der Produktion:

- Bitumen: 582 kWh/t (2.095 MJ/t) (vgl. Beyert, 1985, S. 121),
- Sand und Kies: 7,3 kWh/t (26,3 MJ/t) (vgl. Merten et al., 1995, S. 38),
- Gebrochener Naturstein (Schotter): 26,1 kWh/t (94 MJ/t) (vgl. ebenda).

Der Produktionsenergieaufwand von Beton kann anhand seiner Grundbestandteile Zement und Zuschlagstoffe errechnet werden. Betonzusatzmittel sind nicht zwingend erforderlich und ihr mengenmäßiger Anteil ist sehr gering (vgl. Weigler/Sieghart, 1989, S. 65), weshalb sie hier nicht weiter betrachtet werden. Die zur Betonherstellung benötigte Menge Wasser bleibt ebenso unberücksichtigt (rund 150 – 200 l/m^3 Beton), da sie aus Flüssen etc. entnommen werden kann und den Produktionsenergieaufwand kaum erhöht. Der Anteil des Zements an einem Kubikmeter Beton beträgt, abhängig von den Anforderungen an den Beton und dem daraus resultierenden Mischverhältnis, rund 330 kg und der Anteil der Zuschlagstoffe rund 1,8 t Sand

[1] Die MSB weist den Vorteil flexiblerer Trassierungsmöglichkeiten auf, jedoch erst eine Anwendungsstrecke in einer topographisch schwierigen Landschaft wird den Beweis erbringen, ob dieser Vorteil genutzt wird oder ob

und Kies (vgl. Weigler/Sieghart, 1989, S. 133 ff.). Der Primärenergieaufwand für die Produktion der Materialien eines Kubikmeters Beton läßt sich daher mit ca. 380 kWh angeben.

Die oben ermittelten Primärenergiewerte zur Herstellung der Materialien umfassen die Gewinnung der Rohstoffe, ihren Transport zur Weiterverarbeitung sowie die Veredelung der Rohmaterialien. Um den gesamten Errichtungsenergiebedarf der Trassen der MSB und des ICE zu ermitteln, bedarf es ferner einer Abschätzung der Konstruktionsenergie. Analog zu Fels wird daher ein Konstruktionsenergiebedarf von 38,5 % der für die Rohmaterialherstellung eingesetzten Energie angenommen (vgl. Fels, 1975, S. 300).

Um auch die **Erdbewegungen auf der Baustelle** zu berücksichtigen, wird der Treibstoffverbrauch der Baufahrzeuge auf der Baustelle mit rund 1,2 Liter pro m^3 Erdaushub berechnet (vgl. Stiller, 1995, S. 10). Hinzu kommt ein Energieeinsatz von ca. 0,16 Liter pro m^3 Erdabtrag für Transporte der Erde zu anderen Baustellen (z. B. Dämme) oder zu End- oder Zwischendeponien[1]. Unter der Annahme, daß überwiegend Dieselkraftstoff eingesetzt wird, errechnet sich ein Energieeinsatz von ca. 13,5 kWh pro m^3 Erde.

Anhand der ermittelten Daten lassen sich für die verschiedenen Trassierungsformen der **MSB** die **Errichtungsenergieeinsätze** pro Dkm gemäß Abbildung 6.13 errechnen[2]. Werden hierzu die Statorpakete und die Kabelwicklung, die einerseits Antriebskomponenten darstellen, aber andererseits fest mit dem Fahrweg verbunden sind, hinzugerechnet, dann erhöhen sich die Produktionsenergiewerte pro Dkm um 4,7 Mio. kWh, die Konstruktionsenergiewerte um 1,8 Mio. kWh und die Errichtungsenergiewerte um 6,5 Mio. kWh.

Für die Errichtung der Trasse der **MSB Berlin-Hamburg** errechnet sich einschließlich der geplanten 38 Weichen ein durchschnittlicher (Primär-) Energieeinsatz von rund **19,1 Mio. kWh pro Dkm** (einschließlich Antrieb: 25,6 Mio. kWh) und von **5.586,8 Mio. kWh** für die **gesamte Trasse** (einschließlich Antrieb: 7.488 Mio. kWh)[3].

---

doch die direkte Trassenführung „mittels Lineal" erfolgt.

[1] Annahmen der Berechnung: Durchschnittliche Transportentfernung 5 km, Transportgut z. B. trockener Sand (Dichte ca. 1,6 g/cm^3), Zuladung LKW und Anhänger 27 t (entspricht ca. 17 m^3 Sand), Verbrauch: Beladen 32 l/100 km, leer 21 l/100 km.

[2] Bezüglich der ermittelten Werte zum Materialeinsatz und den getroffenen Annahmen vgl. Abschnitt 6.2.2.1.

[3] Zum Vergleich: Der Stromverbrauch in Deutschland betrug im Jahr 1994 ca. 447 Mrd. kWh (vgl. Waschke et al., 1996, S. 37). Der Primärenergieeinsatz zur Stromerzeugung ist etwa um den Faktor 2,6 höher. Somit liegt der gesamte Energieeinsatz zur Errichtung der MSB-Trasse Berlin-Hamburg (ohne Antrieb) mit rund 5,6 TWh unterhalb von 0,5 % eines Jahresstromverbrauchs in Deutschland. Anzumerken ist jedoch, daß die ermittelten 5,6 TWh elektrische Energie lediglich eine Rechengröße darstellen, die ebenso andere Energieträger beinhaltet. Daher kann die Beanspruchung des öffentlichen Netzes deutlich geringer geschätzt werden.

Bauform des Fahrwegs	Produktionsenergie in Mio. kWh	Konstruktionsenergie inkl. Erdbewegungen in Mio. kWh	Errichtungsenergie insgesamt in Mio. kWh
• Aufgeständert mit			
a) Betonfahrwegträger	13,8	5,5	**19,3**
b) Stahlfahrwegträger	23,9	9,4	**33,3**
• Ebenerdig	9,1	3,8	**12,9**
• Einschnitt mit			
a) Böschung	9,1	5,8	**14,9**
b) Stützmauern	18,7	9,8	**28,5**
• Tunnel, Bauweise			
a) offen	37,7	17,3	**55,0**
b) bergmännisch[1]	16,7	8,1	**24,8**
• Brücke	25,8	10,2	**36,0**

Abb. 6.13: Energieeinsatz zur Errichtung eines Kilometers der verschiedenen Trassierungsformen der Magnetschwebebahn Transrapid

Der Energieeinsatz zur Errichtung einer **ICE-Trasse** kann anhand der von Gers und Otto ermittelten Materialbilanz des Planungsabschnitts 1.1 der ICE-NBS Leipzig-Erfurt erfolgen (siehe Abbildung 6.9). Die Produktionsenergie pro Kilometer Doppelspur beträgt 7,3 Mio. kWh (einschließlich Oberleitung: 7,5 Mio. kWh) und die Konstruktionsenergie[2] 4,4 Mio. kWh (einschließlich Oberleitung: 4,5 Mio. kWh). Somit errechnet sich für einen Kilometer ICE-Trasse im Flachland ein durchschnittlicher Errichtungsenergieeinsatz von **11,7 Mio. kWh** (einschließlich Oberleitung: 12 Mio. kWh) bzw. für eine 292,5 km lange Trasse **3.408,8 Mio. kWh** (3.514,8 kWh).

Neben der Energie für den Bau der Trasse soll versucht werden, den **Energieeinsatz für die Herstellung der Fahrzeuge** abzuschätzen. Zwar liegen hier keine vollständigen Daten aller Materialien vor, jedoch eine Vorstellung von der ungefähren Größe kann anhand der ermittelten Hauptbestandteile gewonnen werden: Die Produktionsenergie der Fahrzeuge korreliert stark mit der Art und Menge der eingesetzten Metalle. Andererseits ist der Einfluß

---

[1] Die Konstruktionsenergiewerte und damit auch die gesamte Errichtungsenergie der Trassierungsform Tunnel in bergmännischer Bauweise dürfte allerdings ein gutes Stück höher liegen als in dieser Berechnung, da anzunehmen ist, daß der Tunnelausbruch pro m^3 Erde bzw. Gestein wesentlich mehr Energieeinsatz erfordert als bei Erdbewegungen an der Erdoberfläche. Daten hierzu liegen jedoch nicht vor.

[2] Die Abschätzung der Konstruktionsenergie beinhaltet den Energieverbrauch für 119.000 m^3 Erdaushub und deren Bewegung auf der Baustelle bzw. deren Deponierung.

nichtmetallischer Materialien auf die Produktionsenergie relativ gering (vgl. Fels, 1975, S. 299), so daß die unvollständige Bilanzierung aller Materialien des ICE und des TRP das Ergebnis nicht wesentlich beeinflußt, da die ausschlaggebenden metallischen Komponenten sowie die ebenfalls einen hohen Energieeinsatz pro Tonne erfordernden Mengen Glas bzw. GFK weitgehend bestimmt werden konnten.

Eine Sektion[1] des Transrapid mit einem Leergewicht von rund 46 t (Mittelsektion) bzw. 47 t (Bug- und Hecksektion), erfordert demnach zur Herstellung der metallischen Materialien eine Produktionsenergie von rund 1,086 Mio. kWh. Nach Fels liegt der Anteil sonstiger Materialien[2] an der Produktionsenergie zur Herstellung der Materialien eines Bahnfahrzeugs bei ca. 5,7 % der metallischen Stoffe (vgl. Fels, 1975, S. 300). Somit läßt sich die Produktionsenergie aller Materialien einer Sektion des TRP auf ca. 1,148 Mio. kWh schätzen. Die Konstruktionsenergie beträgt ca. 0,442 Mio. kWh pro Sektion. Daraus errechnen sich **1,59 Mio. kWh Errichtungsenergie** zur Herstellung **einer Sektion** des TRP bzw. **12,72 Mio. kWh** zur Herstellung eines **8-Sektionen-Zuges**.

Die ICE-Mittelwagen wiegen ca. 53 t pro Wagen und die ICE-Triebköpfe haben ein Gewicht von ca. 80 t pro Stück. Eine normale ICE-Zugeinheit für die DB AG besteht aus zwölf Mittelwagen und zwei Triebköpfen (vgl. Günther/Waldstätten, 1991, S. 114). Die Produktionsenergie der Materialien einer ICE-Zugeinheit beträgt rund 11,89 Mio. kWh und die erforderliche Konstruktionsenergie kann mit rund 4,58 Mio. kWh angegeben werden. Die gesamte **Errichtungsenergie** einer **ICE-Zugeinheit** kann daher auf ca. **16,47 Mio. kWh** geschätzt werden.

Zu berücksichtigen ist, daß bei den hier angegebenen Energieverbrauchswerten zur Herstellung der Fahrzeuge Primärrohstoffe als Grundlage der Berechnung dienten. Bei der Demontage von ausgedienten Schienenfahrzeugen beträgt der Anteil der Stoffe, die der Rezyklierung zugeführt werden, wie Stahl, Aluminium und Kupfer, ca. 80 % (vgl. Enquete-Kommission, 1994, S. 311). Der Anteil der rezyklierten Sekundärrohstoffe, der davon wiederum Verwendung im Bahnbau findet, ist nicht bekannt, dürfte jedoch wesentlich niedriger liegen. Sehr deutlich werden die ökologischen Vorteile der Sekundärrohstoffe am Beispiel des Aluminiums: So erfordert die Herstellung einer Tonne Aluminium aus Recyclingmaterial nur rund ein Zwanzigstel der Energie und der Materialintensität, verglichen mit der Gewinnung aus Primärrohstoffen (vgl. Schmidt-Bleek, 1995, S. 132).

[1] Die Bug- bzw. Hecksektion des TRP wiegt zwar ca. eine Tonne mehr, die wesentlichen Elemente wie Fahrwerk und Wagenkasten gleichen jedoch der Mittelsektion weitgehend. Die Angabe von 46 t bzw. 47 t stellen das Zielgewicht der Sektionen dar, gegenwärtig liegt das Gewicht der Sektionen noch um rund 2 t höher.

[2] Da der Anteil von Glas und GFK grob bestimmt werden konnte, wurde der Anteil von Glas bzw. GFK an der Produktionsenergie zusammen mit den Metallen berechnet.

Auf den Energieverbrauch zur Errichtung der Infrastruktur des ICE und der MSB wird nicht näher eingegangen, da dies einerseits eine sehr umfangreiche Analyse darstellt, die Infrastruktur andererseits aber, ähnlich der Energie zur Errichtung bzw. Herstellung der Fahrzeuge, nur einen geringen Einfluß auf den gesamten Energieeinsatz zur Errichtung beider HGVS hat.

6.2.3.2 Energieverbrauch in der Betriebsphase

Der Energiebedarf in der Betriebsphase eines HGVS setzt sich aus der **Fahrenergie**, dem **Energieeinsatz für Infrastruktur** und der **Energie für Reparaturen und Instandhaltung** zusammen. Für den Vergleich der Fahrenergieverbrauchswerte von TRP und ICE ist ein dynamischer Ansatz erforderlich, der verschiedene Fahrgeschwindigkeiten berücksichtigt. Die Angabe des Energieverbrauchs pro Sitzplatzkilometer (Plkm) allein ist jedoch wenig aussagekräftig. Sinnvoller ist eine Betrachtung des Energieverbrauchs pro Personenkilometer (Pkm), bei der die (prognostizierte) Auslastung des Verkehrssystems Berücksichtigung findet. Außerdem erscheint es interessant, die spezifischen Sekundärenergieverbrauchswerte der beiden HGVS in einen Benzinäquivalentwert umzurechnen, um einen leichteren Vergleich mit anderen Verkehrssystemen (Flugzeug, PKW etc.) zu ermöglichen. Abbildung 6.14 zeigt den **Energieverbrauch** der **MSB TRP** bei unterschiedlichen Fahrgeschwindigkeiten.

Fahrgeschwindigkeit in km/h	(Sekundär-) Energieverbrauch pro Sitzplatzkilometer	(Sekundär-) Energieverbrauch pro Personenkilometer	Benzinäquivalentwert in Liter/100 Pkm
160	25 Wh/Plkm	39 Wh/Pkm	1,29 l/100 Pkm
200	29 Wh/Plkm	45 Wh/Pkm	1,50 l/100 Pkm
250	33 Wh/Plkm	51 Wh/Pkm	1,70 l/100 Pkm
300	43 Wh/Plkm	66 Wh/Pkm	2,22 l/100 Pkm
400	64 Wh/Plkm	99 Wh/Pkm	3,30 l/100 Pkm
500	93 Wh/Plkm	143 Wh/Pkm	4,79 l/100 Pkm

Abb. 6.14: Fahrenergieverbrauch der Magnetschwebebahn Transrapid[1] (Bestuhlung nach ICE-Standard)

[1] Annahmen: Angaben auf der Basis eines Fahrspiels: Stillstand-Beschleunigung-Beharrung-Bremsung-Stillstand; Zugkonfiguration: Transrapid mit 8 Sektionen und 702 Sitzplätzen; Bordenergieverbrauch (z. B. Klimaanlage) systembedingt enthalten; Verbrauchswerte beruhen auf Prognosen, da keine ausreichend lange Fahrstrecke zur Verfügung steht; Besetzungsgrad 65 %. Angaben zum Sekundärenergieverbrauch je Sitzplatzkilometer: Vgl. Thyssen Henschel Magnetfahrtechnik, 1995a, Blatt 2. Berechnung des Benzinäquivalentwerts nach Jänsch, 1990, S. 307 ff.: Umrechnungsfaktor 8,78 kWh = 1 Liter Benzin; Gesamtwirkungsgrad der (Bahn-) Energieversorgung 34 %.

Für die Magnetschwebebahn Berlin-Hamburg wird von verschiedenen Studien ein Verkehrsaufkommen prognostiziert, aus dem sich ein mittlerer Besetzungsgrad von ca. 65 % errechnen läßt (vgl. z. B. TUKAN, 1993, S. 21 ff.; Intraplan, 1995, Kap. 5, S. 12 ff.)[1]. Die Angaben zum Fahrenergieverbrauch der MSB in Abbildung 6.14 berücksichtigen ferner eine Bestuhlung der Fahrzeuge, wie sie ähnlich im ICE zur Anwendung kommt: Die Fläche pro Sitzplatz in der MSB beträgt in dieser Berechnung 0,94 m^2. Im Vergleich dazu beträgt die Fläche pro Sitzplatz im ICE 0,96 m^2 (vgl. Thyssen Henschel Magnetfahrtechnik, 1995a, Blatt 3). Bei der kurzen Fahrzeit zwischen Berlin und Hamburg kann jedoch eine dichtere Bestuhlung gewählt werden. Unter der Annahme einer Bestuhlungsdichte, wie sie neuerdings in der zweiten Klasse im Shinkansen und im TGV zur Anwendung kommt, ergeben sich deutlich niedrigere Energieverbrauchswerte, die in Abbildung 6.15 dargestellt werden (vgl. Thyssen Henschel Magnetfahrtechnik, 1996b, S. 16 f.).

Fahrgeschwindigkeit in km/h	(Sekundär-) Energieverbrauch pro Sitzplatzkilometer	(Sekundär-) Energieverbrauch pro Personenkilometer	Benzinäquivalentwert in Liter/100 Pkm
250	27 Wh/Plkm	42 Wh/Pkm	1,39 l/100 Pkm
300	33 Wh/Plkm	51 Wh/Pkm	1,70 l/100 Pkm
400	48 Wh/Plkm	74 Wh/Pkm	2,47 l/100 Pkm
450	57 Wh/Plkm	88 Wh/Pkm	2,94 l/100 Pkm

Abb. 6.15: Fahrenergieverbrauch der Magnetschwebebahn Transrapid (Bestuhlung nach TGV/Shinkansen-Standard)[2]

Der Zuschlag für den **Energieverbrauch** der **Infrastruktur** umfaßt anteilig den für den Betrieb von Bahnhöfen, Instandhaltungseinrichtungen, Verwaltungen usw. erforderlichen Energieeinsatz. Bei der Bahn liegt dieser Zuschlag bei 3 % des Traktionsenergieverbrauchs. Für den ICE liegt dieser anteilige Zuschlag aufgrund der größeren Fahrstrecken und der damit verbundenen relativ geringeren Inanspruchnahme der Infrastruktur niedriger. Der Zuschlag für Infrastruktur beträgt beim ICE ca. 0,06 Liter Benzin pro 100 Pkm (vgl. Jänsch, 1995, S. 28 f.). Mangels anderer Angaben wird für den TRP ebenfalls ein Infrastrukturzuschlag von 0,06 l/100 Pkm angenommen.

[1] Der Besetzungsgrad von ca. 65 % entspricht der durchschnittlichen Auslastung des binnenländischen Flugverkehrs der Deutschen Lufthansa AG inkl. Lufthansa City-Linie im Jahr 1992 (vgl. Prognos, 1995, S. A36).
[2] TRP mit 6 Sektionen und 696 Sitzplätzen (Bugsektion je 104/Mittelsektion je 122 Sitzplätze).

Den **Fahrenergieverbrauch** des **ICE** bei unterschiedlichen Geschwindigkeiten zeigt Abbildung 6.16. Die Grundlage für die Berechnung der Verbrauchswerte je Pkm ist die mittlere Besetzung im ICE-Verkehr von 49,4 % (vgl. Jänsch, 1995, S. 30).

Fahrgeschwindigkeit in km/h	(Sekundär-) Energieverbrauch pro Sitzplatzkilometer	(Sekundär-) Energieverbrauch pro Personenkilometer	Benzinäquivalentwert in Liter/100 Pkm
160	23 Wh/Plkm	47 Wh/Pkm	1,57 l/100 Pkm
200	32 Wh/Plkm	65 Wh/Pkm	2,18 l/100 Pkm
250	44 Wh/Plkm	89 Wh/Pkm	2,98 l/100 Pkm
300	71 Wh/Plkm	144 Wh/Pkm	4,82 l/100 Pkm

Abb. 6.16: Fahrenergieverbrauch des ICE[1]

Der Zuschlag für den **Energieverbrauch** der **Infrastruktur** beträgt beim ICE, wie bereits oben genannt, rund 0,06 Liter Benzin pro 100 Pkm.
Der **Energieeinsatz** für **Reparaturen und Instandhaltung** beider Systeme ist kaum zu quantifizieren. Wesentlichen Einfluß auf diesen Energieeinsatz hat jedoch der Verschleiß durch den regulären Fahrbetrieb. Während die MSB, zumindest nach den Einschätzungen in der Fachliteratur, weitgehend verschleißfrei betrieben werden kann (vgl. z. B. Gelles et al., 1994, S. 7), zeigen die Erfahrungen des konventionellen Eisenbahnverkehrs oder des seit rund 15 Jahren im Betrieb befindlichen TGV, daß das R/S-System mit ansteigender Fahrgeschwindigkeit mit dem Problem eines überproportional zunehmenden Verschleißes konfrontiert wird.

Der Verschleiß einiger maßgeblicher Komponenten des ICE-Systems konnte näherungsweise bestimmt werden (siehe Abschnitt 6.2.2.2). Werden z. B. während der Nutzungsdauer von 80 Jahren die Schienen dreimal ausgetauscht, so erfordert dies pro Auswechslung eine Errichtungsenergie von ca. 2,9 Mio. kWh pro Dkm Fahrweg bzw. von ca. 8,6 Mio. kWh pro Dkm innerhalb des Nutzungszeitraums. Die Energie für die Demontage der alten Schienen ist zudem noch zuzufügen. Wird ferner ein zwei- oder dreifacher Tausch der Schwellen und ein drei- bis fünffacher Tausch des Schotters sowie ein regelmäßiges Stopfen des Schotters innerhalb der Nutzungsdauer berücksichtigt, so ist ein verschleißbedingter Energieeinsatz für

[1] Annahmen: Angaben auf der Basis eines Fahrspiels: Stillstand-Beschleunigung-Beharrung-Bremsung-Stillstand; Zugkonfiguration: ICE mit 2 Triebköpfen, 12 Mittelwagen und 654 Sitzplätzen (Angaben für 300 km/h: ICE mit 8 Mittelwagen); Bordenergieverbrauch nicht enthalten. Angaben zum Sekundärenergieverbrauch je Sitzplatzkilometer: Vgl. Thyssen Henschel Magnetfahrtechnik, 1995a, Blatt 2. Berechnung des Benzinäquivalentwerts nach Jänsch, 1990, S. 307 ff.: Umrechnungsfaktor 8,78 kWh = 1 Liter Benzin; Gesamtwirkungsgrad der (Bahn-) Energieversorgung 34 %.

den Fahrweg des ICE in der Betriebsphase festzustellen, der zumindest die Höhe der Errichtungsenergie eines völligen Trassenneubaus einschließlich der Kreuzungsbauwerke und der Erdbewegungen entspricht (ca. 12 Mio. kWh/Dkm), aber vermutlich deutlich höher liegt, da z. B. einzelne, stark beanspruchte Komponenten des Fahrwegs, wie etwa Weichen, öfter ausgetauscht werden. Zu dem durch den Verschleiß bedingten Energieeinsatz addiert sich der Energieaufwand für Reparaturen einzelner Defekte des Fahrwegs.

Der durch Verschleiß und Defekte an den Fahrzeugen und der Infrastruktur des ICE bedingte Energieaufwand in der Betriebsphase kann auf der Basis der vorliegenden Daten nicht abgeschätzt werden. Gleiches gilt für die Fahrzeuge, die Infrastruktur sowie den Fahrweg der MSB. Zwar kann der MSB ein sehr geringer Regelverschleiß unterstellt werden, nicht jedoch das Ausbleiben von Defekten. Letztlich fehlen auch eindeutige Aussagen in der Literatur zur Lebensdauer des Antriebs der MSB. So würde ein vorzeitiger Austausch der Kabelwicklung oder der Statorpakete einen (Errichtungs-)Energieaufwand von ca. 1,9 Mio. kWh/Dkm bzw. ca. 4,6 Mio. kWh/Dkm erfordern.

6.2.3.3 Ergebnisse der Analyse der Wirkungskategorie Energieverbrauch

Bei einem Vergleich der benötigten Errichtungsenergie für einen Kilometer doppelspuriger Trasse der MSB Berlin-Hamburg und der ICE-NBS Leipzig-Erfurt zeigt sich, daß der **Energiebedarf** (einschließlich der Rohstoffgewinnung) in der **Bauphase der MSB-Trasse** etwa um den **Faktor zwei höher** liegt als bei einer ICE-Trasse, obwohl eine ICE-Trasse weitaus größere Materialmengen erfordert. Dieser Sachverhalt ist durch den größeren Bedarf der MSB-Trasse an hochwertigen Baumaterialien, vor allem Stahl und Aluminium, begründet. Die großen Mengen niederwertiger Materialien beim Bau der ICE-Trasse, z. B. Kies und Schotter, haben nur einen mäßigen Einfluß auf die gesamte zur Errichtung erforderliche Energie. Der Anteil der Erdbewegungen am Energiebedarf zur Errichtung der ICE-Trasse liegt dagegen mit ca. 14 % recht hoch.

Werden auch die **Energiebedarfe der Trassen** in der **Betriebsphase** beider Systeme analysiert, dann gleichen sich die Werte der Errichtungsenergie an. Wird nur der Regelverschleiß der Fahrwege betrachtet, also keine Defekte, dann bleibt festzustellen, daß der Fahrweg des ICE während der Nutzungsdauer von 80 Jahren einen zusätzlichen Energieaufwand erfordert, der größer ist als der Errichtungsenergieeinsatz in der Bauphase. Für die MSB hingegen kann ein geringer verschleißbedingter Energieeinsatz unterstellt werden.

Unter dem Gesichtspunkt der Errichtungsenergie in der Bauphase der MSB erweisen sich der ebenerdige Fahrweg, der Fahrweg im Einschnitt mit Böschung und die Aufständerung in Betonbauweise als günstig. Bei aufgeständerter Bauweise ist unter diesem Aspekt eindeutig dem Betonfahrweg der Vorzug zu geben: Die erforderliche Errichtungsenergie für eine Trasse mit aufgeständertem Stahlfahrweg liegt um ca. 14 Mio. kWh/Dkm oder rund 73 % höher als für den aufgeständerten Betonfahrweg (siehe Abbildung 6.13).

Zur Herstellung der **Fahrzeuge** des ICE-Systems wird rund 30 % mehr **Energie** benötigt als zur Herstellung der MSB-Fahrzeuge. Die rund 80 TRP-Sektionen, die für den Betrieb der MSB Berlin-Hamburg notwendig sind, erfordern in der Herstellung insgesamt einen Errichtungsenergieeinsatz von ca. 127,2 Mio. kWh. Um die gleiche Transportkapazität mit dem ICE zu gewähren, sind etwa 10 ICE-Zugeinheiten erforderlich, deren Herstellung einen Errichtungsenergieeinsatz von rund 164,7 Mio. kWh notwendig macht.

Der Vergleich des **Energieverbrauchs** pro Personenkilometer von ICE und MSB in der **Betriebsphase** wird von folgenden Determinanten maßgeblich beeinflußt:

- Zugrundegelegte Betriebsgeschwindigkeit,
- Besetzungsgrad (vgl. hierzu Jänsch, 1993, S. 664),
- Bestuhlungsdichte.

Ein direkter Vergleich gestaltet sich schwierig, vor allem da die endgültigen Betriebsbedingungen der MSB nicht festgelegt sind. So wird der Transrapid zwischen Berlin und Hamburg auf freier Strecke voraussichtlich mit 400 km/h bis 430 km/h fahren, im Bereich der Stadteinfädelungen dagegen nur mit einer Geschwindigkeit unter 250 km/h. Aus Gründen der Energieeinsparung ist jedoch auch eine Höchstgeschwindigkeit von weniger als 400 km/h denkbar, zumal sich die Reisezeit durch die geringere Geschwindigkeit selbst auf langen Distanzen nur um wenige Minuten erhöht und das hohe Beschleunigungsvermögen der MSB gegenüber einem R/S-System auch bei gleicher Betriebsgeschwindigkeit zu kürzeren Reisezeiten führt.

Zudem existiert keine einheitliche Betriebsgeschwindigkeit des ICE im gesamten Netz. Auf der ICE-NBS Hannover-Würzburg wurde die Geschwindigkeit auf freier Strecke von 250 km/h auf 280 km/h erhöht, wobei vor den zahlreich vorhandenen Tunnels auf 250 km/h abgebremst wird. Auf der ICE-NBS Köln-Rhein/Main wird eine Geschwindigkeit von 300 km/h angestrebt (vgl. Eschenburg, 1995, S. 479) und zukünftig sollen ICE-2-Triebzüge sogar 330 km/h erreichen (vgl. Kurz, 1995, S. 15). Ferner könnten natürlich auch ICE-Ausbaustrecken mit Betriebsgeschwindigkeiten von 200 km/h (und weniger) betrachtet werden.

Um den verschiedenen Betriebsbedingungen gerecht zu werden, bietet es sich an, zwischen

- einem **Systemvergleich** und
- einem **Szenariovergleich**

zu unterscheiden.

Für den **Systemvergleich** wird für die MSB und den ICE eine gleiche Betriebsgeschwindigkeit, eine gleiche Bestuhlungsdichte nach ICE-Standard und ein gleicher Besetzungsgrad von 49,4 % entsprechend der Auslastung des ICE-Netzes unterstellt. Dies entspricht der modellhaften Annahme, daß das ICE-Netz in Deutschland durch ein MSB-Netz ersetzt würde. Das Ergebnis des direkten Systemvergleichs zeigt Abbildung 6.17.

Fahrgeschwindigkeit in km/h	(Sekundär-) Energieverbrauch pro Sitzplatzkilometer in Wh		(Sekundär-) Energieverbrauch pro Personenkilometer in Wh		Benzinäquivalent pro 100 Personenkilometer in Liter	
	MSB	ICE	MSB	ICE	MSB	ICE
200	29	32	59	65	1,97	2,18
250	33	44	67	89	2,24	2,98
300	43	71	87	144	2,92	4,82

Abb. 6.17: Fahrenergie von MSB und ICE im Systemvergleich[1]

Es zeigt sich, daß die MSB unter gleichen Einsatzbedingungen generell weniger Fahrenergie verbraucht. Dieser Vorteil wird um so deutlicher, je höher die Fahrgeschwindigkeit ist: So benötigt der ICE bei 200 km/h nur 11 % mehr Energie als die MSB, jedoch bei 250 km/h bereits 33 % mehr.

Im **Szenariovergleich** werden die Annahmen bezüglich der MSB dahingehend verändert, daß sie in etwa den voraussichtlichen Betriebsbedingungen der MSB zwischen Berlin und Hamburg entsprechen. Als Determinanten des Betriebs der MSB werden daher eine Punkt-zu-Punkt-Verbindung Berlin-Hamburg, eine Fahrgeschwindigkeit von mindestens 400 km/h und hieraus resultierend eine höhere Auslastung von 65 % sowie eine engere Bestuhlung unterstellt. Für den ICE gelten im Szenariovergleich die bisherigen, für das ICE-Netz gültigen Annahmen mit einer Fahrgeschwindigkeit von mindestens 250 km/h (siehe Abbildung 6.18).

---

[1] Es gelten mit Ausnahme des Besetzungsgrades der MSB die Annahmen gemäß Abbildung 6.14 und 6.16.

Fahr-geschwindigkeit in km/h	(Sekundär-) Energieverbrauch pro Sitzplatzkilometer in Wh		(Sekundär-) Energieverbrauch pro Personenkilometer in Wh		Benzinäquivalent pro 100 Personenkilometer in Liter	
	MSB	ICE	MSB	ICE	MSB	ICE
250	- -	44	- -	89	- -	2,98
400	48	- -	74	- -	2,47	- -

Abb. 6.18: Fahrenergie von MSB und ICE im Szenariovergleich

Im Szenariovergleich werden die Vorteile der MSB Berlin-Hamburg am deutlichsten: Eine hohe Fahrgeschwindigkeit und damit auch eine kurze Reisezeit führen zu einer hohen Auslastung, lassen aber auch Komforteinbußen bzw. eine engere Bestuhlung zu. Der Verbrauch pro Pkm eines ICE im ICE-Netz bei 250 km/h liegt um rund 21 % höher als der zu erwartende Verbrauch pro Pkm der MSB Berlin-Hamburg mit einer Fahrgeschwindigkeit von 400 km/h. Mit umgerechnet 2,47 l/100 Pkm verbraucht die MSB Berlin-Hamburg nur geringfügig mehr als ein IC/EC-Zug, der bei einer mittleren Reisegeschwindigkeit von 108 km/h rund 2,2 l/100 Pkm benötigt (vgl. Heinisch,1990, S. 198; Jänsch, 1995, S. 28)[1].

Für die Magnetschwebebahnverbindung errechnet sich für die Fahrt einer Person von Berlin nach Hamburg ein Sekundärenergieverbrauch von ca. 21,7 kWh. Bei einem Verkehrsaufkommen von ca. 14,5 Mio. Passagieren pro Jahr und einer Verkehrsleistung von 4,1 Mrd. Pkm im Jahr (vgl. Thyssen Henschel Magnetfahrtechnik, 1995b, S. 8) beträgt der jährliche Sekundärenergieeinsatz für den Fahrbetrieb der MSB Berlin-Hamburg rund 303,4 Mio. kWh. Unter der Annahme eines Wirkungsgrades der (Bahn-)Energieversorgung vom Kraftwerkseingang bis zum Stromabnehmer von 34 % (vgl. Jänsch, 1993, S. 662 f.) errechnet sich ein Primärenergieeinsatz pro Jahr von ca. 892,4 Mio. kWh für den Fahrbetrieb und ein Infrastrukturzuschlag von ca. 21,6 Mio. kWh. Insgesamt ergibt sich für den Bau und Betrieb der MSB Berlin-Hamburg hinsichtlich des Energieeinsatzes ein Bild gemäß Abbildung 6.19. Der Energieeinsatz für den Bau der Trasse der MSB Berlin-Hamburg beträgt rund das achtfache der jährlichen Fahrenergie. Projiziert auf eine Nutzungsdauer der Trasse der MSB von 80 Jahren (und länger), liegt der Errichtungsenergieaufwand bei gut 10 % der im gleichen

[1] Der Infrastrukturzuschlag von 0,06 l/100 Pkm für den ICE bzw. die MSB und von 0,07 l/100 Pkm für den IC/EC ist in den Zahlen nicht enthalten (vgl. Jänsch, 1995, S. 30).

Zeitraum eingesetzten Fahrenergie[1]. Der Energieeinsatz für die Fahrzeugherstellung beträgt nur etwa 1,7 % der Energie für den Fahrwegbau[2].

	Fahrzeug-herstellung (80 Sektionen)	**Errichtung des Fahrwegs (292,5 km)**	**Fahrenergie pro Jahr (inkl. Zuschlag für Infrastruktur)**	**Fahrenergie in einem Nutzungszeitraum von 80 Jahren**
Energieeinsatz in Mio. kWh	127,2	7.488	914	73.120
Verhältnis (ca.)	**1**	**59**	**7**	**575**

Abb. 6.19: Energieeinsatz für Bau und Betrieb der Magnetschwebebahn Berlin-Hamburg[3]

Die Errichtungsenergie für die Infrastruktur wurde nicht berechnet, jedoch kann der Wert grob geschätzt werden: Zur Errichtung der Infrastruktur[4] werden ca. 9 % der Energie zusätzlich eingesetzt, die zur Errichtung der Trasse (einschließlich Antrieb) notwendig ist. Die Errichtungsenergie der Infrastruktur wird dabei zu etwa 2/3 durch die Streckenkabel bestimmt.

Unter der Annahme einer Nutzungsdauer der Trasse und der Infrastruktur von 80 Jahren sowie einer dreißigjährigen Lebensdauer der Fahrzeuge läßt sich für den Szenariovergleich der **kalkulatorische Anteil** eines **Personenkilometers** an der **Errichtungsenergie** von Trasse, Infrastruktur und Fahrzeugen bestimmen: Zur Fahrenergie der **MSB** addiert sich danach pro 100 Personenkilometer ein Zuschlag für Errichtungsenergie von etwa 2,6 kWh oder knapp 0,3 l Benzin. Ein vergleichbarer Wert für den **ICE** liegt aufgrund des Verschleißes und niedrigerer Fahrgastprognosen (siehe Abschnitt 6.2.2.3) um etwa 50 % höher.

Für die Bewertung der ökologischen Auswirkungen und externen Effekte der MSB Berlin-

---

[1] Diese Dominanz der Fahrenergie in der ganzheitlichen Energiebilanz der MSB führt dazu, daß eine 10prozentige Verlängerung der Fahrstrecke zwischen zwei Verbindungspunkten zwar ebenfalls nur zu einer Erhöhung der **Errichtungsenergie** um rund 10 % führt, daß aber die für die Verlängerung **zusätzlich** in einem Zeitraum von 80 Jahren eingesetzte Fahrenergie fast die Größe der **gesamten** Errichtungsenergie erreicht. Für andere Verkehrssysteme (v. a. ICE) gilt diese Korrelation in ähnlicher Weise. In der Diskussion um ring- oder sternförmige (Bahn-)Verbindungen der Städte anstelle von direkten Punkt-zu-Punkt-Verbindungen muß dieser Aspekt berücksichtigt werden. Gleichermaßen gilt dieser Zusammenhang z. B. für die Erörterung der alternativen ICE-Trasse Berlin-Hamburg über Stendal-Uelzen, denn hier werden vorrangig die Baukosten als Argumente angeführt (vgl. Vieregg, 1994, S. 1) anstelle einer ganzheitlichen Betrachtung der Verkehrsverbindung über den gesamten Lebenszyklus (vgl. Hübner, 1992b, S. 653 f.).

[2] Dagegen liegt der Anteil für Fahrzeuge an der Gesamtinvestition von 8,9 Mrd. DM für die MSB Berlin-Hamburg mit ca. 720 Mio. DM bei rund 12 % (vgl. Magnetschnellbahn, 1993, S. 24).

[3] Alle Energieangaben in Abbildung 6.19 sind Primärenergieangaben.

[4] Nicht eingeschlossen sind Antrieb, Bahnhöfe, Straßen und Parkplätze.

Hamburg ist außerdem eine Analyse des durch den Transrapid **substituierten Verkehrs** und **Energieverbrauchs** interessant. Hauptsächlich wird durch die MSB Berlin-Hamburg Straßen- und Bahnverkehr verlagert bzw. umgelenkt. Der Anteil des Flugverkehrs ist gering, obwohl er fast vollständig substituiert wird (vgl. TUKAN, 1993, S. 24). Wird die substituierte Verkehrsleistung der verschiedenen Verkehrssysteme mit dem jeweiligen durchschnittlichen Verbrauchswert[1] pro 100 Pkm multipliziert (umgerechnet in einen Benzinäquivalentwert, vgl. Jänsch, 1995, S. 30), so errechnet sich der bei diesen Verkehrssystemen aufgrund der Substitution vermiedene Energieverbrauch pro Jahr (vgl. Abbildung 6.20).

	Flugverkehr	**Straßenverkehr**	**Bahnverkehr (EC/IC)**	**Summe**
mittlere Besetzung	65 %	1,7 Pers.	42,5 %	-
Energieverbrauch in l/100 Pkm (Benzin)	8,48	5,9	2,17	-
Mio. Personenfahrten/ Jahr	0,34	5,40	8,77	**14,51**
Gesamtenergiever-brauch (Mio. l Benzin)	8,59	93,03	55,57	**157,19**

Abb. 6.20: Energieverbrauch des durch die Magnetschwebebahn Berlin-Hamburg substituierten Verkehrs[2]

Dem durch die Substitution vermiedenen Energieeinsatz von rund 1.380 Mio. kWh bzw. 157,19 Mio. Liter Benzin steht der Energieverbrauch der MSB Berlin-Hamburg gegenüber, der gemäß der Energieverbrauchsangaben im Szenariovergleich und einer Verkehrsleistung von 4,1 Mrd. Personenkilometer pro Jahr 914 Mio. kWh bzw. 104,1 Mio. Liter Benzin beträgt (einschließlich Infrastrukturzuschlag). Bei Annahmen eines konstanten Verkehrsaufkommens werden also durch den **Betrieb der MSB Berlin-Hamburg pro Jahr rund 466 Mio. kWh Primärenergie** oder - in Benzineinheiten ausgedrückt - **53,09 Mio. Liter Benzin eingespart.**

Zusammenfassend läßt sich hinsichtlich der Analyse des Energieverbrauchs feststellen:

[1] Die Verbrauchsangaben beziehen sich auf das Jahr 1992.

[2] Annahmen: Streckenlänge 292,5 km (entsprechend MSB); Angaben beziehen sich auf einen Zeitraum von einem Jahr; Verkehrsaufkommen bezogen auf das Prognosejahr 2010; Fahrzeit MSB Berlin-Hamburg ca. 60 min.; Energieverbrauch des Personenfernverkehrs in den alten Bundesländern im Jahr 1992; Bahn- und Flugverkehr inkl. Infrastrukturzuschlag (vgl. Jänsch, 1995, S. 30).

- Die Errichtung einer MSB-Trasse erfordert den doppelten Energieaufwand einer ICE-Trasse. In der Nutzungsphase der ICE-Trasse ist verschleißbedingt ein Energieaufwand notwendig, der mindestens der Errichtungsenergie der Trasse entspricht. Über einen Nutzungszeitraum von 80 Jahren betrachtet, entspricht daher der Energieeinsatz für Bau und Unterhaltung einer ICE-Trasse dem einer MSB-Trasse.
- Wird der Energieeinsatz beider Systeme ganzheitlich analysiert, so dominiert die Fahrenergie die gesamte Energiebilanz. Über einen Nutzungszeitraum der MSB Berlin-Hamburg von 80 Jahren betrachtet, beträgt die Errichtungsenergie der Trasse nur rund 10 % der Fahrenergie.
- Fahrzeuge und Infrastruktur haben nur einen geringen Anteil an der zur Errichtung beider Systeme notwendigen Energie.
- Der Fahrenergieverbrauch des ICE liegt im Systemvergleich (gleiche Rahmenbedingungen) etwa um ein Drittel höher (250 km/h). Mit einer Erhöhung der Fahrgeschwindigkeit im Systemvergleich vergrößert sich der Vorteil zugunsten der MSB.
- Werden die Annahmen bezüglich der MSB im Szenariovergleich dahingehend verändert, daß sie ungefähr den Rahmenbedingungen der Betriebsphase der MSB Berlin-Hamburg entsprechen, dann wird der Unterschied der benötigten Fahrenergie noch deutlicher: Ein ICE im ICE-Netz mit 250 km/h verbraucht ca. 21 % mehr Energie als der TRP zwischen Berlin und Hamburg mit 400 km/h. Mit einem Verbrauch von umgerechnet 2,47 l Benzin pro 100 Personenkilometer benötigt der TRP nur rund 12 % mehr Energie als ein IC/EC.
- Durch die Substitution von Straßen-, Luft- und Schienenverkehr werden durch die MSB Berlin-Hamburg pro Jahr ca. 466 Mio. kWh Primärenergie oder - in Benzineinheiten ausgedrückt - 53,09 Mio. Liter Benzin eingespart.

6.2.4 Schadstoffemissionen

6.2.4.1 Schadstoffemissionen in der Bauphase

Der Vergleich der Schadstoffemissionen einer MSB- und einer ICE-Verbindung in der Bauphase ist stark abhängig von den zugrundeliegenden **Rahmenbedingungen**. Daher soll zunächst diese Problematik erörtert werden, bevor die Analyse durchgeführt wird.

Die Schadstoffemissionen, die mit der Produktion der **Rohmaterialien** verbunden sind, können anhand der Literatur oder durch eigene Berechnungen ermittelt werden. Als Datenbasis der Analyse dieser Schadstoffemissionen dienen Mittelwerte, die lediglich für Deutschland Gültigkeit haben. So erfordert die Erzeugung von (Primär-) Aluminium einen vergleichsweise großen Energieeinsatz, die Schadstoffemissionen sind jedoch in hohem Maße abhängig vom

Primärenergieträger der Stromerzeugung. Während in Deutschland nur rund ein Drittel des Stroms aus nicht fossilen Energieträgern hergestellt wird (vgl. Waschke et al., 1996, S. 1), liegt der Anteil der nicht fossilen Energieträger an der Stromerzeugung in Ländern wie Frankreich (ca. 75 % Atomenergie) oder Norwegen (ca. 99,6 % Wasserkraft) deutlich höher (vgl. Schaefer, 1993, S. 24).

Durch die enge Korrelation zwischen dem Energieträger zur Stromerzeugung und den Schadstoffemissionen wird die Menge der bei der Rohmaterialerzeugung ausgestoßenen Schadstoffe maßgeblich vom Produktionsstandort bestimmt. Vor allem bei Aluminium wird dies deutlich: Etwa 50 % des Primäraluminiumbedarfs von Deutschland wird importiert, und zwar überwiegend aus Staaten, die den Strom fast ausschließlich mittels Wasserkraft erzeugen (vgl. Schaefer, 1993, S. 23 f.). Da einerseits die Herkunft der Rohmaterialien zur Errichtung der MSB bzw. des ICE nicht bekannt ist, es andererseits auch kaum möglich ist, die Emissionen aller Importe zu erfassen, wird vereinfachend angenommen, daß die Materialien in Deutschland hergestellt wurden. Ferner muß berücksichtigt werden, daß bei der Materialherstellung auch Emissionen unabhängig von der Energie auftreten können. Einige wesentliche (Luft-)**Schadstoffemissionen** der **Materialherstellung** zeigt Abbildung 6.21.

Material:	**CO_2 in kg/t**	**CO in kg/t**	**NO_X in kg/t**	**SO_2 in kg/t**
Aluminium	15.730	160,0	34,0	41,9
Glas	948	0,3	1,5	0,2
Kupfer	2.633	4,0	16,4	16,3
Bitumen/Mineralölprodukte	623	0,5	1,4	2,4
Stahl (Mix)	1.558	23,9	4,6	3,4
Zement	898	0,4	2,4	0,4
Sand/Kies	1,53	0,0016	0,0052	0,0011
Schotter	5,17	0,0137	0,0419	0,0045
Beton	140,42	0,0633	0,3762	0,0629

Abb. 6.21: Schadstoffemissionen der Materialherstellung (Angabe der Emissionen in Kilogramm je Tonne Material, vgl. Hessisches Ministerium für Umwelt, Energie und Bundesangelegenheiten, 1995, S. 135; eigene Berechnung)

Außer den Daten von Kies, Sand, Schotter und Beton wurden die Angaben der Literatur entnommen. Für die eigenen Berechnungen gilt die Annahme, daß sich die (Luft-)Schadstoffemissionen, die bei der Produktion bzw. Gewinnung von Sand, Kies, gebrochenem Naturstein und Beton entstehen, grob anhand der Menge des Energieeinsatzes pro Tonne Material und der Art des vorwiegend eingesetzten Energieträgers schätzen lassen. Zur Gewinnung von Sand und Kies wird Dieselkraftstoff bzw. Heizöl und Strom zu etwa gleichen Anteilen eingesetzt. Dagegen kann als Energieträger für die Gewinnung und das Brechen des Natursteins überwiegend Dieselkraftstoff angenommen werden. Der Stromanteil der Energie zur Gewinnung von Schotter beträgt ca. 22 % (vgl. Merten et al., 1995, S. 38). Die Schadstoffemissionen der Produktion von Beton errechnen sich anteilig aus den Werten von Zement und Sand bzw. Kies.

Für die näherungsweise Bestimmung der Emissionen bei der Verbrennung von Dieselkraftstoff in (Abbau-)Maschinen und Fahrzeugen wurden die Emissionswerte pro eingesetzter kWh Energie eines mit Diesel betriebenen LKW angenommen (vgl. Hessisches Ministerium für Umwelt, Energie und Bundesangelegenheiten, 1995, S. 125 f.). Die Emissionen, die mit der öffentlichen Stromerzeugung in Deutschland verbunden sind, zeigt Abbildung 6.22.

Gebiet:	**Anteil an der Netto-Stromerzeugung**[1]	**CO_2 in g/kWh**	**CO in g/kWh**	**NO_X in g/kWh**	**SO_2 in g/kWh**
Alte Bundesländer	86,55 %	540	0,084	0,410	0,30
Neue Bundesländer	13,45 %	1.126	0,113	1,002	0,75
Deutschland	**100,00 %**	**619**	**0,0879**	**0,490**	**0,36**

Abb. 6.22: Emissionen der öffentlichen Netto-Stromerzeugung in Deutschland[2]

[1] Die Netto-Stromerzeugung entspricht der Brutto-Stromerzeugung abzüglich des Kraftwerkseigenverbrauchs und kann daher als „Strom ab Kraftwerksausgang" bezeichnet werden. Der Umspann- und Verteilungsverlust von Strom aus dem öffentlichen Netz bzw. dem Bahnnetz bis zu den Stromabnehmern der Bahn beträgt rund 10 % (vgl. Jänsch, 1993, S. 663; Prognos, 1995, S. B 79). Im Durchschnitt liegen die Netzverluste im öffentlichen Netz von Deutschland bei 3,9 % der Netto-Stromerzeugung (vgl. Waschke et al., 1996, S. 4).

[2] Den Angaben der Emissionen der öffentlichen Stromerzeugung liegen folgende Annahmen zugrunde: Für die Emission von CO_2, NO_X und SO_2 konnten nur die Daten des alten Bundesgebiets des Jahres 1995 direkt ermittelt werden (vgl. Hildebrand, 1997). Gleiches gilt für den CO-Wert, der sich allerdings auf das Jahr 1992 bezieht (vgl. Prognos, 1995, S. B 77). Die Emissionswerte der Stromerzeugung in den neuen Bundesländern wurden anhand des Kraftwerksmixes in den NBL des Jahres 1994 berechnet (vgl. Waschke et al., 1996, S. 37), da aufgrund zahlreicher Kraftwerksumrüstungen, Stillegungen und Neubauten in den NBL keine Emissionsdaten der Stromerzeugung in diesem Gebiet vorlagen. Für die Berechnung der Emissionen der öffentlichen Stromerzeugung in den NBL wurde deshalb unterstellt, daß Emissionen der Kraftwerke in den NBL inzwischen auf dem Niveau der Kraftwerke im alten Bundesgebiet des Jahres 1992 liegen.

Anhand der oben ermittelten Emissionen der Produktion von Rohmaterialien und der Emissionen der öffentlichen Stromerzeugung sowie der Emissionen, die bei der Verbrennung von Dieselkraftstoff bzw. Heizöl entstehen, lassen sich die Emissionen, die mit der Errichtung einer MSB- und einer ICE-Trasse verbunden sind, abschätzen. Grundlage hierfür ist die Analyse des Materialeinsatzes in Abschnitt 6.2.2 (siehe insbesondere Abbildung 6.10) und die Analyse des Energieeinsatzes in Abschnitt 6.2.3. Berücksichtigt wird bei der Berechnung ein Mittelwert pro Dkm, d. h. bei der MSB Berlin-Hamburg, anteilig gewichtet, alle Fahrwegformen.

Während sich die Emissionen der Produktion der Rohmaterialien aus Abbildung 6.21 errechnen lassen, wird bezüglich der Konstruktionsenergie angenommen, daß überwiegend Strom aus dem öffentlichen Netz eingesetzt wird (Berechnung inkl. Netz- und Verteilungsverlusten). Für den Anteil, den Transporte und Erdbewegungen zur Konstruktionsenergie beitragen, wird der Einsatz von Dieselkraftstoff als Energieträger unterstellt. Abbildung 6.23 zeigt einige wesentliche Emissionen, die in der Bauphase einer MSB- und einer ICE-Trasse entstehen.

Ursache:	**Emissionen in der Bauphase (in t/Dkm):**							
	MSB				**ICE**			
	CO_2	**CO**	**NO_X**	**SO_2**	**CO_2**	**CO**	**NO_X**	**SO_2**
Produktion	3.578	34,00	10,19	5,38	2.635	16,10	7,66	5,57
Konstruktion, davon:	3.236	1,14	4,53	1,96	2.010	1,77	5,92	1,34
• Erdbewegungen	83	0,38	1,14	0,09	296	1,36	4,07	0,33
• Transporte	69	0,32	0,95	0,08	38	0,17	0,52	0,04
Summe:	6.814	35,14	14,72	7,34	4.645	17,87	13,58	6,91

Abb. 6.23: Emissionen in der Bauphase einer Magnetschwebebahntrasse und einer ICE-Trasse (Emissionen in Tonnen pro Doppelkilometer)[1]

Die Angaben in Abbildung 6.23 berücksichtigen bezüglich der MSB einen Anteil von ca. 0,13 Weichen je Dkm. Nicht einbezogen in die Berechnungen wurden der Antrieb der MSB und die Oberleitungen des ICE. Wird der Antrieb der MSB zur Trasse hinzugerechnet, dann erhöhen sich die durchschnittlichen Werte pro Dkm um rund 2.046 t CO_2, 13,03 t CO, 3,71 t NO_X und 2,86 t SO_2. Auch die mit der Errichtung der Oberleitungen des ICE verbundenen Emissionen können zu den Werten der ICE-Trasse addiert werden. Pro Dkm betragen sie ca. 102 t CO_2, 0,29 t CO, 0,21 t NO_X und 0,2 t SO_2.

[1] Die Werte wurden i. d. R. ab- bzw. aufgerundet.

Die Emissionen, die mit der Herstellung bzw. der Errichtung der **Fahrzeuge** und der **Infrastruktur** verbunden sind, wurden mit Ausnahme des Antriebs der MSB und der Oberleitung des ICE nicht detailliert analysiert. Es kann jedoch konstatiert werden, daß sie, zumindest wenn der Antrieb der MSB und die Oberleitung des ICE ausgeklammert werden, - ähnlich der Analyse des Material- und Energieeinsatzes - nur einen geringen Anteil der gesamten Emissionen in der Bauphase beider HGVS verursachen.

Neben den oben abgeschätzten Emissionen soll auch auf eine Vielzahl nicht näher quantifizierter bzw. quantifizierbarer Emissionen hingewiesen werden. So gehen von den Baumaschinen und -fahrzeugen Emissionen aus wie etwa Betriebsmittelverluste (z. B. Treibstoff, Motoröl, Brems- und Kühlflüssigkeit), Reifen- und Bremsbelagabrieb oder Staubaufwirbelungen (vgl. UBA, 1990, S. 28 f.; Enquete-Kommission, 1994, S. 268 f.).

6.2.4.2 Schadstoffemissionen in der Betriebsphase

Bei der Betrachtung der Schadstoffemissionen des TRP und des ICE in der Betriebsphase ist zu beachten, daß beide Verkehrssysteme den Vorteil besitzen, entlang der Trasse keine Abgase aus der Erzeugung der Fahrenergie abzugeben. Diese Emissionen fallen jedoch bei Elektrizitätserzeugung in den Kraftwerken an (vgl. Rath, 1993, S. 142).

Zur Analyse der **Emissionen des ICE** werden **nicht** die **Emissionen der Bahnstromerzeugung** als Berechnungsgrundlage herangezogen. Auch wenn in der Literatur häufig zwischen Bahnstrom und Strom aus dem öffentlichen Netz unterschieden wird, da der Bahnstrom zu Unrecht gegenüber dem Strom aus dem öffentlichen Netz als der „saubere" Strom gilt[1], scheint diese Vorgehensweise methodisch gerechtfertigt, denn:

- Es sollen Verkehrssysteme verglichen werden und nicht die prinzipiell austauschbaren Kraftwerksmixe. Die Kraftwerksmixe variieren nicht nur von Staat zu Staat[2], sondern auch zwischen den Bundesländern und Regionen in Deutschland.
- Die DB AG deckt ihren Netto-Strombedarf von rund 10.975 GWh zu 45 % aus dem öffentlichen Netz. Wird nur der Fahrstrom betrachtet, liegt der Anteil der Eigenerzeugung in den alten Bundesländern höher, nämlich bei rund 74 %. Dagegen wird in den neuen Bundesländern nur ca. 12 % des Fahrstroms durch die DB AG produziert (vgl. Waschke et

[1] So betrugen die Emissionen der öffentlichen (Netto-)Stromerzeugung in den alten Bundesländern im Jahr 1992 pro kWh u. a. 552 g CO_2, 0,084 g CO, 0,019 g HC, 0,615 g NO_X und 0,698 g SO_2. Mit Ausnahme der CO_2-Emission liegen die Werte der Bahnstromerzeugung höher. Sie betragen pro kWh 516 g CO_2, 0,166 g CO, 0,021 g HC, 0,626 g NO_X und 0,801 g SO_2 (vgl. Prognos, 1995, S. B 77).

[2] Beispielsweise würden ICE und TRP den Fahrstrom in Norwegen fast emissionsfrei beziehen.

al., 1996, S. 63). Gerade aber eine Trasse Berlin-Hamburg führt größtenteils durch die neuen Bundesländer, so daß tatsächlich sowohl eine MSB- als auch eine ICE-Verbindung den Fahrstrom überwiegend aus dem öffentlichen Netz beziehen würden.

- Seit dem 2. Juni 1991, dem Zeitpunkt der Betriebsaufnahme des ICE-Verkehrs, wurde - von Schwankungen abgesehen - die Produktion von Bahnstrom nicht nennenswert erhöht. Sie lag im Jahr 1994 bei 6.029 GWh (vgl. Statistisches Bundesamt, 1996a, S. 232). Zwar hat das ICE-System mittlerweile mit etwa 9 Mrd. Pkm pro Jahr einen bedeutenden Anteil an der von 55,9 Mrd. Pkm im Jahr 1991 auf 61,3 Mrd. Pkm im Jahr 1994 angestiegenen Verkehrsleistung der DB AG (vgl. Bundesministerium für Verkehr, 1995, S. 57), jedoch wird die Zurechnung der Bahnstromerzeugung für den Fahrbetrieb des ICE („last in") dadurch nicht gerechtfertigt.

Wird also für den Fahrstrom des ICE die Einspeisung aus dem öffentlichen Netz vorausgesetzt, dann errechnen sich pro 100 Pkm bei unterschiedlichen Geschwindigkeiten, einer Auslastung von 49,4 % und unter Berücksichtigung von Netz- und Verteilungsverlusten und eines Zuschlags für Infrastruktur Schadstoffemissionen gemäß Abbildung 6.24.

Fahrgeschwindigkeit in km/h	**CO_2 in g/100 Pkm**	**CO in g/100 Pkm**	**NO_X in g/100 Pkm**	**SO_2 in g/100 Pkm**
160	3.356	0,48	2,66	1,95
200	4.594	0,65	3,64	2,67
250	6.245	0,89	4,94	3,63
300	10.028	1,42	7,94	5,83

Abb. 6.24: Emissionen des ICE pro 100 Personenkilometer[1]

Die Emissionen der MSB Berlin-Hamburg pro 100 Pkm zeigt Abbildung 6.25. Grundlage der Berechnung sind der prognostizierte Besetzungsgrad von 65 %, eine Bestuhlung nach ICE-Standard, hohe Netz- und Verteilungsverluste von 10 % der Netto-Stromerzeugung entsprechend den Verlusten zwischen Kraftwerk und ICE-Stromabnehmern und ein Zuschlag für Infrastruktur von 0,18 kWh/100 Pkm.

[1] Es werden die Annahmen gemäß Abbildung 6.16 vorausgesetzt.

Fahrgeschwindigkeit in km/h	CO_2 in g/100 Pkm	CO in g/100 Pkm	NO_X in g/100 Pkm	SO_2 in g/100 Pkm
160	2.806	0,40	2,22	1,63
200	3.219	0,46	2,55	1,87
250	3.632	0,52	2,88	2,11
300	4.663	0,66	3,69	2,71
400	6.933	0,99	5,49	4,03
500	9.959	1,41	7,88	5,79

Abb. 6.25: Emissionen der Magnetschwebebahn pro 100 Personenkilometer[1] (Bestuhlung nach ICE-Standard)

Wird für die MSB eine engere Bestuhlungsdichte angenommen, da die Fahrt zwischen Berlin und Hamburg nur rund eine Stunde dauert, verringern sich die Emissionswerte der MSB. Die Emissionswerte der MSB pro 100 Pkm unter Annahme einer Bestuhlungsdichte, wie sie neuerdings in der zweiten Klasse des TGV und des Shinkansen zur Anwendung kommt, stellt Abbildung 6.26 dar.

Fahrgeschwindigkeit in km/h	CO_2 in g/100 Pkm	CO in g/100 Pkm	NO_X in g/100 Pkm	SO_2 in g/100 Pkm
250	3.013	0,43	2,39	1,75
300	3.632	0,52	2,88	2,11
400	5.213	0,74	4,13	3,03
450	6.171	0,88	4,89	3,59

Abb. 6.26: Emissionen der Magnetschwebebahn pro 100 Personenkilometer (Bestuhlung nach TGV/Shinkansen-Standard)

Neben den Emissionen, die aus der Fahrstromerzeugung resultieren und somit nicht unmittelbar entlang der Trasse zu Schadstoffimmissionen führen, sind weitere Emissionen in der Betriebsphase zu berücksichtigen, die überwiegend entlang des Fahrwegs Schadstoffeinträge verursachen. Unter diesem Aspekt ist der **Verschleiß** ein wichtiges Kriterium. So beträgt der durchschnittliche Bremsbelagabrieb einer ICE-Zugeinheit im Jahr bei einer Betriebsgeschwindigkeit von 280 km/h rund 4,7 t (vgl. Abschnitt 6.2.2.2). Einer alternativen ICE-Verbindung Berlin-Hamburg werden rund 9 Mio. Fahrgäste pro Jahr prognostiziert (vgl. Thyssen Henschel Magnetfahrtechnik, 1996a, S. 7). Unter der Annahme einer Auslastung der

[1] Es werden die Annahmen gemäß Abbildung 6.14 vorausgesetzt.

Züge von etwa 50 % müßten die ICE-Zugeinheiten zwischen Berlin und Hamburg zusammen ca. 8,76 Mio. Zugkilometer zurücklegen, um die Verkehrsleistung zu erbringen. Der Bremsbelagabrieb, der sich aufgrund dieser Verkehrsleistung errechnet, beträgt pro Jahr knapp 80 t.

Die Emissionen, die durch die Reibung zwischen Rad und Schiene des ICE bedingt sind, lassen sich kaum quantifizieren. Jedoch ist mit jeder Auswechslung der Schienen die Emission von rund 1.118 t CO_2, 7,75 t CO, 2,13 t NO_X und 1,45 t SO_2 pro Dkm verbunden. Bei einer dreimaligen Auswechslung innerhalb eines Nutzungszeitraumes von 80 Jahren entspricht dies 3.354 t CO_2, 23,23 t CO, 6,39 t NO_X und 4,35 t SO_2 je Dkm. Auch die verschleißbedingte mehrfache Auswechslung des Schotters, des Fahrdrahts und weiterer Systemkomponenten führt beim R/S-System zu zusätzlichen Emissionen in der Betriebsphase.

Mit dem Austausch oder der Reparatur defekter Systemkomponenten des ICE oder der MSB sind weitere Emissionen verbunden. Allerdings sind in der Betriebsphase der MSB die ausschließlich durch Verschleiß bedingten Emissionen aufgrund des berührungsfreien Antriebs vermutlich deutlich geringer (vgl. auch Abschnitt 6.2.2.2).

Da Pflanzenwuchs auf den Gleisanlagen ein Sicherheitsrisiko für den Schienenverkehr darstellt, setzt die DB AG **Herbizide** zur **Vegetationskontrolle** ein. Um Schienen, Schwellen, Schotterbett, Weichen und Signalanlagen dauerhaft von Pflanzenbewuchs freizuhalten, werden neben dem chemischen Verfahren in ökologisch sensiblen Gebieten versuchsweise auch mechanische und thermische Verfahren angewandt (vgl. Institut für Zukunftsstudien und Technologiebewertung, 1995, S. 11 f.). Im Jahr 1989 wurden zum Zweck der Vegetationskontrolle von der DB im alten Bundesgebiet ca. 221 t Wirkstoff eingesetzt, was einem Anteil von 1,2 % des Wirkstoffabsatzes in Deutschland entsprach (vgl. Institut für Zukunftsstudien und Technologiebewertung, 1995, S. 24). Da die Gleise i. d. R. einmal pro Jahr mit Herbiziden behandelt werden, errechnet sich bei einer Gesamtstreckenlänge der DB im alten Bundesgebiet von rund 27.000 km (vgl. Bundesministerium für Verkehr, 1995, S. 53) für das Jahr 1989 ein Wirkstoffverbrauch von 8,2 kg je Dkm Gleis.

Ferner entstehen bei dem Betrieb der MSB und des ICE in geringem Ausmaß magnetische, elektrische und elektromagnetische Felder (vgl. hierzu z. B. ARGE Systemauslegung Transrapid, 1995b, S. 6 ff.).

6.2.4.3 Ergebnisse der Analyse der Wirkungskategorie Schadstoffemission

Werden die Schadstoffemissionen, die mit der Errichtung einer MSB-Trasse und einer ICE-Trasse verbunden sind, verglichen, zeigt es sich, daß die Errichtung einer ICE-Trasse weniger Emissionen hervorruft. Bezüglich der Emission von NO_X und SO_2 pro Dkm Trasse schneidet das ICE-System zwar nur geringfügig besser ab als die MSB, die Emissionen von CO_2 und CO liegen jedoch um rund 32 % bzw. rund 49 % niedriger. Werden auch der Antrieb der MSB und die Oberleitung des ICE in die Bewertung einbezogen, dann wird der Unterschied zugunsten des ICE noch deutlicher. Zwar wird zur Errichtung einer ICE-Trasse wesentlich mehr Material eingesetzt, doch handelt es sich hierbei größtenteils um niederwertige Materialien mit verhältnismäßig geringen Emissionen bei der Produktion und der Konstruktion.

Bei den durch Transporte hervorgerufenen Emissionen verdeutlicht es sich, daß einerseits Materialien wie Sand, Kies oder Schotter aus der näheren Umgebung bezogen werden können, andererseits aber Materialien wie Stahl oder Aluminium über z. T. große Entfernungen beschafft werden. Außerdem verursacht das große Volumen bewegter Erde bei der Errichtung einer ICE-Trasse vor allem bezüglich des Schadstoffes NO_X hohe Emissionen.

Wird der Verschleiß der Trassen in der Betriebsphase in die Betrachtung einbezogen, gleichen sich die Emissionswerte pro Dkm an: Werden lediglich die Emissionen eines dreifachen Austausches der Gleise des ICE zu den Emissionen der Errichtung addiert, dann entsprechen die Emissionen pro Dkm ICE-Trasse grob den Emissionen der Errichtung eines Dkm MSB-Trasse einschließlich Antrieb. Da auch weitere Komponenten der ICE-Trasse verschleißbedingt mehrfach innerhalb des Nutzungszeitraums von 80 Jahren ausgetauscht werden müssen, liegen bei einer **ganzheitlichen Betrachtung** beider Systeme und unterstelltem geringem Regelverschleiß der MSB die Emissionswerte einer MSB-Verbindung pro Dkm Trasse vermutlich niedriger. Zusätzlich zu den verschleißbedingten Emissionen sind auch Emissionen durch Reparaturen von Defekten bei der MSB und dem ICE zu berücksichtigen, die allerdings mit den vorliegenden Daten nicht quantifiziert werden können.

Ein Vergleich der Emissionen der Fahrenergieerzeugung von MSB und ICE wird maßgeblich von den zugrundeliegenden Determinanten beeinflußt. Deshalb soll für den Vergleich dieser Emissionen wiederum zwischen einem Systemvergleich und einem Szenariovergleich unterschieden werden.

Für den **Systemvergleich** der Emissionen der Fahrenergie werden die in Abschnitt 6.2.3.3 getroffenen Annahmen des Systemvergleichs der Fahrenergie vorausgesetzt, also gleiche Bedingungen bezüglich der Betriebsgeschwindigkeit, der Bestuhlungsdichte und des Besetzungsgrades sowie eine gleiche Zusammensetzung des Kraftwerksmixes entsprechend der Stromerzeugung für das öffentliche Netz in Deutschland. Abbildung 6.27 zeigt die Ergebnisse eines direkten Systemvergleichs unter Berücksichtigung von Netz- und Verteilungsverlusten von 10 % der Netto-Stromerzeugung und eines Zuschlags für Infrastruktur:

Systemvergleich	**MSB**				**ICE**			
Fahrgeschwindigkeit in km/h	**CO_2 in g/100 Pkm**	**CO in g/100 Pkm**	**NO_x in g/100 Pkm**	**SO_2 in g/100 Pkm**	**CO_2 in g/100 Pkm**	**CO in g/100 Pkm**	**NO_x in g/100 Pkm**	**SO_2 in g/100 Pkm**
200	4.182	0,59	3,31	2,43	4.594	0,65	3,64	2,67
250	4.732	0,67	3,75	2,75	6.245	0,89	4,94	3,63
300	6.108	0,87	4,84	3,55	10.028	1,42	7,94	5,83

Abb. 6.27: Emissionen der Fahrenergieerzeugung von Magnetschwebebahn und ICE im Systemvergleich[1]

Der Systemvergleich zeigt, daß der Betrieb der MSB unter gleichen Einsatzbedingungen weniger Emissionen verursacht. Da der Fahrenergieverbrauch des ICE mit einer Zunahme der Geschwindigkeit stärker ansteigt als bei der MSB, wird die Differenz zwischen den Emissionsmengen beider Systeme um so größer, je höher die betrachtete Geschwindigkeit gewählt wird: Bei einer Fahrgeschwindigkeit von 200 km/h liegt der aus der Stromerzeugung resultierende und daher zurechenbare CO_2-Ausstoß des ICE lediglich um ca. 10 % höher als der einer MSB. Wird allerdings eine Fahrgeschwindigkeit von 250 km/h betrachtet, ist der CO_2-Ausstoß des ICE bereits um 32 % höher als bei einer MSB mit gleicher Geschwindigkeit.

Für den **Szenariovergleich** werden die Annahmen bezüglich der MSB wiederum dahingehend geändert, daß sie ungefähr den voraussichtlichen Betriebsbedingungen einer MSB Berlin-Hamburg entsprechen. Neben einer Fahrgeschwindigkeit von etwa 400 km/h und einer Auslastung von 65 % wird eine enge Bestuhlung der MSB unterstellt. Hinsichtlich des ICE werden die Determinanten des Systemvergleichs - gemäß dem Ist-Zustand im deutschen ICE-Netz - beibehalten und eine Fahrgeschwindigkeit von mindestens 250 km/h zugrunde gelegt. Abbildung 6.28 zeigt die Ergebnisse des Szenariovergleichs.

[1] Es gelten mit Ausnahme des Besetzungsgrades der MSB die Annahmen gemäß Abbildung 6.14 und 6.16.

Szenariovergleich	MSB				ICE			
Fahrgeschwindigkeit in km/h	CO_2 in g/100 Pkm	CO in g/100 Pkm	NO_X in g/100 Pkm	SO_2 in g/100 Pkm	CO_2 in g/100 Pkm	CO in g/100 Pkm	NO_X in g/100 Pkm	SO_2 in g/100 Pkm
250	- -	- -	- -	- -	6.245	0,89	4,94	3,63
400	5.213	0,74	4,13	3,03	- -	- -	- -	- -

Abb. 6.28: Emissionen der Fahrenergieerzeugung von Magnetschwebebahn und ICE im Szenariovergleich

Der Szenariovergleich verdeutlicht die Vorteile einer MSB: Die Schadstoffemission eines ICE mit einer Fahrgeschwindigkeit von 250 km/h liegt rund 20 % höher als bei der geplanten MSB zwischen Berlin und Hamburg mit einer Fahrgeschwindigkeit von 400 km/h. Mit Ausnahme der Emission von CO_2 liegen die Werte der MSB im Szenariovergleich sogar niedriger als die vergleichbaren **Emissionswerte** des **EC/IC-Verkehrs** in den alten Bundesländern, für den allerdings die Emissionen der Bahnstromerzeugung zugrunde gelegt wurden (vgl. Jänsch, 1995, S. 30).

Für die Fahrt einer Person mit der MSB zwischen Berlin und Hamburg errechnet sich anteilig die Emission von 15,25 kg CO_2, 2,17 g CO, 12,08 g NO_X und 8,86 g SO_2. Bei einem Verkehrsaufkommen von rund 14,51 Mio. Passagieren und einer jährlichen Verkehrsleistung von 4,1 Mrd. Personenkilometern lassen sich die aus der Fahrstromerzeugung resultierenden Emissionen der MSB Berlin-Hamburg (einschließlich Netz- und Verteilungsverlusten und eines Zuschlags für Infrastruktur) auf 213.733 t CO_2, 30,34 t CO, 169,33 t NO_X und 124,23 t SO_2 pro Jahr schätzen.

Zur Bewertung der ökologischen Auswirkungen und der externen Effekte der MSB Berlin-Hamburg ist wiederum die Analyse der **Schadstoffemissionen** des durch den TRP **substituierten Verkehrs** interessant. Abbildung 6.29 zeigt die Emissionen des von anderen Verkehrssystemen umgelenkten bzw. verlagerten Verkehrs.

	Emissionen der Verkehrssysteme auf 100 Personenkilometer			Jährliche Emissionen des zwischen Berlin und Hamburg substituierten Verkehrs			
Verkehrssystem	PKW	EC/IC	Flugzeug	PKW	EC/IC	Flugzeug	**Summe:**
Mio. Personenfahrten im Jahr	- -	- -	- -	5,40	8,77	0,34	**14,51**
CO_2	14,1 kg	3,65 kg	19,5 kg	222.710 t	93.631 t	19.393 t	**335.734 t**
CO	552 g	1,0 g	58 g	8.719 t	26 t	58 t	**8.803 t**
NO_X	121 g	4,4 g	79 g	1.911 t	113 t	79 t	**2.103 t**
SO_2	7 g	5,7 g	11 g	111 t	146 t	11 t	**268 t**

Abb. 6.29: Emissionen des durch die Magnetschwebebahn Berlin-Hamburg substituierten Verkehrs (Berechnung nach Jänsch, 1995, S. 30; TUKAN, 1993, S. 24)[1]

In der Betriebsphase der MSB Berlin-Hamburg werden jährlich rund 14,51 Mio. Personenfahrten zwischen Berlin und Hamburg von anderen Verkehrssystemen auf die MSB verlagert bzw. umgelenkt. Aus dem Saldo der Emissionen des substituierten Verkehrs eines Jahres und den jährlichen Emissionen der MSB errechnen sich die **pro Jahr** durch den **Betrieb der MSB vermiedenen Emissionen** von **122.001 t CO_2, 8.773 t CO, 1.934 t NO_X** und **144 t SO_2**.

Zusammenfassend läßt sich hinsichtlich der Analyse der Schadstoffemissionen feststellen:

- Die Errichtung einer MSB-Trasse verursacht vor allem hinsichtlich der Schadstoffe CO_2 und CO pro Dkm höhere Emissionen.
- Wird der Emissionsausstoß, der mit der Produktion und Konstruktion der Trassen verbunden ist, über einen Nutzungszeitraum von 80 Jahren betrachtet, dann ist aufgrund des höheren Verschleißes der ICE-Trasse festzustellen, daß die Emissionen der MSB pro Dkm Trasse geringer sind.
- In einem direkten Vergleich beider Systeme unter gleichen Betriebsbedingungen, dem Systemvergleich, emittiert eine MSB weniger Schadstoffe als der ICE. Mit einer Erhöhung der Geschwindigkeit vergrößert sich der Vorteil zugunsten der MSB. Bei 250 km/h ist der CO_2-Ausstoß des ICE-Systems um 32 % größer als der einer MSB-Verbindung bei gleicher Geschwindigkeit.
- Werden in einem Szenariovergleich die Determinanten zur Berechnung der Emissionen der MSB dahingehend geändert, daß sie den voraussichtlichen Betriebsbedingungen einer MSB Berlin-Hamburg entsprechen, dann liegt die Emission aller analysierter Schadstoffe beim

[1] Zu den Annahmen der Berechnung siehe Abbildung 6.20. Die Emissionswerte der Verkehrssysteme beziehen sich auf die alten Bundesländer im Jahr 1992.

ICE um rund 20 % höher. Mit der Ausnahme von CO_2 emittiert die MSB Berlin-Hamburg pro Personenkilometer teilweise sogar deutlich weniger Schadstoffe als das EC/IC-System.

- Die MSB Berlin-Hamburg substituiert jährlich ca. 14,51 Mio. Personenfahrten von anderen Verkehrssysteme. Bedingt durch die geringeren Emissionen der MSB wird durch den Betrieb der MSB Berlin-Hamburg und die Substitution dieses Verkehrs jährlich der Ausstoß von rund 122.001 t CO_2, 8.773 t CO, 1.934 t NO_X und 144 t SO_2 vermieden.

6.2.5 Schall und Erschütterungen

6.2.5.1 Schall und Erschütterungen in der Bauphase

Die Analyse von Schall und Erschütterungen in der Bauphase stößt an Grenzen, wenn versucht werden soll, die Belastungen zu quantifizieren. Aufgrund der vielfältigen Arbeitsschritte bei der Errichtung einer MSB- bzw. einer ICE-Verbindung können - von Ausnahmen abgesehen - allenfalls qualitative Hinweise gegeben werden.

Schall und Erschütterungen werden für diese Analyse anhand ihrer qualitativen Unterschiede wie folgt abgegrenzt:
Unter **Hörschall** *werden zeitabhängige Druckschwankungen in der Luft in einem Frequenzbereich von 20 Hz bis 20.000 Hz verstanden. Als* **Körperschall** *wird der Schall bezeichnet, der sich in festen Körpern ausbreitet und von diesen Körpern auch als Hörschall (Sekundärschall) abgestrahlt wird.*

Erschütterungen *wiederum resultieren aus zeitlich veränderlichen Kräften, die bei Fahrzeugbewegungen auf die Fahrweggründung übertragen und in den Boden eingeleitet werden. Der tieffrequente Anteil dieser mechanischen Bodenschwingungen, die sich als Körperschall über den Untergrund fortpflanzen und z. B. in Gebäuden in Fahrwegnähe als Schwingungsimmissionen wahrnehmbar sind, wird in einem Frequenzbereich von >2 bis <80 Hz als Erschütterung bezeichnet. Der höherfrequente Bereich dieser Wellen wird von schwingenden Bauteilen und Gegenständen als der oben bezeichnete sekundäre Luftschall abgestrahlt (vgl. Decker, 1995, S. 77).*

Bei der Bewertung des abgestrahlten Schalls ist zu berücksichtigen, daß eine Abnahme der Emissionswerte um 10 dB(A) als eine Halbierung der Schallemission empfunden wird. Ferner spielt die Topographie eine wesentliche Rolle bei der Ausbreitung von Schall und Erschütterungen. Diese situationsbedingten und einzelfallspezifischen Einflußfaktoren können nicht berücksichtigt werden.

Bei der Betrachtung des emittierten Schalls und der emittierten Erschütterungen in der Bauphase kann zwischen der Produktionsphase und der Konstruktionsphase unterschieden werden. Die **Produktion** der Rohmaterialien und der vorgefertigten Trassenkomponenten findet im allgemeinen in festen Produktionsstätten abseits des Baufelds statt. Schall und Erschütterungen, die bei der Produktion in den jeweiligen Betrieben entstehen, lassen sich nur in einer umfangreichen Erhebung feststellen. Durch die Produktion in festen Gebäuden, aber auch durch entsprechende gesetzliche Auflagen sowie durch Lärmschutzmaßnahmen, kann die produktionsbedingte Emission von Schall und Erschütterungen als gering eingeschätzt werden.

Als Anhaltspunkt für die produktionsbedingte Emission von Schall und Erschütterungen kann die Produktion der Fahrwegträger der MSB in den Feldfabriken, die zwar nicht im Bereich des Baufelds, jedoch in der Nähe der Trasse errichtet werden, dienen. Gemäß dem Nordrhein-Westfälischen Abstandserlaß fallen die Feldfabriken als „Anlagen zur Herstellung von Betonformsteinen und Betonfertigteilen in geschlossenen Hallen" in die Abstandsklasse IV-300 m. Die Reichweite der von der Produktion ausgehenden Emission von Schall und Erschütterungen kann daher mit maximal 300 m beziffert werden (vgl. IFB, 1993, S. 179).

Die **konstruktionsbedingte** Emission von Schall und Erschütterungen erfolgt überwiegend im Bereich des Baufelds und entlang der Transportwege. Zwar wird ein Teil der Trassenkomponenten bereits in Produktionsstätten abseits des Baufelds vorgefertigt, jedoch gelten für den Zusammenbau dieser Komponenten die oben getroffenen Annahmen für die Produktion in ortsfesten Betrieben.

Im Bereich des Baufelds werden Schall und Erschütterungen vor allem durch den Betrieb von Baumaschinen, den Einsatz von Transportfahrzeugen, das Rammen von Pfählen für die Gründung oder durch Sprengarbeiten verursacht. Zeitlich betrachtet, beginnt die konstruktionsbedingte Emission von Schall und Erschütterungen in der Bauphase mit der Rodung des Baufelds und endet mit dem Rückbau der Baustraßen. Das Ausmaß der mit den Bauarbeiten verbundenen Lärmimmissionen verdeutlicht eine Angabe aus dem Straßenbau: Durch Sprengungen und den Einsatz von Maschinen werden dort Werte bis zu 90 dB(A) erreicht (vgl. UBA, 1990, S. 29). Die Reichweite der über das Baufeld hinausreichenden Emissionen von Schall und Erschütterungen wird bezüglich der MSB mit bis zu ca. 800 m angegeben (vgl. IFB, 1993, S. 178).

Entlang der Transportwege wird die Emission von Schall und Erschütterungen im wesentlichen durch den LKW-Verkehr verursacht. Das Ausmaß der Belastung wird durch die Intensität der Nutzung der jeweiligen Verkehrswege bestimmt. Die Beanspruchung von Verkehrswegen im Umfeld der Baustelle und insbesondere die der Baustraßen ist naturgemäß intensiver als die von entfernten und nur gelegentlich genutzten Transportwegen. Die Intensität der Nutzung wird maßgeblich durch die Art und die Menge des Materialeinsatzes zur Errichtung der Trasse bestimmt (siehe Abbildung 6.10). Für die Bestimmung der Transportentfernung von Materialien gilt, daß höherwertige Materialien i. d. R. über weitere Entfernungen transportiert werden, niederwertige Materialien stammen dagegen häufig aus der Region. Die durchschnittliche Transportentfernung für die Stahlträger der MSB kann auf rund 200 km geschätzt werden und die des Betons auf etwa 20 km (vgl. IFB, 1993, S. 21).

Neben der Anzahl und der Entfernung der Transporte ist die Geräuschemission der LKW für die Bewertung bedeutsam. Einen Anhaltspunkt zur Beurteilung der Geräuschemission liefern die aktuellen Grenzwerte für LKW. Der Geräuschgrenzwert für LKW mit einer Leistung unter 75 kW liegt bei 77 dB(A), für LKW mit einer Leistung zwischen 75 und 150 kW bei 78 dB(A) und für LKW mit einer Leistung von über 150 kW bei 80 dB(A) (vgl. Enquete-Kommission, 1995, Kap. 3, S. 142).

6.2.5.2 Schall und Erschütterungen in der Betriebsphase

In der Betriebsphase von MSB und ICE werden die Emission von Schall und Erschütterungen maßgeblich durch den regulären Fahrbetrieb beider Systeme bestimmt. Emissionen, bedingt beispielsweise durch Wartung und Instandhaltung der Systeme, können bezüglich der Analyse von Schall und Erschütterungen vernachlässigt werden.

Während der Fahrt, aber auch im Stillstand, können verschiedene Ursachen als Quelle der Schallemission von MSB und ICE benannt werden. Die **Schallemission** der **MSB** wird überwiegend durch mechanische und aerodynamische Geräusche bestimmt, aber auch Aggregate wie Klimaanlage oder Lüfter sowie das Trag- und Führsystem durch elektromagnetische Wechselkräfte bewirken einen Grundschallpegel (vgl. UBA, 1990, S. 44).

Mechanische Geräusche entstehen beim TRP aufgrund von Schwingungsanregungen auf Struktur- und Verkleidungsbauteile infolge fahrdynamischer Einwirkungen von mechanischen und magnetischen Kräften. Die **aerodynamischen Geräusche** werden durch turbulente Luftströmungen verursacht, die beim TRP vor allem im Bugbereich und an den Stoßkanten der Verkleidungsteile des Magnetfahrwerks auftreten (vgl. Mayer, 1996, S. 589; ARGE Systemauslegung Transrapid, 1996a, S. 6 f.). Beim Betrieb der MSB ist der aerodynamische Schall die maßgebliche Geräuschquelle (vgl. MVP, 1991, S. 28). Mit zunehmender Fahrgeschwindigkeit steigt der zu überwindende Luftwiderstand und somit auch der Schallpegel überproportional an.

Abbildung 6.30 zeigt den Schallpegel[1] der MSB in Abhängigkeit von der Fahrgeschwindigkeit. Die Schallemission bei ebenerdiger Bauweise liegt dabei ca. 4 dB(A) niedriger als bei Aufständerung des Fahrwegs (vgl. Miller, 1994, S. 17). Die Ausführung des Fahrwegträgers bei Aufständerung des Fahrwegs in Stahl- oder Betonbauweise hat nur geringen Einfluß auf die Schallemission der MSB, da bei hohen Geschwindigkeiten die Geräuschemission durch die Aerodynamik bestimmt wird. So liegt der Beurteilungspegel[2] bei Stahlausführung des Fahrwegträgers bei einer Geschwindigkeit von 400 km/h um 0,79 dB(A) höher als bei einem Fahrwegträger in Betonbauweise (vgl. ARGE Systemauslegung Transrapid, 1996a, S. 13).

Fahrgeschwindigkeit	Fahrweg aufgeständert	Fahrweg ebenerdig
200 km/h	77 dB(A)	72 dB(A)
250 km/h	80 dB(A)	75 dB(A)
300 km/h	83 dB(A)	79 dB(A)
400 km/h	91 dB(A)	88 dB(A)

Abb. 6.30: Schallemission/Vorbeifahrpegel des Transrapid im Abstand von 25 m[3] (vgl. Miller et al., 1995, S. 228; Thyssen Henschel Magnetfahrtechnik, 1995a, Blatt 3)

Durch den Fahrbetrieb werden neben Schall auch **Erschütterungen** emittiert. Bei der MSB werden die Trag-, Führ-, Antriebs- und Bremskräfte über das magnetische Trag- und Führsystem und den synchronen Langstatorantrieb berührungsfrei als **Flächenlasten**[4] über Fahrweg und Gründung in den Boden geleitet (vgl. ARGE Systemauslegung Transrapid, 1995c, S. 5 ff.).

Gemäß Bundesimmissionsschutzgesetz gehören Erschütterungen zu den Emissionen bzw. Immissionen, jedoch wurden bisher in Verordnungen oder Vorschriften keine eindeutigen Bewertungsmaßstäbe festgelegt. Eine Einordnung der ökologischen Wirkungen der vom TRP verursachten Erschütterungen kann allerdings anhand der Norm DIN 4150 „Erschütterungen im Bauwesen" erfolgen. In dieser Norm wird ein KB-Wert (Schwingstärke nach DIN) von 0,1

[1] Der Vorbeifahrpegel ist ein über die Vorbeifahrzeit gemittelter Schalldruckpegel, der niedriger als der Maximalpegel liegt. Beim TRP beträgt die Differenz etwa 0,5-1 dB(A), bei R/S-Systemen beträgt die Differenz bis zu 3 dB(A), da die Triebköpfe lauter sind als die Mittelwagen (vgl. Schmitz, 1994, S. 5).

[2] Der Beurteilungspegel bezeichnet die Schallimmission, also das Schallereignis am Ort der Einwirkung.

[3] Die Werte beziehen sich auf eine MSB mit 8 Sektionen. In den Meßwerten ist auch ein „Schienenbonus" enthalten, wie er der DB AG aufgrund der geringeren Lästigkeit des Schienenverkehrslärms gemäß Bundes-Immissionsschutzgesetz zugesprochen wird (vgl. Heimerl, 1992, S. 490).

[4] Dagegen treten bei R/S-Systemen diese Kräfte als punktuelle Lasten zwischen Rad und Schiene auf.

als menschliche „Fühlschwelle" definiert.

Messungen auf der TVE im Emsland mit unterschiedlichen Abständen zur Fahrwegmitte und verschiedenen Fahrgeschwindigkeiten führten zu folgenden Ergebnissen: In einem Abstand von 50 m und mehr liegen die gemessenen KB-Werte im gesamten Geschwindigkeitsspektrum des TRP unterhalb eines KB-Wertes von 0,1 und sind somit für den Menschen nicht mehr wahrnehmbar. Bei einem Meßabstand von 25 m wird die Fühlschwelle ab einer Fahrgeschwindigkeit von ca. 250 km/h überschritten. In Geschwindigkeitsbereichen von 400 km/h und mehr liegt die Erschütterungsstärke in 25 m Abstand bei einem KB-Wert von ca. 0,12 (vgl. Thyssen Henschel Magnetfahrtechnik, 1996b, S. 1 ff.).

Zur Beurteilung dieser Meßwerte kann wiederum die DIN 4150, Teil 2, herangezogen werden. Nach den „Richtwerten für die Beurteilung der Erträglichkeit bei Aufenthalt in Wohnungen" liegt der Grenzwert für die Wahrnehmungsstärke bei wiederholt auftretenden Erschütterungen in Wohngebieten tagsüber bei einem KB-Wert von 0,15 (nachts 0,1), in Mischgebieten bei einem KB-Wert von 0,2 (nachts 0,15) und in Gewerbegebiete in der Nacht bei einem KB-Wert von 0,2.

Die **Schallemission** des **ICE** setzt sich im wesentlichen aus Antriebs-, Roll- und aerodynamischen Geräuschen zusammen (vgl. Buna, 1988, S. 62 ff.). Das **Antriebsgeräusch** wird hauptsächlich durch den Fahrmotor, das Getriebe und vor allem durch die Lüfter der Triebköpfe hervorgerufen. Aber auch Klimaanlagen und weitere Aggregate tragen zum Antriebsgeräusch bei.

Das **Rollgeräusch** wird durch die Wechselwirkung von Rad und Schiene verursacht. Es wird sehr stark von der Rauhigkeit von Rad und Schiene bestimmt. So führen verriffelte Radlaufflächen oder Schienenlaufflächen zu hoher Schallemission. Die dritte Geräuschkomponente, das **aerodynamische Geräusch**, entsteht bei der Umströmung des Fahrzeugs durch die Wirkung der turbulenten Strömungsgrenzschicht und durch Wirbel- und Strömungsablösungen am Bug und am Heck, aber auch an einzelnen Bauteilen wie Drehgestellen oder Stromabnehmern (vgl. Hölzl/Redmann, 1994, S. 160 f.).

Das Vordringen der Bahnen mit Rad-/Schienetechnik in höhere Geschwindigkeitsbereiche hat dabei zur Folge, daß die aerodynamisch bedingten Geräusche einen wesentlichen Anteil zum Gesamtschallpegel beitragen und womöglich das Rollgeräusch übertreffen (vgl. Mayer,1993, S. 199). Die Geschwindigkeit, bei der das aerodynamisches Geräusch die Stärke des Rollgeräusches erreicht, kann als kritische Geschwindigkeit bezeichnet werden. Beim ICE-Serienzug liegt die kritische Geschwindigkeit bei ca. 300 km/h (vgl. Hölzl/Redmann, 1994, S. 161). In höheren Geschwindigkeitsbereichen dominiert somit das aerodynamische Geräusch. Alle Geräuschquellen des ICE zusammengenommen verursachen folgenden Schallpegel (siehe Abbildung 6.31):

Fahrgeschwindigkeit	160 km/h	200 km/h	250 km/h	280 km/h	300 km/h
Vorbeifahrpegel	79 dB(A)	84 dB(A)	88 dB(A)	89 dB(A)	91 dB(A)

Abb. 6.31: Schallemission/Vorbeifahrpegel des ICE in dB(A) im Abstand von 25 m (vgl. MVP, 1991, S. 29)

Im Gegensatz zur Magnetschwebetechnik werden bei der Rad-/Schienetechnik die Lasten und die damit verbundenen Erschütterungen durch direkte und punktuelle Berührungen der Räder mit der Schiene in das Gleis übertragen. Genaue Daten zum ICE liegen diesbezüglich nicht vor. Jedoch lassen die Meßdaten konventioneller Züge Rückschlüsse auf die mit dem Betrieb des ICE verbundenen Erschütterungen zu (siehe Abbildung 6.32).

Erschütterungsquelle	**KB-Werte im Abstand:**		
	15 m	**50 m**	**85 m**
D-Zug (DB, 140 km/h)	1,22	0,80	0,70
Güterzug (DB, < 100 km/h, unbeladener Autotransporter)	0,85	0,60	0,50

Abb. 6.32: KB-Werte zu Erschütterungen von Bahnfahrzeugen (vgl. MVP, 1991, S. 30)

Die Erschütterungen nehmen bei der Rad/Schiene-Technologie (R/S-Technologie) mit ansteigender Geschwindigkeit bis ca. 200 km/h zu und bleiben bei höheren Fahrgeschwindigkeiten in etwa konstant (vgl. Auersch, 1988 zitiert nach Umweltbundesamt, 1990, S. 130). Bezüglich des ICE kann angenommen werden, daß die KB-Werte unterhalb der Angaben für konventionelle Züge liegen. So liegt die Körperschallemission des ICE bei 250 km/h noch niedriger als die von InterRegio-Zügen mit 200 km/h (vgl. Hölzl/Redmann, 1994, S. 161). Als Ursache für vergleichsweise niedrigere KB-Werte des ICE ist einerseits die Weiterentwicklung der Drehgestelle zu nennen, andererseits aber auch die Fortschritte beim Bau des Fahrwegs. Beispielsweise erhält der Oberbau in kritischen Bereichen eine Ausbildung als Masse-Feder-System, wie es auch im U- und S-Bahnbau geschieht (vgl. Eisenmann, 1996, S. 135 f.).

6.2.5.3. Ergebnisse der Analyse der Wirkungskategorie Schall und Erschütterungen

Die Emissionen von Schall und Erschütterungen in der Bauphase einer MSB- und einer ICE-Trasse konnten nur grob beschrieben werden. Produktionsbedingte Emissionen können, da sie i. d. R. in geschlossenen Gebäuden und abseits von Wohn- oder Erholungsgebieten entstehen, vernachlässigt werden. Maßgeblich für die Stärke und den Umfang der Belastung durch Schall und Erschütterungen in der Bauphase sind die konstruktionsbedingten Emissionen auf dem Baufeld der Trasse und auf den Transportwegen. Anhand des Materialeinsatzes zur Errichtung eines Dkm Trasse beider Systeme können Anhaltspunkte zur Bewertung des Schalls und der Erschütterungen während der Konstruktion gewonnen werden.

Ein wesentlicher Aspekt, der auf diesem Wege näherungsweise quantifiziert werden kann, ist die Belastung durch Transportvorgänge. Um die Belastungen durch Transporte vergleichen zu können, bietet es sich an, nicht die Materialmengen zur Errichtung der Trassen direkt gegenüberzustellen, sondern sie mit den typischen, durchschnittlichen Transportentfernungen der jeweiligen Materialart zu multiplizieren. Werden ferner die Kapazitäten der Transportfahrzeuge berücksichtigt, dann läßt sich die Belastung durch Transportvorgänge je Dkm Trasse, ausgedrückt in der Kilometerleistung von LKW, bestimmen. Die Schallemission der einzelnen Transportfahrzeuge kann mit etwa 77 - 80 dB(A) angegeben werden. Abbildung 6.33 zeigt die Zahl der pro Dkm Trasse notwendigen LKW-Fahrten einschließlich der ebenfalls zu berechnenden Rückfahrten.

Materialart	Durchschnittliche Transportentfernung	LKW-Fahrten in km/Dkm Trasse (inkl. Leerfahrt)	
		MSB	ICE
Schotter	20 km	315 km	73.430 km
Sand/Kies	20 km	21.730 km	50.665 km
Beton	20 km	23.265 km	12.440 km
Stahl	200 km	42.954 km	19.046 km
Bitumen	200 km	- -	38.523 km
Erdbewegungen	5 km	54.480 km	227.500 km
Summe:	- -	**142.744 km**	**421.604 km**

Abb. 6.33: Transporte in der Bauphase der MSB- und der ICE-Trasse[1]

[1] Grundlage der Berechnung ist eine durchschnittliche Beladung der jeweiligen Transportfahrzeuge von 8 m^3 Schotter, Kies, Sand, Erde oder Beton bzw. 13 t Stahl und Bitumen.

Natürlich kann ein Teil der Transporte durch ein gute Organisation der Bauleitung vermieden werden, indem - ökonomisch effizient - versucht wird, vor allem bei Erdtransporten die Leerfahrten zu reduzieren. Die großen Mengen bewegter Erde beim Bau einer ICE-Trasse führen jedoch nicht nur zu einem hohen Transportvolumen. Für die Erdarbeiten auf dem Baufeld der ICE-Trasse kann analog der Einsatz einer entsprechend großen Zahl von Baggern, Planierraupen etc. angenommen werden. Zudem müssen die vergleichsweise großen Mengen Schotter und Kies aufgebracht und verteilt werden. Die Belastungen durch Schall und Erschütterungen auf dem Baufeld einer ICE-Trasse und in der näheren Umgebung wird daher im Vergleich zur Errichtung einer MSB-Trasse höher liegen. Die mit der Errichtung bzw. Herstellung der Infrastruktur und der Fahrzeuge beider Systeme verbundenen Schallemissionen können dagegen als gering eingeschätzt werden.

Zur Bewertung der Schallemissionen in der Betriebsphase von MSB und ICE bieten sich wiederum Systemvergleich und Szenariovergleich an.
Werden die Schallemissionen im **Systemvergleich** gegenübergestellt, wird deutlich, daß die MSB bei gleicher Fahrgeschwindigkeit weitaus weniger Schall emittiert. Bei gleicher Fahrgeschwindigkeit zwischen 200 km/h und 300 km/h verursacht der ICE gegenüber dem TRP auf dem aufgeständerten Fahrweg über 50 % höhere Schallemissionen. Wird dagegen der TRP auf dem ebenerdige Fahrweg als Vergleichsmaßstab herangezogen, dann sind die Schallemissionen eines ICE bei gleicher Geschwindigkeit sogar mehr als doppelt so hoch.

Günstiger stellt sich das Bild für den ICE im **Szenariovergleich** dar. Die Schallemissionen des ICE bei 250 km/h entsprechen in etwa denen eines TRP bei 400 km/h auf dem ebenerdigen Fahrweg. Ein TRP auf dem aufgeständerten Fahrweg verursacht bei 400 km/h einen um ca. 3 dB(A) höheren Schallpegel als der ICE bei 250 km/h. Zu berücksichtigen ist jedoch, daß Verschleiß der Schienen und der Radlaufflächen den Schallpegel des ICE erhöht.

Der direkte Vergleich der emittierten Erschütterungen beider Systeme kann nur begrenzt erfolgen, da diesbezüglich keine Daten über den ICE vorliegen. Die KB-Werte anderer R/S-Systeme vermitteln jedoch ein Bild. Während die Erschütterungen der MSB mit einem KB-Wert von kleiner 0,1 in einem Abstand von 50 m nicht fühlbar sind, liegen die Werte konventioneller Eisenbahnfahrzeuge in einem Abstand von 85 m deutlich über der Fühlschwelle. Die Stärke der Erschütterungen durch den Fahrbetrieb des ICE wird aufgrund der punktuellen Belastung zwischen Rad und Schiene vor allem bei höheren Geschwindigkeiten Werte erreichen, die allenfalls geringfügig unter denen konventioneller Bahnen liegen.

Insgesamt scheint die Diskussion um die Schallemission und die Erschütterungen beider Systeme hochgespielt. So verursacht ein ICE der 90er Jahre bei 250 km/h weniger Schallemissionen als ein IC der 80er Jahre mit 90 km/h (vgl. o. V., 1995e, S. 4). Zudem wird der durch TRP und ICE substituierte Verkehr, also vor allem der PKW-, aber auch der Flugverkehr, vom Menschen als störender empfunden (vgl. Enquete-Kommission, 1995, Kap. 3, S. 138 f.).

Zusammenfassend läßt sich hinsichtlich der Analyse der Wirkungskategorie Schall und Erschütterungen feststellen:

- Die produktionsbedingte Emission von Schall und Erschütterungen ist gering. In der Bauphase einer MSB- und einer ICE-Trasse geht der maßgebliche Anteil dieser Emissionen von der Konstruktion aus. Aufgrund der deutlich höheren Anzahl von Transporten und der großen bewegten Erdmassen ist anzumerken, daß der Bau einer ICE-Trasse mit mehr Emission von Schall und Erschütterungen verbunden ist als der Bau einer MSB-Trasse.
- Werden in der Betriebsphase von MSB und ICE beide Systeme bei gleicher Fahrgeschwindigkeit verglichen (Systemvergleich), dann liegen die Schallemissionen des ICE, je nach betrachteter Fahrwegform der MSB, um 50 - 100 % höher als bei dem TRP.
- Wird hingegen eine Betriebsgeschwindigkeit des ICE von 250 km/h und des TRP von 400 km/h angenommen (Szenariovergleich), dann erreichen die Schallemissionen beider Bahnen etwa die gleiche Stärke.
- Von der MSB gehen in der Betriebsphase systembedingt deutlich weniger Erschütterungen aus als von konventionellen Eisenbahnen oder dem ICE.

6.2.6 Verkehrsunfälle

6.2.6.1 Verkehrsunfälle in der Bauphase

Bei der analytischen Betrachtung von Verkehrsunfällen in der Bauphase eines spurgeführten HGVS können zunächst nur Wegeunfälle[1] untersucht werden. Für die Analyse der (Verkehrs-) Unfälle in der Bauphase bietet es sich jedoch an, nicht diese enge Betrachtungsweise, sondern eine weite Abgrenzung des Begriffs „Verkehrsunfälle" zu wählen. Neben den Wegeunfällen werden deshalb auch Arbeitsunfälle[2] in der Bauphase Gegenstand der Analyse sein, so daß im folgenden das gesamte Unfallgeschehen in der Bauphase einer MSB- bzw. einer ICE-Verbindung betrachtet wird.

---

[1] Wegeunfälle sind Unfälle, die versicherte Arbeitskräfte auf dem Weg zwischen Wohnung und dem Ort ihrer versicherten Tätigkeit erleiden (vgl. Bundesministerium für Arbeit und Sozialordnung, 1996, S. 4).

[2] Arbeitsunfälle sind Unfälle, die versicherte Arbeitskräfte bei der Ausübung ihrer Tätigkeit innerhalb und außerhalb der Arbeitsstätten, also z. B. auch im Straßenverkehr, erleiden (vgl. Bundesministerium für Arbeit und Sozialordnung, 1996, S. 4).

Um die Anzahl der Unfallopfer in der Bauphase abschätzen zu können, bedarf es im wesentlichen zweier Angaben. Einerseits wird die durchschnittliche Unfallhäufigkeit in den am Bau beteiligten Gewerbezweigen benötigt, andererseits die Anzahl der pro Gewebezweig am Bau beteiligten Arbeitskräfte. Auf diesem Wege wird das unterschiedlich hohe Risiko berücksichtigt, bei den verschiedenen Tätigkeiten während des Baus bzw. während der Produktion zu verunglücken. Auskunft über das Unfallgeschehen in den Gewerbezweigen liefern die durch die Träger der gesetzlichen Unfallversicherung **angezeigten**[1] **Wege- und Arbeitsunfälle**. Abbildung 6.34 zeigt die auf eine Million Arbeitsstunden bezogene Häufigkeit der bei Berufsgenossenschaften angezeigten Wege- und Arbeitsunfälle in den maßgeblich an der Errichtung beteiligten Gewerbezweigen.

Die Abschätzung der Anzahl der pro Gewerbezweig während der Bauphase eingesetzten Arbeitskräfte kann anhand der Investitionssumme des Verkehrsprojekts und ihrer Verteilung auf die Gewerbezweige sowie der Produktivität einer Arbeitskraft in der jeweiligen Branche erfolgen.

Das gesamte Investitionsvolumen der **MSB Berlin-Hamburg** beträgt 8,9 Mrd. DM zu Preisen des Jahres 1993. Durch diese Investition werden für die Dauer der Bauphase ca. 18.000 Arbeitsplätze neu geschaffen und etwa 5.000 vorhandene Arbeitsplätze ausgelastet, über einen Zeitraum von viereinhalb Jahren also über 100.000 Mannjahre[2] Arbeit eingesetzt (vgl. Aleff, 1995, S. 74 f.). Für die Abschätzung der Unfallzahlen während der Bauphase der MSB Berlin-Hamburg ist jedoch zu unterscheiden, ob diese Arbeitsplätze unmittelbar mit der Errichtung bzw. Produktion der MSB verbunden sind oder ob sie durch Einkommenseffekte, strukturelle Effekte oder finanzwirtschaftliche Effekte entstehen. Aufgrund der Zurechenbarkeit sollen hier lediglich die Unfälle betrachtet werden, die unmittelbar bei der Errichtung bzw. Produktion der MSB geschehen.

---

[1] Ein Unfall ist anzuzeigen, wenn eine versicherte Arbeitskraft getötet bzw. so verletzt wird, daß sie stirbt oder für mehr als drei Tage völlig oder teilweise arbeitsunfähig ist. Als tödliche Unfälle gelten dabei solche Unfälle, bei denen der Tod des Opfers spätestens innerhalb von 30 Tagen nach dem Unfall eingetreten ist (vgl. Bundesministerium für Arbeit und Sozialordnung, 1996, S 4).

[2] Ein ähnlicher Beschäftigungseffekt errechnet sich nach den Angaben des Bundesverkehrsministeriums: Im Durchschnitt der untersuchten Investitionen des Bundesverkehrswegeplans 1992 ergibt sich ein Beschäftigungseffekt von 1.250 Mannjahren pro 100 Mio. DM Investitionssumme (vgl. Bundesministerium für Verkehr, 1993, S. 32). Auf der Grundlage dieser Daten läßt sich ein Arbeitskräftebedarf von rund 110.000 Mannjahren für die gesamte Bauphase der MSB Berlin-Hamburg ermitteln.

Träger der gesetzl. Unfallversicherung	Unfallgeschehen bei der gesetzlichen Unfallversicherung im Jahr 1994			
	Angezeigte Arbeitsunfälle		Angezeigte Wegeunfälle	
	auf 1 Mio. geleistete Arbeitsstunden	tödliche Arbeitsunfälle auf 1 Mio. geleistete Arbeitsstunden	auf 1 Mio. geleistete Arbeitsstunden	tödliche Wegeunfälle auf 1 Mio. geleistete Arbeitsstunden
Steinbruchs-BG	52,91	0,11	2,97	0,02
Hütten- und Walzwerks-BG	32,62	0,01	3,71	0,01
Maschinenbau- und Metall-BG	45,78	0,01	3,93	0,01
Metall-BG *	43,97	0,02	3,97	0,03
BG der Feinmechanik und Elektrotechnik	15,90	0,02	2,98	0,02
Bau-BG *	76,39	0,07	4,56	0,04
Tiefbau-BG	75,23	0,10	4,46	0,04
BG für Fahrzeughaltung	40,97	0,10	2,11	0,01
Die Kennzeichnung mit * weist darauf hin, daß das Unfallgeschehen mehrerer Berufsgenossenschaften zu einem Durchschnittswert zusammengefaßt wurde.				

Abb. 6.34: Durch Berufsgenossenschaften angezeigte Arbeits- und Wegeunfälle im Jahr 1994 (Auswahl und aggregierte Darstellung maßgeblichen Berufsgenossenschaften nach Bundesministerium für Arbeit und Sozialordnung, 1996, S. 49 f.)

Die Branchen Ausbauleistungen (22,6 %), Hoch- und Tiefbauleistungen (18,6 %), elektrotechnische Erzeugnisse (15 %), Stahl- und Leichtmetallbau sowie Schienenfahrzeuge (8,9 %) und Eisen und Stahl (6,4 %) haben zusammen einen Anteil von über 70 % am gesamten Investitionsvolumen der MSB Berlin-Hamburg (vgl. IFB, 1991, S. 54 zitiert nach Aleff, 1995, S. 58). Die Anzahl der Arbeitskräfte, die sich in diesen Branchen mit der Herstellung bzw. Errichtung der MSB befassen, läßt sich anhand der jeweiligen Anteile der Branchen am Investitionsvolumen und den durchschnittlichen Vorleistungsmultiplikatoren der Branchen (um die Vorleistungsverflechtung zu berücksichtigen) sowie der Produktivität einer Arbeitskraft in diesen Branchen näherungsweise berechnen.

Auf diesem Wege errechnen sich für die fünf betrachteten am Bau beteiligten Branchen ein jährlicher produktionsinduzierter Einsatz von rund 2.090 Arbeitskräften für Ausbauleistungen, 1.570 Arbeitskräften für Hoch- und Tiefbauleistungen, 1.330 Arbeitskräften zur Herstellung elektrotechnischer Erzeugnisse, 670 Arbeitskräften zur Herstellung von Stahl- und Leichtmetallbauerzeugnissen sowie (Schienen-)Fahrzeugen und 330 Arbeitskräften zur Herstellung von Eisen und Stahl (vgl. Aleff, 1995, S. 90 f.).

Anhand des ermittelten jährlichen Arbeitskräfteeinsatzes in diesen fünf Branchen zum Bau der MSB und der Angaben zum Unfallgeschehen bei der gesetzlichen Unfallversicherung in Abbildung 6.34 kann nun die Häufigkeit von Arbeits- und Wegeunfällen abgeschätzt werden[1]. Da die fünf betrachteten Branchen einen Anteil von ca. 71,5 % an dem Investitionsvolumen erhalten, wird für die übrigen beteiligten Branchen mit einem Anteil von etwa 28,5 % am Investitionsvolumen eine ähnliche Unfallhäufigkeit unterstellt und die Zahl der Unfälle analog hochgerechnet. Als Ergebnis dieser Abschätzung lassen sich für die Bauphase der MSB Berlin-Hamburg jährlich 838 Arbeitsunfälle (davon 0,84 tödlich) und 60 Wegeunfälle (davon 0,45 tödlich) prognostizieren. Wird die **gesamte Bauphase der MSB Berlin-Hamburg** von 4 ½ Jahren betrachtet, dann ist mit rund **4.000 angezeigten Arbeits- und Wegeunfällen** zu rechnen, bei denen etwa **6 Unfallopfer tödlich** verletzt werden.

Zu bedenken ist bei einer solchen Abschätzung jedoch, daß einerseits bereits ein schwerer Unfall diese Zahlen obsolet werden läßt, daß aber andererseits Sorgfalt bei der Bauaufsicht und die konsequente Einhaltung der Vorschriften zur Arbeitssicherheit zu niedrigeren Unfallzahlen führen kann.

Für eine quantitative Abschätzung der **Unfälle** in der **Bauphase** einer **ICE-Verbindung** liegen keine ausreichenden Daten vor. Es können jedoch qualitative Aussagen getroffen werden: Das Investitionsvolumen einer ICE-Neubaustrecke beträgt ca. 15 - 25 Mio. DM/Dkm für artreinen Hochgeschwindigkeitsverkehr und ca. 30 - 50 Mio. DM/Dkm für Mischverkehr. Je nach Auslegungsstandard können daher Fahrwegkosten (also ohne Fahrzeuge) für eine alternative ICE-NBS zwischen Berlin und Hamburg von 4,5 Mrd. DM bis 13,5 Mrd. DM angenommen werden (vgl. Thyssen Henschel Magnetfahrtechnik, 1996a, S. 6). Für die 177 km lange, artreine Hochgeschwindigkeitsneubaustrecke zwischen Köln und Rhein/Main wird von der DB AG sogar ein Investitionsvolumen von insgesamt 7,75 Mrd. DM bzw. rund 44 Mio. DM/Dkm genannt. Allein durch diese Investition in den Fahrwegbau entsteht ein Arbeitskräftebedarf von etwa 100.000 Mannjahren (vgl. o. V., 1995d, S. 9). Im Vergleich dazu erfordert der Fahrweg der MSB Berlin-Hamburg eine Investition von insgesamt 5,6 Mrd. DM oder rund 19 Mio. DM/Dkm (vgl. BMFT, 1994, S. 2).

Das Investitionsvolumen einer ICE-NBS entspricht somit grob dem einer MSB-Verbindung oder ist tendenziell sogar größer. Selbst dann, wenn berücksichtigt wird, daß in einer Mittelgebirgslandschaft im Gegensatz zu einer ICE-Trasse im Flachland ein Anteil von ca. 40 % der Kosten für Tunnel und Brücken veranschlagt werden muß (vgl. Rudolph, 1989, S. 22 f.). Aufgrund der Größe des Investitionsvolumens einer ICE-NBS kann im Vergleich zu der

---

[1] Für die Berechnung der Arbeitsstunden pro Branche wird von 220 Arbeitstagen im Jahr je Arbeitsplatz und einer täglichen Arbeitszeit von täglich 8 Stunden ausgegangen.

Errichtung einer MSB mit einem etwa gleichen oder sogar größeren Beschäftigungseffekt in der Bauphase gerechnet werden.

Ferner unterscheiden sich auch die Arbeitsanteile und die Zusammensetzung der am Bau einer ICE-NBS beteiligten Branchen von der Errichtung einer MSB-Verbindung. So wird zur Errichtung einer ICE-NBS deutlich mehr niederwertiges Material eingesetzt als bei einer MSB und ein Mehrfaches an Erdarbeiten durchgeführt (siehe Abschnitt 6.2.2). Dies führt im Vergleich zu einer MSB-Trasse vor allem zu einem **erhöhten Arbeitskräfteeinsatz im Bereich des Baufelds**. Höherwertige Trassenkomponenten, z. B. Schienen oder Schwellen, werden dagegen i. d. R. in ortsfesten Betrieben produziert und auf dem Baufeld lediglich montiert. Die Wertschöpfung und damit auch der Arbeitskräfteeinsatz findet bei der Produktion der höherwertigen Materialien bzw. Trassenkomponenten somit überwiegend in industriellen Anlagen statt, die sich dadurch auszeichnen, daß einerseits große Stückzahlen produziert werden und andererseits die Tätigkeiten der Arbeitskräfte in hohem Maße standardisiert sind.

Im Gegensatz zum Bau einer ICE-NBS wurde in Abschnitt 6.2.2 hinsichtlich der Errichtung einer MSB-Trasse ein größerer Einsatz von höherwertigen Materialien bzw. Trassenkomponenten festgestellt, die überwiegend in ortsfesten Betrieben produziert werden, z. B. Statorpakete oder Fahrwegträger. Andererseits ist auf dem Baufeld einer MSB-Trasse der Umfang der Erdarbeiten und auch das Volumen des Einbaus von niederwertigen Materialien geringer.

Wird die durchschnittliche Wahrscheinlichkeit betrachtet, mit der eine Arbeitskraft aus den wesentlichen am Bau beteiligten Gewerbezweigen verunglückt (siehe Abbildung 6.34), dann kann festgestellt werden, daß das Unfallrisiko in den Branchen Bau, Tiefbau und Natursteingewinnung deutlich höher liegt als etwa in den Branchen Maschinenbau, Metallerzeugung oder Feinmechanik und Elektrotechnik. Ein besonders hohes Risiko zu verunglücken, tragen dabei die Arbeitskräfte des Tiefbaugewerbes, die im Tunnelbau eingesetzt sind: So werden die Arbeiten zur Errichtung und Unterhaltung von Straßen von der Tiefbau-Berufsgenossenschaft der Gefahrenklasse[1] 5 zugerechnet, dagegen die Arbeiten zur Errichtung eines Tunnels in untertägiger Bauweise der Gefahrenklasse 17 (vgl. Tiefbau-BG, 1996, S. 1 f.). Dies entspricht unter dem Aspekt der (finanziellen) Unfallasten einem mehr als dreifach höheren Risiko, beim Tunnelbau zu verunglücken bzw. schwerer zu verunglücken als beim Straßenbau, obwohl das Unfallrisiko im gesamten Tiefbau im Vergleich zu anderen Branchen ohnehin sehr hoch liegt.

Zusammenfassend kann die Aussage getroffen werden, daß das Unfallrisiko für die Arbeits-

[1] Die Gefahrenklassen werden aus der Gegenüberstellung der Entgeltsummen und der Entschädigungsbeiträge berechnet. Sie geben daher die Unfallgefahren der jeweiligen Arbeiten, gemessen nach den auf ihnen ruhenden Unfallasten, wieder (vgl. Tiefbau-BG, 1996, S. 1).

kräfte in ortsfesten Betrieben deutlich niedriger ist als für Arbeitskräfte, die ihre Tätigkeit im Bereich des Baufelds ausüben, wobei der Tunnelbau ein besonders hohes Unfallrisiko birgt. Da zur Errichtung einer ICE-NBS im Vergleich zur Errichtung einer MSB-Trasse mindestens ebensoviele Arbeitskräfte eingesetzt werden, ein höherer Anteil der Arbeiten im Bereich des Baufelds ausgeführt wird und vor allem im Mittelgebirge ein höherer Tunnelanteil notwendig ist (siehe Abbildung 6.6), kann festgestellt werden, daß in der **Bauphase einer ICE-NBS mit mehr Unfälle zu rechnen** ist als beim Bau einer vergleichbaren MSB-Verbindung.

6.2.6.2 Verkehrsunfälle in der Betriebsphase

Die Angaben zur Unfallhäufigkeit der MSB in der Betriebsphase beruhen mangels empirischer Daten aus dem Anwendungsbetrieb auf Prognosen. So enthält der Risikowert der MSB beispielsweise auch einen Beitrag für durch starke Erdbeben ausgelöste Schäden, obwohl in Deutschland in den letzten Jahren keine Bahnunfälle durch Erdbeben verursacht wurden. Die Wahrscheinlichkeiten derartiger Vorkommnisse werden in einer Ereignisbaumanalyse berücksichtigt. Auf dieser Grundlage wird in der Literatur das **Unfallrisiko** in der Betriebsphase der **MSB** mit **0,02 Todesfällen pro Mrd. Pkm** angegeben. Auf die möglichen Schadensorte verteilt sich das Risiko folgend (vgl. Löser, 1994, S. 15):

- Innerhalb der Fahrzeuge 43 % (z. B. durch Brände, Explosionen oder Kollisionen),
- Außerhalb der Fahrzeuge 44 % (z. B. durch zusätzliche Unfälle im Straßenverkehr durch Kollision eines KFZ mit einer Fahrwegstütze),
- Im Bahnsteigbereich 13 % (v. a. Stürze beim Ein- und Aussteigen).

Das hohe Sicherheitsniveau soll durch verschiedene Maßnahmen erreicht werden. Durch einen gefährdungsfreien Übergang zwischen Bahnsteig und Fahrzeug, einem „Gate-System“, wie es ähnlich im Flugverkehr zur Anwendung kommt, sollen Unfälle und Suizide im Bahnsteigbereich, einer bei konventionellen Bahnen anteilmäßig häufigen Unglücksursache, weitgehend vermieden werden (vgl. Löser, 1994, S. 12). Ferner ist das Entgleisen eines Fahrzeugs ausgeschlossen, da die Fahrzeuge der MSB den Fahrweg umgreifen. In Notfällen sollen sichere Zielhalte angesteuert werden, an denen die Fahrgäste gefahrlos evakuiert werden können (vgl. Löser, 1994, S. 7 f.).

Ferner wird der Fahrweg der MSB konsequent von anderen Verkehrssystemen getrennt, so daß Kollisionen der Fahrzeuge der MSB mit anderen Verkehrsmitteln weitgehend ausgeschlossen sind. Das Betreten des Fahrwegs durch Unbefugte wird durch die Höhe des Fahrwegs, die auch bei ebenerdiger Bauweise bis zu 3,5 m beträgt, erschwert. Unfälle während Wartungs- und Instandhaltungsarbeiten am Fahrweg werden durch die Automatisierung dieser Arbeiten weitgehend vermieden.

Über das **Unfallrisiko** in der **Betriebsphase** des **ICE** liegen keine Angaben vor. Es kann jedoch davon ausgegangen werden, daß das Unfallrisiko des ICE ungefähr dem des übrigen konventionellen Schienenverkehrs entspricht. Zwar erhöhen einerseits Maßnahmen wie die Vermeidung niveaugleicher Kreuzungen mit anderen Verkehrswegen im Vergleich zum konventionellen Schienenverkehr die Sicherheit, andererseits aber führt die hohe Fahrgeschwindigkeit des ICE zu einer zusätzlichen Gefährdung von Personen, die sich befugt oder unbefugt im Bereich der Gleise aufhalten.

In den Jahren 1990 bis 1994 verunglückten durchschnittlich 299 Personen pro Jahr im Eisenbahnverkehr in Deutschland tödlich und weitere 1.597 Personen wurden verletzt (vgl. Statistisches Bundesamt, 1996b, S. 4). Bei einer Verkehrsleistung der DB AG von 61,3 Mrd. Pkm im Jahr 1994 errechnen sich **pro Mrd. Pkm** im Eisenbahnverkehr ca. **5 Todesfälle und 22 Verletzte**. Anzumerken ist hierbei, daß diese Zahlen die Verkehrsopfer des Güterverkehrs mit beinhalten. Der Anteil des Güterverkehrs an den Verkehrsopfern der Bahn kann allerdings als gering geschätzt werden. So sind im Straßenverkehr bei etwa 8 % aller Unfälle mit Todesopfern Güterkraftfahrzeuge die Hauptverursacher. Eine eindeutige Trennung zwischen Verkehrsopfern des Güterverkehrs und des Personenverkehrs ist jedoch sowohl im Straßenverkehr als auch im Schienenverkehr kaum möglich.

Das Unfallrisiko für Reisende im Eisenbahnverkehr ist hingegen deutlich geringer. In den Jahren zwischen 1990 und 1994 verunglückten durchschnittlich pro Jahr 42 Reisende tödlich und weitere 180 Reisende wurden im Durchschnitt verletzt. Überwiegend werden Bahnfremde, also weder Reisende noch Bahnbedienstete, Verkehrsopfer des Schienenverkehrs.

6.2.6.3 Ergebnisse der Analyse der Wirkungskategorie Verkehrsunfälle

In der Betriebsphase der MSB Berlin-Hamburg kann im Vergleich zu einer Verbindung mit einem R/S-System bzw. dem ICE mit deutlich weniger Unfallopfern gerechnet werden. Für eine Bewertung der MSB Berlin-Hamburg ist auch eine Betrachtung der Verkehrsopfer von Individual- und Luftverkehr interessant. In den Jahren 1993 und 1994 verunglückten im Straßenverkehr pro Mrd. Personenkilometer 14 Personen tödlich und 813 bzw. 836 Personen wurden verletzt. Allerdings resultieren diese vergleichsweise hohen Unfallzahlen auch aus einer Systemeigenschaft des Individualverkehrs, nämlich räumlich nicht von den anderen Lebensbereichen der Menschen abgetrennt zu sein. Für einen Vergleich mit der MSB bietet es sich daher an, nur die Verkehrsopfer auf den Autobahnen zu betrachten, denn gerade der PKW-

Fernverkehr soll durch die MSB Berlin-Hamburg substituiert werden. Auf den deutschen Autobahnen verunglückten in den Jahren 1993 und 1994 pro Mrd. Pkm 5 bzw. 6 Personen tödlich und etwa 230 Personen wurden pro Mrd. Pkm verletzt (vgl. Bundesministerium für Verkehr, 1995, S. 171).

Durch den Luftverkehr in Deutschland wurden in den Jahren 1991 bis 1995 jährlich im Durchschnitt 97 Personen getötet und 292 Personen verletzt (vgl. Statistisches Bundesamt, 1996b, S. 3). Die Verkehrsleistung des Luftverkehrs in dem Gebiet der Bundesrepublik Deutschland betrug in diesem Zeitraum jährlich rund 21 Mrd. Pkm (vgl. Bundesministerium für Verkehr, 1995, S. 215). Pro Mrd. Pkm des Luftverkehrs verunglückten somit ca. 4,6 Personen tödlich und weitere 14 Personen wurden verletzt. Durch die (partielle) Substitution des Schienen-, Straßen- und Luftverkehrs zwischen Berlin und Hamburg durch die MSB werden Unfälle dieser Verkehrssysteme vermieden. Abbildung 6.35 zeigt die Zahl der jährlich vermiedenen Verkehrsunfälle zwischen Berlin und Hamburg.

Verkehrssystem	**Personenschäden pro Mrd. Pkm:**		**Substituierte Personen-fahrten p. a.**	**Durch die Substitution p. a. vermiedene Verkehrsopfer:**	
	Tote	**Verletzte**		**Tote**	**Verletzte**
Luftverkehr	4,6	14	0,34 Mio.	0,5	1,4
Straßenverkehr (Autobahnen)	5,5	230	5,40 Mio.	8,8	368,0
Schienenverkehr	5	22	8,77 Mio.	13,0	57,2
Summe:	- -	- -	**14,51 Mio.**	**22,3**	**426,6**

Abb. 6.35: Jährlich vermiedene Verkehrsopfer zwischen Berlin und Hamburg durch die Substitution von Schienen-, Straßen- und Luftverkehr[1]

Durch den Betrieb der MSB Berlin Hamburg werden im Schienen-, Straßen- und Luftverkehr jährlich etwa 22 Todesopfer und die Verletzung von 427 Personen vermieden. Andererseits werden durch den Betrieb der MSB jährlich ca. 0,1 Personen getötet. Über die zu erwartende Häufigkeit von Unfällen mit verletzten Personen in der Betriebsphase der MSB Berlin-Hamburg liegen keine Prognosen vor, sie kann jedoch ebenfalls als niedrig vermutet werden. Insgesamt kann festgestellt werden, daß durch den **Betrieb der MSB** Berlin-Hamburg **jährlich etwa 22 Personen weniger** bei **Verkehrsunfällen getötet** werden. Weiterhin werden durch die (partielle) Substitution der Verkehrssysteme pro Jahr rund 400 Personen weniger verletzt als in einem Szenario ohne die MSB.

---

[1] Für alle Verkehrssysteme wird eine Strecke von 292,5 km unterstellt.

Zusammenfassend läßt sich hinsichtlich der Analyse der (Verkehrs-)Unfälle feststellen:

- Während der gesamten Bauphase der MSB Berlin-Hamburg ist mit rund 4.000 angezeigten Arbeits- und Wegeunfällen zu rechnen, bei denen etwa 6 Unfallopfer tödlich verletzt werden. Allerdings kann bereits ein schwerer Unfall diese Zahlen obsolet werden lassen. Die konsequente Einhaltung der Vorschriften zur Arbeitssicherheit und eine sorgfältige Bauaufsicht können dagegen zu niedrigeren Unfallzahlen führen.
- In der Bauphase einer ICE-NBS kann im Vergleich zu einer MSB-Verbindung mit einer höheren Unfallzahl pro Kilometer Trasse gerechnet werden.
- Die MSB vereinigt die Sicherheitsvorteile des Rad-/Schieneverkehrs und des Flugverkehrs. Für die Betriebsphase werden daher pro Mrd. Personenkilometer lediglich 0,02 tödlich verletzte Verkehrsopfer prognostiziert. Im Vergleich dazu werden im Eisenbahnverkehr der Bundesrepublik Deutschland ca. 5 Personen und im Individualverkehr auf Autobahnen ca. 5,5 Personen pro Mrd. Pkm tödlich verletzt.
- Durch den Betrieb der MSB Berlin-Hamburg und die damit verbundene (partielle) Substitution anderer Verkehrssysteme werden jährlich etwa 22 Personen weniger bei Verkehrsunfällen getötet und rund 400 Personen weniger verletzt.

6.3 Expertenbefragung zu den ökologischen Effekten einer Hochgeschwindigkeitsverkehrsstrecke Berlin-Hamburg

6.3.1 Ergebnisse der Befragung

Die zweite Komponente der vorliegenden Studie neben der vorangegangenen analytischen Betrachtung von MSB und ICE ist die Auswertung der durchgeführten Expertengespräche. Die methodische Vorgehensweise bei den Interviews wurde in Abschnitt 5.4.1 beschrieben. Die Ergebnisse des ökologischen Teils der Expertenbefragung werden in diesem Abschnitt dargestellt und in Abschnitt 6.3.2 interpretiert.

Den Schwerpunkt des ökologischen Teils der Expertenbefragung stellt die Beurteilung des TRP gegenüber konventionellen schienengebundenen Verkehrssystemen dar. Die Bewertung erfolgte anhand der Wirkungskategorien

- Flächenbedarf,
- Lärmemission,
- Schadstoffbelastung,

- Erschütterungen/Vibrationen,
- Trennwirkung/Zerschneidungseffekte,
- Klimabeeinflussung,
- Wasserwirtschaft,
- Optische Beeinflussung des Stadt- und Landschaftsbildes,
- Energieeinsatz,
- Materialeinsatz.

Zusätzlich zu den im analytischen Teil der vorliegenden Studie untersuchten Wirkungskategorien waren die Beeinflussungen des Klimas und der Wasserwirtschaft durch eine MSB Aspekte der Expertengespräche. Bei der Bewertung der Wirkungskategorien durch die Experten wurde wiederum zwischen der Erstellungsphase und der Betriebsphase differenziert. Das Ergebnis der Beurteilung des TRP durch die Experten anhand der einzelnen Wirkungskategorien stellt sich folgendermaßen dar:

Der **Flächenbedarf** der MSB TRP in der **Erstellungsphase** wurde von 28,1 % der Experten als „gering" oder „sehr gering" bezeichnet. Dagegen schätzten 26,3 % der Experten den Flächenbedarf der MSB während des Baus als größer ein als den von R/S-Systemen. Weitere 43,9 % bewerteten den Flächenbedarf als **gleich**. Die Frage nach dem Flächenbedarf der MSB in der **Betriebsphase** wurde durch die Experten eindeutig beantwortet: Nur 12,3 % der Experten bewerteten dieses Kriterium mit der Ausprägung „stark" oder „sehr stark". Die Mehrheit der Experten (52,7 %) beurteilte den Flächenbedarf einer MSB gegenüber den konventionellen schienengebundenen Verkehrssystemen als **geringer** und weitere 29,8 % schätzten den Flächenbedarf als gleich ein. Abbildung 6.36 zeigt die Einschätzung der Experten hinsichtlich des Kriteriums Flächenbedarf der MSB.

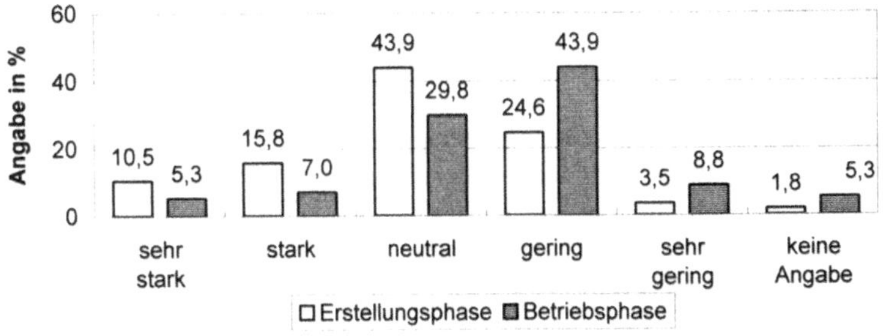

Abb. 6.36: Kriterium Flächenbedarf: Die Expertenmeinung über die Belastung durch den Transrapid im Vergleich zu konventionellen schienengebundenen Verkehrssystemen (n=57, zur Methodik der Befragung siehe Abschnitt 5.4.1)

Über die **Lärmemission** in der **Erstellungsphase** einer MSB urteilten 19,3 % der Experten, daß sie vergleichsweise höher liegt als bei konventionellen schienengebundenen Verkehrssystemen. Eine ähnlich große Zahl von Experten (17,6 %) vertrat die gegenteilige Auffassung. Die Mehrheit jedoch bewertete die Lärmemission in der Erstellungsphase einer MSB, verglichen mit konventionellen schienengebundenen Verkehrssystemen, als **gleich**. Die Lärmemission einer MSB in der **Betriebsphase** wurde dagegen sehr unterschiedlich eingeschätzt: Rund ein Drittel (33,4 %) der Experten beurteilte sie mit „stark" oder „sehr stark". Die Mehrheit der Experten (50,9 %) vertrat dagegen die Meinung, daß bei dem Betrieb der MSB **weniger Lärm** emittiert wird als bei dem Betrieb von konventionellen schienengebundenen Verkehrssystemen. Das genaue Bild der Expertenmeinungen zeigt Abbildung 6.37.

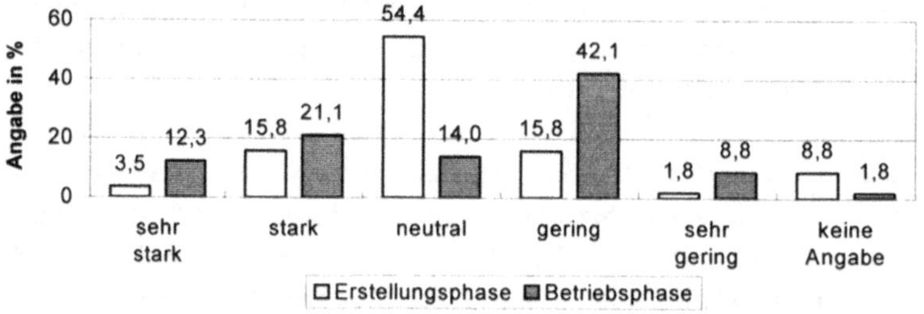

Abb. 6.37: Kriterium Lärmemission: Die Expertenmeinung über die Belastung durch den Transrapid im Vergleich zu konventionellen schienengebundenen Verkehrssystemen (n=57, zur Methodik der Befragung siehe Abschnitt 5.4.1)

Die **Schadstoffbelastung** in der **Erstellungsphase** wurde von zwei Dritteln der Experten als **gleich** eingestuft (66,7 %). Lediglich 7 % kamen zu dem Schluß, daß die Schadstoffbelastung höher ist. Immerhin 21,1 % der Experten schätzten die Schadstoffbelastung durch die Errichtung einer MSB gegenüber der Errichtung eines konventionellen schienengebundenen Verkehrssystems als geringer ein. In der **Betriebsphase**, so urteilten 47,4 % der Experten, ist die Schadstoffbelastung durch eine MSB **geringer**. Nur 8,8 % der Experten hielt die Schadstoffbelastung durch ein konventionelles schienengebundenes Verkehrssystem für geringer. Allerdings sahen 40,4 % der Experten hinsichtlich der Schadstoffbelastung keine Vor- oder Nachteile zugunsten eines Systems (siehe Abbildung 6.38).

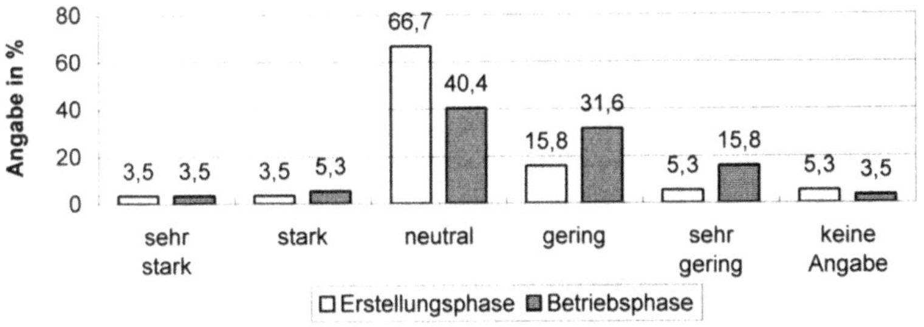

Abb. 6.38: Kriterium Schadstoffbelastung: Die Expertenmeinung über die Belastung durch den Transrapid im Vergleich zu konventionellen schienengebundenen Verkehrssystemen (n=57, zur Methodik der Befragung siehe Abschnitt 5.4.1)

Die Belastungen in der **Erstellungsphase** einer MSB durch **Erschütterungen** und **Vibrationen** schätzte die Mehrheit der Experten (50,9 %), verglichen mit einem konventionellen schienengebundenen Verkehrssystem, als **gleich** ein. Immerhin 21,1 % der Experten wählten die Ausprägung „stark" oder „sehr stark", andererseits aber wählten auch 17,5 % der Experten „gering" oder „sehr gering". Für die **Betriebsphase** ergibt sich ein völlig anderes und eindeutiges Bild, denn 59,7 % der Experten vertraten die Auffassung, daß eine MSB **weniger** Erschütterungen und Vibrationen emittiert. 17,6 % der Experten vertraten eine gegenteilige Meinung, wie Abbildung 6.39 zeigt.

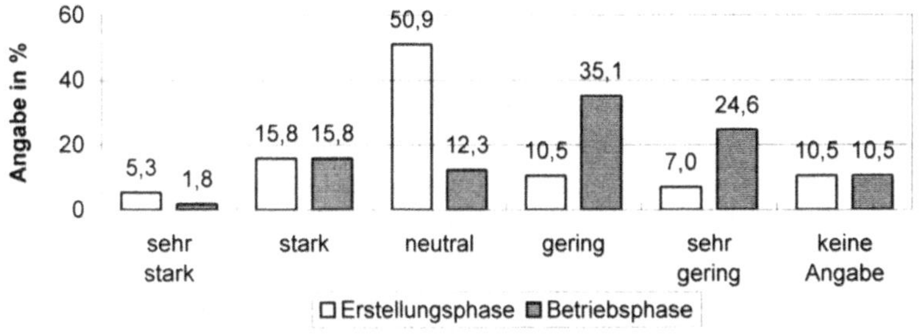

Abb. 6.39: Kriterium Erschütterungen/Vibrationen: Die Expertenmeinung über die Belastung durch den Transrapid im Vergleich zu konventionellen schienengebundenen Verkehrssystemen (n=57, zur Methodik der Befragung siehe Abschnitt 5.4.1)

Die von der **Erstellung** einer MSB-Trasse ausgehenden **Trennwirkungen** wurden sehr unterschiedlich eingeordnet: Gegenüber den Trennwirkungen eines konventionellen schienengebundenen Verkehrssystems in der Bauphase schätzten 26,3 % der Experten die Auswirkungen beim Bau einer MSB als geringer ein, aber fast die gleiche Anzahl von Experten (24,5 %) hielt die Belastungen durch eine MSB für größer. Vielfach wurde die Ansicht vertreten, daß sich die Belastungen in der Bauphase in etwa **gleichen** (40,4 %). Die Bewertung der Trennwirkungen einer MSB in der **Betriebsphase** erfolgte durch die Experten ebenfalls sehr heterogen. Zwar wurde am häufigsten eine **„geringe"** oder **„sehr geringe"** Trennwirkung der MSB genannt (42,1 %), jedoch bewerteten 29,8 % die Trennwirkung einer MSB mit „stark" oder „sehr stark" (siehe Abbildung 6.40).

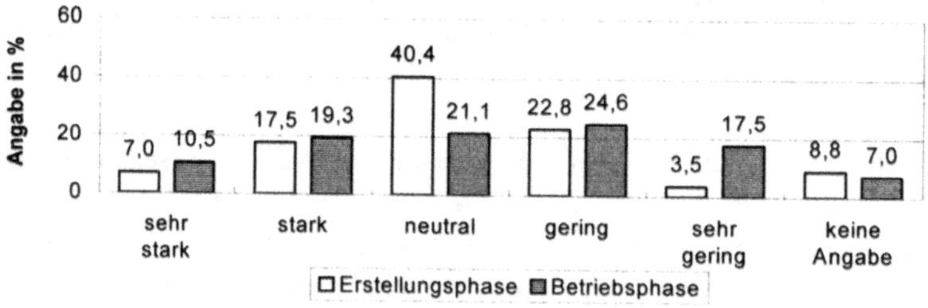

Abb. 6.40: Kriterium Trennwirkung/Zerschneidungseffekte: Die Expertenmeinung über die Belastung durch den Transrapid im Vergleich zu konventionellen schienengebundenen Verkehrssystemen (n=57, zur Methodik der Befragung siehe Abschnitt 5.4.1)

Das Meinungsbild der Experten zur **Klimabeeinflussung** durch den TRP ist dagegen recht eindeutig. Lediglich 7,1 % der Experten hielten die Klimabelastung durch die **Erstellung** einer MSB für höher als bei konventionellen schienengebundenen Verkehrssystemen. Die Mehrzahl der Experten (54,4 %) sah **keinen gravierenden Unterschied** und weitere 28,1 % von ihnen bewerteten die MSB als günstiger. Für die **Betriebsphase** zeigt sich ein ähnliches Bild. Wiederum nur 7,1 % der Experten bewerteten den TRP unter diesem Aspekt als nachteilig. Dagegen waren 36,9 % von einer geringeren Klimabeeinflussung durch die MSB überzeugt. Am häufigsten wurde jedoch die Meinung vertreten, daß sich die Belastungen **gleichen**. Abbildung 6.41 gibt die genaue Verteilung der Einschätzungen wieder.

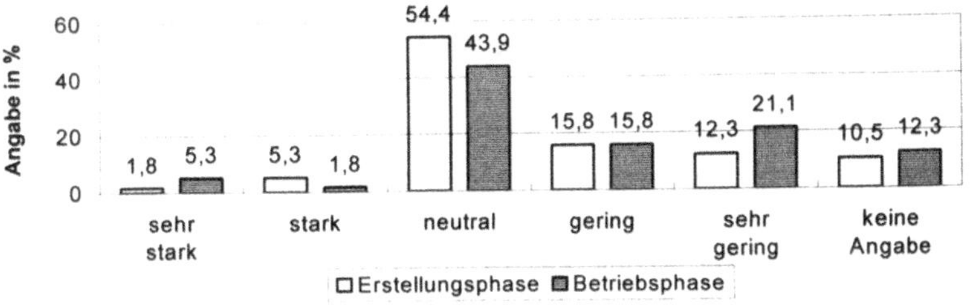

Abb. 6.41: Kriterium Klimabeeinflussung: Die Expertenmeinung über die Belastung durch den Transrapid im Vergleich zu konventionellen schienengebundenen Verkehrssystemen (n=57, zur Methodik der Befragung siehe Abschnitt 5.4.1)

Die Belastung der **Wasserwirtschaft** durch die **Erstellung** einer MSB wurde gegenüber der Belastung durch die Erstellung eines R/S-Systems von den Experten als gering (36,9 %) oder als **gleich** (40,4 %) eingestuft. Nur 10,5 % der Experten sahen eine höhere Belastung durch die MSB. Hinsichtlich der **Betriebsphase** verdeutlicht sich diese Einschätzung, denn 45,6 % der Experten schätzten die Belastungen einer MSB auf die Wasserwirtschaft, verglichen mit dem konventionellen schienengebundenen Verkehrs, als „**gering**" oder gar „**sehr gering**" ein und weitere 38,6 % wählten die Merkmalsausprägung „neutral". Nur 5,3 % der Experten bewerteten die MSB unter diesem Kriterium als schlechter, wie Abbildung 6.42 zeigt:

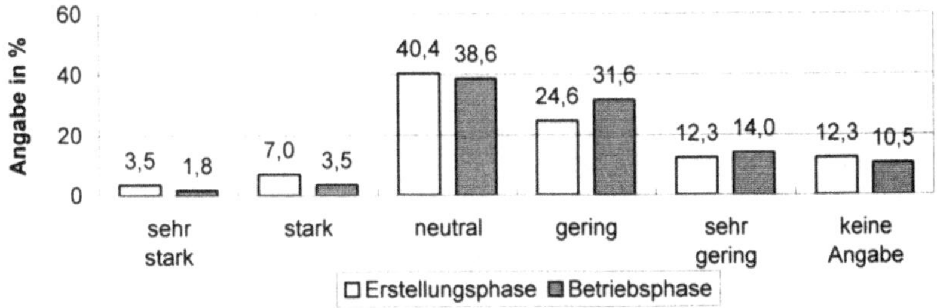

Abb. 6.42: Kriterium Wasserwirtschaft: Die Expertenmeinung über die Belastung durch den Transrapid im Vergleich zu konventionellen schienengebundenen Verkehrssystemen (n=57, zur Methodik der Befragung siehe Abschnitt 5.4.1)

In der **Erstellungsphase** der MSB sieht knapp die Hälfte der Experten (49,1 %) eine **optische Beeinflussung des Stadt- und Landschaftsbildes**, die dem Bau eines konventionellen schienengebundenen Verkehrssystems ungefähr **gleicht**. Allerdings erwarten auch 36,9 % der Experten vom Bau einer MSB eine größere Beeinflussung. Lediglich 8,8 % der Befragten sahen Vorteile beim Bau einer MSB. Deutlich ist das Ergebnis der Beurteilung der optischen Beeinflussung des Stadt- und Landschaftsbildes in der **Betriebsphase**, da 57,9 % der Experten der MSB eine **größere Beeinflussung** zuschreiben. Immerhin 29,8 % der Experten sehen das Stadt- und Landschaftsbild durch den Betrieb einer MSB oder einer R/S-Verbindung gleichermaßen beeinträchtigt. Nur 10,6 % der Experten sehen unter diesem Aspekt Vorteile bei der MSB. Abbildung 6.43 führt die Ergebnisse im einzelnen auf.

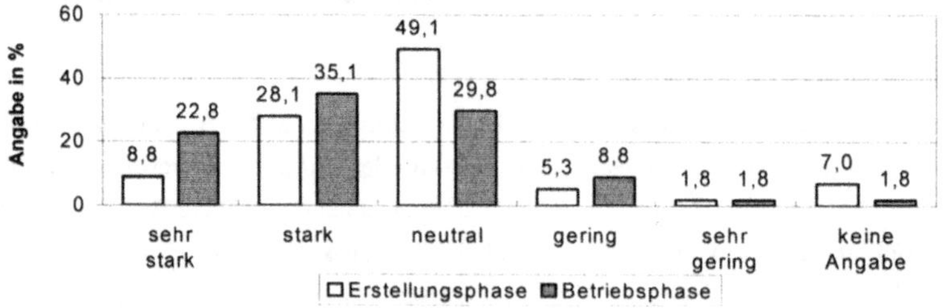

Abb. 6.43: Kriterium optische Beeinflussung des Stadt- und Landschaftsbildes: Die Expertenmeinung über die Belastung durch den Transrapid im Vergleich zu konventionellen schienengebundenen Verkehrssystemen (n=57, zur Methodik der Befragung siehe Abschnitt 5.4.1)

Bezüglich des **Energieeinsatzes** zur **Erstellung** einer MSB-Verbindung vertraten 42,1 % der Experten die Ansicht, daß der Bau einer Rad-/Schieneverbindung einen etwa **gleichen** Energieeinsatz erfordert. Nur 14,1 % beurteilten den Energieeinsatz zur Errichtung einer MSB als geringer, dagegen hielten ihn 29,9 % für größer. Über den Energieeinsatz in der **Betriebsphase** wichen die Meinungen stark voneinander ab, wie Abbildung 6.44 zeigt. Ein gutes Drittel der Experten (35,1 %) bewertete den Energieeinsatz während des Betriebs der MSB als größer und ein weiteres gutes Drittel (35,1 %) als kleiner. Von 19,3 % der Experten wurde der Energieeinsatz in der Betriebsphase als etwa **gleich** beurteilt.

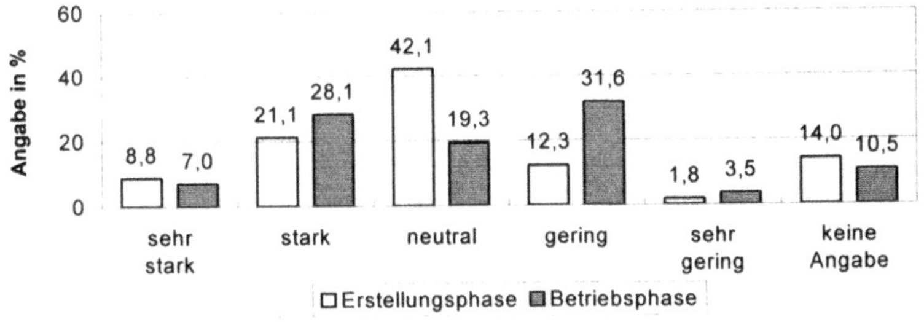

Abb. 6.44: Kriterium Energieeinsatz: Die Expertenmeinung über die Belastung durch den Transrapid im Vergleich zu konventionellen schienengebundenen Verkehrssystemen (n=57, zur Methodik der Befragung siehe Abschnitt 5.4.1)

Die letzte Wirkungskategorie, die von den Experten bewertet wurde, ist der **Materialeinsatz**. Unter diesem Gesichtspunkt sahen in der Phase der **Erstellung** 47,4 % der Experten einen **größeren** Materialeinsatz bei dem Bau einer MSB. Nur 12,3 % bewerteten den Materialeinsatz zur Errichtung eines konventionellen schienengebundenen Verkehrssystems als größer. Immerhin 31,6 % der Experten beurteilten den Materialeinsatz in der Bauphase als gleich. Über die **Betriebsphase** urteilten die Experten anders: 26, 3 % von ihnen wählten die Ausprägung „gering" oder „sehr gering" und nur noch 22,8 % bewerteten den Materialeinsatz in der Betriebsphase der MSB als größer. Die meisten Experten (42,1 %) vertraten jedoch die Auffassung, daß sich der Materialeinsatz in der Betriebsphase einer MSB und eines konventionellen schienengebundenen Verkehrssystems weitgehend **gleicht** (siehe Abbildung 6.45).

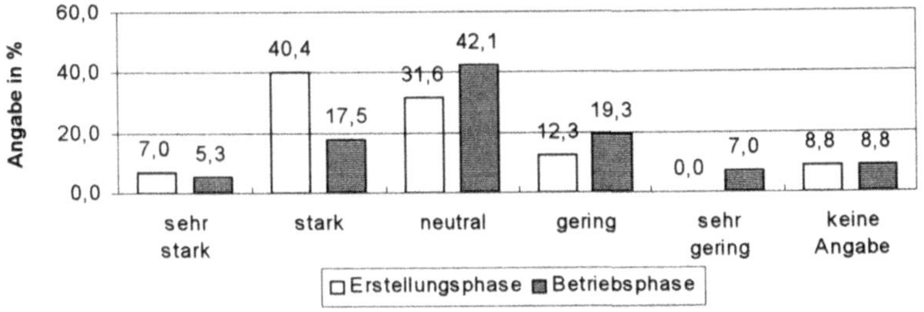

Abb. 6.45: Kriterium Materialeinsatz: Die Expertenmeinung über die Belastung durch den Transrapid im Vergleich zu konventionellen schienengebundenen Verkehrssystemen (n=57, zur Methodik der Befragung siehe Abschnitt 5.4.1)

Um ein zusammenfassendes Urteil der Experten zur ökologischen Verträglichkeit der MSB Berlin-Hamburg im Vergleich zu einem R/S-System zu erhalten, wurde den Experten die Frage gestellt: „Hätten Sie zwischen Berlin und Hamburg aus **ökologischer** Sicht eine ICE-Trasse der Transrapidtrasse vorgezogen?“. Knapp die Hälfte der Experten (49,1 %) verneinte die Frage, aber fast die gleiche Anzahl von Experten (45,6 %) hätte eine ICE-Verbindung vorgezogen.

Eine weitere Frage zielte ebenfalls auf ein Gesamturteil der Experten zur ökologischen Verträglichkeit der MSB, diesmal jedoch unabhängig von der konkreten Planung einer MSB zwischen Berlin und Hamburg. Die Frage lautete: „Gibt es andere Strecken, auf denen der Betrieb des Transrapid **ökologisch** sinnvoll wäre?“. Von den Experten, die diese Frage beantworteten, entschieden sich 74 % für „ja“ und 26 % für „nein“.

Die Experten, die bejahten, wurden in einer Anschlußfrage aufgefordert, Strecken zu nennen, auf denen der Einsatz der MSB aus ihrer Sicht ökologisch sinnvoll wäre. Ein Teil von ihnen antwortete mit der Benennung konkreter Verbindungen, andere gaben generelle Einsatzmöglichkeiten an. Abbildung 6.46 zeigt die von den Experten genannten Strecken bzw. Einsatzmöglichkeiten, geordnet nach der Häufigkeit der Nennung. Einzelne Nennungen wurden nicht berücksichtigt.

Expertenvorschläge ökologisch sinnvoller MSB-Verbindungen	**Häufigkeit der Nennung**
1 Verbindung dicht besiedelter Regionen (z. B. Rhein/Main-Gebiet und Ruhrgebiet, Hamburg und Ruhrgebiet)	8
2 Berlin - südliche Richtung/international (z. B. südl. Mitteleuropa oder Südosteuropa)	8
3 Berlin - Osteuropa (z. B. Warschau oder Moskau)	7
4 Überquerung von (Mittel-)Gebirgen	7
5 Berlin - südliche Richtung/innerdeutsch	6
6 Flughafenanbinder	6
7 Deutschland/Städteverbindung	5
8 Weitläufige Gebiete	3
9 Berlin - westliches Deutschland	2
10 Kalifornien	2

Abb. 6.46: Ökologisch als sinnvoll erachtete Strecken für den Transrapid

6.3.2 Bewertung der Ergebnisse

Die Bewertung der ökologischen Effekte einer MSB im Vergleich zu einem R/S-System durch die befragten Experten führte im Gegensatz zur analytischen Betrachtung der MSB nicht zu einer Vielzahl von Einzeldaten, sondern zu einigen wenigen aggregierten Zahlen. Eine Bewertung und Interpretation der gewonnenen Informationen je Wirkungskategorie ist somit leichter zu bewerkstelligen.

Die **Bewertung** der MSB TRP anhand der zehn **Wirkungskategorien** gemäß der Einschätzung der Experten läßt sich derart zusammenfassen, daß die MSB TRP im Vergleich zu einem R/S-System

- in der Betriebsphase **deutlich weniger** Fläche beansprucht, in der Bauphase aber ungefähr die **gleiche** Fläche benötigt,

- in der Betriebsphase **weniger** Schall emittiert, in der Bauphase aber diesbezüglich keinen Vorteil aufweist,

- in der Betriebsphase **deutlich weniger** Schadstoffe emittiert, in der Bauphase aber bezüglich der Schadstoffemission keinen Vorteil aufweist,

- in der Betriebsphase **deutlich weniger** Erschütterungen verursacht, in der Bauphase aber bezüglich der Emission von Erschütterungen keine Vorteile besitzt,

- in der Betriebsphase die Landschaft in **geringerem** Ausmaß zerschneidet, in der Bauphase aber keine Vorteile besitzt,

- sowohl in der Betriebs- als auch in der Bauphase das Klima **weniger** beeinflußt,

- sowohl in der Betriebs- als auch in der Bauphase die Wasserwirtschaft **deutlich weniger** beeinträchtigt,

- sowohl in der Betriebs- als auch in der Bauphase das Stadt- und Landschaftsbild **deutlich stärker** beeinflußt,

- in der Betriebsphase etwa den **gleichen** Energieeinsatz erfordert, in der Bauphase aber **mehr** Energie benötigt,

- in der Betriebsphase einen etwa **gleichen** Materialeinsatz erfordert, aber **mehr** Material für die Errichtung benötigt.

In der Beurteilung durch die interviewten Experten wird der **TRP** somit nur hinsichtlich der **Beeinflussung des Stadt- und Landschaftsbildes eindeutig negativ bewertet**, ein Ergebnis, das die analytische Betrachtung nicht leisten konnte. Die Beurteilung des TRP bezüglich der übrigen neun Wirkungskategorien fiel durch die Experten überwiegend positiv aus: So wurde die ökologische Verträglichkeit der MSB in der **Betriebsphase** in **sieben** dieser neun **Wirkungskategorien** als **besser** oder sogar als **deutlich besser** bewertet und zweimal als gleich. Die Bewertung der **Bauphase** durch die Experten führt zu keinem eindeutigen Ergebnis: In fünf Wirkungskategorien sahen die Experten weder Vor- noch Nachteile, in **drei Wirkungskategorien** wurde der TRP **negativer** oder **deutlich negativer** bewertet und in **zwei Wirkungskategorien** als **positiver** bzw. **deutlich positiver**.

Diese relativ positive Bewertung MSB setzt sich in den folgenden Fragen fort. Zwar sind die Experten in der Beurteilung der MSB-Verbindung Berlin-Hamburg eher indifferent, wird jedoch die MSB unabhängig von der ersten konkret geplanten Anwendungsstrecke angesprochen, dann bewerten sie **fast drei Viertel** der **Experten** als ein aus **ökologischer Sicht wünschenswertes Verkehrsmittel**. Mehr sogar: Etwa die Hälfte der Experten, die sich gegen eine MSB Berlin-Hamburg aussprachen, können sich an anderer Stelle eine MSB durchaus vorstellen. **Sie votierten somit nicht gegen das System der MSB** an sich, sondern lediglich gegen die Verbindung Berlin-Hamburg.

Während in der aktuellen Diskussion um die MSB Strecken von Hamburg nach Amsterdam oder in Australien genannt werden, war für die befragten Experten überwiegend Berlin Drehkreuz und Ausgangspunkt zukünftiger MSB-Verbindungen. Für das in Zukunft mögliche MSB-Netz werden gute Chancen vor allem im östlichen und südöstlichen Mitteleuropa gesehen. Dagegen scheint die Nord-Süd-Verbindung des ICE zwischen Hamburg und München für Verbindungen der MSB von Berlin aus in westliche und südwestliche Richtungen als Barriere zu wirken, denn abgesehen von Ausnahmen sahen die Experten hier keine Anwendungsmöglichkeiten, obwohl insbesondere die Ost-West-Verbindungen in Deutschland Defizite aufweisen.

Als Ergebnis der analytische Betrachtung und der empirischen Erhebung läßt sich das folgende Fazit ziehen:

6.4 Zusammenfassung der Ergebnisse und Resümee

Die MSB stellt insgesamt ein verhältnismäßig umweltverträgliches Verkehrsmittel dar. Sowohl die analytische Untersuchung von MSB und ICE als auch die Befragung der Experten hat gezeigt, daß eine MSB TRP im Vergleich zum R/S-System ICE 1 in den meisten der betrachteten Wirkungskategorien als günstiger zu bewerten ist oder zumindest als gleichwertig. Lediglich in der Bauphase führt die größere eingesetzte Menge hochwertiger Materialien zu einer schlechteren Bewertung der MSB unter den Aspekten Schadstoffemission und Energieeinsatz. Abbildung 6.47 faßt die Ergebnisse der Analyse und der Expertengespräche in einer Übersicht zusammen.

Bei der Beurteilung der Ergebnisse muß berücksichtigt werden, daß die Bewertung der Bauphase nur gering zu gewichten ist, da über einen Nutzungszeitraum von 80 Jahren die **ökologischen Auswirkungen der Betriebsphase dominieren**. So beträgt beispielsweise die Errichtungsenergie der MSB nur rund ein Zehntel der Fahrenergie des gesamten Nutzungszeitraums. Der höhere Verschleiß des R/S-Systems wurde der Betriebsphase zugeschrieben, gleichwohl könnte der Verschleiß auch der Bauphase zugerechnet werden, da der Austausch der Gleise und des Schotters einem teilweisen Neubau der ICE-Trasse entspricht.

Der höhere Verschleiß des R/S-Systems vor allem bei hohen Geschwindigkeiten ist ein deutlicher Nachteil dieser Technologie. Das häufig zu hörende Argument gegen die Magnetschwebetechnologie, daß durch neue Entwicklungen in der R/S-Technologie die Geschwindigkeit in Bereiche gesteigert werden kann bzw. wurde, die noch vor zwei Jahrzehnten undenkbar waren, ist nur bedingt nachvollziehbar: Tatsächlich werden mit der R/S-Technologie Betriebsgeschwindigkeiten von 280 km/h und mehr erreicht, jedoch genau um den Preis, den es bis Anfang der 70er Jahre zu vermeiden galt und weshalb vor etwa 25 Jahren die Erforschung der Magnetschwebetechnik intensiviert wurde, nämlich der Hinnahme eines relativ hohen Verschleißes aufgrund des Erreichens der („Vernunfts-„)Grenzen der R/S-Technologie.

Statt dessen werden in der Literatur zur R/S-Technologie immer höhere Geschwindigkeiten mittels neuer Techniken für erreichbar erklärt. Kritische Analysen, die sich mit einzelnen Aspekten des Verschleißes der R/S-Technologie befassen, existieren kaum und eine umfassende Untersuchung zu diesem Thema scheint – öffentlich zugänglich – nicht vorzuliegen. Die Tatsache der relativen ökologischen Verträglichkeit des konventionellen Schienenverkehrs hat anscheinend dazu geführt, daß der Schienenverkehr insgesamt den ökologischen Nimbus trägt und daß kritische Analysen des „Spitzenprodukts“ Hochgeschwindigkeitsverkehr unterbleiben.

BEWERTUNG DER MAGNETSCHNELLBAHN TRANSRAPID			
WIRKUNGSKATEGORIE		Ergebnisse der analytische Bewertung der MSB TRP[1]	Ergebnisse der empirischen Erhebung[2] (Experteninterviews)
Flächenbedarf	Bauphase	o	o
	Betriebsphase	+	++
Schallemission	Bauphase	+	o
	Betriebsphase	o (++)	+
Schadstoffemission	Bauphase	– –	o
	Betriebsphase	+ (++)	++
Erschütterungen/ Vibration	Bauphase	+	o
	Betriebsphase	++	++
Trennwirkung/ Zerschneidung	Bauphase	o	o
	Betriebsphase	++	+
Klimabeeinflussung	Bauphase	n. b.	+
	Betriebsphase	n. b.	+
Wasserwirtschaft (Versiegelung)	Bauphase	o	++
	Betriebsphase	++	++
Optische Beeinflussung	Bauphase	o	– –
	Betriebsphase	o	– –
Energieeinsatz	Bauphase	– –	–
	Betriebsphase	+ (++)	o
Materialeinsatz	Bauphase	o	–
	Betriebsphase	++	o
Verkehrsunfälle	Bauphase	+	n. b.
	Betriebsphase	++	n. b.

Legende:
++: deutliche Vorteile, +: Vorteile, o: gleiche Bewertung, –: Nachteile, – –: deutliche Nachteile
n. b.: nicht bewertet.
In Klammern: Bewertung der MSB TRP im direkten Systemvergleich (gleiche Bedingungen)

Abb. 6.47: Aggregierte Darstellung der Ergebnisse der analytischen Untersuchung von MSB TRP und ICE 1 und der Ergebnisse der Expertengespräche

[1] Als Maßstab der analytischen Bewertung der MSB diente das ICE-System.
[2] Als Maßstab der empirischen Bewertung der MSB durch die Experten diente das konventionelle R/S-System.

Aufgrund des mit zunehmender Geschwindigkeit überproportional ansteigenden Fahrenergieverbrauchs der MSB sind Geschwindigkeiten deutlich über 400 km/h aus ökologischer Sicht nicht wünschenswert. Entscheidend für die Bestimmung der optimalen Betriebsgeschwindigkeit der MSB sind jedoch nicht der Energieverbrauch und die Schadstoffemission der MSB Berlin-Hamburg allein. Vielmehr sind der Energieverbrauch und die Schadstoffemissionen aller Verkehrssysteme zwischen Berlin und Hamburg zu betrachten und zu minimieren. Wird durch eine Geschwindigkeitserhöhung der MSB in großer Zahl zusätzlich Verkehr von anderen Verkehrsmitteln - insbesondere Straßen- und Flugverkehr - substituiert, dann wird die Umwelt durch diese Geschwindigkeitserhöhung insgesamt entlastet. Bei welcher Betriebsgeschwindigkeit dieses Optimum liegt, sollte Gegenstand weiterer Untersuchungen werden.

Wenn also mittels spurgeführter HGVS Betriebsgeschwindigkeiten von mehr als 250 km/h erreicht werden sollen, gleichgültig ob der Markt danach verlangt oder ob dies von den Entscheidungsträgern in Politik und Wirtschaft für erforderlich gehalten wird, dann ist vor dem Hintergrund der Ergebnisse dieser Studie aus ökologischer Sicht bezogen auf die untersuchten Wirkungskategorien - **zumindest auf Strecken mit mittlerem und hohem Fahrgastaufkommen** - die MSB TRP der R/S-Technologie vorzuziehen. Für die R/S-Technologie bietet sich dagegen der Einsatz auf weniger stark frequentierten Strecken an, allerdings mit einer deutlich niedrigeren Fahrgeschwindigkeit. Die MSB und der ICE sollten in diesem Sinne nicht als Konkurrenten betrachtet werden. Vielmehr kann mit beiden Systemen ein **bedarfsgerechtes** Hochgeschwindigkeitsverkehrsnetz gebildet werden.

Die Anwendungsstrecke der MSB TRP zwischen Berlin und Hamburg nutzt die technischen Möglichkeiten und ökologischen Vorteile der MSB nur teilweise aus, denn die Topographie zwischen Berlin und Hamburg ist ein ideales „Eisenbahn-“ Gelände. Die MSB hingegen könnte ihre Leistungspotentiale besser in einer Mittelgebirgslandschaft unter Beweis stellen (siehe auch den Anteil von Tunnels und Brücken im Mittelgebirge im Trassierungsvergleich von MSB und ICE in Abbildung 6.6). Unter wirtschaftlichen Gesichtspunkten für eine Erstanwendung der MSB mag eine Verbindung der Städte Berlin und Hamburg attraktiv sein, gleichwohl wäre eine alternative MSB-Trasse Rhein/Main-Rhein/Ruhr aufgrund höherer Fahrgastzahlen und anspruchsvollerer Trassierungsanforderungen eine idealere Referenzstrecke für die MSB gewesen.

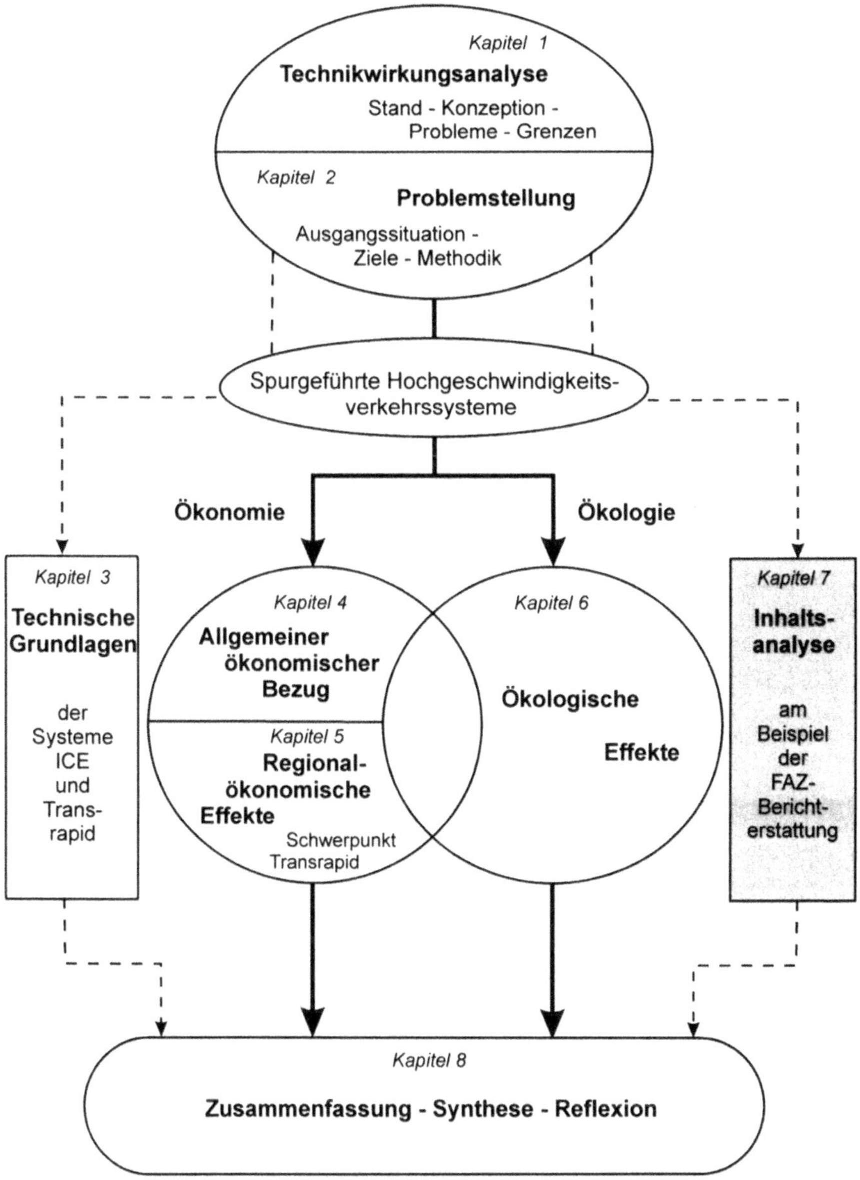

Kapitel 1
Technikwirkungsanalyse
Stand - Konzeption - Probleme - Grenzen
Kapitel 2
Problemstellung
Ausgangssituation - Ziele - Methodik
Spurgeführte Hochgeschwindigkeits-verkehrssysteme
Ökonomie
Ökologie
Kapitel 3
Technische Grundlagen
der Systeme ICE und Trans-rapid
Kapitel 4
Allgemeiner ökonomischer Bezug
Kapitel 5
Regional-ökonomische Effekte
Schwerpunkt Transrapid
Kapitel 6
Ökologische Effekte
Kapitel 7
Inhalts-analyse
am Beispiel der FAZ-Bericht-erstattung
Kapitel 8
Zusammenfassung - Synthese - Reflexion

7 Die Magnetschwebebahn Transrapid im Spiegel einer Zeitung: Ergebnisse einer Inhaltsanalyse

JOCHEN HÖFT/TORSTEN DUNKEL

7.1 Relevanz, Ziele und Vorgehensweise

7.1.1 Zur Funktion des Mediums „Zeitung" und des geschriebenen Wortes

Die wirtschaftliche Umsetzung von technisch innovativen Großprojekten hat in einer modernen demokratischen Gesellschaft nicht nur gegenüber Konkurrenten, sondern auch gegenüber einem >>öffentlichen Raum<< vielseitige Schwierigkeiten zu bewältigen. Aus einer zeitlichen Verdichtung der sich dem Markt annähernden Ereignisse folgt für Unternehmen wie auch für politische Institutionen, daß zukünftige „... Entscheidungen bekanntgegeben werden müssen, bevor sie getroffen werden, um die verschiedenen Reaktionen festzustellen, die eintreten könnten, wenn solche Entscheidungen tatsächlich getroffen werden." Wenn derart die „Geschwindigkeit der Informationsübermittlung" zunimmt, bildet sich die Tendenz heraus, daß mit unmittelbarer Miteinbeziehung der relevanten Institutionen bzw. Gesellschaftsmitglieder und durch die Brisanz einer Presseerklärung eine Benachrichtigung zu einem zentralen Akt der Meinungsbildung werden kann. An dieser Schnittstelle der Diskurse von wirtschaftlichen Akteuren und politischen Prominenzen ist die Presse angesiedelt. Demnach besitzt eine Zeitung die Möglichkeit der „oppositionelle[n] Haltung"[1], da sie persönliche Vorteilnahmen in einzelnen Erklärungen gegenüber der Öffentlichkeit kritisieren kann, wobei sie ihren Lesern gerecht werden muß (vgl. McLuhan, 1995, S. 310 f.). Sie fasziniert mit schlechten und guten Nachrichten, ohne dabei ihren demokratischen Impetus zu verlieren. Insofern vermittelt die Zeitung ein Stimmungsbild, das in der Politik die Durchsetzbarkeit zukünftiger Entscheidungen reflektiert.

Im Gegensatz zum Buch und dessen linearer Zeichenform, bei dem der Leser einen distanzierten und passiven Standpunkt erhält, ist die Zeitung selbst zu einem gemeinschaftlichen Leitbild des „... menschlichen Zusammenleben[s] geworden; denn die Mosaikform drückt [...] ein ständiges Mitmachen [aus]" (vgl. McLuhan, 1995, S. 321). Das Mosaik ihrer optischen Aufmachung erzeugt ein Vorstellungsbild eines kollektiven Zusammenhangs im >>öffentlichen Raum<<: „... eine visuelle, nicht zu sehr gebundene Einheit" aller Beteiligten, obwohl diese nur gelegentlich Zwischenabhängigkeiten eingehen. „Gerade dieses Gruppenbild des Gemeinschaftslebens und nicht die Ansichten oder die Richtung der Herausgeber macht das Mitrei-

[1] Die in den eckigen Klammern eingefügten Ergänzungen in den Zitaten sind von seiten der Verfasser dieser Analyse erfolgt.

ßende dieses Mediums aus" (vgl. McLuhan, 1995, S. 329 u. 326). Das unmittelbare Mitdabeisein des Lesers schließt also einen Gemeinschaftscharakter im Sinne eines Privatcharakters eher ein als aus.

Die zeitliche Struktur der jeweiligen Berichterstattungen zeichnet sich allerdings durch Wissensbrüche aus, weswegen ein gleichförmig erscheinender Handlungszusammenhang nur durch öffentlich verkündete Entscheidungen markiert ist, oder dieser ist selbst durch die „Immobilität des Eigennamens" (Lang, 1986, S. 262) gegeben, wie es bei dem Namen bzw. Symbol Transrapid der Fall sein mag. Namen lassen sich, abgesehen von ihrer pronominalen Form (z. B. er), nicht weiter sprachlich reduzieren. Jede am Diskurs beteiligte Institution - jeder dort Handelnde oder auch Journalist - hat eine singuläre Präsentation des „Symbolischen". Bei dieser Präsentation wird ein geleitetes logisches Operieren ermöglicht, das derart eigene Vorstellungsbilder in der Auffassung des Handelnden repräsentieren läßt. Bei diesem je eigenen Erfahren in Form der Aussagelogik gegenüber einem anzunehmenden >>öffentlichen Raum<<, oder genauer: gegenüber dem „Realen"[1], setzt dem entgegen die Fiktion (etym.: Figur) der symbolischen >>Faktizität<< keine Negation frei - zum Trotz eben jenes symbolgeleiteten Operierens. Eine vermeintliche „symbolische Identifikation" findet sich von einer über die Erfahrung hinausgehenden Erkenntnis überlagert. Indessen, während der Handelnde noch seiner Auffassung nachhängt, eine eineindeutige Bestimmung leisten zu können, vollzieht sich unbemerkt eine „symbolische Verschiebung", die einen solchen Glauben zur Illusion nivelliert (vgl. Lang, 1986, S. 262 f.). Das Unvermögen der Sprache selbst, alles genau benennen zu können, resultiert aus der Eigenart des Symbolischen, des Namens Transrapid z. B., schlechthin. Denn in seinem Bezug zu anderen Namen (z. B.: Hamburg, Berlin usw.) wird immer eine Offenheit mitgegeben, die der Bedeutungserfüllung widersteht (vgl. Lang, 1986, S. 227). Der tradierte territoriale Bezug verlangt allerdings vom Subjekt, diese widerstehende Bedeutungserfüllung „... ohne Rast zu negieren ...", da die „symbolische Vermittlung" einen „Mangel" existent werden läßt[2]. Diese Abwesenheit, die als „Re-Präsentanz in allen Bedeutungen einen Verlust" wiederholt, gleicht aber auch einer „positive[n] Offenständigkeit", die mit der Begrifflichkeit Magnetschwebebahn, durch eben die sprachliche Relation zu Dritten bzw. namentlichen Verortungen, als „reine Dinghaftigkeit" verfeinert werden kann (vgl. Lang, 1986, S. 230 f.). Dies möge an folgendem Beispiel verdeutlicht werden:

---

[1] Das „Reale" ist nun gerade dasjenige in der je eigenen sinnstiftenden Situation, „... was außerhalb dieser Symbolisierung bleibt, der Bereich des Scheiterns dieser, das mit sich selbst Identische, eine extra-temporale Punktuation ohne Text. Wiedererinnerung, Wiederholung, Geschichte [...] hat diese ursprüngliche Versprachlichung zu ihrem Grunde" [(vgl. Lang, 1986, S. 146). Die französischen Wörter in diesem Zitat wurden von en Verfassern dieser Analyse übersetzt].

[2] Die zeitweiligen Erfahrungen eines an den Diskursen beteiligten Subjekts entsprechen einer mehr oder weniger geglückten symbolischen Identifikation, da einerseits das Subjekt die Erfahrung der Einheit in der Begegnung

In der Überschrift eines hier analysierten Artikels wird der Transrapid bzgl. der Bundeshauptstadt Bonn als „Bau des Magnetschnellzug[s]“ mitbeschrieben. Im Text des Artikels wird im Hinblick auf das dortige Kabinett, als Bestimmungsort der Reflexion, wiederum vom „Bau der Magnetschwebebahn Transrapid“ gesprochen. In Hinsicht auf die Inbetriebnahme im Jahr 2005 mit Zwischenhalt in Schwerin wird von einer „Magnetbahn“ gesprochen (vgl. Art. Nr. 24, Tab. 1, Tab. 1.1)[1].

Eine „Technologie“ ist die verborgene Fiktion „als Sprache des Abwesenden“, und als solche - die Faktizität eines >>Es gibt ...<< in seiner wandelbaren begrifflichen Bedeutungserfüllung - zugleich eine „Fortsetzung der Schrift“, denn „... die eigentliche Arbeit der Schrift ist [es], die Sprache des Abwesenden zu sein.“ „Die Abbildung einer vierdimensionalen Wirklichkeit in die eindimensionale Symbolkette zu dem Zwecke, daß etwas, das abwesend ist, ein vergangenes Ereignis, eine zeitliche Abwesenheit, oder eine räumliche Abwesenheit, ein Ereignis, das an einem anderen Ort stattfindet, daß also diese abwesende Wirklichkeit, dieses abwesende Territorium anwesend gemacht werden kann. Und zwar modifiziert und beschränkt, nur simuliert“ (vgl. Weibel, 1989, S. 100 ff.). Simuliert im Realen und prädikativ projiziert auf eine Wirklichkeit: Eine „Steigerung“ des Territoriums, die gleichsam den „Extensionen unserer Sinnesorgane in Raum und Zeit“[2] entspricht (vgl. Weibel, 1989, S. 106 f.), wird durch die Form der Prädikation in der sinnaufschiebenden (Vor-) Schrift besprochen. Wiederum kann durch eine symbolische Verschiebung die variationsfähige Begrifflichkeit Magnetschwebebahn im Kontext der Diskurse ihre Bedeutsamkeit einbüßen: Bei der Einführung des begrifflich verfaßten Namens „Magnetschnellbahn Berlin - Hamburg GmbH“ wurde erstmals die prädikative Auszeichnung >>schweben<< in das Attribut >>schnell<< transformiert. Im Kontext des Territoriums erhält das Prädikat >>schweben<< vermehrt keine Geltung. Es wird von einer „Schnellbahn“ berichtet (vgl. Art. Nr. 10, Tab. 1, Tab. 1.1).

7.1.2 Ziele der Inhaltsanalyse, Auswahl der Zeitung und Bestimmung des relevanten Textmaterials

Das **Hauptziel** der hier vorliegenden Inhaltsanalyse ist die Darlegung der thematischen Abhandlungen und Bewertungen zur Magnetschwebebahn Transrapid in einer Tageszeitung. Hierbei erfahren der Name Transrapid und der nicht symbolisch wirksame Begriff Magnetschwebebahn eine analytische Schwerpunktsetzung. Folgende Teilziele werden berücksichtigt:

---

mit dem Anderen zu wiederholen trachtet und da andererseits aber auch das Subjekt durch die symbolische Immanenz des Anderen seine Identität als Nichtidentität erfährt (vgl. Lang, 1986, S. 80 u. 265).

[1] Die hier im Text aufgeführten „Artikel Nr. ...“ sind im Anhang 2 dieser Studie nachzulesen.

[2] „Die meisten unserer körperlichen Triebe werden als Bedürfnisse gedeutet, das Speicher- und Bewegungsvermögen [...] zu erweitern. In allen Arten von Geräten kommt zum Ausdruck, daß wir diesem körperlichen Drang in den Erweiterungen des Körpers nachgehen“ (vgl. McLuhan, 1995, S. 278). Die Wahrnehmung einer vierdimensionalen Wirklichkeit ist die originäre menschliche Bewegung im Raum und ihre Relation zur Zeitlichkeit.

- Beobachtung der Abwandlung und Verwendung eben dieses Begriffes und dieses Namens im Kontext der öffentlichen Ereignisse,
- Interpretation von Berichten und Kommentaren,
- Aufdeckung von allgemeinen, charakteristischen und stilistischen Merkmalen im Sprachgebrauch und dessen Wandel im zeitlichen Ablauf der Diskussion,
- Bewertung einer Akzeptanz des Projektes sowie ein Vergleich mit dem „Hochgeschwindigkeitsverkehrssystem ICE".

Demnach zeigt diese Inhaltsanalyse auch auf, ob der Transrapid direkt in Konkurrenz zu anderen schienengebundenen Systemen gesetzt wird. Auf diese Weise kann dargelegt werden - bei Voraussetzung einer Konkurrenz -, welche wirtschaftliche und politische Entwicklung die Rad/Schiene-Technik im Verbund zur europäischen Verkehrsplanung (Transeuropäisches Netz) einnimmt.

Interessant erscheint der Verlauf der Diskussion bis zur gesetzlichen Verabschiedung am 15.6.1996 anhand der Tageszeitung >>Frankfurter Allgemeine Zeitung<< (FAZ) im Hinblick eines >>Geschieht es?<< und inwieweit hierbei regionale Bezüge tradiert oder ausgeblendet werden. Einerseits verzichtet die Zeitung FAZ überwiegend auf einen metaphorischen Sprachgebrauch in ihren Überschriften, der quasi im Text seinen rhetorischen Verlauf finden kann, andererseits wird so das Geschehen im öffentlichen Raum relativ objektiv bezeugt. Eine analytische Bevorzugung von regionalen Zeitungen in den zukünftig betroffenen Regionen wurde aufgrund des sich hauptsächlich politisch auszeichnenden Untersuchungszeitraumes vermieden. Deren inhaltliche Darstellungen würden sich aufgrund von weniger bedeutsamen faktischen Ereignissen in den Regionen auf politische und wirtschaftliche Entscheidungsprozesse beschränken, die eben durch eine renommierte wirtschaftspolitische Tageszeitung besser erfaßt werden. Ein regionaler Bezug jener kann nur hypothetisch bleiben und partiell einzelne Verkündungen aufnehmen oder sich in einem weitläufigen Gerede im Sinne einer „Scheinklarheit" verlaufen, wodurch man - im Sinne einer Flucht nach vorn - aber wieder auf politisch und wirtschaftlich vorhersehende Entscheidungsträger stoßen wird (vgl. Lang, 1986, S. 86).

Die Untersuchung umfaßt den Zeitraum vom 18.5.1979 bis 19.6.1996 und somit insgesamt 82 Zeitungsartikel. Es wurden solche Artikel vernachlässigt, die u. E. keinen Beitrag zur Thematik lieferten oder nur von Redundanz zeugten (z. B. Randbemerkungen, wobei der Transrapid lediglich nebensächlich erwähnt wird).

7.1.3 Methodische Vorgehensweise

Als Methode wurde die „Inhaltsanalyse"[1] gewählt, wobei aber eine allgemeine übergreifende Bewertung des Projektes nicht durchzuführen ist, da der formale Unterschied in der „Sprechersituation"[2] bei den Autoren der Berichte und Kommentare berücksichtigt werden muß. Deshalb wurde eine ausführlichere Betrachtung der Kommentare vorgezogen (vgl. Abschnitt 7.2.2). Des weiteren werden Thesen als Ergebnisse herausgearbeitet, die aus der Interpretation der unterschiedenen Merkmale des inhaltsanalytischen Kategorienschemas (vgl. Merten, 1995, S. 98 ff.) hervorgehen. Im Abschnitt 7.3 werden diese Thesen für eine zusammenfassende Schlußbetrachtung herangezogen. Die einzelnen Merkmale werden in deren Abfolge in den **Tabellen im Anhang 2** dieser Studie erklärt. Abbildung 7.1 zeigt dies im Kurzüberblick.

Die Wiedergabe des Untersuchungsgegenstands >>Text<< mußte aufgrund seines Umfangs und seiner im Rahmen dieser Studie möglichen Darstellbarkeit erheblich reduziert werden, was zwangsläufig eine Überprüfung der Text-Authentizität nicht nur gegenüber den Artikeln der Zeitung, sondern auch zwischen Tabellen und deren Interpretationen erschwert. Abbildung 7.1 wird im folgenden ausführlich erläutert, um einer Mehrdeutigkeit vorzubeugen:

[1] „Die Inhaltsanalyse knüpft an das vorwissenschaftliche und alltäglich praktizierte Sprachverstehen an, das es dem Menschen ermöglicht, nicht nur Bedeutungen zu verstehen, die mit Hilfe der Sprache bewußt kommuniziert werden sollen, sondern aus Gesprochenem und Geschriebenem auch Rückschlüsse (...) [auf die betreffenden gesellschaftlichen, nicht-sprachlichen Phänomene] zu ziehen. Dieser intuitive Vorgang des Sprachverstehens muß jedoch zum Zweck einer wissenschaftlichen Analyse explizit gemacht, systematisiert und objektiviert werden. Man kann die Inhaltsanalyse daher als Forschungstechnik definieren, die sprachliche Eigenschaften eines Textes objektiv und systematisch identifiziert und beschreibt, um daraus Schlußfolgerungen auf die nicht sprachlichen Eigenschaften von Personen und gesellschaftlichen Aggregaten zu ziehen" (Mayntz et al., 1972, S. 151).

[2] Schon allein ein „präskriptiver" (d. h. vorschreibender), „normativer" (d. h. bestimmender) oder „deskriptiver" (d. h. beschreibender), „ostensiver" (d. h.: beweisender) und „kognitiver" (d. h.: erkennender) Satzaufbau würde eine daraus resultierende allgemeine Interpretation erschweren bzw. eine eigene Diskursart bezwecken (vgl. Lyotard, 1989, S. 59).

	Kategorie: **Formale Merkmale**
Merkmal:	*Kurzerklärung:*
- Datum	Erscheinungstag des Artikels
- Headline	Autor wird genannt. Unterscheidung in Bericht oder Kommentar
- Größe	Umfang des Artikels
- Bild	Die Art eines mitveröffentlichten Bildes wird erfaßt.
	Kategorie: **Charakteristische Merkmale**
Merkmal:	*Kurzerklärung:*
- allgemeine Wertung	Eine mögliche offerierte Akzeptanz des TRP wird seitens der Verfasser dieser Analyse mittels der Zeichen (+ +, +, O, -, - -) eingeschätzt.
- Neuheit	Neuartigkeit oder neue Erkenntnis in einer Nachricht
- Lesereinbeziehung	Der Autor schlichtet einen Widerstreit zwischen zwei Diskutanten, indem er parteiisch gegenüber dem Leser schlichtet oder diesen selbst befragt.
- Paradoxie	Der eigene Argumentationsgang führt sich ad absurdum.
- Schlußwort	Im Kontext des Textes muß ein >>gutes Abschlußwort<< gefunden werden.
	Kategorie: **Inhaltliche Schwerpunkte**
Merkmal:	*Kurzerklärung:*
-Konkurrenz oder **Ergänzung**	Eine solche angesprochene Beziehung des TRP zu anderen Verkehrsmitteln wird vermerkt, wenn eine solche Kontrastierung vollzogen wird.
- Unterredungen	Ein „technischer", „regional-ökonomischer", „wirtschaftlicher" oder „politischer" Diskurs wird nach seiner jeweiligen Ausführlichkeit (mit einem x) gewichtet, dabei wird auf eine mögliche ökologische Argumentation geachtet.
	Kategorie: **Stilistische Merkmale**
Merkmal:	*Kurzerklärung:*
- „Journalistisches Was"	Zeigt den textaufbauenden Gegenstand der Abhandlung an, der nicht mit der Neuartigkeit in der Unterrichtung übereinstimmen muß.
- „Schlüsselbegriffe"	Auf die typischen sinnverweisenden Begriffe sowie wiedergegebenen Namen eines Artikels wird geachtet.
- Metaphern **- Gleichnisse** **- Attribute**	Metaphern konstruieren untereinander ein Bildfeld, ein Gemeingut von Sprach- bzw. Kulturgemeinschaften, dagegen neigen Autoren dazu, die kürzestmöglichen Nominalausdrücke zu wählen, um den gemeinten Gegenstand im gegebenen Kontext mittels Gleichnissen oder Attributen zu identifizieren.

Abb. 7.1: Kategorienschema der Inhaltsanalyse

Lesereinbeziehung: Bei einem deskriptiven Satzaufbau eines erfahrungsurteilenden Textes kann sich ein „metalepsischer" Status durch einen vorgeführten fremden Widerstreit entfalten: Bei der „Metalepse" wird, im Gegensatz zur Metapher, die keine sprachliche Selbstreflexivität verkörpert, auf einen „Bestimmungsort" zugegriffen: Prinzipiell eliminiert aber der fremde Dialog zwischen Diskutanten oder Positionen die Berufung auf ein Vermittelndes, das die Realität des Streitgesprächs ermitteln und schlichten könnte. Der zur Schlichtung berechtigte

Dritte soll im Hinblick auf eine „Bühne“ (z. B. Zeitung) in Anspruch genommen werden. Nämlich dann, wenn entweder ein Dialogpartner diese Bühne befragt oder wenn selbst der dialogvorführende Autor diesen Dialog kontradiktorisch schlichten möchte. Die beanspruchte Bühne bzw. der Bestimmungsort der Reflexion wendet sich aber bereits als Gegenstand der Reflexion wieder an Dritte (bzw. Leser), an die „Zuschauer“ (vgl. Lyotard, 1989, S. 53). Ein solcher performativer Akt (d. h. eine mit der Äußerung zugleich vollzogene Handlung gegenüber dem Leser) kann häufig in einer Frage münden, wie folgendes Beispiel verdeutlichen soll:

> In einem Kommentar wird eine Konkurrenz, ein Wettrennen zwischen dem Transrapid und der „Magnetschwebebahn der Zukunft“ („Braunschweig 2“), die „billiger, schneller und umweltverträglicher“ sei, inszeniert. Da der Transrapid bis zur „Weltausstellung [...] in Hannover“ „endlich einmal abfahren“ soll, wäre mit einer Realisierung des Braunschweig 2 nicht zu rechnen. Bei der ausführlichen Besprechung der technischen Vorteile der Dauermagnet-Schwebetechnik des Braunschweig 2 werden „Wissenschaftler“ aufgeführt, die „errechnet [haben], daß der Zug dank Einsparungen im Schienenweg schneller fahren könne als der Transrapid“. Durch diese schlichtende Einführung außerordentlicher Dritter können nicht nur Nachteile des Transrapid exponiert werden, sondern so kann folgend der Streitfall einseitig zugunsten des Braunschweig 2 gegenüber dem Leser aufgelöst werden: „Wie lassen sich die Dauermagneten antreiben?“ (vgl. Artikel Nr. 3, Tab. 1, Tab. 1.1).

Dieser Streitfall kann, nachdem die Leser sich mittels der wissenschaftlichen Autorität angesprochen fühlen, z. B. in Form von Leserbriefen oder sogar als Aspekt in einer parlamentarischen Debatte fortgesetzt werden. Gleichermaßen kann auch eine Verlagerung des Streitgesprächs durch „Wir“-Formen oder eben durch die eigene Rede in der dritten Person Singular im Text stattfinden[1].

Bei der **Paradoxie** hingegen wird über eine dritte fremde Referenz das Positivierte in seine Negation verkehrt, oder das Negierte wird positiviert: Wenn A bestimmt, dann folgt nicht A; oder: wenn nicht A, dann A. Dazu folgendes Beispiel:

> „Ein neues Magnetschwebebahnkonzept [d. h.: Braunschweig 2], und sei es noch so überzeugend, ist momentan nicht gefragt. [...] Transrapid now lautet die Devise.“ Aus >>nicht A<< folgt >>A<<: „... desto schärfer weht öffentlicher Protest-Wind um die Ohren der Politik. In Braunschweig nehmen nämlich Dauermagneten zukunftsträchtige Konturen an“ (vgl. Artikel Nr. 3, Tab. 1).

Die **Schlüsselbegriffe** zeigen die inhaltlichen Aussagen eines Textes an. Zwischen nicht weiter reduzierbaren Namen, die quasi das sprachliche Reflexionsfeld aufspannen, und Begriffen, die darin die unabschließbare Zuordnung aller denkbaren Sinnerfüllungen eines Wortes (d. h. der bedeutungsverwandte bzw. metonymische Verweisungszusammenhang zu anderweitigen Begrifflichkeiten), wird tabellarisch nicht getrennt unterschieden. Geachtet wird hier vielmehr auf den Begriff „Magnetschwebebahn“ und den Namen „Transrapid“, um so deren Verwendung im

---

[1] „Die Schriftsprache bietet auch das *wir* als eine viel genutzte Option, die den Leser mit einbezieht oder die Individualität des Autors in den Hintergrund treten läßt. Das erreicht auch der Sprecher [ebenso der Schreiber], der im öffentlichen Reden das Pronomen für die Selbstbezeichnung vermeidet und statt sich als Person den Amtsträger sprechen läßt“ (Coulmas, 1996, S. 15).

Verlauf der aufeinander folgenden Artikel festzuhalten. Es kann bei einer Gesprächsführung, besser: beim sprachlich „Geführten“ (vgl. Lang, 1986, S. 39), angenommen werden, „... daß das Prinzip des geringsten Kraftaufwands auch auf der Ebene des Diskurses wirksam ist“ (vgl. Coulmas, 1992, S. 322). Insofern muß insbesondere die Metapher in dieser Analyse beachtet werden:

Die **Metapher** bewirkt „Passivität“ gegenüber dem Subjekt. Entweder wird bei der Metaphernbildung die „Übertragung eines fremden Namens“ zu einen Begriff bzw. zu „... *einem* Merkmal des Begriffs, auf das sie sich stützt, ohne es nennen zu müssen“ gesetzt, oder sie steht als Analogie: „[F]ür die Art, die Gattung oder für die Gattung die Art oder eine Art (im Vergleich) für eine andere Art ...“ (vgl. Simon, 1989, S. 13 u. 262). „Die Metapher ist der noch leere Ort eines *werdenden* Begriffs *zwischen* ...“ (Simon, 1989, S. 265) einer solchen >>zweiachsigen<< Begriffsrelation, die dem synthetisierenden „Als-ob-Schema“ (vgl. Lyotard, 1989, S. 222), in dem solche Begriffe deutlich werden, verhaftet bleibt, nämlich als vermeintlich vernünftige Einsicht in den so beschriebenen Gegenstand.

Beispiel: >>Energie/fresser<< (vgl. Art. Nr. 22, Tab. 1.1)
„Als Metaphern sind die Wörter einer Sprache mit dem unbegrenzten `außersprachlichen´ Zeichenverstehen [z. B. hier: Natur durch Energie] verwoben. Dadurch bezieht sich eine Sprache aus dem Begriff ihrer innengeregelten Besonderheit auf die Wirklichkeit [z. B. hier: Tier durch Fresser] zurück ...“, weshalb kein letzter Begiff, sondern die letzte Metapher (z. B. >>Stelzenmonster<<) als ein solcher Begriff gefunden werden muß (vgl. Simon, 1989, S. 266 ff.).

„[J]ede Veränderung, also jeder Versuch einer Annäherung an die Wirklichkeit muß metaphorisch sein“ (vgl. Simon, 1989, S. 266). Der zu beweisende außersprachliche Fall bewirkt, daß neue metaphorische „Implantationen“ oder die innengeregelte Wirklichkeit eingebracht werden (vgl. Lang, 1986, S. 243): Insofern sind **Gleichnisse** Analogien, die eine nicht explizit wörtliche Darstellung erleichtern, welche aber wiederum von Metaphern oder von realen Entwicklungen obsolet gestellt werden können[1]. Mit diesen „syntaktischen Verschiebungen“ können Vorstellungen bewußt diktionär besetzt werden bzw. zur Sprache kommen, was bei semantischen Verdichtungen, wo die Metapher ihr Feld hat, nicht möglich ist, da diese unbewußt von Vorstellung zu Vorstellung leiten (vgl. Lang, 1986, S. 238 f.), wobei Aphorismen Verwendung finden. Die **Attribute**, insbesondere das Adjektiv (z. B. schnell), werden auf ihre zugeschriebene nähere Bestimmung gegenüber einem mitverwendeten Begriff oder Namen beobachtet. Diese Adjektive sowie auch folglich Modal-Adverbien (z. B. schneller) sind aus „... entlehnten Namen abgeleitet und selbst selten unentlehnbar“ (vgl. Coulmas, 1992, S. 334), weshalb diese getrennt beobachtet werden. Auch die teilweise tabellarisch vermerkten Partizip-Perfekt-Konstruktionen (z. B. soll, wird gebaut usw.), die einen normativen oder sogar einen im Gange befindlichen Prozeß anzeigen, der zeitlich noch nicht abgesteckt ist, wiederum aber einen Zeitraum für das Beschriebene markieren kann, sind ein Indiz für eine politische Entscheidung.

7.2 Ergebnisse der Inhaltsanalyse

Die folgenden Ausführungen dieser Analyse beruhen auf einer subjektiven Erörterung der Tabellen im Anhang 2. Aus diesen Tabellen kann der Leser sich einen eigenen Überblick verschaffen. Die vollständige Bezeichnung „Magnetschwebebahn Transrapid" wird im nicht zitierten Text mit dem Akronym >>TRP<< vereinfacht; andernfalls wird getrennt bzw. ausgeschrieben unterschieden.

7.2.1 Interpretation des Kategorienschemas: Formale Merkmale

Optische Verdeutlichungen (**Bild**) vom TRP sind nur bei **Kommentaren** abgebildet, die keine für die FAZ vornehmlich in Frakturschrift gegebene Überschrift aufweisen, wie es für die Kommentare der sich öfters artikulierenden Journalisten üblich ist.

All diese Kommentare (vgl. Art. Nr. 6, 21, 25, 43, 45, 48, Tab. 1) mit Frakturüberschrift und sehr geringem Textumfang, weshalb diese sich prägnant im Mosaik einer Zeitungsseite hervorheben, äußern sich besonders negativ (siehe: allg. Wertung, Tab. 1) zum Thema TRP im Kontext der gleichzeitig gegebenen Berichterstattungen. Nur ein solcher Kommentar (vgl. Art. Nr. 18, Tab. 1), der allerdings einer vom selben Autor geschriebenen positiven Berichterstattung (Art. Nr. 17) zugrunde liegt, kann als offerierte Akzeptanz gegenüber dem TRP eingeschätzt werden.

Obwohl die politische Brisanz des TRP zwischen den politischen Entscheidungskompetenzen schon in geraumer Zeit vor dem Gutachten des Bundesrechnungshofes (Art. Nr. 50, Tab. 1) zugenommen hatte und obwohl sich die DB AG trotz ihrer Vorbehalte (Art. Nr. 47, Tab. 1), wiederum als eine solche noch zuletzt erfolgende Kommentierungsform (Art. Nr. 48, Tab. 1) aufgegriffen, doch für eine nach ihren Stellungnahmen in sich widersprüchliche Beteiligung am TRP entschloß (Art. Nr. 55, Tab. 1), erscheint diese zeitungseigene Form der Kommentierung nicht mehr. Selbst die Berichterstattung zum Gutachten des Bundesrechnungshofes, die einen regionalen Bezug belegt, wird nicht kommentiert, um die von der FAZ zuvor aufgegriffenen

---

[1] „Zeichen für `etwas´ und damit Nicht-Metapher ist ein Zeichen nur, insofern unter Verwendung von Metaphern bedeutet wird, für *was* etwas Zeichen sein soll. [...] Es kann nur im *Übergang* von Zeichen in andere Zeichen bedeutet werden, der als solcher *noch nicht* begrifflich festgelegt ist" (Simon, 1989, S. 265).

regionalökonomischen Stellungnahmen (vgl. Art. Nr. 42, 44, Tab. 1) zum weiteren Anlaß der so erfolgten Kommentierungen (vgl. Art. Nr. 43, 45, Tab. 1) fortzusetzen. Ebenso hätte auch die befürwortende Aussage der CDU-Politiker aus Hamburg und Schleswig-Holstein (vgl. Art. 49, Tab. 1) unmittelbar vor dem Gutachten des Bundesrechnungshofes im Kontext dieser eigenen Argumentationsweise als Kommentar aufgegriffen werden können. Gegenüber der DB AG und deren Votum zum TRP-Projekt wird folgend nur mit einem Bericht eine annähernd kommentierende Funktionsweise erfüllt: Dieser Bericht gibt hauptsächlich die Kritik eines Abgeordneten des Bündnis 90/Die Grünen an der DB AG wieder, ohne daß dabei die Überschrift des Artikels mit dem Text bzw. dessen Inhalt, wenn auch unbeabsichtigt, übereinstimmt (vgl. Art. Nr. 54, Tab. 1, Tab. 1.1).

Selbst der auffällig am häufigsten vertretene und sich u. E. eher affirmativ oder zurückhaltend äußernde **Autor** (mit Initial „hal.") gibt, abgesehen von eben jenem positiv geschriebenen Artikel Nr. 18, keine Kommentierung. Auch seine sich über den ganzen Untersuchungsraum dieser Analyse erstreckenden Berichte werden, bis auf ein einziges Mal, nicht von Kollegen aufgegriffen. Nur ein seinerseits in der Art einer zeitungseigenen Nachfrage bei der DB AG gegebenes Schlußwort (vgl. Art. Nr. 47, Tab. 1) dient einem sich insgesamt nur einmal äußernden Autor („JJ.") dazu, eine auffällig politische Kommentierung mit Frakturüberschrift zu geben, die auch, wie schon erwähnt, zugleich die letztfolgende in dieser Form ist (vgl. Art. Nr. 48, Tab. 1.1). Nach diesem Kommentar erfolgt, vom >>Tagesgeschehen<< unabhängig, nur noch eine wirtschaftlich und wissenschaftlich geführte (Art. Nr. 57, Tab. 1) und eine regional darstellende Kommentierung (Art. Nr. 59, Tab. 1), wobei beide mit den anderweitig gegebenen und hier noch nicht besprochenen Kommentierungen formal identisch sind. U. E. hätte es genügend Anlaß gegeben, um die in Frakturschrift betitelten Kommentare fortzusetzen.

These (a): *Da die zeitungseigene bzw. berichtsabhängige Kommentierungsform nach dem endgütigen Votum der DB AG zum TRP-Projekt eingestellt wurde, kann davon ausgegangen werden, daß der auf politischer Ebene ausgetragene Konflikt bzgl. des TRP gegenüber dem Leser >>abgeschirmt<< wurde. Das TRP-Projekt erhielt somit einen nebensächlichen Charakter im Vergleich zu anderen politischen Entscheidungen. Die Zeitung FAZ hat insofern ihre demokratische Funktion - der Weg einer Zeugenschaft, das Schweigen zu brechen - vernachlässigt, zumal sie die regionalökonomischen Annahmen seitens der Befürworter zu widerlegen versuchte.*

Stattdessen sind bei den beiden letzten Berichten des erwähnten Autors („hal.") Lichtbilder mit abgebildet (vgl. Art. 62, 65, Tab. 1, Tab. 1.1), die paradoxerweise nicht direkt in Beziehung zum Inhalt seines Textes gesetzt werden können (Mitabbildung von Bundesumweltministerin Merkel; Abbildung eines Robin-Wood-Transparents in Berlin). Diese Bilder, die allerdings im Zusammenhang mit Berichten über politische Entscheidungen mitveröffentlicht wurden, haben insofern eine kommentierende Wirkung wie die einmalig vorhandene Karikatur (vgl. Art. Nr.

34, Tab. 1) oder wie das absolut in keinem Zusammenhang stehende Bild bei der politischen Stellungnahme bzw. beim Kommentar von Bundesverkehrsminister Wissmann (vgl. Art. Nr. 32, Tab. 1).

Bevor nochmals detaillierter auf die einzelnen Kommentare analytisch eingegangen wird (vgl. Abschnitt 7.2.2), werden zuvor die Überschriften besprochen. Zumal die zeitungseigenen bzw. berichtsabhängigen Kommentare gerade dann erfolgen, wenn in den Überschriften der vorhergehenden Berichte durch die ausgesprochene Akzeptanz der regierenden Koalition oder seitens der DB AG eine Fortschrittlichkeit dem TRP-Projekt zugestanden wird, oder eben diese vom wissenschaftlichen Beirat des Verkehrsministeriums kritisch hinterfragt wird.

Die **Headlines** in den **Berichten** bzw. Berichterstattungen zum TRP, welche auch einer DPA-Meldung entsprungen sein können, sind ausnahmslos keine beabsichtigt faszinationserregenden Schlagzeilen, die, wenn sie so gegeben wären, eine gewisse Endgültigkeit als eine vorgefertigte Urteilsbildung beim Leser induzieren könnten.

Ein metaphorischer Sprachgebrauch wird in Zitatform gegeben, weshalb ein so Sprechender kritisch als außenstehende Einheit distanziert wird (vgl. Art. Nr. 22, Tab. 1). Insofern kann die Besprechung des TRP an einem ihn kritisch einschätzenden Ort hervorgehoben werden (vgl. Art. Nr. 19, Tab. 1). Es kann aber auch so das Symbolische als ursprünglich zu Denkendes sich präsentieren [(vgl. Art. Nr. 14, Tab. 1). Hier wird der Name Transrapid als technisches Vorstellungsbild, d. h. Magnetismus im etymologisch interpretierbaren Sinne - trans = „hinüber"; rapid = „reißen" - durch die Substitution der Begrifflichkeit Magnetismus gegeben: „`Transrapid´ Schwebebahn"]. Entsprechend kann eben durch die Verwendung der Zitierungszeichen auch eine prognostizierende als eine außenstehende Aussage seitens Thyssen Henschel kenntlich gemacht werden (vgl. Art. Nr. 30, Tab. 1). Ein weiteres formales Merkmal besteht darin, daß die sich zu einer solchen Unterredung zum TRP äußernden Institutionen oder Personen namentlich vor einer doppelten Punktuation am Anfang einer Überschrift aufgeführt werden (vgl. Art. Nr. 11, 15, 20, 26, 36, 39, 50, 52, 56, Tab. 1). Durch solche schriftliche Darstellungen erscheinen die Akteure als außenstehend. Es entsteht der Eindruck einer gewissen öffentlichen Aktualität von Meinungsäußerung, weshalb insgesamt zu der Vorstellung eines >>öffentlichen Raumes<< beigetragen wird. Es kann konstatiert werden, daß in den Überschriften die Neuheiten des TRP knapp und prägnant bekundet werden, zumal sich die Aussagen auf Namen zentrieren. Ein Indiz hierfür ist, daß in der Abfolge der Berichterstattungen der Name Transrapid in den Überschriften vermehrt ohne die Begrifflichkeit Magnetschwebebahn erwähnt wird, indem diese Begrifflichkeit durch Ergänzungen zum Namen Transrapid (z. B. -Trasse, -Strecke, -Konzept, -Gesellschaft usw.) vernachlässigt wird.

Die an einer solchen Unterredung beteiligten gesellschaftlich situierten Positionen, die aber zwangsläufig zur Neuartigkeit einer Unterrichtung beitragen, werden allerdings unkritisch wiedergegeben, wenn sie wesentlich durch ihre normative Entscheidungen an der Fortsetzung des Projekts beteiligt sind: Die Entscheidungsträger in Regierung und Parlament werden in ihrer Zustimmung gegenüber dem Entscheidungsgegenstand TRP mit dem Prädikat „billigt" (vgl. Art. 24, 60, 62, Tab. 1) ausgezeichnet, und die einzelnen Personen werden durch ihre Institution benannt. Dadurch erscheinen die politischen Entscheidungsträger in ihrem Entscheidungsverhalten (als Prominenzen) nachträglich abgesichert.

Weniger Autoritätszuschreibung erhält Thyssen Henschel in den Überschriften der einzelnen Artikel, weshalb insofern eine Meinungsführerschaft gegenüber der Öffentlichkeit nicht zu erkennen ist, und es kann daher auch nicht davon gesprochen werden kann, daß Thyssen Henschel allein das Projekt zur Durchsetzung hin befördert hat. Signifikant sind hierfür Prädikate, wie Thyssen „hofft" (vgl. Art. Nr. 7, 9, Tab. 1), „stellt ... vor" (vgl. Art. Nr. 11, Tab. 1), „wehrt sich" (vgl. Art. Nr. 51, Tab. 1), bzw. die Betreiber „verteidigen" (vgl. Art. Nr. 20, Tab.1). Insofern kann der einmalig im Text sehr spät vorhandene und selbst von Thyssen rezitierte Vorwurf - nämlich: die „Industrie täusche die Öffentlichkeit mit falschen Zahlen" (vgl. N. Art. Nr. 51, Tab. 1)[1] - nicht als Beinträchtigung der durch die Zeitung öffentlich dargelegten Positionierung Thyssens gewertet werden, zumal das Prädikat „wehrt sich" in der Überschrift dieses Artikels verwendet wird. In Anbetracht der verwendeten prädikativen Auszeichnungen in den Überschriften kann, unter Voraussetzung eines zeitlichen Zusammenhangs, eine beabsichtigte Täuschung seitens Thyssen nicht als glaubhaft empfunden werden.

Während und vor dem zeitlichen verdichteten Bereich (Art. Nr. 14 bis 34, siehe hierzu **Datum** in Tab. 1), eingeleitet durch das von Thyssen vorgestellte Finanzierungskonzept (Art. Nr. 11, Tab. 1), das folgend von der Bundesregierung durch einen erwogenen Ausbau der ICE-Trasse und durch finanzpolitische Aspekte (Art. Nr. 12, u. 14, Tab. 1) in Frage gestellt wird, wird die Industrie nicht einmal erkennbar negativ dargestellt oder kommentiert. Auch nachdem das neue Finanzierungskonzept von Thyssen beim Bund (Art. Nr. 16, Tab. 1) Akzeptanz hervorrief, bis hin zum Gesetz für den Bau einer TRP-Trasse (Art. Nr. 33, Tab. 1), was letztlich zur Gründung der MPG führte (Art. Nr. 39, Tab. 1), wird das wirtschaftliche Interesse dieser Industrie-

---

[1] In den weiteren Ausführungen im Text werden bestimmte Tabellen-Cluster mit einem Buchstaben angegeben, wodurch eine Nachprüfung in den Tabellen erleichtert werden soll. Hierbei bezeichnen folgende Buchstaben die entsprechenden Spalten:
„H." = Headline
„N." = Neuheit
„L." = Lesereinbeziehung
„S." = Schlußwort
„W." = Journalistisches-Was
„B." = Schlüsselbegriffe
„M." = Metaphern, Gleichnisse, Attribute

unternehmung nicht hinterfragt. Und auch während des etwa ein Jahr später folgenden verdichteteren Zeitraumes, abgesteckt durch die Stellungnahme der DB AG zur TRP-Beteiligung (Art. Nr. 47, Tab. 1) bis zur Zustimmung des Bundesrates (Art. Nr. 65, Tab. 1), wird keine negative Kommentierung der Industrie gegeben. Dies verwundert inbesondere deshalb, weil es offensichtlich erscheint, daß das TRP-Projekt in den hier analysierten Berichten von den nicht der Regierung oder der Industrie angehörigen Personen sehr negativ bewertet wird. Abgesehen von den zweimaligen Äußerungen, daß die „Transrapid-Lobby", die so namentlich nicht genau bestimmbar wird, Kritiker der „Technikfeindlichkeit" bezichtigt (vgl. W. Art. Nr. 45, Tab. 1) und daß die ebenfalls namentlich unbestimmbare „Magnetbahn-Lobby" den Staat mit ihrer „Zahlenspielerei" täusche, wie sie seitens der Bahn-Gewerkschaft bezichtigt wird (vgl. B., M., Art. Nr. 52, Tab. 1.1), allerdings gleichzeitig dementiert von Thyssen (vgl. N., Art. Nr. 51, Tab. 1), können folgende zwei Thesen formuliert werden:

These (b): *Der Systemführer und Innovator Thyssen Henschel wird namentlich nicht negativ in den Berichten und auch nicht direkt verurteilend in den Kommentaren aufgeführt, zumal im Untersuchungszeitraum dieser Analyse kein Kommentar bzgl. der Aussagen der Industrie erfolgte. Wenn eine Kritik gegeben wird, dann nur indirekt über eine reflektierende Bestimmung hinsichtlich der politischen Institution.*

Neben diesem wirtschaftlichen Akteur erfahren die politischen Prominenzen eine Kritik, die aber nicht dann einsetzt, wenn der politische Entscheidungsprozeß sich als solcher präsentiert (z. B.: Art. Nr. 33, Tab. 1). Das heißt, eine Kritik der repräsentativen Politik wurde nur anfänglich geleistet - und zwar vor gesetzlichen Entscheidungen. Eine solche kommentierende Kritik erfolgte aber nur, wenn diese Kritik schon durch einen außerordentlichen Dritten (Gutachter) gegeben wurde (vgl. Art. Nr. 20 u. 21, Tab. 1). Bei dem folgenden politischen Kommentar wird die Verlautbarung der Akzeptanz des TRP seitens der Koalition, die durch die politische Opposition hinterfragt wird, aufgegriffen. Hierbei fungieren diese Gutachter (der wissenschaftliche Beirat des Verkehrsministeriums), diesmal als >>Drehpunkt im Textaufbau<< zwischen den politischen Positionen im vorhergehenden Bericht, wieder als Anlaß einer Kritik, wie auch im Schlußwort des Kommentars ersichtlich wird (vgl. Art. Nr. 24, Tab. 1 u. B. in Tab. 1.1 hinsichtlich S. in Art. Nr. 25, Tab. 1).

These (c): *Die FAZ hat aufgrund ihrer Verschwiegenheit gegenüber ihrer Leserschaft und durch die zunehmend kurzgehaltenen Berichterstattungen bzgl. der maßgeblichen Verkündungen seitens der entscheidungsrelevanten Institutionen die Durchsetzung des TRP-Projekts mitbefördert. Fernerhin stellte sie Bundesverkehrsminister Wissmann die Möglichkeit der Veröffentlichung für eine befürwortende politische Erklärung bereit* (vgl. Art. Nr. 32).

Die Berichte haben als Berichterstattung eine formale Wirkung, die dem Leser in seiner nachfragenden Situation nicht entgegenkommt. Der Leser bleibt insofern auf die Zeitlichkeit hinsichtlich eines >>Geschieht es?<< gegenüber dem Bau des TRP oder auf ein >>Es geschieht, daß ...<< seitens der politischen Institution verwiesen. Die Kommentare mit Frakturüberschrift hätten hierbei eine kompensierende Funktion erfüllen können. Daher kann auch konstatiert werden, um auf den folgenden Abschnitt überzuleiten, daß ein klärendes und zu erwartendes **Schlußwort** hätte vollzogen werden müssen, da nun einmal vorausgesetzt werden kann, daß die Leser im Vergleich zum Autor schlechter informiert sind. Ein abschließender Schlußsatz, der auch den Bericht des Autors >>abrunden<< könnte, wird nicht gegeben. Dies kann aber bedeuten, daß eine sprachlich erfassende Beschreibung des Projekts TRP im Kontext seiner dargestellten Diskurse defizitär bleiben muß und insofern nicht zu leisten ist. Die tabellarisch aufgeführten Schlußworte in den Berichten können nur als solche sich hieran annähernde Ansätze verstanden werden (vgl. Art. Nr. 1, 2, 16, 22, 36, 38, 46, 57, 50, 51, 60, Tab. 1).

7.2.2 Interpretation des Kategorienschemas: Charakteristische Merkmale

Ein Vergleich zwischen den einzelnen Artikeln eines Autors untereinander ist bei Berichten hinsichtlich der zeitlichen Abstände und der aufgenommenen verschiedenen Diskurse nicht durchführbar. Eine Aufnahme der Berichte erfolgt im Abschnitt 7.2.3. Ebenso kann die Rubrik **allgemeine Wertung** hier nicht interpretiert werden, da diese nun einmal auf einer subjektiven Einschätzung beruhen. Diese Einschätzung bietet aber trotzdem die Möglichkeit einer groben Bewertung: Hinsichtlich der Fortschrittlichkeit des Projekts und der dazu erforderlichen Notwendigkeiten (z. B. Gesetzesverkündung, DB-Beteiligung am Projekt usw.) konnte durchweg eine „positive" Einschätzung gegeben werden. Diese bestimmt sich im wesentlichen durch politische Verlautbarungen der regierenden Koalition und durch die so induzierten Folgeprozesse. Es wird im folgendem darauf geachtet, ob diese Fortschrittlichkeit einer >>Push-Innovation<< in den Kommentaren mit Frakturüberschrift kritisch hinterfragt wird. Daraufhin werden die noch nicht erörterten berichtsunabhängigen Kommentare seitens namentlich aufgeführter Journalisten sowie der Kommentar von Bundesverkehrsminister Wissmann aufgegriffen.

Bei dem ersten Kommentar Nr. 6 mit Frakturüberschrift ist wahrscheinlich keine Berichterstattung vorausgegangen, was nicht nur aus seinem auffällig umfangreicheren Text, sondern auch aus seinem inhaltlichen oder >>geschichtserzählerischen<< Ausgangspunkt (vgl. W., Art. Nr. 6, Tab. 1.1) hervorgeht. Die metaphorische Überschrift „Transrapid eine Riesensubvention" spiegelt sich im Text deutlich wider, indem die Schwierigkeiten des ICE-Systems gegenüber dem TRP in einer quasi außengedachten >>bergigen<< Landschaft, die in ihrer Bewältigung „Ausblick[e]" und „Aussicht[en]" gewährt (vgl. B., M., Art. Nr. 6, Tab. 1.1), kontrastiert werden. Hinsichtlich der geschwindigkeitsabhängigen Schallbelästigung und der Erfahrungen, die

die DB AG diesbezüglich gemacht hat, wird daraufhin das Projekt TRP finanzpolitisch negativ gewertet: Aus volkswirtschaftlichen Gründen sollte den Investitionen in die Wiedervereinigung Deutschlands, wie übergreifend moralisierend betont wird, Vorrang gebühren. Eine Vorwurf, der aus einer „gesamtwirtschaftlichen" Perspektive berechtigt sein mag, aber nicht direkt auf den TRP beschränkt werden kann (vgl. N., S., Art. Nr. 6, Tab. 1).

Der viel später erfolgende und hier einzig positiv einschätzbare Kommentar (vgl. Art. Nr. 18, Tab. 1) bzgl. einer vom selben Autor geschriebenen Berichterstattung, widerspricht einer solchen einnehmbaren außenstehenden Perspektive, da hier nicht nur der metaphorische Sprachgebrauch von Bundesverkehrsminister Wissmann (vgl. N., Art. Nr. 18, Tab. 1 und M., Art. Nr. 17, Tab. 1.1) sprachlich nicht zu überbieten ist, sondern auch die Stellungnahmen der opponierenden SPD unschlüssig sind. Es wird daraus resultierend unterstellt, weshalb wiederum eine innerzeitliche Perspektive der Metaphorik „Zukunftstechnik" einnehmbar erscheint, daß „Deutschland" in seinem Inneren auf wirtschaftliche und politische Funktionäre reduziert werden kann. Weil diese in ihrer Zusammenarbeit beweisen, „... daß sie noch flexibel sind" (vgl. S., Art. Nr. 18., Tab. 1), habe insofern auch die Bundesrepublik ihre „... erste Lektion gelernt" (vgl. M., Art. Nr. 18, Tab. 1.1). Daß dabei von den äußeren ökonomischen Bedingungen durch die Abstraktion auf das phrasenhafte >>Zukünftige<< abgesehen wird, verdeutlicht die paradoxe Aussage im Kommentar: Die ICE-Trasse wurde schon „geplant" (vgl. P., Art. Nr. 18, Tab. 1), weshalb dies - paradox formuliert - zu verhindern sei, damit gleichzeitig der Bau des TRP vom Staat gefördert werden kann.

Dieser Kommentar (vgl. Art. Nr. 21, Tab. 1) stützt sich auf die „vernichtenden" Aussagen der Gutachter zum Finanzierungkonzept hinsichtlich „unrealistischer Entwicklungen" insbesondere in „Berlin" (vgl. W., B., Art. Nr. 21, Tab. 1.1), das aber seitens der Industrie vorgelegt wurde. Die Industrie wird in diesem Kommentar nicht aufgegriffen, obwohl selbst die Aussagen von Thyssen Henschel, die die Gutachter „der weitverbreitende[n] Denkweise, die den Wirtschaftsstandort Deutschland lähme", bezichtigen, im kommentierten Bericht (vgl. M., Art. Nr. 20, Tab. 1.1) wiedergegeben werden. Daß hierbei vorrangig die Aussagen der Gutachter gegenüber dem Staat betrachtet werden und eine Aufklärung bzgl. des Anlasses ihrer Begutachtung nicht problematisiert wird, zeigt nicht nur, daß die Industrie unkritisch ausgeblendet bleibt, sondern auch, daß der Grund der Berichterstattung (Vorlage des Gutachtens beim Bund) auf seinen Kern (Kosten-Nutzen-Rechnung) begrenzt bleibt. Die Nichtberücksichtigung der Industrie, weswegen auch aufgrund des Gutachtens „... über den Transrapid noch einmal nachgedacht werden müßte" (vgl. W., Art. Nr. 21, Tab. 1.1), statt über das Finanzierungkonzept bzw. „Rechenkunststück" (vgl. M., Art. Nr. 21, Tab. 1.1) eben seitens der Industrie, drückt sich in der Paradoxie aus, die durch die Zweiwertigkeit einer Kostenrechnung eintreten kann: Das Konzept sei „... für eine privatwirtschaftliche Risikoübernahme unzumutbar“ (vgl. P., Art. Nr. 21, Tab. 1). Es wurde jedoch darüber diskutiert, ob das „Kostenrisiko“ den „Staatsfinanzen“ zumutbar ist (vgl. B., Art. Nr. 21, Tab. 1). Der verschwiegene Referent Thyssen Henschel wird bei dieser Paradoxie sichtbar. Gegenüber der Politik wird die Bahnsanierung als Argument aufgeführt, die indirekt die in Frageform gegebene Lesereinbeziehung beantwortet (vgl. L., Art. Nr. 21, Tab. 1).

Derselbe Autor kommentiert mit seinem Artikel (vgl. Art. Nr. 25, Tab. 1) daraufhin den Entscheidungsvorgang in Bonn. Hierbei wird erstmals die Industrie durch eine Frageform (vgl. N., Art. Nr. 25, Tab. 1) kritisch gewertet, obwohl diese in dem Bericht, außer über die indirekten Aussagen der Bundesminister Wissmann und Krüger (vgl. N., Art. Nr. 24 Tab. 1) oder über die formale Angabe der Kostenverteilung zwischen Staat und Industrie, wie formal in allen Bonner Berichterstattungen erwähnt, nicht aufgeführt wird. Diese kritische Frage im Kommentar hätte nicht hinsichtlich der Industrie, die den „Staat in ein Risiko“ schicke, sondern eher gegenüber den Ministern geäußert werden müssen. Denn „mit dem TRP demonstriert“ nicht „die Bundesregierung die Leistungsfähigkeit des Industriestandort Deutschlands“, wie Wissmann versichert, sondern diese kann eben nur durch die Industrie selbst bewiesen werden (vgl. N., Art., Nr. 24, Tab. 1). Die ausführlich im Bericht vorhandenen Aussagen der Opposition werden nicht kommentierend aufgegriffen. Stattdessen wird die diskreditierende Aussage Wissmanns gegenüber den Gutachtern, wodurch folgend im Textaufbau des Berichts die Opposition in ihren Aussagen dargestellt wird, auch zum Anlaß genommen, um die im Bericht nicht gegebene, aber dem Autor wohl bekannte regionalökonomische Kritik seitens der Gutachter als Erkenntnisgewinn in Form mehrfacher Fragen gegenüber der Leserschaft weiterzuvermitteln (vgl. L., Art. Nr. 25, Tab. 1). Die kritisierte Industrie wird im Kommentar nur aus rhetorischen Gründen in die performativen Aussagen gegenüber der Leserschaft aufgenommen. Eine Kritik an Wissmanns Selbstverständnis gegenüber seinen Gutachtern und an seiner Überzeugung hinsichtlich des TRP-Projekts wird im Schlußsatz gegeben, wobei diese sehr abgeschwächt erscheint, indem auf zukünftige politische Prozesse verwiesen wird (vgl. S., Art. Nr. 25, Tab. 1).

Der ein halbes Jahr später erfolgende Kommentar (vgl. Art. Nr. 43, Tab. 1) ist nicht gegen die Bonner Politik, sondern gegen Hamburger Befürworter des TRP gerichtet. In dem vom selben Autor geschriebenen und so zugrundeliegenden Bericht wird, abgesehen von der Überschrift, lediglich nur ein Satz zum TRP erwähnt (vgl. P., Art. Nr. 42, Tab. 1). Der Hamburger Senat bekundet, daß neben „notwendigen Infrastrukturmaßnahmen“ (vgl. N., Art. Nr. 42, Tab. 1) für ihn der TRP „lebensnotwendig“ sei. Der Autor, der dieses Adjektiv für seinen Kommentar aufgreift, verkettet diesen so gegebenen Satz durch eine paradox anmutende Formulierung mit der Konjunktion „obwohl“ weiter. Das heißt, der TRP kann sozusagen „lebensnotwendig“ sein, weil (statt: obwohl) „... nicht einmal die herkömmlichen Schienenwege dem wachsenden Verkehrsaufkommen gewachsen sind“ (vgl. P., Art. Nr. 42, Tab. 1). Insofern soll anscheinend nahegelegt werden, daß der Ausbau des Schienenweges notwendiger sei, obwohl der TRP eventuell das von der DB AG nicht zu bewältigende wachsende Verkehrsaufkommen kompensieren könnte. Inhaltlich fungiert im Kommentar die TRP-Problematik des Umsteigeeffektes hinsichtlich der Berliner Innenstadt (vgl. N., Art. Nr. 43, Tab. 1) als Ausgangspunkt. Der nicht ausgebaute Schienenweg zwischen Hamburg und Berlin wird mit dem Schienenweg der dreißiger Jahren und dessen ermöglichter Reisezeit gegenüber der des TRP tautologisch herangezogen. Die historische Teilung Deutschlands wird dabei unterschlagen. Ob der Transrapid für die Hamburger Befürworter „... ein einzigartiger Wettbewerbsvorteil für ihre Stadt" (vgl. B., Art. Nr. 43, Tab. 1.1) sei, ist schlichtweg eine Unterstellung, ebenso wie in Anbetracht des TRP-Projekts daraus resignativ zu behaupten, daß „... der Schienenweg auf absehbare Zeit wirklich nichts Verlockendes hat" (vgl. S., Art. Nr. 43, Tab. 1). Die Paradoxie, die so erst eine Kritik an den Hamburger Befürwortern ermöglichte, wird aufgelöst.

Für diesen Autor ist kurz darauf wieder eine von ihm berichtete regionale Stellungnahme (vgl. Art. Nr. 44, Tab. 1) Anlaß für eine Kommentierung (vgl. Art. Nr. 45, Tab. 1), die den Bericht in seinem Kontext bestätigen soll. Es werden selbst in dem Bericht wieder die Bedingungen der dreißiger Jahren aufgeführt, da die DB AG, unbeeindruckt von den „Auseinandersetzungen" um den TRP und dessen Einbindungen in die „Innenstädte", den Schienenweg Hamburg-Berlin ausbaut, wodurch die gleiche Fahrzeit, wie sie der „Fliegende Hamburger" damals ermöglichte, erzielt wird (vgl. B., Art. Nr. 44, Tab. 1.1). Daraufhin wird der vorhergehende Kommentar (vgl. S., Art. Nr. 43, Tab. 1) hinsichtlich der Argumentation zum Schienenweg subversiv widerlegt, da „... gerade nur eine Stunde [...] der Transrapid-Reisende gewinnen" würde. Es besteht also doch eine Attraktivität der „Schnellzugstrecke" (vgl. B., Art. Nr. 45, Tab. 1). Weiterhin wird offensichtlich, daß die Begrifflichkeit Magnetschwebebahn für einen territorialen Bezug Verwendung findet und getrennt davon der Name Transrapid als Synonym für die gewollte Durchsetzung und die propagierte ökonomische Rentabilität von Wirtschaft und Politik betrachtet wird: „Wenn die Schwebebahn am Stadtrand endet, sei 'der Transrapid tot'" (vgl. P., Art. Nr. 44, Tab. 1). Hinsichtlich einer prognostizierten Zustimmung des Bundesrates zum Bau des TRP-Projekts bekommt dieses durch die Verwendung der Begrifflichkeit Magnetschwebebahn wiederum eine positive Wendung, da aufgrund der „eindringlichen Warnungen" der regional ansässigen Planungsexperten und der „... unbeachteten finanziellen Nöte der öffentliche Haushalte" das Projekt als solches schon negiert wurde (vgl. N., Art. Nr. 45, Tab. 1). Im Schlußwort wird konstatiert, nachdem die Zahlenangabe der Kosten des TRP-Projekts widersprüchlich (vgl. B., Art. Nr. 44 u. 45, Tab. 1.1) rezitiert werden, daß die Referenzstrecke [...] „schlicht und einfach zu teuer" (vgl. S., Art. Nr. 45, Tab. 1) ist.

In dem hier im Analysezeitraum zuletzt gegebenen Kommentar, der von einem nur einmal vertretenen Autor geschrieben wird, wird das TRP-Projekt sachlich diskutiert. Hierbei werden nicht regionalökonomische Aussagen voreilig auf die Zukunft projiziert. Vielmehr wird so hinführend im Text das berichtete Zugeständnis der DB AG gegenüber der „Bonner Koalition“ problematisiert (vgl. S., Art. Nr. 47, Tab. 1). Abgesehen von der hier im Kontext der Analyse überraschenden überspitzten Kritik am Bundeskanzler und an dessen Verkehrsminister (vgl. M., Art. Nr. 48, Tab. 1.1), werden die wirtschaftlichen Annahmen bzgl. Personenkilometerpreis und Fahrgastaufkommen seitens der TRP-Befürworter prägnant dargestellt, ohne daß sie subjektiv gewertet werden. Darauf folgend setzt allerdings ein Begründungsabbruch ein, und es wird konstatiert, daß der „Gedanke der Magnetschwebetechnik in Deutschland“ sicher „... vor 20 Jahren interessant gewesen [sei]“ (vgl. N., Art. Nr. 48, Tab. 1), und daß insofern der „Transrapid“ nicht in das „europäische Hochgeschwindigkeitsnetz [...] paßt“ (vgl. S., Art. Nr. 48, Tab. 1). Es ist offensichtlich, daß hierbei durch die Referenz der DB AG und ihrer Hochgeschwindigkeitszüge der Transrapid analogisierend gleichgesetzt wird, obwohl es doch letztlich um die Durchsetzung einer Referenzstrecke von Hamburg nach Berlin geht. Der angedachte Referent, die Technologie des Transrapid als solche, wird verschwiegen.

These (d): *Es kann konstatiert werden, daß in diesen Kommentaren verschiedene Appelle an den Gemeinsinn zur Verwendung kommen, die aber zum Kontext einer kommentierten Berichterstattung keinen Bezug aufweisen. Die erforderlichen Begründungen, die eine eindeutige Bewertung des TRP-Projekts bezwecken sollen, beziehen sich auf berichtsunabhängige Verhältnisse, die aber als außenverweisende Vorgriffe nicht gegenüber der jeweiligen Ausgangslage im Bericht relativiert werden können.*

Investitionen in die Wiedervereinigung Deutschland seien also „gesamtwirtschaftlich“ gesehen „wichtiger“, oder die positiv gesehene „Zusammenarbeit zwischen Industrie und Politik“ ermöglicht es, daß ökonomische Randbedingungen industriepolitisch und national reduziert werden, wobei nicht auf den Bau des TRP zwischen Berlin und Hamburg konkret eingegangen wird. Einerseits wird durch das Gutachten und die folgende Verlagerung der Diskussion in die Politik der >>personifizierte<< Transrapid, anstelle des Finanzierungskonzeptes der Industrie, unsachgemäß kritisiert. Andererseits kann die zeitliche Äußerlichkeit des gewollt zu kommentierenden Transrapid nicht reflexiv vorverurteilt werden, was eben durch die Parität bzw. eingeschätzte Gleichstellung der wissenschaftlichen Gutachter gegenüber der Politik hervorgerufen wurde. Dementsprechend gibt später nur ein Satz zum TRP in einer regionalökonomischen Stellungnahme Anlaß, das TRP-Vorhaben zu kritisieren. Hierbei ist auffällig, daß die Einbindung des Transrapid in die Innenstädte, auch im widersprüchlich bewertenden Vergleich zur Bahnstrecke, unterschiedlich interpretiert bzw. gewichtet wird, zumal von dem Finanzierungsmodell abgesehen wird. Diese Kommentierungsform wurde nach der Verkündung der Beteiligung an dem Betrieb des TRP seitens der DB AG eingestellt. Der diesbezüglich zuletzt erscheinende Kommentar entspricht auch eher einer Resignation.

Es wird quasi eine zukünftige Situation vorhergesehen, wodurch teilweise paradoxe Formulierungen zustande kommen, da hierzu verschiedene Bezüge unter den beanspruchten Institutionen hergestellt werden.

Ein Indiz für eine unvollständige und subversive Argumentationsweise der Kommentierungen, die die regionalen Schwierigkeiten und Ungeklärtheiten zu ihrem Thema machten, ist z. B. dadurch gegeben, daß der anfangs von Berlin erwünschte Anschluß an den „Bahnhof Westkreuz" (vgl. B., Art. Nr. 10, Tab. 1.1), der, wie aus den folgenden Berichten hervorgeht, auch eingeplant werden sollte (vgl. B., Art. Nr. 17, 40 u. 51, Tab. 1.1), aus der Konzeption der MPG herausgenommen wurde und stattdessen doch der „Lehrter Bahnhof" eingeplant wurde (vgl. B., Art. Nr. 63, 65, Tab. 1.1). Das Argument der Einbindungsschwierigkeiten in die zukünftige Bundeshauptstadt Berlin, das vorrangig von der Zeitung gegen das Projekt favorisiert wurde, kommt auch hier nicht zum Tragen. Es verdichtet sich der Eindruck, daß durch die Überbetonung von aufgegriffenen Stellungnahmen aus Berlin ein simuliertes Außen dargeboten wird. Ein weiteres Indiz, das eine mögliche Verselbständigung der Berichterstattungen untereinander bezeugen könnte, ist, daß in dem am 11.5.1996 herausgegebenen und hier erwähnten Artikel Nr. 63 davon berichtet wird, daß „... sichergestellt worden [sei], daß der Transrapid in die Zentren der Großstädte hineinfahre und an das Netz der Deutschen Bahn AG und die innerstädtischen Nahverkehrnetze angebunden werden könne" (vgl. N., Art. Nr. 63, Tab. 1). Diese Aussage, die von dem „Aufsichtsrat der Magnetschnellbahn-Planungsgesellschaft [...] in Übereinstimmung mit deren Gesellschaftern, dem Bund und der Industrie ..." (vgl. W., Art. Nr. 63, Tab. 1. 1) gegeben worden ist, widerspricht einem den TRP nebensächlich erwähnenden und vier Tage später erscheinenden Bericht vom 15.5.1996 zur verkehrsplanerischen Situation in Berlin, der genau einen Monat vor der Zustimmung des Bundesrates veröffentlicht wurde. Denn dort heißt es: „Strittig ist zwischen Berlin und dem Bund weiterhin der Endpunkt der Magnetschwebebahn Transrapid. Wissmann bekräftigte, der Transrapid solle zum künftigen Zentralbahnhof nördlich des Regierungsviertels führen, auf Verlangen von Berlin werde jedoch weiter die Variante geprüft, die Magnetbahn am künftigen Bahnhof Papestraße im Süden der Stadt enden zu lassen" (Lt.: Wissmann fordert Entscheidung, Frankfurter Allgemeine Zeitung, 15.5.1996). Die von der MPG als notwendig empfundene Anbindung an den innerstädtisch gelegenen Lehrter Bahnhof, wodurch das prognostizierte Passagieraufkommen realisiert werden soll, erscheint als noch nicht geklärt. Weitere >>Presse-Enten<< konnten unter den einzelnen Berichterstattungen hinsichtlich der geplanten Strecke nicht aufgedeckt werden.

These (e): *Die regionalen Bezugnahmen der Berichterstattung in der FAZ können sich auf Meldungen stützen, die im Vergleich untereinander widersprüchlich sind. Darauffolgende Kommentierungen könnten ein simuliertes Außen befördern, zumal regelmäßig quantitative Angaben und regionale Aussagen als Basis für eine wirtschaftspolitische Kommentierung un-*

terstützend wirken. Regionale Sachverhalte können insofern überbewertet oder sogar realitätsunabhängig werden.

Inwiefern auch das Thema bzgl. des Baus einer Referenzstrecke zwischen Berlin und Hamburg seinen Kontext verlieren kann, ist daran ersichtlich, daß während der politischen Entscheidungsphase vermehrt von der bedeutungsverweisenden Wortzusammensetzung „Transrapid-Projekt" gesprochen wird (vgl. Art. Nr. 6 S., 17 B., 18 B., 20 B., 23 H.; folgend: 47 W., 48, W., 51 H., 55 B., 56 W, 58 W., Tab. 1, Tab. 1.1). Ein Projekt ist ebenso wie der Begriff System erst dann in seinem Prozeßzusammenhang erkennbar, wenn es abgeschlossen ist. Aus der Perspektive von Thyssen Henschel, Verkehrsminister Wissmann und sogar aus derjenigen der politischen Opposition wird vermehrt von einer Transrapid-Strecke bzw. -Trasse, gesprochen. Ein regionaler Bezug hinsichtlich eines zu denkenden Außen wird erkennbar - wider den reflektierten politischen Entscheidungsprozeß, bei dem vermehrt die vollständig Beschreibung „Magnetschwebebahn Transrapid" im Hinblick auf das Projekt wiedergegeben wird.

Diese Thesen bzgl. der Analyse der Kommentare mit Frakturüberschrift und der Berichte geben Hinweise für eine Interpretation der Verwendung des Namens Transrapid und des Begriffs Magnetschwebebahn, da vorausgesetzt werden kann, daß Autoren den geringsten Sprachaufwand bevorzugen. Ein solcher Versuch einer Interpretation wird im Abschnitt 7.2.4 unternommen.

Im folgendem werden die **berichtsunabhängigen Kommentare** analysiert. Es ist von Interesse, wie die Technik des TRP interpretiert wird. Der anzunehmende Meinungsstand in der öffentlichen Diskussion wird bei diesen Kommentaren oft anhand eines teils tautologischen Vergleichs des TRP zu anderen Verkehrstechniken aufgenommen. Die namentlich aufgeführten Autoren artikulieren sich als >>Sprachorgan<< ihrer Leserschaft, weil sie eine Akzeptanz ihrer Meinung gegenüber der Leserschaft indirekt berücksichtigen. Die Autoren führen insofern aufgrund anzunehmender möglicher Einwände ihre Kommentare verstärkt mit sich selbst. Das Hier und Jetzt des Autors ist der Ausgangspunkt des Schreibens, weshalb hierbei unter Berücksichtigung der öffentlichen Meinung verschiedene Anlässe bzw. Aphorismen, die überraschend eine Erkenntnis durch einen vergleichenden Gegensatz oder Widerspruch vermitteln, aufgenommen werden.

Insbesondere im Artikel Nr. 3 wird deutlich, daß bei einer gleichzeitigen Zurhilfenahme eines Vergleichs des TRP mit einem anderen Magnetschwebekonzept notwendige aber nicht themenbezügliche Beschreibungen in der Argumentation erfordlich werden. Es wird hierbei das noch nicht praktisch erprobte Konzept „Braunschweig 2" als ein solches schon realisiertes gesetzt: „Braunschweig 2 ist billiger, schneller und umweltverträglicher [...]" als der „Transrapid" (vgl.

M., Art. Nr. 3, Tab. 1.1). Im Widerspruch dazu wird in einer folgenden Textstelle davon gesprochen, daß „... ein größeres Modell entstehen [soll], das nicht nur schweben, sondern auch *fahren kann.“ Diese vergleichende Setzung durch die zuvor geleistete Existenzaussage, die* wiederum auch derselben, aber noch befragend, in der Überschrift widerspricht, verlangt vom *Autor, den Systemvergleich zwischen beiden „Magnetkonzept[en]“ zur Klärung zu bringen* (vgl. M., Art. Nr. 3, Tab. 1.1). Hierzu werden verschiedene Instanzen (z. B.: Weltausstellung, ein Symposium in Japan, Magnetzulieferunternehmen, Wissenschaftler usw.) aufgeführt, um so letztlich die Technik des Braunschweig 2 in ihren Vorzügen, insbesondere den der höheren Geschwindigkeit, zu beschreiben (vgl. B., Art. Nr. 3, Tab. 1.1). Diese resultierende Beurteilung soll dann erklären, warum der zu „anfällig[e]“ TRP „Millionen von Betonstelzen“ benötigt (vgl. N., Art. Nr. 3, Tab. 1). Fernerhin gäbe es, daraus unausgesprochen folgernd, eine „Angst vor terroristischen Anschlägen auf die empfindliche Fahrbahn“, die die „... Transrapid-Trasse zusätzlich in die Höhe, auf vier Meter über den Erdboden [treibt]“. Durch diese Unterstellung wird eine Begründung wieder erforderlich, damit der Bezug zur Öffentlichkeit bzw. zur Leserschaft wieder hergestellt werden kann: Das Magnetschwebekonzept Braunschweig 2 „stieße“ vielleicht auf „weniger Widerstand in der Bevölkerung“, da dieses bessere Geräuschabschirmung ermögliche. Ob nun dieses Argument der ebenerdig möglichen Trassierung des Braunschweig 2 aussreicht, um einen durch den TRP induzierten „Protestwind um die Ohren der Politiker“ zu konstatieren, belegt eher, zumal so das zuvor für nichtig erklärte Konzept paradoxerweise seine Realisierung attestiert bekommt (vgl. P. u. S., Art. Nr. 3 Tab. 1), daß der Autor nicht willens ist, das nahegelegte Selbstverständnis der politischen Entscheidungsträger zu kritisieren. Die fehlende Fahrfähigkeit des Braunschweig 2 wird selbst gegenüber dem Leser als Frage offeriert. Die Schwebetechnik des TRP und die der anderen Konzeption, die vorab schon als „Magnetschwebetechnik der Zukunft“ bezeichnet wurde, wird problematisiert (vgl. W., Art. Nr. 3, Tab. 1.1).

Bei dem folgenden Kommentar (vgl. Art. Nr. 5), der erstmals die Strecke Hamburg-Berlin erwähnt, wird eine überspitzte, aber auch in sich schlüssige Kritik gegeben, wenn davon abgesehen wird, daß hierbei die Überschrift in ihrer Sprachverwendung den Text in seiner Rhetorik qua >>Erlebnisgesellschaft<< bestimmt. Es wird die Chronologie des TRP-Projekts dargelegt, wobei als Ausgangspunkt die Stellungnahmen von Verkehrsminister Krause und Forschungsminister Riesenhuber und deren „rätselhafte“ Bekundung der „Einsatzreife“ aufgenommen wird (vgl. W., Art. Nr. 5, Tab. 1.1). Ihre Verkündungen von „Geschwindigkeitsrekorde[n]“ und „glücklichen Kühen“ im Emsland werden hinterfragt, indem ein auffällig ironisierender und wiederholender Sprachgebrauch von „Wunder“ sich als hilfreich erweist. Es wird der die öffentliche Diskussion bestimmende Aspekt der Geschwindigkeit in ihrem Verhältnis zur Lautstärke aufgenommen und dem diskursinitiierenden Marketing („flüsternder Pfeil“) gegenübergestellt, wodurch eine auch zukünftig zur Kritik anregende Problematik widergespiegelt wird: „Weil die Magnetbahn in jenem Bereich, in dem sie den Hochgeschwindigkeitszügen der Bundesbahn überlegen wäre, mehr Lärm erzeugt als ihre Konkurrenz, wird das eine, hohe Tempo, nur auf Kosten des anderen, der leisen Fahrt, zu haben sein". Folglich wäre der mögliche Einsatz des „dröhnenden Pfeil[s]" eher als eine „leise Stadtbahn" denkbar (vgl. M., Art. Nr. 5, Tab. 1.1). In diesem Artikel wird der Staat in seiner „Verkleidung", in der „Rolle des Unternehmers", weshalb es auch keine wirkliche „regulierende Größe" gibt, sehr kritisch angegangen (vgl. B. u. N., Art. Nr. 5, Tab. 1, Tab. 1.1), was wiederum doch eine „einzige Instanz", nämlich den Markt, erfordert. Der zu hohe „Preis" für den TRP und die dort nicht enthaltenen „Umweltschäden" werden auf das „Planspiel" der Planer zurückgeführt, die auch der „politischen Propaganda" unterliegen. Der von der Politik nicht eingestandenen „Aussichtlosigkeit" des TRP wird das gescheiterte Projekt des „Schnellen Brüters Kalkar" entgegengesetzt. Insofern wird der Vermarktung des TRP das „Land der teuren Träume" (vgl. S. Art. Nr. 5, Tab. 1) zugebilligt, da für diesen schon zu hohe „Forschungskosten" entstanden sind.

Der positive Kommentar Nr. 9 nimmt seine Unterredung durch die im Ausland erzählte „Anekdote vom Transrapid" seitens Lothar Späth auf, der deshalb „fassungslos" von seinem „ausländischen Gesprächspartner" angeblickt wird, oder „... sie schmunzeln, schelmisch wie Späth selbst" (vgl. N., Art. Nr. 9, Tab. 1). Die so indirekt hinterfragten Mißstände in Deutschland, ein „ideales Verkehrsmittel" zu haben, dessen „Zug" in der „norddeutschen Ödnis" „einsam Runden" dreht, werden dem daraufhin mit einbezogenen Leser folgendermaßen erklärt: „Unser Eisenbahnnetz ist schon relativ dicht und im internationalen Vergleich gut ausgebaut." (vgl. L., Art. Nr. 9 Tab. 1). Aufgrund einer möglichen Auslandsvermarktung sei es nötig, zuvor auf die „Magnetbahn in der Heimat" zu setzen, obwohl diese paradoxerweise „dort `keinen Sinn macht´, wo schon TGV oder ICE fahren" (vgl. P., Art. Nr. 9, Tab. 1). Auch bezüglich der Strecke Hamburg-Berlin kommt diese Paradoxie nicht näher zu ihrer Entkräftung. Statt hervorzuheben, daß die dortige ICE-Strecke noch nicht ausgebaut ist, wird darauf hingewiesen, daß „... in den Städten [...] jegliche Trassen knapp [sind], ob für Autos, Eisen- oder Magnetbahnen". Dieser verkehrsplanerische Konflikt wird hinsichtlich des im Gegensatz zum ICE „schneller[en]" und „besser[en]" TRP unzureichend begründet. „Er", der einsam schwebende „High-Tech-Zug über Kuhweiden", habe noch „Hürden zu nehmen" (vgl. B., Art. Nr. 9 Tab. 1.1).

Der erst ein Jahr später erfolgende Kommentar Nr. 23 versucht den währenddessen etablierten Konflikt zwischen Befürwortern und Gegnern zu kommentieren (vgl. H., Art. Nr. 23, Tab. 1). Ein Vergleich zu dem angeblich gescheiterten Flugzeug „Concorde" wird aufgenommen (vgl. N., Art. Nr. 23, Tab. 1). Durch diesen Vergleich bestimmt die Geschwindigkeit und die zu ihr im Verhältnis stehende Schallemission wiederkehrend die Unterredung im Text (vgl. B. u. M.,

Art. Nr. 23, Tab.1.1). Anschließend wird die Technik („Linearmotor") und das computergestützte Regelsystem des „tieffliegenden Düsenjägers" TRP aufgegriffen, weshalb ein territorialer Bezug zum ICE möglich wird, indem die höhere Geschwindigkeit und die so entstehende Schallbelästigung des TRP negativ gewertet wird. Die territoriale Relation zwischen den Systemen wird insofern aufgelöst. Die Klärung wird als Frage gegenüber dem Leser gegeben. Der „Zug der Zukunft namens ICE" sei möglicherweise schon „abgefahren" (vgl. L., Art. Nr. 23, Tab. 1). Die Vorzeigestrecke Hamburg-Berlin könne eine „Nummer kleiner sein", falls diese lediglich zur Demonstration des „Industriestandort[s] D" diene (vgl. S., Art. Nr. 23, Tab. 1.). Verkehrspolitische Argumente werden nicht behandelt.

Die drei kommentierenden Beiträge (vgl. Art. Nr. 27 bis 29) sollen zum TRP-Projekt, das sich zur politischen Entscheidungsfrage (vgl. Art. Nr. 24) etabliert hat, eine Aufklärung zwischen den Positionen der „Befürworter und Gegner", die sich in ihrem „... Eifer auch [einer] manipulierender[n] Beweisführung" bedienen (vgl. N., Art. Nr. 27, Tab. 1), ermöglichen. Auch hierbei wird im Vorwort (vgl. Art. Nr. 27) wieder ein gescheitertes Verkehrsmittel („Zeppelin") entgegengesetzt. Die „Schwebe" der „Bahn ohne Räder" (vgl. B. u. P., Art. Nr. 27, Tab. 1.1, Tab. 1) - obwohl eine Bahn keine Räder haben muß -, deren „... technische Innovation ins Weltanschauliche" gehe, wird so wieder vorwegnehmend negativ kontrastiert: Es handele sich um ein „... Stück Technik, um das es sich zu streiten lohnt" (vgl. S., Art. Nr. 27, Tab. 1). Der folgende positive Beitrag eröffnet seinen Text mit einem Vergleich zur „Eisenbahn". Die „Magnetschnellbahn" sei aufgrund ihrer hohen Geschwindigkeit und geringeren Lärmbelästigung eine Ergänzung zu dem bestehenden Bahnsystem (vgl. B., Art. Nr. 28, Tab. 1.1): Da „wir" in einem „... dichtbesiedelten Land leben" (vgl. L., Art. Nr. 28, Tab. 1.), sei es notwendig nicht die „Eisenbahn" zu ersetzen, sondern die „Reisezeiten" zu verkürzen. Es wird nach dieser Lesereinbeziehung das „Beschleunigungsvermögen" des TRP positiv hervorgehoben (vgl. B., Art. Nr. 28, Tab. 1). Der dritte Beitrag bedient sich zur Beurteilung des TRP eines Begriffsschemas aus der Mathematik (vgl. W., Art. Nr. 29, Tab. 1.1). Entgegen dem vorhergehenden Beitrag wird hier der „Energieverbrauch" negativ gewertet, da der überproportional ansteigende „Luftwiderstand" das entscheidende Kriterium für eine ökologische Argumentation sei. Der ICE, der auch die 400 km/h-Marke überschreiten kann, könne ähnlich aerodynamisch konzipiert werden, weshalb ein gleicher Energieverbrauch zu realisieren sei. Hierbei wird unterschlagen, daß zum einem der ICE aufgrund seines geringeren Beschleunigungsvermögens diese Marke in Anbetracht nicht ausfahrbarer Strecken, die z. B. zu kurz oder getunnelt sind, nicht praktisch oder nur unwirtschaftlich realisierbar ist. Zum anderen wird insofern nicht beachtet, daß das mittransportierte Eigengewichts des ICE (ein Triebkopf wiegt 40t) den Energieverbrauch steigert. Im folgendem wird dann der Vorteil des Schwebens und der so möglichen höheren Geschwindigkeit negativ beurteilt, da der „10 bis 20 mm große Luftspalt" der Schwebetechnik einen zu hohen „Verlust an Wirkungsgrad" im Vergleich zum ICE bewirke (vgl. N., Art. Nr. 29, Tab.

1.1): „Das aber bedeutet einen Wirkungsgrad, der den Vorteil des fehlenden Rollwiderstand[s] mehr als kompensiert" (vgl. N., Art. Nr. 29, Tab. 1.1). Dieses nicht weiter belegte Argument erscheint im Kontext des geführten mathematischen Beweisganges der „... notwendigen und hinreichenden Bedingungen" sehr plausibel, da für die folgende Beurteilung die Forschungsergebnisse der Deutschen Luft- und Raumfahrt Institution (DLR) angeführt werden: Das „Rollgeräusch" des ICE werde bei TRP-ähnlichen Geschwindigkeiten vom „Lärmpegel" des „Windgeräuschs" überholt (vgl. B. Art. Nr. 29, Tab. 1.1). Die technischen Vorzüge des TRP werden durch die aufgeführte wissenschaftlich-mathematische Methode sehr glaubhaft in Frage gestellt. Das Schlußwort wird als Lesereinbeziehung und als ein selbstbestätigendes Fazit des Autors formuliert: „Wie kann man ihn da als bahnbrechende Technologie hinstellen, von einem Vorsprung reden, der ungeahnte Exportchancen eröffnet? [...] Kein Unternehmen investiert in ein Projekt, bei dem der Fehlschlag a priori feststeht [...]. Warum ist das in der Politik ganz anders?" (vgl. L., S., Art. Nr. 29, Tab. 1). Dieser Kommentar hat gegenüber der Leserschaft seine sehr erklärungsbedürftige Überschrift (vgl. H., Art. Nr. 29, Tab. 1) recht plausibel beantworten können. In diesen drei Kommentaren wird der Konflikt hinsichtlich der geplanten Referenzstrecke Hamburg-Berlin vernachlässigt. Vielmehr bietet auch hier wieder die Schwebetechnik des TRP Möglichkeiten, um verschiedene Aphorismen zu verwenden, die eine Klärung ermöglichen sollen.

Die politische Stellungnahme von Bundesverkehrsminister Wissmann (vgl. Art. Nr. 32) kann nur unzureichend interpretiert werden, da hierbei aus einer zukünftigen Position heraus argumentiert wird (vgl. H., B., Art. Nr. 32, Tab. 1, Tab. 1.1). Der Ausgangspunkt dieser Unterredung ist die beim Leser vertrauenserweckende Verkündung: Der Umweltschutz ist Bestandteil unserer Verkehrspolitik" (vgl. L., Art. Nr. 32, Tab. 1). Nachdem herausgestellt wurde, daß die Bahnreform ein „Jahrhundertwerk" sei, wird der inhaltliche Rahmen mit einer weniger beruhigenden Verkehrsentwicklungsprognose für das „Jahr 2010" gegeben (vgl. W., Art. Nr. 32, Tab. 1.1). Insofern kommt den zukunftsorientierten Argumenten eine plausible Aussagekraft zu, zumal diese „zukünftigen Herausforderungen" nicht mit „konventionellen Lösungen" zu „meistern" seien (vgl. B., Art. Nr. 32, Tab. 1.1)[1]. Folgend wird beteuert, daß „... Hochgeschwindigkeitsverbindungen zwischen großen Metropolen in Europa" ein „... zentraler Bestandteil im Konzept der Bundesregierung" sind. Für ein solches „europäische[s] Hochgeschwindigkeitsnetz", das das „Umsteigen von Straße auf Schiene" ermöglichen soll, „... eignen sich die beiden zukunftsweisenden Verkehrsträger ICE [...] und Transrapid hervorragend". Die Bundesregierung habe mit dem Beschluß für den Bau des TRP zwischen „Berlin und Hamburg" ein „... neues Kapitel in der Geschichte der Verkehrstechnologien aufgeschlagen". Denn:

[1] Hinsichtlich dieser Aussage könnte auch der Irritation, ausgelöst durch das mit abgebildete Foto von „Walter Bauersfeld, Erfinder des Zeiss-Projektionsplanetariums (1879-1959)", ein Sinn zukommen.

„Zu einem noch weit größeren wirtschaftlichen, technologischen und umweltpolitischen `Zukunftssystem´ als der ICE wird das Magnetschwebebahnsystem Transrapid werden“ (vgl. B., Art. Nr. 32, Tab. 1.1). Daraufhin werden wirtschaftliche „Wachstumsprognosen“ gegeben, die hinsichtlich des TRP eine „... Zusammenarbeit zwischen Staat und Wirtschaft auch in schwierigen Zeiten“ erklären lassen. Bei diesen Erklärungen erscheint unklar, daß durch das „Transrapid Projekt Berlin-Hamburg“ in der Bauphase mehr als „... 10.000 Arbeitsplätze gesichert oder geschaffen“ werden (vgl. P., Art. Nr. 32, Tab. 1). Eine >>Und<< - Verknüpfung würde diesem Argument mehr Glaubwürdigkeit verleihen. Weiterhin handelt es sich um ein überbewertendes Argument, daß durch eine „internationale Vermarktung des Transrapid [...] positive Wachstumseffekte auch für andere Branchen und damit für den gesamten Wirtschaftsstandort Deutschland“ entstehen sollen (vgl. B., Art. Nr. 32, Tab. 1.1). U. E. muß aber davon ausgegangen werden, daß bei einer internationalen Vermarktung des TRP lediglich technologische Komponenten von Thyssen Henschel oder Siemens exportiert werden. Der Bau der Trasse und deren notwendige Infrastrukturmaßnahmen werden wohl nicht auf andere deutsche Branchen wirken, falls diese keine TRP-Lizenzen besitzen. Es kann insofern angenommen werden, daß positive innerdeutsche Wachstumseffekte sich nur minimal einstellen könnten. Insgesamt bleibt bei dieser politischen Stellungnahme fraglich, welche politisch-räumliche Konstellation für eine europäische Bewilligung hinsichtlich eines TRP-Ausbaus vorausgesetzt wird und wer insofern als zur möglichen Rechtfertigung aufforderndes Gegenüber in diesen Aussagen fungiert. Kritiker des TRP-Projekts werden in dieser prognostizierenden Unterredung nicht aufgenommen, weshalb bei dieser >>Selbstdarstellung<< häufig attributive Zuschreibungen hinsichtlich des gedachten Außen erfolgen. Ferner wird indirekt erkennbar, daß die „Schienennetzplanung der osteuropäischen Nachbarstaaten“ das „Magnetschwebebahnsystem Transrapid“ als systemische Weiterführung der Strecke „Berlin - Hamburg“ berücksichtigen könnten, während sich die Europäische Union auf einen Ausbau der R/S-Hochgeschwindigkeitsverbindungen konzentriert. Die Umsteigeeffekte zwischen beiden Systemen oder die Finanzierungskosten und Fahrgastprognosen bzgl. des TRP werden nicht angesprochen.

In diesem Kommentar wirkt die Überschrift >>Riesenspielzeug<< des Artikels (vgl. H., Art. Nr. 37, Tab. 1) besonders auf die Inhalte im Text, wie im Ausgangspunkt der Unterredung hervorgeht: „Mit dem Transrapid, der Magnetschwebebahn, betritt oder befährt die Bundesrepublik technisches Neuland“ (vgl. W., Art. Nr. 37, Tab. 1.1). Der hiermit gemeinte und zur Verantwortung gezogene Staat wird durch seine Unterstützung dieses Projektes, das einmal als Zug und ein andermal als dessen Bahnstrecke gedacht wird, kontrastiert. Die technischen Besonderheiten des „neuen Zuges“ werden zugestanden. Die diesbezüglichen „Argumente“ der Rentabilität hätten sich „seit einiger Zeit erledigt.“ Mit dieser Unterstellung wird zur eigenen Absicherung der Argumentation folgende Begründung eingeführt: „Denn daß die Schwebebahn in Deutschland oder sonstwo gebraucht wird, behauptet eigentlich niemand mehr“ (vgl. N., Art. Nr. 37, Tab. 1). Gebraucht werde ein „Demonstrationsstück, um zu beweisen, daß die Techniker das, was sie versprochen haben, auch können. Das ist alles“ (vgl. B., Art. Nr. 37, Tab. 1.1). Diese philosophisch anmutende Aussage, die aber eher eine notwendige Umsatzsicherung der Industrie meinen müßte, ist in der Folge der Begründungsversuche unzureichend: Der ICE sei nun einmal „... in jene Marktlücke eingefahren, die für die neue Schwebebahn reserviert worden war“ (vgl. M., Art. Nr. 37, Tab. 1.1). Es erscheint widersprüchlich, daß dem TRP, trotz seiner bestätigten technischen Neuheit, keine Marktattraktivität zugestanden wird. Ob die noch nicht ausgebaute ICE-Strecke Berlin-Hamburg schon diese „Marktlücke“ eingenommen hat, belegt nicht, warum nicht über eine Rentabilität des TRP weiterhin gesprochen wird. Auch zu begründen, „... auf Schiene kommt man überall hin, quer durch Europa und um die halbe Welt“, ist zwar ausreichend, um zu konstatieren, die „... Magnetbahn kann das nicht“. Aber ob „[d]eswegen [...] Dürr, der Chef der Bundesbahn, sie auch nicht haben [will]“, ist letztlich eine Unterstellung, da dessen Person als Referenz herangezogen werden muß, um den eigenen offenen Argumentationsgang bzgl. der technischen Beweiserbringung seitens der Ingenieure zu schließen (vgl. B., Art. Nr. 37, Tab. 1.1). Dürrs heikle und in der Diskussion unverständliche Verkündung, „wir machen aber mit, weil die Bundesregierung Industriepolitik wolle“ (vgl. N., Art. Nr. 36, Tab.1, u. B., Art. Nr.37, Tab. 1.1), ist im Kommentar der Grund, um dem Staat statt der Industrie einen „Erfolgszwang“ zu attestieren. Der Unmöglichkeit zur „Umkehrung“ des TRP-Projektes wird insofern wieder der „Bau des Schnellen Brüters“ in Kalkar, der ebenso Staatsinvestitionen erforderte, entgegengesetzt (S., Art. Nr. 37, Tab. 1)[1]. In diesem Kommentar soll mit der Kategorie Markt ein „eben deshalb“ der Verselbstständigung des „Riesenspielzeugs“ TRP beantwortet werden, weshalb auch im Text der Argumentationsgang durch die Begrifflichkeit Magnetschwebebahn unterstützend >>entgleist<<.

In dem viel später erfolgenden Kommentar (vgl. Art. Nr. 57) wird die sich verstärkende Annahme einer Konkurrenz zwischen dem R/S-System und dem TRP genauer besprochen, da sich die diskursive Miteinbeziehung der DB AG zugespitzt hat. Für eine kritischere Darstellung des TRP-Projekts dienen hier rezitierte Stellungnahmen von Verkehrswissenschaftlern und Gutachtern, wodurch erstmals eine genauere wirtschaftspolitische Diskussion geboten wird. Den Ansatz zur Unterredung bildet das in der Politik zur Entscheidung stehende Projekt selbst: „Alle loben die technische Innovation `Transrapid´. Doch kaum ein Gutachten [...] will sich wirklich festlegen, ob die vorgesehene und bereits in Planung befindliche Strecke der Magnetschwebebahn tatsächlich sinnvoll ist, die Fahrgäste schon um das Jahr 2005 herum in gut einer Stunde von Hamburg nach Berlin bringen soll“. Der Ausdruck dieser Problematik, der sich schon in dieser grammatischen Konstruktion widerspiegelt, sei, daß immer wieder um ein „ja, aber“

[1] vgl. hierzu Art. Nr 5. Dieser Kommentar wurde u. E. vom selben Autor verfaßt, wie auch hier inhaltlich hervorgeht.

diskutiert wird, wodurch sich die „ganzen Ungereimtheiten des Projekts" repräsentieren (vgl. W., Art. Nr. 57, Tab. 1.1). Zur Einschätzung dieser Konfliktsituation wird fragend angeführt, daß die Absicherung des „Geschäftserfolg[s] des Transrapid" gestört werden könnte, „... wenn der Schienenweg liberalisiert wird und private Betreiber darauf dringen, die vorhandenen Chancen für einen schnelleren Bahnverkehr [...] zu nutzen". Neben dieser Überlegung werden dem Leser gegenüber in Frageform nicht nur die Europäische Union, die die Wettbewerbsverzerrung zugunsten eines TRP-Fahrgastaufkommen hinterfragen könnte, und die mögliche Nichtentschädigung der Erlösausfälle bei der DB AG problematisiert, sondern auch die Schwierigkeiten der innerstädtischen Einbindung, die für eine Voraussetzung eben jenes theoretischen Fahrgastaufkommens notwendig seien, angeführt (vgl. L., Art. Nr. 57, Tab. 1): Die in den Städten zu „niedrig veranschlagten Kosten für den Grunderwerb", der „Widerstand unter den Bürgern" und die „Zufahrtswege" an die jetzt schon überfüllten Haltestellen, während die „Stadtväter" schon heute mit „autofreien Innenstädten liebäugeln", wird der sich auf das Umland stützenden Fahrgastprognose entgegengehalten (vgl. B., Art. Nr. 57, Tab. 1.1). Die ursprüngliche „Vorstellung" seitens der „Initiatoren" des TRP, die „Geschwindigkeitslücke zwischen Bahn und Flugzeug" zu schließen, beziehe sich auf die „langen Strecken zwischen Nord- und Süddeutschland", weshalb die „... verkehrswirtschaftlichen Begründungen für den Bau der Referenzstrecke [...] `eher aufgesetzt´ [wirken]", wie das „Deutsche Institut für Wirtschaftsforschung (DIW)" bzgl. der Strecke Berlin-Hamburg begründet (vgl. N., Art. Nr. 57, Tab. 1). Die „... Magnetschwebebahn hätte in den Nachbarländern nur dann eine Chance", wenn diese „Geschwindigkeitslücke [neue] Segmente des Verkehrsmarktes wirtschaftlich erschlösse". Eine „Sicherung des Wirtschaftsstandort[s] Deutschlands" sei im Einvernehmen mit dem Bundesrechnungshofes „aus heutiger Sicht" finanzpolitisch „nicht garantiert". Ob sich trotzdem „tatsächlich Exporterfolge" und ob sich durch die „Durchsetzung der Referenzstrecke" wirtschaftliche, beschäftigungs- und verkehrspolitische Effekte einstellen, sei ungeklärt, zumal die „Bundesregierung mehr den Beteuerungen der Industrie" geglaubt habe. Die erstmalige Darlegung von wissenschaftlichen Prognosen erfordert, daß die Industrie kritisch erwähnt wird. Die theoretisch schwer einschätzbaren Annahmen können hinsichtlich einer zukünftigen Praxis nicht aufgelöst werden, wie z. B. schon die häufigen Formulierungen in Frageform belegen. Unbesprochen bleibt, ob von einer verstärkten Attraktivität der „Stelzenbahn" ausgegangen werden könnte, wenn sie „eines Tages im Viertelstundentakt von Ort zu Ort schwebt" (vgl. B., Art. Nr. 57, Tab. 1.1). Es müßte insofern nicht eine „Geschwindigkeitslücke" geschlossen werden, sondern es würde sich eine Technik präsentieren, die zwei Orte als eine >>Metropole<< denkbar macht. Diese Kommentierung des TRP wird sehr sachlich geführt, weil hierbei nicht die Politik angeprangert wird, um so mit einem überspitzten Sprachgebrauch die schwer abschätzbaren „Risiken" zur Synthese zu bringen, d. h. der über die Politik reflektierbare TRP wird nicht metaphorisch beschrieben.

Bei diesem Kommentar, der auch eher einem Bericht gleicht, wird eine regionalökonomische Stellungnahme wiedergegeben, zumal sich die Befürworter nicht „schlüssiger Argumente" bedienen (vgl. W., Art. Nr. 59, Tab. 1.1): Neu ist in diesem Kommentar, daß durch das TRP-Projekt keine neuen „Arbeitsplätze" entstehen würden, da die vom „Bund zur Verfügung gestellten Mittel aus anderen Haushalten abgezogen" und die „Aufträge europaweit ausgeschrieben" werden müssen. Weiterhin würde sich der Zeitgewinn gegenüber dem ICE relativieren, weil vom „vielbeschworene[n] Vorort-Verkehr" nicht ausgegangen werden dürfe, weshalb so die Umsteigeeffekte hinzugerechnet werden müßten (vgl. N., Art. Nr. 59, Tab. 1). Mit der höheren Geschwindigkeit des TRP sei auch gegenüber dem ICE nicht ökologisch beizukommen, da ab „250 km/h" die „Wind- die Rollgeräusche" überdecken würden und insbesondere die „Lärmabstrahlung" bei noch höheren Geschwindigkeiten erheblich sei - besonders aus „acht Metern Höhe". Bei einer ebenerdigen Streckenführung sei der Landschaftsverbrauch nicht geringer, ebenso wie der Energieverbrauch, wenn die „Platzauslastung" des ICE, der nicht alle „zehn Minuten" fahren müßte, berücksichtigt werde. Eine „erhebliche Steigerung der Mobilität" sei nötig, um die „avisierten zehn bis zwölf Milionen Reisenden pro Jahr zu erreichen" (vgl. B., Art. Nr. 59, Tab. 1.1). Die „Gabe" aus Bonn berücksichtige nicht, daß, wie gegenüber dem Leser gefragt wird, die „Einfädelung des Transrapid", die „Übergänge zum Nahverkehr", die Kosten für die „Parkplätze" und die „Planungskosten" nicht in dem „... mittelfristigen Finanzierungsplan Hamburgs [...] enthalten [sind]" (vgl. L., u. S., Art. Nr. 59, Tab. 1). Diese Mehrkosten des Projekts werden nicht weiter kommentiert. Insofern wird auch nicht berücksichtigt, ob bei den zukünftigen Reisenden wirklich eine rationale Kalkulation der Reisezeit angestellt wird, da an den Grund einer Reise von Ort zu Ort gedacht und weniger der schnellste Weg von Haltestelle zu Haltestelle bedacht wird. Auch die Aussage, daß keine neuen Arbeitsplätze entstehen würden, muß nicht stimmig sein, da das Investitionsvolumen des Verkehrsetats aufgestockt werden kann oder sogar werden muß aufgrund des Baus der TRP-Trasse.

These (f): *Es werden Aphorismen in den berichtsunabhängigen Kommentaren verwendet, indem unterschiedliche Verkehrssysteme dem TRP gegenübergestellt werden, weshalb die Technik des TRP problematisiert wird. Oder es wird eine elliptische Rhetorik aufgebaut, um einem Meinungs- und Diskussionstand in der Öffentlichkeit entgegenzukommen.*

Eine noch nicht technisch erprobte Magnetschwebebahn wird also fiktiv als realisierte Lösung dargestellt, wodurch nicht nur eine Akzeptanz dieser in der Öffentlichkeit unterstellt wird, sondern es erscheint auch so die technische Leistungsfähigkeit des TRP kritisierbar. Das Überschallflugzug Concorde ermöglicht die Problematisierung der Schallemissionen des TRP, indem dieser widersprüchliche Vergleich zugunsten des ICE aufgelöst wird. Auch die Aphorismen „Zeppelin", oder „Eisenbahn" ermöglichen es, daß die Geschwindigkeit und die davon abhängige Schallemission des TRP negativ oder positiv beschrieben wird. In diesen Kommentaren erfährt insgesamt die Technik des TRP eine kritische Beschreibung, wie auch vereinzelt in den Kommentaren, die sich einer elliptischen Rhetorik bedienen, womit eine unentscheidbare Oppositionsbildung im Text umgangen wird: Hierbei erweisen sich wiederkehrende Wörter wie „Hürde", „Wunder", mathematisch „notwendige und hinreichende Bedingungen" oder „Zukunft" als hilfreich. Überbewertungen werden möglich, weil widersprechende Argumente ausgeblendet werden: Jegliche Trassen seien knapp, weswegen der TRP eingesetzt werden solle. Die Entscheidungsträger zum TRP-Projekt unterliegen einer „politischen Propaganda", weshalb das Projekt „Schneller Brüter in Kalkar" als Analogie dienen kann. Der ICE, mit dem ebenso annähernd hohe Fahrgeschwindigkeiten realisierbar seien, wäre auch ökologisch sinnvoller, zumal der „10 bis 20 mm große Luftspalt" der Schwebetechnik einen zu hohen „Verlust an Wirkungsgrad" bewirke. Bundesverkehrsminister Wissmann kann die zur kritischen Diskussion stehenden Argumente vernachlässigen, weil, aus der Perspektive des Jahres 2010 gesehen, von einem das europäische Hochgeschwindigkeitsnetz ergänzende „Magnetschwebebahnsystem" ausgegangen werden kann. Der Kommentar, der eine „ebendeshalb"-Argumentation in den befürwortenden politischen Stellungnahmen erklären möchte, leistet Unterstellungen, die sich durch die getroffene Unterscheidung der Begriffe Bahn und Zug hinsichtlich des TRP elliptisch ergeben: Der ICE sei schon in die reservierte Marktlücke eingefahren, weswegen sich die Argumente der wirtschaftlichen Rentabilität des „neuen Zuges" TRP erledigt hätten. Die folgenden Kommentare gleichen einem Bericht, da durch die politisch bewirkte DB AG-Beteiligung am TRP-Projekt die entgegenzuhaltende >>Figur<< ICE unterhöhlt wurde, wie im vorhergehenden Kommentar deutlich wurde: Es werden die Stellungnahmen der Verkehrs- und Finanzexperten aufgegriffen, wodurch erstmals in der FAZ die diskussionserzeugenden Argumente dargeboten werden. Die Industrie wird kritisiert. Das europäische Hochgeschwindigkeitsverkehrsnetz wird kontrastiert, da sich die DB AG am TRP-Projekt beteiligt und weil sich die Vorteile einer vom TRP zu schließenden Geschwindigkeitslücke durch die Planung der Referenzstrecke Berlin-Hamburg amortisiert hätten. Der zuletzt erfolgende Kommentar ist quasi ein Interview mit einem Hamburger SPD-Abgeordneten, wobei die Nachteile des TRP-Projekts trotz der DB AG-Beteiligung gegenüber dem ICE aufgezählt und die fehlende finanzielle Berücksichtigung des TRP in der Haushaltsplanung der Städte aufgeführt werden.

Insgesamt verhärtet sich der Eindruck, daß die durchgängig kritische Diskussion des TRP durch die aus der Naturwissenschaft rührende Relation Weglänge / Geschwindigkeit / (Schall-) Wirkung induziert wurde, wenn von einer finanzpolitischen Kritik abgesehen wird. Für eine Erörterung dieses Phänomens werden insgesamt unzureichende und reduktionistische Aussagen aufgeführt.

7.2.3 Interpretation des Kategorienschemas: Inhaltliche Schwerpunkte

Die inhaltlichen Schwerpunkte werden anhand der Berichte und deren Chronologie dargelegt. Eine Interpretation der einzelnen Berichterstattung wird beschränkt, weil damit eine übergreifende Kommentation erforderlich werden würde. Es wird somit der Absender eines sprachlichen Terms, das nicht zu befragende >>Du<< einer Benachrichtigung, hinterfragt. Mit der >>näheren<< Erkenntnis eines Diskurses wird hierzu notwendig ein anderer affirmierter Referent unterschlagen, um die Unentscheidbarkeit zwischen den Diskursen zur Klärung zu bringen. Durch die Gleichzeitigkeit der Aspekte einzelner Diskurse im Bericht entwickelt sich hintergründig eine Oppostitionsbildung im Text, die in der Abfolge der Berichte beibehalten wird. Es ist von Interesse, den fragmentarischen inhaltlichen Verlauf und insbesondere die sich etablierende Konkurrenz zwischen dem ICE und TRP darzulegen, wobei die typischen Schlagworte aufgenommen werden. Ebenso wird eine ökologische Argumentation berücksichtigt.
Im Artikel Nr. 1 wird über die auf der Hamburger Messe demonstrierte technische Neuartigkeit des ökologisch vertretbaren TRP berichtet. Diese hoch eingeschätzte Leistungsfähigkeit bestätigt sich auch noch 1987 dadurch, daß eine politisch befürwortete Fernstrecke für Nordeutschland beabsichtigt wurde (vgl. Art. Nr. 2). Nach der hier nicht erklärbaren Verwerfung dieser Realisierung wird verkündet, für den TRP, der „kein Ungeheuer“ sei, würden Investoren für eine Zusammenlegung der Flughäfen Bonn und Düsseldorf gesucht (vgl. Art. Nr. 4). In der Mitte des Jahres 1992 wurde von dem Systemführer Thyssen Henschel, Herstellern und Banken die Möglichkeit einer privaten Finanzierung der Strecke Hamburg-Berlin überprüft, und falls dabei keine Einigung zustandekomme, würde „man den Transrapid einfrieren“ (vgl. Ar. Nr. 7). Der „ökologisch verträgliche“ TRP wurde in den „Verkehrswegeplan“ (BVWP'92) aufgenommen, während sich zugleich die MSB GmbH gründete und Verkehrsexperten erstmals 15 Mio. Fahrgäste prognostizierten (vgl. Art. Nr. 8).

Im ersten Quartal 1993 wird seitens des Berliner Magistrats eine Akzeptanz des TRP bekannt gegeben, wobei aber zu berücksichtigen sei, daß nicht der Lehrter, sondern der Westbahnhof einzuplanen sei, da so keine verkehrsplanerische Schwierigkeit entstehen würde, wie auch externe Experten bestätigten. Der TRP sei dann eine Ergänzung zum R/S- und Flugverkehr. Ebenso wäre ein „TRP-Netz“, das über die Strecke Hamburg-Berlin hinausgehe, interessant (vgl. Art. Nr. 10). Der TRP „trage sich selbst“, wenn der Staat die Risiken übernehme, die er zu verantworten habe, wie seitens Thyssen Henschel bei der Vorlage der Finanzierungsmodelle verkündet wird (vgl. Art. Nr. 11). Diese eher paradoxe Aussage spiegelt sich in der Politik als Inakzeptanz wider, da die Bundesregierung den Ausbau der ICE-Strecke für Berlin-Hamburg erwägt (vgl. Art. Nr. 12). Wiederum wurde der Finanzierungsvorschlag vom Bundesverkehrsministerium begrüßt, zumal eine ICE-Trasse eigentlich auch teilprivatwirtschaftlich finanziert werden müßte, wie Thyssen Henschel betont (vgl. Art. Nr. 13). Der ein halbes Jahr später erfolgende Bericht belegt die Meinungsunterschiede zwischen dem Finanzministerium gegenüber den Befürwortern Verkehrsministerium und Koalition (vgl. Art. Nr. 14). Auch der Chef der DB AG, Dürr, spricht sich für einen offiziellen Einsatz des TRP aus, denn nur so „... werde er auch zu exportieren sein“ (vgl. Art. 15). Das neue Finanzierungskonzept erhält Lob von der Bundesregierung (vgl. Art. Nr. 16). Noch „offen stehende Fragen“ seien nach Aussagen des Bundeskanzlers zur Klärung zu bringen, damit das „Raumordnungsverfahren“ eingeleitet werden könne. Die SPD zeigt sich unschlüssig, da der TRP die „Chancen der Bahn“ verschlechtere, andererseits sei aber ein Einsatz für eine Vermarktung auf dem „Weltmarkt“ förderlich (vgl. Art. Nr. 17). Der verkehrspolitische Sprecher der SPD und Vertreter von Bürgerinitiativen lehnen den TRP aus haushaltspolitischen Gründen ab (vgl. Art. Nr. 19), wie auch folgend der wissenschaftliche Beirat des Verkehrsministeriums belegt. Die Investitionen des Bundes sollen nicht das Volumen von alternativen Bahninvestitionen überschreiten. Da die Wirtschaftlichkeitsberechnung auf Bestfallannahmen beruhe und die Industrierisikobeteiligung zu gering sei, werde sich der Bund wesentlich stärker beteiligen müssen. Das Konzept sei aber nach Angaben der MSB GmbH und des Verkehrsministeriums „solide“. Die Gutachter hätten „unzureichend recherchiert“ (vgl. Art. Nr. 20). Der TRP sei nach Angaben des BUND ein „Energiefresser“ und „Milliardengrab“, da es sich um eine stilisierte Existenzfrage für den Standort Deutschland handele (vgl. Art. Nr. 22).

Diese Annahmen widersprechen völlig den Aussagen von Wissmann und Krüger bei der Zustimmung des Kabinetts zum TRP, während die aufgeführten Positionen der SPD sich in ihren Aussagen widersprechen (vgl. Art. Nr. 24). Die SPD-Arbeitsgruppe für Verkehr und Forschung verkündet, daß eine kürzere TRP-Trasse von Berlin zum „Großflughafen Jüterborg“ geeigneter sei, da so nicht eine Konkurrenz zum ICE entstehen würde, sondern auch das Kostenrisiko zu vermeiden sei (vgl. Art. Nr. 26). Thyssen Henschel konstatiert, daß der TRP zur Zeit seiner Fertigstellung den ICE und den TGV ablösen könne, und die vom Staat zu tragenden Kosten für die Trasse seien privaten Investoren nicht zumutbar - nirgendwo in der Welt. Ferner bestehen internationale Marktchancen (vgl. Art. 30).

Bei der nicht zu neuen Erkenntnissen führenden Anhörung des Verkehrsausschusses in Bonn wird berichtet, daß die DB AG an einem Ausbau der Strecke festhalte, trotz ihrer Beteiligung an der Betreibergesellschaft. Umweltschützer meinen, daß der TRP „zu laut, zu teuer und unötig sei“, während der BDI verkündet, mit dem TRP habe „... Deutschland die Chance, ein Stück Zukunft zu gewinnen“ (vgl. Art. Nr. 31). Der Bundestag beschließt mit den Stimmen der Koalition das Magnetschwebebahn-Planungsgesetz. Es bleibt zweifelhaft, ob das Gesetz den Bundesrat, in dem die SPD die Mehrheit hat, passiert (vgl. Art. Nr. 33). Der folgende Bericht belegt die Meinungsverschiedenheit in der SPD, wie aus der positiven Stellungnahme des Hamburger SPD-Bürgermeisters hervorgeht. Da der ICE aufgrund der „Schienenkapazität“

noch nicht auf 160 km/h ausgelegt sei, sollte der TRP grundsätzlich nicht abgelehnt werden (vgl. Art. Nr. 34). Der umweltpolitische Sprecher der SPD fordert, daß der TRP zu Fall zu bringen sei, da wieder ein „... milliardenschweres Subventionsgrab gegraben werde“. Die Annahmen zur Wirtschaftlichkeit „stünden auf schwachen Füßen“ (Art. Nr. 35).

Der DB-AG-Chef Dürr spricht sich für eine Beteiligung am TRP aus, obwohl dieses „billigere“, „sparsamere“ und „schnellere“ System nicht auf der Strecke Hamburg-Berlin gebraucht werde. Die Bundesregierung wolle eben Industriepolitik (vgl. Art. Nr. 36). Zur Realisierung des von der Deutschen Bank mit 12,2 Mrd. DM bezifferten TRP-Projekts sei eine Benutzung der Bahntrassen in den Innenstädten unabdingbar. Die finanziellen Beteiligungsmodalitäten am TRP-Projekt könne der nur mit „halbem Herz“ am TRP-Projekt beteiligte Chef der DB AG, Dürr, mit dem ICE nicht leisten, so Thyssen Henschel (vgl. Art. Nr. 38).

Zur Gründung der MPG wird von Bundesforschungsminister Krüger verkündet, daß endlich der Streit beigelegt werden solle, damit der nach Wissmanns Meinung weniger Energie verbrauchende und keine Emissionen abgebende TRP schnell gebaut werden könne (vgl. Art. Nr. 39). Der fast ein Jahr später erscheinende Bericht gibt Planungsergebnisse der MPG bekannt (vgl. Art. Nr. 40). Die Unternehmung AEG plant ein Wartungszentrum (vgl. Art. Nr. 41). Aufgrund des Umzugs der Bundesregierung nach Berlin und wegen notwendiger Infrastrukturmaßnahmen in Hamburg wird eine Realisierung des TRP seitens Hamburger Wirtschaftsförderer besonders begrüßt (vgl. Art. Nr. 42).

Kiels Wirtschaftsminister spricht sich gegen das bevorstehende Gesetz zum TRP aus, da andere Referenzstrecken wirtschaftlich sinnvoller seien und die geplante Strecke zu Lasten einer ICE-Verbindung gehe (vgl. Art. Nr. 44). Im folgenden Bericht wird beklagt, daß die Planungsbeschlüsse in nicht öffentlichen Sitzungen abgehalten wurden. Es wird bezweifelt, ob der TRP, dessen Lautstärke und Anblick unannehmbar sei, in die Innenstädte kommt. Am Ende fehle nach Meinung der Ministerpräsidentin Heide Simonis wegen des „Paradiesvogel[s]“ TRP das Geld für den ICE, der in das europäische Hochgeschwindigkeitsverkehrsnetz integriert werden könne (vgl. Art. Nr. 46). An der TRP-Betreibergesellschaft werde sich die DB AG voraussichtlich beteiligen, da dies von der Bonner Koalition gewünscht sei. Das Management des TRP-Verkehrs werde seitens der DB AG übernommen und auf Erlösausfälle werde verzichtet (vgl. Art. Nr. 47).

Die Vorsitzenden der CDU-Fraktion aus Hamburg und Schleswig-Holstein sprechen sich für den TRP aus, da insbesondere so Kapazitäten für den Güterverkehr frei werden (vgl. Art. Nr. 49). Der Bundesrechnungshof kritisiert, daß die Kosten des Projekts zu niedrig, die prognostizierten Einnahmen zu hoch angesetzt seien. Die Betreibergesellschaft setzt entgegen, daß der

Zeitplan eingehalten werde und daß das Verkehrsministerium zu seiner 1992 veröffentlichten Prognose stehe (vgl. Art. Nr. 50). Thyssen Henschel wehrt sich gegen die Vorwürfe, da die wirklichen Kosten noch nicht kalkulierbar seien. Man werde auf keinen Fall ein Projekt realisieren, von dem anzunehmen sei, daß es notleidend ist (vgl. Art. Nr. 51). Gleichzeitig erklärt die Bahn-Gewerkschaft, daß ein 15-minütiger Vorsprung wettgemacht werden könne, wenn der ICE 2 eingesetzt werden würde, zumal das TRP-Projekt ein „Faß ohne Boden" werden würde (vgl. Art. Nr. 52). Bei einer weiteren Anhörung des Vermittlungsausschusses konnte wieder keine Einigung zwischen den bekannten Positionen erreicht werden (vgl. Art. Nr. 53). Der Abgeordnete von Bündnis 90/Die Grünen befragt die DB AG, ob dieser bekannt sei, daß der TRP nicht in das Transeuropäische Netz aufgenommen werde (vgl. Art. Nr. 54). Es sei so gut wie sichergestellt, daß die DB AG sich an der Betreibergesellschaft beteilige (vgl. Art. Nr. 55). Das TRP-Projekt sei nicht durch den Ausstieg der Baufirma Dyckerhoff gefährdet, während der Bündnis 90/Die Grünen-Abgeordnete verkündet, die „... Industrie begräbt ihre Wunschträume" (vgl. Art. Nr. 56). Die Beratungen zum TRP im Bundestag wurden ausgesetzt, da den Empfehlungen des Bundesrechnungshofes nachgekommen und die Fragen des Ausschusses beantwortet werden sollen. Diesen Empfehlungen bzgl. der alleinigen Verantwortungsübernahme für die Funktionsfähigkeit des Gesamtsystems wurde schon 1992 nachgekommen. Des weiteren seien aufgrund des nicht genauer bekannten Streckenverlaufs die Investitionskosten laut der Bundesregierung und des Verkehrsministeriums unbestimmbar (vgl. Art. Nr. 58).

Eine von der SPD geforderte Zurückstellung des Projekts bis zur Vorlage einer Kosten-Nutzen-Analyse werde von der Koalition abgelehnt (vgl. Art. Nr. 60). Der Verkehrsausschuß stimmt, neben der bereits erfolgten Zustimmung von Rechts- und Umweltausschuß, auch dem TRP zu (vgl. Art. Nr. 61). Dem Bau des TRP wird mit den Stimmen der Koalition im Bundestag zugestimmt. Wissmann spricht von einer „technischen Meisterleistung" und vom „Pioniergeist deutscher Unternehmer", während Oppositionelle davon ausgehen, daß durch das TRP-Projekt „Geld verbraten" wird, ein „Milliardengrab" und eine „Milliardenverschwendung" entstehe (vgl. Art. Nr. 62). Die Trassenführung und die Anbindung an das Netz der DB AG und an den Nahverkehr sei sichergestellt worden, wie Wissmann und die MPG bekanntgeben (vgl. Art. Nr. 63). Es wird von Thyssen Henschel verkündet, daß konkrete Anfragen nach der TRP-Technik bestehen. Wissmann „beteuert" die ökonomischen und ökologischen Vorzüge des TRP (vgl. Art. Nr. 64). Der Bundesrat hat seine Zustimmung zum Projekt gegeben (vgl. Art. Nr. 65).

These (g): *Eine Konkurrenz zwischen dem ICE und TRP wird, nachdem die Bundesregierung den Bau einer ICE-Strecke erwägt, auch durch den Diskurs von Thyssen Henschel vermehrt wiederholt, da die DB AG keine ähnlichen privatwirtschaftlichen Leistungen zum Bau einer Strecke erbringen könne. Der TRP könne bis zum Jahre 2005 den TGV und ICE ablösen. Die SPD-Fraktion bleibt insgesamt uneinig, ob eine Konkurrenz oder Ergänzung bestehe. Eine*

Konkurrenz bestehe aus finanzpolitischen Gründen. Auch die DB AG verkündet anfangs eine Ergänzung, zumal eine politisch gewollte Unterstützung des TRP-Projekts erfolgt, während aber gleichzeitig ein Ausbau der ICE-Strecke geplant wird. Diese Undurchsichtigkeiten werden auch von Bundesverkehrsminister Wissmann nicht entkräftet, zumal in den Berichten eine von ihm anzunehmende Ergänzung nicht angesprochen wird. Eine betonte Konkurrenz zwischen dem ICE und dem TRP dient einer Verstärkung der jeweiligen Argumentation, die sich auf den politischen Entscheidungsprozeß beziehen und nicht als solche gegen den TRP gerichtet sind. Der >>Brennpunkt<< einer bevorzugten Hervorhebung einer Konkurrenz bildet das Thema Staatsverschuldung. Auch aus der Argumentationen ökologisch orientierter Organisationen geht dies hervor, wie mit der oft wiederkehrenden Metapher „Milliardengrab" exemplarisch belegt werden kann. Bundesverkehrsminister Wissmann ist anscheinend prinzipiell davon überzeugt, daß der TRP ökologisch vertretbar sei. Das TRP-System sei hauptsächlich aufgrund der geschwindigkeitsabhängigen Schallemissionen ökologisch nicht gerechfertigt. Der Energieverbrauch wird negativ, aber geschwindigkeitsunabhängig besprochen, wenn die Technik problematisiert wurde. Das ästhetische Erscheinungsbild wird >>sekundär<< besprochen, um die gegebene Kritik zu unterstützen.

7.2.4 Interpretation des Kategorienschemas: Stilistische Merkmale

Bei diesen Ausführungen soll nicht im einzelnen auf die jeweiligen Merkmale eingegangen werden. Diese sind für die Betrachtungen der vorhergehenden Abschnitte erforderlich gewesen. Die Metaphern werden nach den folgenden Ausführungen, die die Überlegungen zum symbolisch wirksamen Namen Transrapid in Abschnitt 7.1.1 aufgreifen, besprochen. Die Metaphern sollen abschließend anzeigen, wie die dargestellten Teilnehmer in ihrer ästhetisch bildlichen Bestimmung des TRP geleitet werden.

In diesem Unterpunkt wird auf den syntaktischen Unterschied zwischen den Artbegriffen Bahn und Zug hingewiesen werden, da sie sich in ihrer Bedeutung und nach ihrer sprachlichen Verwendungsmöglichkeit unterscheiden. Für den Artbegriff >>Bahn<< können folgende sprachliche Begriffszufügungen ergänzend angeführt werden: Pferderenn-, Eisen-, Auto-, Straßen-, Untergrund, Flug-, Start-, Roll-, Seilbahn oder Magnet(schwebe)bahn.

Wie aus diesen Begriffen oder aus dem etymologischen Ursprung des Begriffes Bahn erkennbar wird, wird hierbei eine Fläche mitbeschrieben. Diese territoriale Verweisung impliziert aber ein sich Bewegendes oder Antreibendes:

Der Artbegriff >>Zug<< umfaßt, etymologisch interpretiert, alle Bedeutungen von Ziehen und Handlungen des Ziehens: Wind-, Luft-, Atem-, Seil-, Aufzug oder Hochgeschwindigkeitszug.

Die Kategorien beider Begriffe, die, historisch gesehen, unter die Gattung „Kommunikation“[1] fallen und insofern nicht unmittelbar das Rad implizieren, bezeichnen eine Ortsveränderung von einem Punkt zu einem anderen Punkt. Aufgrund der mangelnden Homogenität von gleichzeitig auftretenden Ortsveränderungen wurde die Geschwindigkeit zum eigentlichen Phänomen der Fortschrittlichkeit in der Moderne: „Die rasche Zunahme des Verkehrs brachte uns die Eisenbahn, die einer spezialisierteren Form des Rades entsprach, als es die Straße war“ (McLuhan, 1995, S. 160).

Mit dem Begriff Zug wurde der Eigenname Transrapid, der aufgrund seiner Immobilität keine gleichbleibende Bedeutung inne haben kann, vermehrt identifiziert: „Transrapid: Der Zug, den niemand will“ (vgl. H., Art. Nr. 5, Tab. 1), „Zug dreht Runden“ (vgl. B., Art. Nr. 9, Tab. 1.1) „Transrapid-Züge“ (vgl. B., Art. Nr. 23, Tab. 1.1), der „neue Zug“ (vgl. B., Art. Nr. 37, Tab. 1.1) usw. Diese Analogien wurde gegenüber dem unidentifizierbaren Eigennamen angewendet, bis seitens der DB AG einer ungewollten Beteiligung am TRP-Projekt zugestimmt wurde (vgl. L. Art. Nr. 38, Tab. 1). Dieser Vergleich zum Zug und mit dessen Geschwindigkeit zeigt, entsprechend der Vermarktung der Geschwindigkeit des TRP (z. B. „flüsternder Pfeil“), daß Kritiker diesen auch hinsichtlich der Lautstärke oder seiner ihn als „schnell“ und „leise“ einschätzenden Befürworter invertieren können: „dröhnender Pfeil“, „tieffliegender Düsenjäger“, „Protestwind“ (vgl. M., Art. Nr. 5 u. 23, Tab. 1.1) oder „Spielzeug für Geschwindigkeitsfanatiker“ (vgl. M., Art. Nr. 24, Tab. 1.1), „Riesenspielzeug (vgl. H., Art. Nr. 37, Tab. 1.) und „Lieblingsspielzeug“ (vgl. M., Art. Nr. 48, Tab. 1.1). Selbst der alleinstehende Name Transrapid wird zunehmd mit Prädikaten wie „fährt in ...“ (vgl. M., Art. Nr. 35, Tab. 1.1), „soll fahren“ (vgl. H., Art. Nr. 38, Tab. 1), „legt die Strecke“ (vgl. M., Art. Nr. 59, Tab. 1.1), „hineinfahren“ (vgl. N., Art. Nr. 63, Tab.1) verwendet. Der >>Zeitgewinn<<, der die wirtschaftlich interessante „Geschwindigkeitslücke“ zu Bahn- und Flugverkehr schließen soll, wird folgend durch die verkehrsplanerisch bedingten Umsteigeeffekte in den Städten in Frage gestellt.

Der Name Transrapid wird also zunehmend mit dem R/S-System gleichgesetzt, zumal auch aus patentrechtlichen Gründen Thyssen Henschel den Begriff Magnetschnellbahn in die Diskussion einbrachte. In einem Artikel wird beispielsweise der Transrapid (versehentlich) als „Hochgeschwindigkeitszug“ bezeichnet, weshalb es nicht verwundert, daß eine Reise ab dem „Jahre 2000“ möglich ist und daß hierzu „3 Stunden benötigt“ werden (vgl. Art. Nr. 40, Tab. 1, Tab. 1.1). Eine solche Bedeutungsverschiebung zum R/S-System belegt, daß die syntaktische Gegensätzlichkeit beider Begriffe Zug und Bahn im Kontext der zur Debatte stehenden Diskurse Verwendung finden. Der Begriff Magnetschwebebahn, der das Denott Magnetschwebetechnik

---

[1] „Der Ausdruck >>Kommunikation<< fand allgemein im Zusammenhang mit Straße und Brücken, Seewegen, Flüssen und Kanälen Anwendung, noch bevor er den Bedeutungswandel zu >>Informationsbewegung<< im Zeitalter der Elektrizität erfuhr“ (McLuhan, 1995, S. 141).

und als deren territoriale Realisierung das Denotat (Magnet)bahn verkörpert, wurde durch die sich etablierende Konkurrenzsituation zum ICE-Zug aufgebrochen, weshalb der Name Transrapid diesem Begriff verstärkt diametral gegenübersteht, wie folgende Textstellen belegen:

„Mit dem Transrapid, der Magnetschwebebahn, betritt oder befährt die Bundesregierung technisches Neuland“ (vgl. W., Art. Nr. 37, Tab. 1. 1). „... Ob die Bahn gebaut werden soll oder nicht, wichtiger sei es, wie schnell der Transrapid gebaut werden könnte“ (vgl. N., Art. Nr. 39, Tab. 1). „Sie sind mit all ihren Gedanken [...] beim Transrapid. Sie halten die Magnetschwebebahn für lebensnotwendig“ (vgl. W., Art. Nr. 43). „Wenn die Schwebebahn am Stadtrand endet, sei der Transrapid tot“ (vgl. P., Art. Nr. 44, Tab. 1). Oder als zusammengedachte geglückte Identifikation zwischen dem Namen Transrapid und der Bahn: „[W]enn die Stelzenbahn eines Tages im Viertelstundentakt von Ort zu Ort schwebt“ (vgl. B., Art. Nr. 57, Tab. 1.1).
These (h): *Dadurch, daß der Transrapid durch sein Charakteristikum der Geschwindigkeit mit dem R/S-System in Konkurrenz gesetzt wurde, wurde er vermehrt mit diesem identifiziert, weshalb insgesamt seine Besonderheit (Innovationshöhe) an Bedeutung verliert*[1]. *Das System als Ganzes ist aufgrund des vorstellbaren schwebenden oder vermeintlich rollenden >>Vehikels<< schwierig zu denken, obwohl eine geschwindigkeitsunabhängige Zusammenführung beider Städte zu einer Metropole gedacht werden kann.*

Selbst Bundesverkehrsminister Wissmann, welcher das Projekt im wesentlichen durch seine politische Repräsentanz protagonierte, differenziert in seinem Kommentar nicht zwischen ICE und TRP. Beide werden unter der Begrifflichkeit „System“ subsumiert (vgl. B., Art. Nr. 32, Tab. 1.1).

Vor dem konfliktreichen finanzpolitischen Prozeß konnte die Neuheit der Magnetschwebetechnik, das dem Inneren zugeschriebene „Schweben“ (vgl. B., Art. Nr. 3, Tab. 1.1) noch ausgezeichnet werden. Die Idee der Neuheit bezeugt sich z. B. in folgender Satzkonstruktion: „Der Wagen schwebt“ (vgl. M., Art. Nr. 1, Tab. 1.1). Oder: Bis zur erstmaligen Verwerfung des Projektes (vgl. Art. Nr. 12, Tab. 1.1) wurde selbst der Begriff Magnetschwebebahn nicht mit dem Namen Transrapid in einem Satz verwendet. Das Prädikat >>schweben<< wurde danach nur in Frageform und aus einem negativen Kontext heraus zum Namen Transrapid gesetzt (vgl. N., Art. Nr. 25 u. 27, Tab. 1.1). Das Prädikat >>schweben<< kommt auch in seiner substantivierten Verbindung zu dem Begriff Bahn in Berichterstattungen und Kommentaren zur Geltung, wenn eine positive Fortschrittlichkeit des TRP-Projekts konstatiert oder kontrastiert wird. D. h.: Das im Text nicht festgelegte Prädikat >>schweben<< hat an sich einen positiven

[1] Ein Charakteristikum des „Symbolischen“ ist „... darin zu erblicken, daß es dasjenige, dem es sich auferlegt, in gewisser Weise negiert, es aber durch diese Negation zum Element seiner eigenen symbolischen Ordnung erhebt“ (Lang, 1986, S. 166).

Charakter. Es verkörpert eine subjektiv kontextirrelevante Akzeptanz[1]. Das Substantiv >>Schwebe<< entspricht demnach einer positiven gedanklichen Bildwerdung: „... erste Schwebebahn der Welt (vgl. N., Art. Nr. 1, Tab. 1), „... die Besonderheiten der Schwebebahn" (vgl. B., Art. Nr. 27, Tab. 1), „.. da sie [die mit der Hamburger SPD koalierende Statt-Partei] gemeinsam mit der Union die Schwebebahn unterstützt" (vgl. B., Art. Nr. 34, Tab. 1.1), „Daß die Schwebebahn gebraucht wird, ..." (vgl. N., Art. Nr. 37, Tab. 1), „Die Schwebebahn sei verkehrspolitisch sinnvoll und biete umweltpolitisch weitere erhebliche Vorteile" (vgl. B., Art. Nr.. 39, Tab. 1.1), „Rahmengesetzgebung für die Schwebebahn" (vgl. B. Art. Nr. 64, Tab. 1.1). Oder eben als zusammengeführtes Wort bzw. als eindeutigeres Vorstellungsbild: „'Transrapid' Schwebebahn" (vgl. H., Art. Nr. 19, Tab. 1), da die begriffliche Vorstellungsweise eines sich selbst bewegbaren Magneten vernachlässigt wird.

These (i): *Kennzeichnend für den Namen Transrapid ist eine übergreifende Abwandlung der referentiellen Bildwelten, da dieser als unidentifizierbare Äußerlichkeit fungiert. Das Prädikat >>schweben<< verliert an Häufigkeit. Stattdessen ist das Prädikat >>fahren<< auffällig geworden. Der etymologische positive Charakter des Substantives >>Schwebe<< bleibt als subjektiv kontextirrelevante Akzeptanz erhalten. Mehrfach vorkommende Zuschreibungen sind lediglich durch das Attribut >>schnell<< bzw. >>schneller<< hinsichtlich der Technik erkennbar.*

Beispiel: „Das neue Finanzierungskonzept für die Magnetschwebebahn erhält Lob von der Bundesregierung und Koalition [...]. Der Transrapid sei ein wesentliches Stück vorangekommen" (vgl. Art. Nr. 16, Tab. 1, Tab. 1.1). Oder ein weiteres Beispiel: „... das auch den Bau einer Anwendungstrecke für den Transrapid vorsieht [...], daß noch in diesem Jahr über den Bau einer Trasse für die Magnetschwebebahn von Hamburg nach Berlin entschieden werde. Beim Transrapid handele es sich um eine Spitzentechnik, in deren Beherrschung Deutschland in der Welt führend sei" (vgl. Art. Nr. 14, Tab. 1, Tab. 1.1).

These (j): *Bei einer positiv formulierbaren Anwesenheit des Begriffes Magnetschwebebahn, wodurch eine >>Und<<-Relation zu einem weiteren Satz hinsichtlich des symbolischen Namens ermöglicht wird, also eine Anwesenheit, wird häufig dieser vollständige Begriff verwendet.*

Der ganze begrifflich mitbeschriebene Name „Magnetschwebebahn Transrapid" ist nur am Anfang eines Textes hinsichtlich einer Regierungserklärung aus Bonn oder einer politischen Stellungnahme eines Entscheidungsträgers zum Transrapid gebräuchlich. (vgl. Art. Nr. 13, 14, 16, 18, 24, 29, 30, 31, 34, 38, 48, 51, 60, 63 Tab.1, Tab. 1. 1). Diese Eigenheit, die auf den politischen Charakter des TRP-Projekts schließen läßt, konnte aber bei regionalen Berichterstattungen nicht erkannt werden. Der alleinstehende Name Transrapid wird in kritischen Texten öfters aufgegriffen (vgl. z. B.: S. in Art. Nr. 3, 5, 6 oder 13, 20, 22, 34, 36, 46, 57, Tab. 1), da dieser quasi als Handelnder personifiziert wird (vgl. z. B. H., Art. Nr. 20, 22, 30 usw. Tab. 1). Die ebenfalls alleinstehende Begrifflichkeit Magnetschwebebahn erfährt ihre semantische

[1] Die etymologische Bedeutung von >>Schweben<< bedeutet: „sich in oder auf dem Wasser oder in der Luft hin und her bewegen", „Glück, Erfolg haben".

Reduktion, indem entweder ihr Prädikat >>schweben<< oder das Attribut >>schnell<< vernachlässigt wurde. Dies ist in solchen Fällen erkennbar, bei denen dieser Begriff durch einen negativen Kontext, also als Abwesenheit, dargestellt ist: Von einer Magnetbahn wurde häufig dann gesprochen, wenn z. B. als Thema „Umweltbelastungen" (vgl. B., Art. Nr. 1, Tab. 1. 1), ein „[un]würdiges Ziel" (vgl. S., Art. Nr. 5, Tab. 1), „Lautstärke" (vgl. B., Art. Nr. 7, Tab.1.1), ein schon geplanter ICE-Ausbau (vgl. P., Art. Nr. 18, Tab. 1), laut einschätzender „Umweltschützer" (vgl. B., Art. Nr. 31, Tab. 1. 1), die Stadteinbindung fragend (vgl. H., Art. Nr. 46, Tab. 1), das Jahr 2004 bzw. 2005 (vgl. B., Art. Nr. 47 u. 64, Tab. 1.1), ihre Trasse für unnötig (vgl. B., Art. Nr. 47, Tab. 1.1), für einen Bau, die hessische SPD im Gegensatz zu den anderen SPD-regierten Bundesländern (vgl. W., Art. Nr. 62, Tab. 1.1), das Fahren über Schwerin (vgl. W., Art. Nr. 63, Tab. 1.1), die Betreiber ihr gegenüber „hoffen" (vgl. N., Art. Nr. 65, Tab. 1.) usw. kontrastiert werden. Wenn ein räumlicher Bezug im Sinne einer Ermöglichung der begrifflich gegebenen Magnetschwebebahn selbst negativ an anderweitige Verweisungen verknüpft ist, konnte also eine solche Reduzierung dieser Begrifflichkeit festgestellt werden. Im hier vorliegenden Untersuchungszeitraum wird die positive bzw. befürwortete Zukünftigkeit des TRP auf seine Technik hin nicht behandelt. Nur in kritischen Kommentaren wird die Technik in ihrer Funktionsweise dargestellt bzw. negativ aufgegriffen. Möglicherweise deutet dies auf das >>Spiel<< der Metaphern, die zeigen, daß das TRP-Projekt zum Politikum wurde: Der metaphorische Sprachgebrauch der Befürworter, der das Zukünftige impliziert, widerspricht dem der Gegner, da dieser als territorial Plazierter die Problematisierung der TRP-Technik erlaubt.

Die seit den 70er Jahren gebräuchliche **Metapher** „Einsatzreife" wird im Zusammenhang der Finanzierung der Strecke Berlin-Hamburg vermehrt wirtschaftspolitisch positiv oder negativ, diskutiert (vgl. W. 5, B. 7, B. 8, W. 9, B. 15, W. 27, Tab. 1.1). Nachdem das Projekt zwischen Staat und Industrie hinsichtlich der von den Gutachtern bestätigten Schwierigkeiten der Finanzierung diskutiert wurde, äußert sich dieser Konflikt bzgl. der Finanzierungskosten und politischen Sicherheit dann im Bundeskabinett als politische Entscheidungsfrage (vgl. Art. Nr. 16 bis 22, Tab.1, Tab. 1.1), die am 3.3.1994 als gesetzliche Aussprache für den TRP erfolgt. Wie es letztlich zu dieser Entscheidung kam, also welche Beweggründe vorhanden waren, bleibt undurchsichtig. Ebenso sind keine eindeutigen Argumentationen aufzufinden, außer in dem sehr spät erscheinenden Kommentar Art. Nr. 57. Bezeichnend für die insgesamt unzureichende Diskussion der Thematik ist die Verwendung des **Attributes** „solide" bzw. „unsolide" im Hinblick auf das Finanzierungskonzept (vgl. M., Art. Nr. 20, 24, 33, 53, 63, Tab. 1.1).

Es werden metaphorische Gleichnisse entgegengesetzt, die in Bezug zu anderweitigen Diskursen die Unnötigkeit des Projekts unsachlich belegen: Z. B. „Wunderding, dröhnender Pfeil" (vgl. M., Art. Nr. 5, Tab. 1.1) „Energiefresser" (vgl. M., Art. Nr. 21, Tab. 1.1),

„Milliardending, tieffliegender Düsenjäger" (vgl. M., Art. Nr. 23, Tab. 1.1), öfters „Milliardengrab" (vgl. z. B. M., Art. Nr. 22, Tab. 1. 1), „Spielzeug für Geschwindigkeits-Fanatiker" (vgl. Art. Nr. 23, Tab. 1.1), „milliardenschweres Subventionsgrab" (vgl. M., Art. Nr. 35, Tab. 1.1), „Exportschlager" (vgl. Art. Nr. 59, Tab. 1.1) und „BONNzenschleuder" (vgl. Art. Nr. 65, Tab. 1. 1). Diese Metaphern belegen einen zunehmenden Rückbezug auf die Politik. Des weiteren ist eine räumliche Lebensbedrohung erkennbar: Den geleisteten Forschungskosten wird das seit langem gebräuchliche metaphorische Gleichnis „Schnellen Brüter in Kalkar" kontrastiert (vgl. M., Art Nr. 5 u. 37, Tab. 1.1), das wiederum von der Miniterpräsidentin Simonis auf den TRP als solchen angewandt wird: „Kalkar auf Stelzen" (vgl. M., Art. 49, Tab. 1.1). Ebenso wird der TRP metaphorisch vom BUND aufgegriffen: „Schwachsinn auf Stelzen" (vgl. M., Art. Nr. 34, Tab. 1. 1). In befürwortenden Berichten ist die Metapherbildung bzgl. des anzunehmenden Einsatzes hinsichtlich der Gesellschaft auffällig. Insbesondere bei Bundesverkehrsminister Wissmann kann ein metaphorischer Sprachgebrauch erkannt werden, der Zukünftigkeit impliziert: „Einsatzreife", „Zukunftssymbol", „-technik", „Hochtechnologieland".

Die Raummetaphern der Kritiker können ein besonderes Auflösevermögen in sich bergen, da sie für die Frage der Bewegung und für die Frage der Zeit eine Offenheit besitzen. Diese Metaphern können zu >>Kippfiguren<< werden (vgl. Lang, 1986, S. 243f.), d. h. das Außen relativiert sich durch die immanente Zeitlichkeit der Metaphorik seitens der Befürworter, wenn diese positiv und negativ konnotierten Metaphern parallel im Text stehen. Dieser Prozeß verschiebt sich über den untersuchten Zeitraum zu zentrierteren Einheiten: „technische Meisterleistung, Pioniergeist deutscher Unternehmer", während Kritiker vom „Geld verbraten" und von einer „Milliardenverschwendung" sprechen (vgl. M., Art. Nr. 62, Tab. 1.1). Diese Vorstellungsbilder, die den Transrapid erfassen sollen, können unabhängig von diesem eine unsachliche Verurteilung bewirken.

7.3 Vergleich zur Rad/Schiene-Verkehrstechnik und Schlußbetrachtung der Analyse

Die Interpretation des R/S-Verkehrssystems (vgl. Tab. 2 u. 2.1) wird hier nicht ausführlich besprochen, da im Sinne dieser Studie vordergründig eine Kontrastierung des TRP zum ICE ins Gewicht fällt.

Die wirtschaftliche Situation des R/S-Verkehrssystems kann, aus einer wirtschaftlichen Perspektive gesehen, zur Zeit keine >>konkurrierende<< Situation zum TRP-Projekt herstellen, da dessen finanzpolitische Lage nicht positiv gewertet werden kann: Durch die Bahnreform wurden erhebliche „Marktanteile" eingebüßt (vgl. Art. Nr. 12, Tab. 2), weshalb seitens einzelner Unternehmen, die den „Güterwagenpark" der DB AG zu einem Viertel mit bereitstellen, eine Stärkung der „Wettbewerbsfähigkeit" durch die erfolgte Privatisierung eher skeptisch eingeschätzt wird (vgl. N., Art. Nr. 12, Tab. 2). Insofern kann festgestellt werden, daß die DB AG vordringlicher um eine Güterverkehrsbewältigung besorgt sein müßte, damit auch die wirtschaftlichen Potentiale der produzierenden Bahnindustrie aufrechterhalten bleiben können. Problematisch sind dabei die zu hohen „Frachtpreise" gegenüber dem Straßengüter- und Binnenschiffahrtsverkehr (vgl. B., Art. Nr. 12, Tab. 2.1). Weil aber die Herstellung der Produkte der Bahnindustrie, die „Weltspitze" seien, in der Bundesrepublik, insbesondere der Güterwagenbau, nahezu unmöglich ist, rechne die Bahnindustrie damit, „... daß die Deutsche Bahn AG zügig Entscheidungen treffe" (vgl. H. u. N., Art. Nr. 8, Tab. 2). Die „zögerliche Investitionspolitik" bringe eine „bedrohliche Lage", weswegen eine „Exportoffensive" nötig sei (vgl. W. u. B., Art. Nr. 5, Tab. 2. 1), gerade weil eine „... weitere Wettbewerbsverstärkung überall in der Welt" zu spüren sei (vgl. W., Art. Nr. 8, Tab. 2.1).

Eine wirtschaftliche Rentabilität soll nach Dürr im „Personennahverkehr" gesichert werden. Dieser „Wachstumsmarkt" sei der „größte Geschäftsbereich der Bahn", weshalb diesem zukünftig eine „strategische Bedeutung" zukommt (vgl. B. u. W., Art. Nr. 13, Tab. 2.1). Die hierzu benötigte und bis zum Jahr 2000 erneuerte „Fahrzeugflotte" soll mit dem „Einstunden-Takt" des „Fernverkehr[s]" optimal abgestimmt werden, da so „zusätzliche Nachfrage" mobilisiert werden könnte (vgl. S., Art. Nr. 13, Tab. 2). Das Marktsegment Personennahverkehr wird einer positiven Entwicklung nicht nur gegenüber der eigenen Finanzlage der DB AG dienlich bleiben, sondern dieses ist zugleich die förderliche Voraussetzung für eine Attraktivität des Hochgeschwindigkeitsverkehrs.

Die unter den „Fehlentwicklungen der Vergangenheit" eingebüßten „Marktanteile" des Personen- und Güterverkehrs müßten allerdings erst einmal „zurückerobert" werden, um den „ersten Erfolgen" im Hochgeschwindigkeitsverkehr weitere folgen lassen zu können. Angestrebt wird, daß ein Netz für Europa entstehe, wie es z. B. durch die „neue Strecke" Köln-Frankfurt/M. erzielt werden soll, da dadurch die Städte „Paris, Brüssel, Amsterdam [...] von Frankfurt in weniger als drei Stunden erreichbar seien" (vgl. S. u. N., Art. Nr. 14, Tab. 2). Die Europäische Union wurde sich insofern auch einig, „... dem Aufbau eines europäischen Hochgeschwindigkeitsnetz[es] Priorität einzuräumen" (vgl. N., Art. Nr. 14, Tab. 2). Diese Einbeziehung der „deutschen Strecken" in ein „europäisches Hochgeschwindigkeitsnetz" wurde schon vor einem Jahr angedeutet, weswegen schon damals von einer „Weiterentwicklung" der „ICE-Mehrsystemzüge" gesprochen wurde. Das auf Westeuropa bezogene „Hochgeschwindigkeitsnetz" soll „spürbar erweitert werden" (vgl. B. u. W., Art. Nr. 10, Tab. 2.1). Im Juni 1996 wurde eine Einigung über europäische Verkehrsnetze erzielt, wobei ein schon 1994 festgelegtes „Investitionsvolumen von 173 Mrd." zur Verwendung kommen soll. Bis 1998 sollen „3,4 Mrd.

zur Finanzierung von Studien, zinsbedingten Krediten und anderen Hilfen zum Ausbau der Netze" freigesetzt werden (vgl. W., Art. Nr. 17, Tab. 2.1). Ob erste „Lichtblicke" eines „ICE-Großauftrags" an Realität gewinnen können, kann nicht anhand des Untersuchungsmaterials dieser Inhaltsanalyse erkannt werden (vgl. M., Art. Nr. 8, Tab. 2.1).

Bisher hat sich eine internationale Vermarktung des Hochgeschwindigkeitszuges ICE noch nicht ergeben. Allerdings soll nach Stellungnahmen der europäischen Union ein Hochgeschwindigkeitsverkehrsnetz ausgebaut werden, das im Verbund von TGV und ICE einer solchen Vermarktung zutragen könnte. Es könnte mit Vermarktungen in den Vereinigten Staaten und in Asien gerechnet werden, da sich der TGV und der ICE als „Türöffner" des Marktes in den Vereinigten Staaten erweisen könnten. Im Personennahverkehr wäre schon dort ein „Marktanteil von 50%" zu verzeichnen, der dem System des „Europazugs" entgegenkommen könnte (vgl. B. u. M., Art. Nr. 16, Tab. 2.1). Welchen Stellenwert diese Entwicklungen in der kommenden Zeit erhalten könnten und welche >>Berührungspunkte<< zum TRP und dessen Exportmöglichkeiten sich ergeben können, kann aus dieser Analyse nicht abgeleitet werden. Andererseits ist erkennbar, daß die von Thyssen Henschel prognostizierten Exportchancen des TRP (vgl. N., Art. Nr. 64, Tab. 1) wiederum im Jahre 2005 von diesem Bahnsystem aufgehoben sein könnten. Insofern erscheint auch die Prognose seitens Thyssen Henschel, der ICE und der TGV könnten durch den TRP abgelöst werden, eher unglaubwürdig (vgl. N. Art. Nr. 30, Tab. 1). Es kann in Anbetracht dieser Prognosen eher angenommen werden, daß sich durch den Baubeginn des TRP gegenteilige Entwicklungen einstellen könnten: Da Osteuropa nicht bzw. noch nicht in eine Hochgeschwindigkeitsnetz-Planung einbezogen ist, aber dort aufgrund eines zu bewältigenden „Verkehrsaufkommen[s]" „Chancen winken" (vgl. W., Art. Nr. 1, Tab. 2.1 u. M., Art. Nr. 7, Tab. 2.1), wäre eine Weiterführung des TRP von Berlin nach Osteuropa denkbar, zumal weitere Streckenführungen zu Berliner Flughäfen im Gespräch sind. Da auch selbst das Vorhaben des „Verkehrsprojekt[s] Deutsche Einheit" wegen einer „zugegeben[en] [...] Deckungslücke von 17,6 Mrd. im Bundesverkehrswegeplan" des „Bundesverkehrsministerium[s]" voraussichtlich aufgegeben werden muß, käme schon deshalb eine weitere Streckenführung im osteuropäischen Raum (vgl. N. u. W., Art. Nr. 11, Tab. 2, Tab. 2.1), oder in Ostdeutschland in Betracht (vgl. W., Art. Nr. 7, Tab. 2.1).

Weiterhin erfolgt in diesen Artikeln zum R/S-System keine negative Stellungnahme zum TRP, außer im Kommentar Nr. 7, der dieses monetäre Defizit hinsichtlich des unterbleibenden Streckenausbaus in Ostdeutschland gegenüber dem TRP-Projekt einklagt. Auch konnte in zwei Berichten, die quasi nebensächlich den TRP erwähnten, eher eine Ergänzung als eine Konkurrenz festgestellt werden (vgl. Art. Nr. 5 u. 8, Tab. 2.1).

These (k): *Eine systemische bzw. technische Konkurrenz zwischen dem TRP und dem ICE kann aus heutiger Sicht nicht angenommen werden, zumal das für den ICE in Frage kommende europäische Hochgeschwindigkeitsnetz (TEN) vorerst auf die Verbindung von westeuropäischen Metropolen ausgerichtet sein wird. Die jeweiligen strategischen Planungen der DB AG und der MPG hinsichtlich ihrer zukünftigen Märkte widersprechen sich nicht, da sich einerseits der Geschäftsbereich der DB AG verstärkt auf den Personennahverkehr konzentriert und auf eine Stärkung des spurgeführten Frachtverkehrs ausrichten müßte. Da auch andererseits die „Schienennetzplanung der osteuropäischen Nachbarstaaten“* (vgl. B., Art. Nr. 32, Tab. 1.1) *nicht in der EU-Planung aufgenommen ist und Investitionen in Ostdeutschland zurückgestellt werden mußten, kann hypothetisch angenommen werden, daß eine Weiterführung des TRP nach Osteuropa wahrscheinlich sein könnte.*

In Anbetracht dessen, daß zukünftig auch aus ökologischen Gründen der Ausbau von Bahnsystemen prinzipiell förderlich ist, und wenn von einer möglichen weiteren Staatsverschuldung durch das TRP-Projekt abgesehen werden darf, kann folgende **Schlußbetrachtung** konstatiert werden: Die Konkurrenzsituation zwischen dem ICE und dem TRP beruht allein auf dem wirtschaftspolitischen Diskurs seitens Befürwortern und Gegnern des TRP-Projekts, da eine Kritik oder Verteidigung des Projekts aus der indirekten Reflexion - eines >>Es geschieht, daß ...<< - der politischen Institution rührt (vgl. These d), weswegen es auch nicht verwundert, daß der Systemführer Thyssen Henschel vermehrt unkritisch dargestellt wird (vgl. These b). Die symbolische Wirksamkeit des Transrapid (vgl. These i und j) entspricht einem Dispositiv im Historischen der Diskurse, d. h. diese Systeminnovation kann zunächst nur mittels der sozialpolitischen Konstruktion des ICE gedacht werden, um den Wechsel im verkehrssystemischen Denken begreifbar zu machen (vgl. hierzu These g, h gegenüber k). Dies wird ebenso in den berichtsunabhängigen Kommentaren deutlich Die Konkurrenzsituation zwischen ICE und TRP ergibt sich also allein aus dem >>Archiv<< des wirtschaftspolitischen Diskurses seitens der Befürworter und Gegner des TRP-Projekts. Generell wird von einer Konkurrenz ausgegangen, weil eben so über diese Konkurrenzsituation der TRP (negativ) bewertbar wird (vgl. These f).

Da bejahende Stellungnahmen die Relation des Transrapid zum Einsatzgebiet Berlin-Hamburg vermehrt im Anwendungsumfeld situieren - ein Innen des Außen -, da die negierenden Texte ein Innen des so Außengedachten aufgreifen, also die Schwebetechnik negativ problematisieren, ergibt sich, daß beide Positionen einen Konflikt bezeugen, der einer Vermarktung zuwiderläuft. Es bleibt fraglich, warum die den Diskurs initiierende Industrie nicht die Möglichkeit des Außen aufgreift. Die Industrie diskutiert das Außen des Transrapids nicht - und wenn, dann ökonomisch. Die Technik, oder die so prädikativ gegebene Grundidee (vgl. These i), wird in der Mentalität des Nutzens bzw. der Vermarktung geäußert, obwohl der Nutzen keinen Bezug zur Vorgabe der Sprache hat.

Im Vergleich zu anderen Verkehrssystemen hat der Transrapid den Vorzug, daß dieser mit einer externen Systemsteuerung via Computer konzipiert ist, die wiederum auf den Begriff Magnetschwebebahn verweisen kann. Des weiteren ergibt sich hier eine Verbindung zu dem neuen Untnerhmensnamen: Thyssen Transrapid System GmbH. Der Verweis auf die Eigenschaft der Steuerung würde nicht nur die typischen R/S-Artbegriffe in Frage stellen (vgl. These h), die z. B. auch einen Fahrer implizieren, der die Geschwindigkeit regelt, sondern die innovative Eigenschaft des Schwebesystems gegenüber dem Umfeld aufzeigen. Es sei daran gedacht, daß einige Kritiker - aus ökologischen Gründen und aus Gründen des relativ minimalen Zeitgewinns bzgl. einer Konkurrenzsituation zum ICE - die Geschwindigkeit als negatives Argument verwenden, das wiederum auf das Innen zurückgreifen lassen kann. Das Außen könnte über einen anderen Zusammenhang belegt werden, der wiederum neue Möglichkeiten offeriert, statt das Innen das Außen den Kritikern zu überlassen (z. B.: „... sehen im Transrapid ..."). Das Außen des Transrapid wird schon durch Satzkonstruktionen wie „der Bau der Transrapid-Strecke" oder bei der gedachten „Einführung des Transrapid in die Stadt" vorweggenommen, wie in den positiveren Texten ausgeführt wird bzw. werden muß. Begriffe wie Netz, Computer usw., also Telematik, konnotieren über ein notwendig zu denkendes Innen Fortschrittlichkeit. Kritiker werden so hinsichtlich des Themas >>Telematik<< zu einem anderen Sprachgebrauch aufgefordert. Eine solche Entkräftung der Negation verschiebt sich auf einen Bestimmungsort solcher Technologieträger. Die MSB TRP kann, aufgrund der Irreversibilität und Unabgeschlossenheit des territorial vorstellbar Vorhandenen der Telematik, wieder in einem anderen Kontext erscheinen. Die Verbindung Berlin-Hamburg könnte so quasi als >>eine<< Metropole anderweitig, und zwar nicht direkt über ein Transportfahrzeug und dessen Geschwindigkeit, gedacht werden.

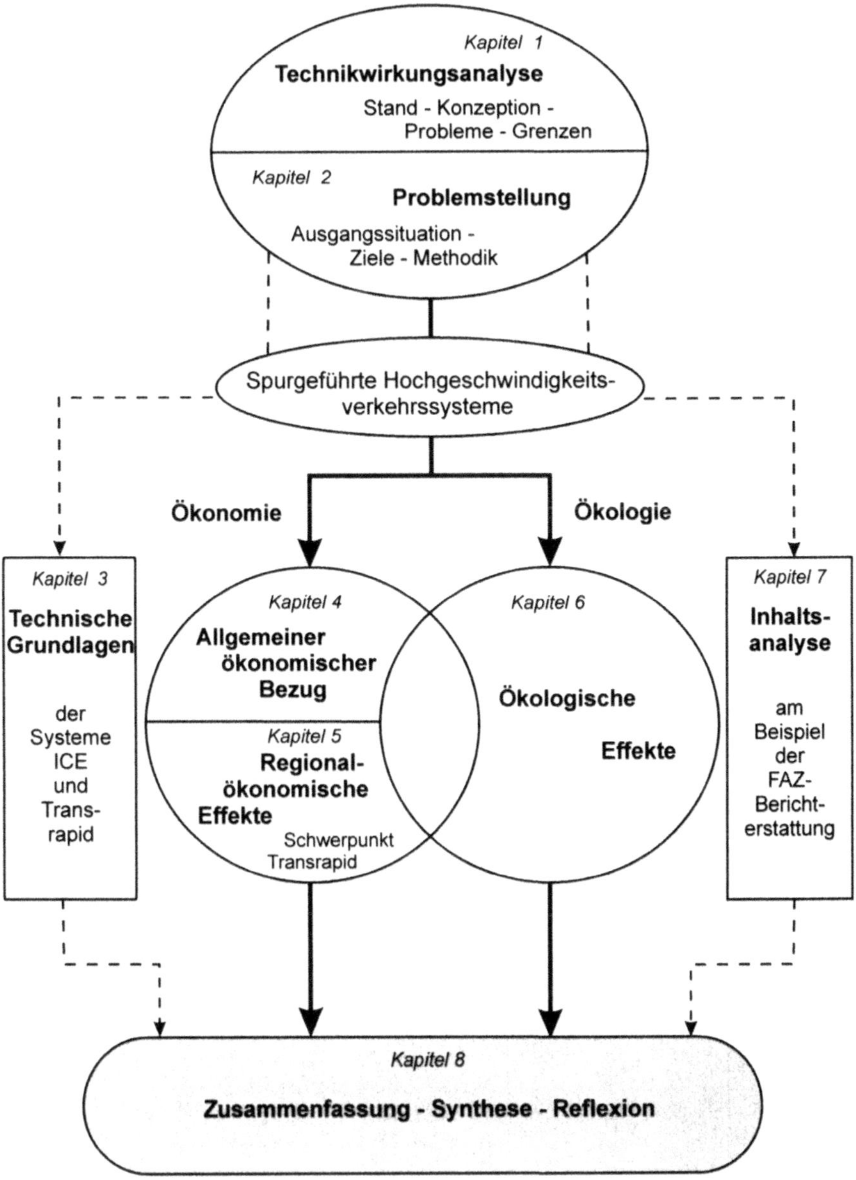
Kapitel 1
Technikwirkungsanalyse
Stand - Konzeption - Probleme - Grenzen
Kapitel 2
Problemstellung
Ausgangssituation - Ziele - Methodik
Spurgeführte Hochgeschwindigkeits-verkehrssysteme
Ökonomie
Ökologie
Kapitel 3
Technische Grundlagen
der Systeme ICE und Trans-rapid
Kapitel 4
Allgemeiner ökonomischer Bezug
Kapitel 5
Regional-ökonomische Effekte
Schwerpunkt Transrapid
Kapitel 6
Ökologische Effekte
Kapitel 7
Inhalts-analyse
am Beispiel der FAZ-Bericht-erstattung
Kapitel 8
Zusammenfassung - Synthese - Reflexion

8 Zusammenfassung, Synthese und Reflexion der Ergebnisse

Heinz Hübner/Torsten Dunkel/Volker Gers/Jochen Höft/Stefan Jahnes

„Es liegt nicht in der Natur oder im Charakter des Menschen, wahres Wissen zu besitzen ...“
Heraklit, 550 - ca. 480 v.Chr.

8.1 Zum Anspruch der Ergebnisse

Wesentlicher Anstoß für die Studie war u. a. die unsachlich, tendenziell unfundiert und undifferenziert geführte Diskussion der Thematik in den Medien. Die damit verbundene Emotionalisierung führte zu vielen **Dissonanzen** in der Öffentlichkeit (vgl. Abschnitt 2.1). Deshalb wurde u. a. auch eine Inhaltsanalyse durchgeführt, und am Beispiel der Meldungen in der FAZ gezeigt, daß selbst diese die Möglichkeit einer sachlichen Diskussion nicht ausreichend genutzt hat, etwa über die Bereitstellung eines vermittelnden Diskussionsforums.

Im Sinne einer Versachlichung wird **derart** differenziert, daß

- ausgehend von verschiedenen möglichen Betrachtungsebenen der „Wirtschaftlichkeit“ (siehe Abschnitt 2.2) eine Konzentration auf zu erwartende regionalökonomische Effekte erfolgt;
- in Kenntnis der vielfältigen möglichen Wirkungen auf die Ökosphäre eine Analyse nach insgesamt 6 Wirkungskategorien durchgeführt wird.

Auch die Diskussion über die unterschiedlichen Merkmale, Eigenschaften und Fähigkeiten der Technologien als Grundlage der Systeme kommt in der öffentlichen Diskussion - großteils vermutlich wegen fehlender Sachkenntnis - zu kurz. In Kapitel 3 der vorliegenden Studie, werden deshalb die Merkmale beider Technologien in allgemein verständlicher Weise beschrieben und gegenübergestellt (siehe Abbildung 3.4).

Die Beschäftigung mit Wirkungen und Folgen einer Technik ist nur im gesellschaftlichen Kontext ihrer Entstehung und Verwendung möglich (siehe Kapitel 1). Deshalb werden hier zu erwartende Wirkungen für die Phase der Errichtung („Entstehungszusammenhang“) und des Betriebes („Verwendungszusammenhang“) untersucht.

8.2 Kategorien der Ergebnisse und Bezug zu Forschungsmethoden

Herausforderung und generelles Ziel der Studie war es, „wissenschaftlich fundierte und intersubjektiv nachvollziehbare Aussagen“, bezogen auf die in Kapitel 2 definierten Untersuchungsbereiche und Untersuchungsfelder, zu gewinnen.

Im Sinne eines besseren Verständnisses für die Art der gewonnenen Ergebnisse sei der Leser nochmals auf die in Kapitel 2 beschriebenen, zugrundegelegten Prämissen verwiesen sowie auf Fragestellungen, die **nicht** Gegenstand der Studie sind. Im Rahmen dieser Untersuchung wurden unter Anwendung verschiedener Methoden unterschiedliche Kategorien von Ergebnissen gemäß Abbildung 8.1 erarbeitet, die nun kurz erläutert werden. Die **Kenntnis der einzelnen Forschungsmethoden** („Woher wissen Sie das?“) **ermöglicht** eine **bessere Würdigung** der (Qualität der) jeweiligen **Ergebnisse**.

Die **Ergebnisse Kategorie 1** verdeutlichen generell - also unabhängig vom spezifischen Verkehrssystem - zu erwartende ökonomisch positive Effekte im Zusammenhang mit der Errichtung bzw. Verbesserung der Verkehrsinfrastruktur einer Region (*Abschnitt 8.3.1 und 8.3.2*).

Die **Ergebnisse der Kategorie 2** beziehen sich bereits auf die spurgeführten Hochgeschwindigkeitssysteme: Am Beispiel der Region Kassel/Nordhessen werden die positiven regionalökonomischen Effekte im Zusammenhang mit der Eröffnung der ICE-Neubaustrecke Hannover-Würzburg herausgearbeitet; anschließend wird anhand von Analogieschlüssen versucht, zu erwartende regionalökonomische Effekte eines Hochgeschwindigkeitsverkehrssystems auf der Strecke Berlin-Hamburg zu identifizieren. Diese beziehen sich vor allem auf die Region Schwerin, da diese am besten mit Kassel/Nordhessen vergleichbar ist (*Abschnitt 8.3.1*).

Die **Ergebnisse der Kategorie 3** spiegeln die Auffassung der in allen drei Regionen interviewten Experten und Entscheidungsträger wider; **Kategorie 3a** (*Abschnitt 8.3.1*) beschreibt zu erwartende positive regionalökonomische Effekte der neuen Verkehrsinfrastruktur mit speziellem Bezug zur MSB TRP. Im Hinblick auf die erforderliche EU-weite Ausschreibung der Errichtungsarbeiten und deren temporären Charakter wird der regionalökonomische Haupteffekt in der langfristig wirksamen Phase des Betriebes gesehen. Die Analyse zeigt - losgelöst vom Beispiel - die (nicht) wahrgenommenen möglichen Rollen der Medien und erlaubt eine Reflexion der öffentlichen Hand und Politik (als Hauptfinanzier der F&E für den TRP) und der beteiligten Unternehmungen bezüglich des eigenen Kommunikationsverhaltens *(Abschnitt 8.3.3)*. Die Kurzbeschreibung der verschiedenen Arten von Ergebnissen soll dem Leser auch verständlich machen, daß es kein „doppelt unterstreichbares" Ergebnis zugunsten des einen oder anderen betrachteten Systems geben kann. Insgesamt soll mit der Erläuterung der verschiedenen Kategorien der Charakter der erarbeiteten Ergebnisse deutlich gemacht werden, nämlich als Grundlage für Entscheidungen, die im Rahmen der konkreten Detailplanung und technischen Auslegung zu treffen sind. In den folgenden Abschnitten werden zunächst die in den Kapiteln 4, 5, 6 und 7 ausführlich dargestellten Ergebnisse zusammenfassend beschrieben; diese sind die Grundlage für Synthese und Reflexion, die schrittweise gemäß Abbildung 8.2 durchgeführt werden. Synthese und Reflexion beinhalten teilweise bereits Interpretationen durch die Autoren.

ERGEBNISSE				
Forschungsmethode: Woher wissen Sie das?[1]	**REGIONALÖKONOMISCHE Effekte**[2]		**ÖKOLOGISCHE Effekte**	
	allgemein für spurgeführte (Hochgeschwind.-) Systeme	speziell für MSB TRP	allgemein für spurgeführte (Hochgeschwind.-) Systeme	TRP im Vergleich mit ICE
Analytische Aufarbeitung	K 1	K 1	K 1	K 1
Analogieschlüsse	K 2			
Empirische Erhebungen: Auswertung der Expertengespräche • Themenbereich Ökonomie	K 3a	K 3a		
• Themenbereich Ökologie			K 3b	K 3b
Analytische Aufarbeitung und eigene Berechnungen			K 4	K 4
Inhaltsanalyse FAZ	(K 5)	K 5		K 5

Abb. 8.1: Kategorien (K) von Ergebnissen mit Bezug auf die angewendeten Forschungsmethoden

[1] Siehe „Die Herausforderung" (Seite 1) und Abschnitt 2.3.

[2] Regionalökonomische und ökologische Effekte jeweils getrennt für Errichtungs- und Betriebsphase.

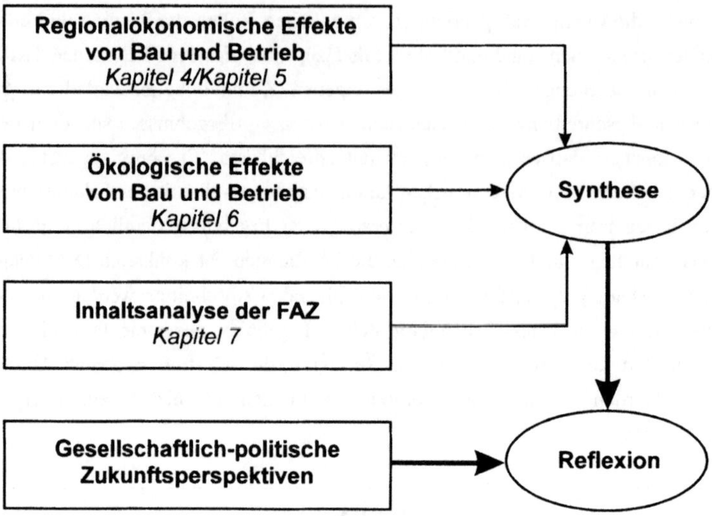

Abb. 8.2: Synthese und Reflexion

8.3 Kurzdarstellung der Ergebnisse[1]

8.3.1 Regionalökonomische Effekte von Bau und Betrieb

Wesentliches Ziel der ökonomischen Untersuchung war es, mögliche volkswirtschaftliche, verkehrswirtschaftliche und insbesondere regionalwirtschaftliche Auswirkungen des Verkehrssystems TRP auf die Anrainerregionen der geplanten Strecke Berlin-Schwerin-Hamburg zu ermitteln, da hierüber kaum Informationen vorliegen.

Verkehrs-, volks- und regionalwirtschaftliche Auswirkungen stehen nicht isoliert nebeneinander. Sie haben in wesentlichen Bereichen Schnittmengen. Neben den primären volkswirtschaftlichen Auswirkungen von Verkehrsinfrastrukturprojekten, die weitestgehend außer Frage stehen, sind Sekundäreffekte - vor allem in den einzelnen Regionen - besonders schwierig zu ermitteln. Neben den sogenannten harten Faktoren müssen hier eine Vielzahl weicher Faktoren beachtet werden, die aber monetär nicht zu bewerten sind.

---

[1] Bzgl. der detaillierten Quellen sei auf Kapitel 4, 5, 6 verwiesen.

Unbestritten ist nach Meinung einiger Autoren, daß Verkehrsinvestitionen nur dann Entwicklungsimpulse zu geben vermögen, wenn vorhandene Ressourcen (Bevölkerung, Arbeitskräfte, Rohstoffe, vorhandene Industrie- oder Dienstleistungsbetriebe, attraktives Fremdenverkehrsangebot u. a.) ein Entwicklungspotential in sich bergen. Daher wird die Erschließung einer Region ohne eigene Entwicklungspotentiale kein Wachstum nach sich ziehen. Die vorhandenen Strukturen und Ressourcen bestimmen also mit, wie groß das volkswirtschaftliche Gestaltungspotential einer Verkehrsinfrastrukturinvestition für eine Region ist. Eine gute Infrastrukturausstattung ist somit eine **notwendige**, jedoch **keine hinreichende Bedingung** für die wirtschaftliche Entwicklung einer Region.

Erkenntnisse über tatsächliche Auswirkungen von Verkehrsinvestitionen für den Bereich von R/S-Hochgeschwindigkeitsverkehrssystemen (R/S-HGVS) liegen kaum vor. Speziell unter dem Blickwinkel der Übertragbarkeit von realen ökonomischen Auswirkungen wurde die Region Kassel/Nordhessen analytisch auf Primär- und Sekundäreffekte der ICE-Verbindung mit Stopp in Kassel untersucht, um auf mögliche zukünftige Entwicklungen in den Regionen Berlin, Schwerin und Hamburg schließen zu können. Dieser Analogieschluß basiert darauf, daß - trotz wesentlicher Unterschiede, z.B. bezüglich Bevölkerungszahlen und -dichte - eine Vielzahl von Parallelen zwischen der Region Kassel/Nordhessen und den Regionen Berlin, Hamburg und Schwerin bestehen. In allen Regionen besteht, aufgrund einer geringen Zahl von Unternehmen mit Hauptsitz in diesen, eine große Abhängigkeit der wirtschaftlichen Entwicklung von ökonomischen Entscheidungen, die außerhalb der Regionen getroffen werden.

Kassel wurde durch den Bau der ICE-Trasse von Hannover nach Würzburg 1991 an das Hochgeschwindigkeitsstreckennetz der DB AG angebunden. Der Stellenwert der Anbindung der Stadt Kassel an den ICE, die vorher auch nicht IC-Haltepunkt war, ist daher den Effekten von Bau und Betrieb der MSB-Verbindung Berlin-Hamburg vergleichbar. Die Stadt Kassel ist aufgrund der Einwohnerzahl zwar nicht mit Berlin oder Hamburg zu vergleichen, sie hat jedoch eine ausgesprochene Zentrumsfunktion in der Region.

Grundlage der bisher erstellten Studien zu möglichen Beschäftigungseffekten durch den Bau und Betrieb der TRP-Strecke Berlin-Hamburg sind neben dem Finanzierungskonzept die Fahrgastzahlprognosen. Sie stützen sich auf ein 1992 erstelltes Gutachten des Instituts für Wirtschaftspolitik und Wirtschaftsforschung (IWW) unter der Projektleitung von Rothengatter sowie auf eine Erweiterung des Gutachtens aus dem Jahre 1993. Für eine Strecke von Hamburg-Hauptbahnhof bis Berlin-Westkreuz wurden für das Jahr 2010 insgesamt 14,5 Mio. Passagiere jährlich prognostiziert. In diesem vom Bundesverkehrsministerium in Auftrag gegebenen Gutachten wurden verschiedene Planfälle für eine Magnetschnellbahnstrecke zwischen

Berlin und Hamburg untersucht. In der bereits zitierten Studie wurden, je nach untersuchtem Planfall, zwischen 9,2 und 14,5 Mio. Reisende für das Jahr 2010 errechnet. Im Finanzierungskonzept für den TRP, das auch Basis für die Kabinettsvorlage 1994 war, wurde die Prognosezahl für den Idealfall zugrundegelegt, obwohl in mehrfacher Hinsicht von den Annahmen des Planfalls abgewichen wurde (höhere Reisezeiten, schlechtere Verknüpfungen, höhere Tarife).

1995 wurde im Auftrag der MPG durch die Münchner Firma INTRAPLAN CONSULT (ITP) eine Untersuchung der verkehrlichen Auswirkungen verschiedener Haltepunktvarianten durchgeführt. Für die Variante vom Hauptbahnhof Hamburg bis zum Westkreuz Berlin bzw. Lehrter Bahnhof Berlin wurden je nach Trassenführung 15 bis 17 Mio. Fahrgäste pro Jahr vorhergesagt.

Geht man von gewissen Prognoseschwankungen aus, so liegen die Studien von Intraplan und IWW etwa auf dem gleichen Niveau. Als Grundlagen dienten beiden Studien die Daten für die Bundesverkehrswegeplanung 1992. Diese Daten setzten voraus, daß in den neuen Bundesländern, insbesondere im Raum Berlin, ein starker wirtschaftlicher Aufschwung stattfindet, der sich bis 2010 so fortsetzt, und daß in der gesamten Umgebung des Berliner Raumes Produktions- und Einkommensverhältnisse wie in den alten Bundesländern herrschen werden. Inzwischen stellt sich die Entwicklung in den Regionen aber von den Prognosen abweichend dar[1].

Als Beispiel soll hier die prognostizierte Substitutionswirkung des TRP auf den Flugverkehr zwischen Berlin und Hamburg angeführt werden. Intraplan rechnet auf Basis des BVWP '92 mit 1,5 Mio. Umsteigern vom Flugverkehr. Die Ausgangszahl von 512.000 Flügen pro Jahr zwischen Berlin und Hamburg stammt aber aus dem Jahre 1988, also aus Bedingungen vor der Grenzöffnung. Diese Zahl wurde mit der Annahme des Szenarios H des BVWP '92 verknüpft. Hier wurde zugrunde gelegt, daß sich der Flugverkehr in Deutschland bis 2010 mehr als verdoppelt. Zusätzlich wurde von einer starken Zunahme des Ost-West-Verkehrs durch die Öffnung der Länder des ehemaligen Ostblocks und die symbolisch wirksame Entwicklung Berlins zur Hauptstadt ausgegangen. Tatsächlich sind 1995 aber nur 190.000 Fluggäste zwischen Berlin und Hamburg transportiert worden. Statt einer Zunahme reduzierte sich also bis heute der Flugverkehr bereits um 63%. Allein dieses Beispiel macht deutlich, daß Prognosen der fortlaufenden Anpassung an veränderliche Fakten bedürfen.

---

[1] Von ursprünglich 4,1 Mrd. Pkm wurde die Prognose im Frühjahr 1997 auf 2,6 - 3,5 Mrd. Pkm revidiert (vgl. Intraplan Consult/Simon, Kucher&Partner, 1997, S. 9-5).

Um die bestehende Erkenntnislücken der bisherigen Untersuchungen im Bereich der regionalen Auswirkungen insbesondere auf mögliche Sekundäreffekte der MSB TRP zu verkleinern, wurde eine empirische Untersuchung durchgeführt. Die hierfür interviewten Experten kamen aus den Regionen Berlin, Schwerin, Hamburg und Bonn.
Die Ergebnisse des Analogieschlusses und der Experteninterviews können in folgender Weise komprimiert wiedergegeben werden.

Zu erwartende verkehrswirtschaftliche Ergebnisse

- Eine Verbesserung des Personenverkehrssystemes zwischen Berlin und Hamburg wird als notwendig erachtet. Hierfür wird der TRP als geeignetes Verkehrsmittel angesehen.
- Durch den Einsatz des TRP kommt es zur fast vollständigen Substitution des Flugverkehrs (der aber quantitativ, bezogen auf das prognostizierte Fahrgastaufkommen für die MSB, gering ist).
- Die meisten „Umsteiger" auf den TRP kommen nach Expertenmeinung vom Personenverkehr der Bahn.
- Der Individualverkehr kann lt. Expertenmeinung nur begrenzt ersetzt werden. Täglicher Berufspendlerverkehr mit dem TRP wird von Schwerin in Richtung Berlin und Hamburg erwartet.
- Es kommt nach Meinung der Experten zu nennenswert induziertem Verkehr zwischen den Regionen.
- Es werden, nach Meinung der Experten, auch bei optimal logistischer Anbindung des TRP, voraussichtlich weniger als 14,5 Mio. Fahrgäste im Jahr 2010 die MSB zwischen Berlin und Hamburg benutzen.

Zu erwartende regionalwirtschaftliche Ergebnisse

Siedlungs- und Infrastruktureffekte:
- Die Einwohnerzahlen der Anrainerregionen bleiben, so die analytischen und empirischen Ergebnisse, nahezu unverändert.
- Eine sehr gute Anbindung der MSB TRP an das ÖPNV- und das Bahn-Netz wird als Grundvoraussetzung angesehen.
- Insbesondere der Lehrter Bahnhof in Berlin und der Hamburger Hauptbahnhof werden im Jahr 2010 stärker frequentiert werden. Mieten und Grundstückspreise im Umfeld der betroffenen Bahnhöfe werden steigen.

- Die Erfahrungen aus der Region Kassel zeigen, daß Hotelauslastungen speziell im Tagungsgeschäft steigen (insbesondere in Schwerin).
- Der Bau eines neuen Bahnhofs in Schwerin, der nicht in der Innenstadt liegt, kann neue städtebauliche Akzente setzen.

Wirtschaftsstruktureffekte:

- Von der Errichtungsphase der MSB TRP profitieren nach Meinung der Experten die Sektoren Bauindustrie, Handwerk, Elektronik- und Elektroindustrie, Stahlbau, Grundstoff- und Produktionsgüterindustrie sowie die Investitionsgüterindustrie[1].
- In der Betriebsphase kommt es, so die Ergebnisse der empirischen Untersuchung, zu wirtschaftlich sehr positiven Auswirkungen für die Sektoren Handel, Energieerzeugung, sonstige Dienstleistungen und Tourismus/Gastgewerbe.
- Durch Bau und Betrieb wird die Elektro- und Elektronikindustrie positiv beeinflußt.
- Bereits ansässige Unternehmen partizipieren von den Standortvorteilen und werden gestärkt.

Insgesamt spiegeln die Ergebnisse nur ökonomische Trends (weiche Fakten) wider, dies insbesondere aufgrund der Tatsache, daß der Prognosehorizont bis zum Jahr 2010, also fast 15 Jahre, in die Zukunft reicht[2].

Für die erfolgreiche Anwendung der Magnetschwebetechnologie müssen die von den Experten besonders hervorgehobene **Konkurrenz**, z. B. zum ICE, und auch zeitliche Perspektiven beachtet werden. Die TRP-Strecke Berlin-Hamburg wird für die zukünftigen potentiellen Benutzer nicht vor dem Jahr 2005 zur Verfügung stehen. Alle Prognosen sind daher auf das Jahr 2010 ausgelegt. Es stellt sich - z. B. bei stetiger Weiterentwicklung der R/S-Technik - die Frage, welchen innovativen Vorsprung der TRP im Jahr 2010 noch vor der Konkurrenz haben wird[3]. Auch hiervon, das haben die Interviews gezeigt, ist der Markterfolg der MSB entscheidend abhängig. An dieser Stelle muß herausgestellt werden, daß die TRP-Strecke selbst bei negativen betriebswirtschaftlichen Ergebnissen regionalwirtschaftlich als positiv bewertet wurde.

Der TRP stellt, so die befragten Experten, eine weltweit beachtete Innovation des spurgeführten Verkehrs dar, die auf in Deutschland entwickelter Technologie basiert. Ob und in welcher Form das System verkehrstechnisch jedoch tatsächlich merkliche Bedeutung oder sogar flächendeckende Anwendung erreichen kann, läßt sich aus den gewonnenen Erkenntnissen

---

[1] Die angegebenen Sektoren weisen keine ausgeprägte regionale Bindung auf.
[2] Zur Prognoseproblematik vgl. Abschnitt 1.3.
[3] Jedoch zeigen erste „schwache Signale“, daß mögliche HGVS-Allianzen in Europa entstehen könnten (vgl. o.V., 1997, S. 1).

nicht ableiten. Die Experten konnten sich das **TRP-System auch innerstädtisch als Beförderungsmittel des ÖPNV** vorstellen, da es Vorteile gegenüber der R/S-Technik bzgl. Gewicht, Beschleunigung und Schallemission aufweist. Die Magnetschwebetechnologie stellt daher mit ihren erweiterten Möglichkeiten ohne Zweifel einen Ansporn für die Wettbewerber und damit auch für den spurgeführten R/S-Hochgeschwindigkeitsverkehr dar.

8.3.2 Ökologische Effekte von Bau und Betrieb: Vergleich Transrapid - ICE

Die wesentlichen Ergebnisse aus Kapitel 6, die mit verschiedenen Methoden gemäß Abbildung 8.1 gewonnen wurden, können hinsichtlich der einzelnen Wirkungskategorien folgend zusammengefaßt werden. Der Bauphase ist hierbei ein geringeres Gewicht und der Betriebsphase ein höheres Gewicht beizumessen, da die relevanten ökologischen Auswirkungen überwiegend in der wesentlich längeren geplanten Betriebsphase von ca. 80 Jahren zu erwarten sind (vgl. Enderlein/Kunert, 1992, S. 62, 93 u. 99).

Flächenbedarf

Die **Analyse** des Flächenbedarfs ergab, daß der Flächenbedarf in der **Bauphase** einer MSB mit ca. 4,8 ha pro km Trasse geringfügig niedriger liegt als bei einer ICE-Trasse mit 5,2 ha/km im gleichen Korridor. Betrachtet wurde der Vergleichskorridor Rhein/Main - Rhein/Ruhr, für den im Sinne eines direkten Vergleichs sowohl die Trassierungsdaten bzw. die Anteile der verschiedenen Fahrwegformen einer möglichen MSB- als auch einer ICE-Verbindung vorlagen. Die geplante MSB Berlin-Hamburg wird jedoch ausschließlich durch Flachland geführt, weshalb in der Bauphase für das Baufeld der Trasse mit rund 2,4 ha/km deutlich weniger Fläche beansprucht wird als im untersuchten Vergleichskorridor.

In der **Betriebsphase** benötigt eine ICE-Trasse (ohne die Infrastruktur) in diesem Vergleichskorridor im Flachland rund 2,4 ha/km und im Mittelgebirge, obwohl die Trassierung hier aufwendiger ist, rund 2,5 ha/km, da die zahlreichen Tunnel und Brücken einen geringeren direkten Flächenbedarf haben. Einschließlich der Infrastruktur, des Bahnseitenwegs etc. läßt sich der Gesamtflächenbedarf einer ICE-Verbindung sowohl im Flachland als auch im Mittelgebirge mit ca. 3,5 ha/km angeben. Für eine MSB in diesem Korridor errechnet sich ein Gesamtflächenbedarf in der Betriebsphase von 1,7 ha/km im Flachland und 2,0 ha/km im Mittelgebirge. Die MSB Berlin-Hamburg benötigt in der Betriebsphase rund 1,95 ha/km.

Die analytischen Ergebnisse bezüglich des Flächenbedarfs wurden durch die **Einschätzungen der Experten** bestätigt: Sie erwarten überwiegend, daß die MSB im Vergleich zu einem konventionellen R/S-System in der **Bauphase** einen etwa gleichen Flächenbedarf hat, jedoch in der **Betriebsphase** deutlich weniger Fläche beansprucht.

Wasserwirtschaft/Bodenversiegelung

Die **analytische Betrachtung** des Einflusses der **Bauphase** auf die Wasserwirtschaft zeigt keine wesentlichen Unterschiede zwischen MSB und ICE. Der Einfluß auf die Wasserwirtschaft in der Bauphase entspricht etwa den Auswirkungen der Betriebsphase zuzüglich der temporären Versiegelung, vor allem durch Baustraßen. In der **Betriebsphase** sind die Auswirkungen auf die Wasserwirtschaft, die von einer MSB ausgehen, deutlich geringer als bei einer vergleichbaren ICE-Verbindung oder einer konventionellen Schienentrasse. So werden durch eine ICE-Verbindung (ohne Infrastruktur) im Vergleichskorridor im Flachland ca. 2 ha und im Mittelgebirge ca. 1,8 ha/km Trasse versiegelt, durch eine MSB-Verbindung (ohne Infrastruktur) dagegen 0,18 ha/km bzw. 0,19 ha/km. Für die MSB Berlin-Hamburg errechnet sich eine versiegelte Fläche von ca. 59 ha insgesamt bzw. 0,2 ha/km.

Von den meisten der befragten **Experten** wurden die Auswirkungen der MSB auf die Wasserwirtschaft sowohl in der **Bauphase** als auch in der **Betriebsphase** als deutlich geringer eingestuft als beim Bau eines R/S-Systems.

Trennwirkung/Zerschneidung

Die Trennwirkung einer MSB- und einer ICE-Trasse während der **Bauphase** kann aufgrund der Ergebnisse der **Analyse** als etwa gleichwertig bezeichnet werden. Dagegen zeigen sich für die **Betriebsphase** einer MSB-Verbindung, insbesondere wegen der partiellen Aufständerung des Fahrwegs der MSB, die mit geringerer Trennwirkung assoziiert wird, gegenüber einer ICE-Verbindung deutliche Vorteile zugunsten der MSB: Eine ICE-Trasse im Vergleichskorridor hat im Flachland auf 93 %, im Mittelgebirge dagegen, aufgrund des hohen Brücken- und Tunnelanteils, auf nur 82 % der Strecke eine hohe Trennwirkung. Für eine MSB-Trasse in diesem Korridor ergibt sich im Flachland auf 41 % der Strecke eine hohe Trennwirkung, im Mittelgebirge dagegen auf 49 % der Strecke, da dort der aufgeständerte Fahrweg verhältnismäßig seltener eingesetzt wird. Bei der geplanten MSB Berlin-Hamburg besteht etwa auf 51 % der Strecke eine hohe Trennwirkung.

Die Trennwirkungen, die vom **Bau** einer MSB- bzw. einer R/S-Verbindung ausgehen, wurden von den meisten **Experten** als gleichwertig bezeichnet. In der **Betriebsphase** hingegen sahen die Experten im Vergleich zu einem konventionellen R/S-System Vorteile zugunsten der MSB.

Optische Beeinflussung des Stadt- und Landschaftsbildes

Die **Analyse** ergab, daß die optische Beeinflussung des Stadt- und Landschaftsbildes in der **Bauphase** einer MSB- bzw. einer ICE-Verbindung größer ist als in der **Betriebsphase**. Die Beurteilung, ob die optische Beeinflussung des Stadt- und Landschaftsbildes sowohl in der Bau- als auch in der Betriebsphase durch die MSB oder durch den ICE größer ist, kann jedoch nicht anhand objektiver Maßstäbe erfolgen. Diese Beurteilung ist vom individuellen Empfinden abhängig[1].

Die Mehrzahl der **Experten** betrachteten jedoch die von einer MSB ausgehende optische Beeinflussung im Vergleich zu einem konventionellen R/S-System sowohl in der **Bau**- als auch in der **Betriebsphase** als deutlich größer bzw. negativer.

Materialeinsatz[2]

Die **analytische** Untersuchung des Materialeinsatzes in der **Bauphase** einer MSB- und einer ICE-Verbindung ergab, daß für die Errichtung einer MSB deutlich mehr höherwertiges Material und zur Errichtung einer ICE-Verbindung wesentlich mehr niederwertiges Material eingesetzt wird. Ein Vorteil zugunsten eines Systems ist nicht zu erkennen. In der **Betriebsphase** hingegen zeigt sich ein deutlicher Vorteil zugunsten der MSB: Während des geplanten Nutzungszeitraums von 80 Jahren erfordert der verhältnismäßig größere Verschleiß des ICE-Systems einen Materialeinsatz, der insgesamt mindestens einem völlig neuen Trassenbau entspricht (*Abschnitt 6.2.2.2)*. Für die MSB kann, obgleich bislang nur Erfahrungen aus dem Testbetrieb vorliegen, im Betrieb ein geringerer Verschleiß vermutet werden.

Wird die MSB mit einem konventionellen R/S-System verglichen, so antworteten die **Experten**, daß für die **Errichtung** der MSB ein größerer Materialeinsatz erforderlich sei. In der **Betriebsphase** allerdings entspricht der Materialeinsatz der MSB nach Ansicht der meisten Experten dem eines konventionellen R/S-Systems.

---

[1] vgl. die Situation bzgl. Windenergieerzeugung: Der ökologisch wünschenswerten Erzeugung regenerativer Energie steht die Beeinträchtigung des Landschaftsbildes gegenüber.

[2] Eine Detailanalyse bezüglich Ressourcenverbrauch/-effizienz beider Systeme wurde unabhängig von der vorliegenden Studie unter Anwendung des am Wuppertal-Institut für Klima, Umwelt, Energie entwickelten MIPS-Konzeptes durchgeführt (vgl. Gers et al., 1997).

Energieverbrauch[1]

Für den Vergleich des Energieeinsatzes in der **Bauphase** einer MSB- und einer ICE-Verbindung wurde in der **Analyse** die geplante Trassenführung der MSB Berlin-Hamburg und der Planungsabschnitt 1.1 der ICE-NBS Leipzig-Erfurt herangezogen, da beide Trassen bzw. Trassenabschnitte eine ähnliche Topographie aufweisen. Ferner lagen für beide untersuchten Strecken ausreichende Daten vor, die weitere Berechnungen ermöglichten.

Die Errichtung eines Kilometers Trasse der MSB erfordert gemäß den in dieser Studie angefertigten Berechnungen *(Abschnitt 6.2.3.1)* ca. 19,1 Mio. kWh (einschließlich Langstator sind es ca. 25,6 Mio. kWh). Dagegen werden zur Errichtung eines Kilometers ICE-Trasse lediglich rund 11,7 Mio. kWh eingesetzt (einschließlich Oberleitung sind es ca. 12 Mio. kWh). Fahrzeuge und Infrastruktur haben bei beiden Systemen nur einen geringen Anteil an der gesamten Errichtungsenergie. In der **Betriebsphase** zeigen sich jedoch die Vorteile der MSB. In Benzineinheiten ausgedrückt, beträgt der Verbrauch des TRP im direkten Systemvergleich, d. h. bei der Annahme identischer Einsatzbedingungen, bei 250 km/h ca. 2,24 Liter/100 Pkm, während der ICE ca. 2,98 l/100 Pkm benötigt. Wird die MSB dagegen im Szenariovergleich mit 400 km/h betrachtet, dann beträgt der Verbrauch ca. 2,47 l/100 Pkm[2].

Bei der analytischen Untersuchung des Energieverbrauchs in der Betriebsphase wurde ferner festgestellt, daß der verschleißbedingte Energieeinsatz in der Betriebsphase des ICE für den Austausch bzw. die Reparatur von Teilkomponenten mindestens dem Energieeinsatz eines völligen Trassenneubaus entspricht, während für die MSB wiederum ein geringerer Verschleiß angenommen werden kann. Gegenüber einer zukünftigen Situation ohne spurgeführte Hochgeschwindigkeitssysteme kann als **Externer Effekt** der MSB Berlin-Hamburg durch die Substitution anderer Verkehrssysteme mit einer jährlichen Energieeinsparung von rund **466 Mio. kWh Primärenergie** gerechnet werden. Dies entspricht etwa **53 Mio. Liter Benzin pro Jahr**. Lediglich beim Auslösen eines großen Ausmaßes an induzierten Verkehrs durch die MSB TRP werden diese relativen ökologischen Vorteile durch die Zunahme des Verkehrs aufgezehrt.

Die **Experten** beurteilten den Energieeinsatz zur **Errichtung** einer MSB-Verbindung im Vergleich zu einem konventionellen R/S-System zumeist als größer. Den Energieverbrauch der

---

[1] Siehe oben.

[2] Der TRP benötigt im Szenariovergleich, also unter Annahmen, die etwa den späteren Einsatzbedingungen entsprechen, bei einer Geschwindigkeit von 400 km/h rund 12 % mehr Energie als ein konventioneller IC/EC mit einer durchschnittlichen Reisegeschwindigkeit von etwa 108 km/h.

MSB in der **Betriebsphase** bewerteten sie im Vergleich zum konventionellen Schienenverkehr häufig als etwa gleich.

Schadstoffemission

Hinsichtlich der Schadstoffemissionen in der **Bauphase** ergab die **Analyse**, daß die Errichtung der MSB-Trasse vor allem aufgrund der Energieerzeugung deutlich mehr Emissionen verursacht als die Errichtung einer ICE-Trasse. Die Errichtung bzw. Herstellung der Infrastruktur und der Fahrzeuge verursacht nur einen geringen Anteil der gesamten Emission in der Bauphase beider Systeme. Die **Experten** beurteilten die Schadstoffemissionen in der **Bauphase** einer MSB allerdings im Vergleich zur Errichtung eines konventionellen R/S-Systems als lediglich gleich groß. In der **Betriebsphase** dagegen ergab sowohl die Befragung der **Experten** als auch die Analyse deutliche Vorteile der MSB bezüglich der Schadstoffemissionen im Vergleich zu einem konventionellen R/S-System bzw. dem ICE. Die **Analyse** ergab, daß durch den ICE im direkten Systemvergleich mit der MSB bei einer Geschwindigkeit von 250 km/h ca. 32 % mehr CO_2 ausgestoßen wird. Wird die MSB unter den Annahmen des Szenariovergleichs mit einer Geschwindigkeit von 400 km/h betrieben, dann liegt der CO_2-Ausstoß des ICE um rund 20 % höher. Mit Ausnahme von CO_2 liegen die Emissionen der MSB teilweise sogar deutlich unter den Emissionen des IC/EC-Verkehrs.

Der höhere Verschleiß in der Betriebsphase des ICE verursacht außerdem im gesamten Nutzungszeitraum von 80 Jahren produktions- und konstruktionsbedingte Emissionen, die mindestens die Größenordnung der Emissionen eines Trassenneubaus erreichen. Zudem verursacht der Verschleiß beim ICE Abrieb an Gleisen, Radlaufflächen und Bremsen. So würde durch eine alternative ICE-Verbindung zwischen Berlin und Hamburg jährlich etwa 80 t Bremsbelagabrieb emittiert (Gers/Otto, 1996). Als **Externer Effekt** des Betriebs der MSB Berlin-Hamburg wird, wiederum aufgrund der (partiellen) Substitution anderer Verkehrssysteme, jährlich der Ausstoß von ca.

- 122.001 t CO_2,
- 8.773 t CO,
- 1.934 t NO_X und
- 144 t SO_2

vermieden.

Schallemission

Die **Analyse** der Schallemissionen in der **Bauphase** einer MSB- und einer ICE-Verbindung zeigte, daß die produktionsbedingten Schallemissionen verhältnismäßig gering sind. Ausschlaggebend für die Beurteilung der Schallemission sind die konstruktionsbedingten Schallemissionen, die im Bereich des Baufeldes und entlang der Baustraßen entstehen. Aufgrund einer deutlich höheren Anzahl von Materialtransporten und den großen Massen bewegter Erde zur Errichtung einer ICE-Trasse kann der Bau einer MSB bezüglich der Schallemissionen als günstiger bewertet werden. Die Analyse der **Betriebsphase** ergab, daß die Schallemission des ICE im Vergleich zum TRP bei gleicher Geschwindigkeit ca. 50 - 100 % höher liegt, je nach betrachteter Fahrwegform der MSB. Bei einer Geschwindigkeit von 400 km/h entspricht die Stärke der Schallemission des TRP etwa der eines ICE mit 250 km/h.

Nach Meinung der meisten Experten weist allerdings die MSB in der **Bauphase** im Vergleich zu dem Bau einer konventionellen Rad-/Schieneverbindung unter dem Aspekt der Schallemission keine Vorteile auf. Der **Betrieb** der MSB verursacht aber nach ihrer Meinung eine geringere Schallbelastung als der Betrieb eines konventionellen R/S-Systems.

Erschütterungen/Vibrationen

Die Belastung durch Erschütterungen in der **Bauphase** einer MSB und einer konventionellen R/S-Verbindung wurde von den **Experten** als gleich eingestuft. In der **Analyse** zeigten sich unter diesem Aspekt dagegen Vorteile der MSB gegenüber dem ICE. Während der **Betriebsphase** verursacht der TRP systembedingt deutlich weniger Erschütterungen als der ICE oder ein konventionelles R/S-System, dies ergab sowohl die **Analyse** als auch die **Expertenbefragung**.

Verkehrsunfälle

Verkehrsunfälle wurden lediglich in der **Analyse** untersucht. Während der gesamten **Bauphase** der MSB Berlin-Hamburg kann statistisch mit ca. 4.000 angezeigten Arbeits- und Wegeunfällen gerechnet werden, bei denen etwa 6 Unfallopfer tödlich verletzt werden[1]. Der **Bau** einer ICE-Verbindung verursacht statistisch pro Kilometer Trasse eine höhere Anzahl Unfälle. In der **Betriebsphase** vereinigt die MSB die Sicherheitsvorteile des R/S-Verkehrs und des Flugverkehrs. Für die Betriebsphase werden daher pro Mrd. Personenkilometer lediglich 0,02 tödlich verletzte Verkehrsopfer prognostiziert. Im Vergleich dazu werden im Eisenbahnverkehr in Deutschland ca. 5 Personen und im Individualverkehr auf Autobahnen ca. 5,5 Personen pro Mrd. Pkm tödlich verletzt. Durch den Betrieb der **MSB Berlin-Hamburg** und die damit verbundene (partielle) Substitution anderer Verkehrssysteme werden als **Externer Effekt jährlich etwa 22 Personen weniger bei Verkehrsunfällen getötet und rund 400 Personen weniger verletzt**.

Klimabeeinflussung

Die Wirkungskategorie Klimabeeinflussung wurde lediglich im Rahmen der **Expertengespräche** untersucht. Sowohl in der **Bau-** als auch in der **Betriebsphase** erwarten die Experten im Vergleich zu einem konventionellen R/S-System von einer MSB eine geringere Beeinflussung des Klimas.

8.3.3 Die Berichterstattung über die Magnetschwebebahn Transrapid in der Frankfurter Allgemeinen Zeitung: Ergebnisse einer Inhaltsanalyse

Die Inhaltsanalyse der untersuchten Tageszeitung Frankfurter Allgemeine Zeitung (vom 18.5.79 bis zum 19.6.96) setzt sich aus der Analyse der Berichte der entscheidungsrelevanten Institutionen (z.B. Ministerien, politische Parteien, Umweltorganisatonen, DB AG etc.), der berichtsabhängigen Kommentierungen und der berichtsunabhängigen Kommentare zusammen.

Die **Berichte** sind formal sachlich-neutral verfaßt. In den Kommentaren wird der TRP durchgehend kritisch, jedoch der Systemführer Thyssen Henschel nicht direkt verurteilend aufgeführt. Insgesamt verhärtet sich der Eindruck, daß die durchgängig kritische Diskussion des TRP durch die aus der Naturwissenschaft herrührende Relation >>Strecke - Geschwindigkeit - ökonomische bzw. ökologische Auswirkungen << induziert wurde. Für eine Erörterung dieses Phänomens werden insgesamt unzureichende und allzu reduktionistische Aussagen aufgeführt. Die FAZ hat letztlich aufgrund ihrer >>verschwiegenen Zurückhaltung<< gegenüber ihren Lesern und durch zunehmend kurz gehaltene Berichterstattungen bzgl. der maßgeblichen Verkündungen der entscheidungsrelevanten Institutionen die Durchsetzung des TRP-Projekts mitbefördert (vgl. These b und c)[2].

---

[1] Hingewiesen werden muß auf die Besonderheiten einer derartigen Berechnung. Bereits ein Großunfall läßt diese Berechnungen obsolet werden, andererseits aber kann eine konsequente Anwendung der Vorschriften zur Arbeitssicherheit dazu beitragen, diese Zahlen zu relativieren.

[2] Die Thesen finden sich in Kapitel 7.

Die zeitungseigene bzw. **berichtsabhängige Kommentierung** von Berichten der entscheidungsrelevanten Institutionen mit >>Frakturüberschrift<< wurde zunehmend reduziert und vorzeitig eingestellt, weswegen der auf politischer Ebene ausgetragene Konflikt bzgl. des TRP gegenüber dem Leser abgeschirmt wurde. Kommentare zu den Stellungnahmen des Bundesrechnungshofes werden beispielsweise nicht gegeben. Das TRP-Projekt erhielt daher einen nebensächlichen Charakter im Vergleich zu anderweitig veröffentlichten politischen Entscheidungen. In diesen Kommentaren kommen verschiedene >>Appelle an den Gemeinsinn<< zur Verwendung, die zum Kontext einer kommentierten Berichterstattung keinen Bezug aufweisen. Die erforderlichen Begründungen, die eine eindeutige Bewertung des TRP-Projekts bezwecken sollen, beziehen sich auf berichtsunabhängige Verhältnisse, die aber als außenstehende Beanstandungen oder als verweisende Vorgriffe nicht gegenüber der jeweiligen berichtsabhängigen Ausgangslage im Bericht relativiert werden können (vgl. Thesen a und d).

In den **berichtsunabhängigen Kommentaren** werden Aphorismen benutzt, indem unterschiedliche Verkehrs- bzw. Transportsysteme dem TRP gegenübergestellt werden, oder es kommt eine elliptische (auslassende) Rhetorik zur Verwendung, um so insgesamt einem anzunehmenden Meinungs- und Diskussionsstand in der Öffentlichkeit entgegenzukommen (vgl. These f).

Die regionalen Bezugnahmen in den **Berichten** können sich auf Meldungen stützen, die im Vergleich untereinander widersprüchlich sind. Darauf folgende Kommentierungen könnten ein >>simuliertes Außen<<[1] befördern, zumal regelmäßig quantitative Angaben und regionale Aussagen als Basis für eine wirtschaftspolitische Kommentierung unterstützend wirken. Regionale Sachverhalte können insofern überbewertet oder sogar ausgeblendet bleiben (vgl. These e).

Eine **Konkurrenz** zwischen ICE und TRP wird in der FAZ, nachdem die Bundesregierung den Bau einer ICE-Strecke erwägt, durch den Diskurs von Thyssen Henschel vermehrt wiederholt, da die DB AG keine ähnlichen privatwirtschaftlichen Leistungen zum Bau einer Strecke erbringen könne. Ebenso könnten bis zum Jahre 2005 TGV und ICE abgelöst werden. Die SPD-

[1] Das schriftliche Zeichen im Text hat die besprochene Sache, d. h. den TRP, in seiner Abwesenheit zu vertreten; ihn in einer bestimmten Entfernung, die wiederum durch sich verlautbarende Institutionen gegeben ist, zu markieren. Jedoch sind die dem TRP zugefügten >>Begriffe<< selbst sprachliche Zeichen im differentiellen Sprachsystem. Eine Simulation kommt zustande, wenn durch die reflektierten Institutionen der TRP selbst als ein vermeintlich außerhalb des Textes stehendes Eigenes fungiert. Das Zeichen verweist auf den Begriff, der auf die Welt verweist, und beansprucht den Referenten (Namen), ohne sich von ihm ablösen zu können, denn sonst könnte sich keine Abwesenheit repräsentieren.

Fraktion bleibt insgesamt uneinig, ob eine Konkurrenz oder Ergänzung bestehe. Auch die DB AG verkündet anfangs eine Ergänzung, zumal eine politisch gewollte Unterstützung des TRP-Projekts erfolgt, während gleichzeitig ein Ausbau der ICE-Strecke geplant wird. Diese Undurchsichtigkeiten werden auch vom Bundesverkehrsminister Wissmann nicht entkräftet. Den >>Brennpunkt<< einer bevorzugten Hervorhebung einer Konkurrenz bildet das Thema Staatsverschuldung. Dieses **ökonomische** Motiv wird auch in der Argumentation ökologisch orientierter Organisationen genannt, wie mit der oft wiederkehrenden Metapher „Milliardengrab" exemplarisch belegt werden kann. Demgegenüber vertritt Bundesverkehrsminister Wissmann die Auffassung, daß der TRP **ökologisch** vertretbar sei. Die Kritiker halten den TRP insgesamt aufgrund seiner geschwindigkeitsabhängigen Schallemissionen nicht für ökologiegerecht. Ebenso wird in dieser Argumentation der Energieverbrauch negativ besprochen, wenn die Technik problematisiert wird. Das ästhetische Erscheinungsbild wird >>sekundär<< erwähnt, um die gegebene Kritik zu unterstützen (vgl. These g).

Eine objektiv verständliche systemische bzw. technische Konkurrenz zwischen dem TRP und dem ICE konnte in der Analyse der Artikel zum ICE nicht erkannt werden, zumal das für den ICE in Frage kommende europäische Hochgeschwindigkeitsnetz vorerst auf die Verbindung von westeuropäischen Metropolen ausgerichtet sein wird. Die jeweiligen strategischen Planungen der DB AG und der MPG hinsichtlich ihrer zukünftigen Märkte widersprechen sich nicht direkt, da sich einerseits der Geschäftsbereich der DB AG verstärkt auf den Personennahverkehr konzentriert und auf eine Stärkung des spurgeführten Frachtverkehrs ausrichten müßte. Da auch andererseits die Schienennetzplanung der osteuropäischen Nachbarstaaten nicht in die EU-Planung aufgenommen wurde und Investitionen für die DB AG in Ostdeutschland zurückgestellt werden mußten, kann hypothetisch angenommen werden, daß eine Weiterführung des TRP in das östliche Mitteleuropa wahrscheinlich sein könnte (vgl. These k). Die Konkurrenzsituation zwischen ICE und TRP beruht allein auf dem wirtschaftspolitischen Diskurs seitens der Befürworter und Gegner des TRP-Projekts, um die jeweilige Argumentation abzusichern.

Eine Verteidigung oder Kritik des Projekts rührt aber aus der indirekten Reflexion (eines >>Es geschieht, daß ...<<) der politischen Institutionen. Der symbolisch wirksame Eigenname **Transrapid** erscheint als Dispositiv im Historischen (d. h. im subjektiv sprachlichen Wissen und als Objektwissen im Text), das verstärkt durch die sozialpolitische Konstruktion mittels des ICE gedacht werden kann, ohne dabei den TRP als solchen zu meinen. Der Vergleich zum „Zug" zeigt, entsprechend der Vermarktung der Geschwindigkeit des TRP (z. B. „flüsternder Pfeil"), daß Kritiker diesen auch hinsichtlich der Lautstärke oder seiner ihn als „leise" und „schnell" einschätzenden Befürworter invertieren können: „dröhnender Pfeil", „tieffliegender

Düsenjäger“, „Protestwind“ oder „Spielzeug für Geschwindigkeitsfanatiker“, „Riesenspielzeug“ und „Lieblingsspielzeug“.

Der von der Industrie propagierte >>Zeitgewinn<<, der auch die wirtschaftlich interessante „Geschwindigkeitslücke zu Bahn- und Flugverkehr“ schließen soll, wird u. E. durch die verkehrsplanerisch bedingten Umsteigeeffekte in Frage gestellt. Der Transrapid wird so zunehmend mit dem R/S-System gleichgesetzt. Der Begriff Magnetschwebebahn, der u. E. das Denotat Magnetschwebetechnik und als deren territoriale Realisierung das Denotat (Magnet)„bahn“ verkörpert, wurde insofern aufgebrochen, gerade weil auch der Name Transrapid dieser Begrifflichkeit diametral gegenübersteht. Insgesamt verliert hierdurch die technische Besonderheit (Innovationshöhe) an Bedeutung. Das im Text nicht festgelegte Prädikat >>schweben<< hat an sich einen positiven Charakter. Es verkörpert eine subjektiv kontextirrelevante Akzeptanz. Das Substantiv >>Schwebe<<, die nicht negierbare Fiktion (etym.: Figur), entspricht einer positiven gedanklichen Bildwerdung. Kennzeichnend ist eine übergreifende Abwandlung der referentiellen Bildwelten, da der Transrapid als unidentifizierbare Äußerlichkeit im Sinne einer >>Und-Satzverknüpfung<< fungiert. Das Prädikat >>fahren<< ist auffällig geworden. Mehrfache Zuschreibungen sind durch das Attribut >>schnell<< bzw. >>schneller<< hinsichtlich der Technik erkennbar. Insofern kann die Äußerlichkeit, die Personifizierung des TRP, durch die folgenden Prädikate belegt werden; mit der Existenzaussage durch „ist“ oder durch „kommt“, „eröffnet“, „trägt“, „nimmt“, „zieht“ usw. (vgl. Thesen h und i).

Bei einer positiv formulierbaren Anwesenheit wird eine Relation zu einem weiteren Satz hinsichtlich des Namens ermöglicht; es wird häufig der vollständige Begriff „Magnetschwebebahn“ verwendet. Der ganze begrifflich mitbeschriebene Name „Magnetschwebebahn Transrapid“ ist nur am Anfang eines Textes hinsichtlich einer Regierungserklärung aus Bonn oder einer politischen Stellungnahme eines Entscheidungsträgers zum Transrapid gebräuchlich. Diese Eigenheit konnte bei regionalen Berichterstattungen nicht erkannt werden. Der alleinstehende Name Transrapid wird in kritischen Texten öfters aufgegriffen. Die auch alleinstehende Begrifflichkeit Magnetschwebebahn erfährt ihre semantische Reduktion, indem entweder ihr Prädikat >>schweben<< oder das Attribut >>schnell<< vernachlässigt wurde. Dies ist bei solchen Fällen erkennbar, wo dieser Begriff durch einen negativen Kontext, also als Abwesenheit (Magnetbahn), dargestellt ist (vgl. These j). U. E. ist hier ein Diskursschema erkennbar, wie sich das zu denkende Zukünftige in der Sprache bewegt.

In der FAZ werden dem TRP-Projekt **metaphorische** Gleichnisse sowohl in den Berichten als auch in den Kommentaren entgegengesetzt, die die Unnötigkeit des Projekts unsachlich belegen sollen, z. B. „Wunderding, dröhnender Pfeil“, „Energiefresser“, „Milliardending, tieffliegender Düsenjäger“, öfters „Milliardengrab“, „Spielzeug für Geschwindigkeits-Fanatiker“, „milliardenschweres Subventionsgrab“, „Exportschlager“ und „BONNzenschleuder“. Diese Metaphern belegen eine Verurteilung des TRP, wobei allerdings dessen Außersprachlichkeit wiederum auf die Politik verweist. Es sind vermehrt Konnotate einer räumlichen Lebensbedrohung erkennbar: Es werden die Forschungskosten mit dem „Schnellen Brüter in Kalkar“ verglichen, was aber wiederum durch die Ministerpräsidentin Simonis auf den TRP als solchen angewendet werden kann: „Kalkar auf Stelzen“. Ebenso wird der TRP metaphorisch vom BUND aufgegriffen: „Schwachsinn auf Stelzen“.

In befürwortenden Berichten der FAZ ist die Metapherbildung, bezogen auf einen anzunehmenden Einsatz, auffällig, insbesondere bei wiedergegebenen Aussagen des Bundesverkehrsministers Wissmann: „Einsatzreife“, „Zukunftssymbol“, „Zukunftstechnik“, „Hochtechnologieland“ usw.

Die Raummetaphern der Kritiker können ein besonderes Auflösevermögen in sich bergen, da sie für die Frage der Bewegung und für die Frage der Zeit eine Offenheit besitzen, die durch den Fortlauf der jeweiligen kommunikativen Situation gegeben sind. U. E. plaziert sich das Denken zwischen dem inner- und außersprachlichen Verstehen. Diese Metaphern können daher insgesamt zu >>Kippfiguren<< werden, d. h. das Außen relativiert sich durch die immanente Zeitlichkeit der Metaphorik seitens der Befürworter, wenn diese positiv und negativ konnotierten Metaphern parallel im Text stehen. Dieser Prozeß verschiebt sich über den untersuchten Zeitraum zu immer zentrierteren Einheiten, z. B. „technische Meisterleistung, Pioniergeist deutscher Unternehmer“, während Kritiker von „Geld verbraten“ und einer „Milliardenverschwendung“ sprechen. In Anbetracht dessen, daß befürwortende Berichte, die die Relation Transrapid zum Einsatzgebiet Hamburg-Berlin vermehrt im Anwendungsumfeld situieren und daß die kritischen Kommentare die Schwebetechnik negativ problematisieren, ergibt sich, daß beide Positionen einen Konflikt erzeugen, der einer Vermarktung zuwiderläuft.

Fazit: Insgesamt verliert die Besonderheit der MSB TRP, nämlich deren Innovationshöhe, in den Berichten und Kommentaren ihre Bedeutung.

8.4 Synthese

8.4.1 Bewertungsproblematik

Im Rahmen der Synthese wird versucht, die erarbeiteten Ergebnisse gegenüberzustellen und nach Möglichkeit zusammenzuführen. Wie bei jeder mehrdimensionalen Bewertung[1] treten dabei Bewertungs- und Gewichtungsprobleme auf, ebenso die Problematik, wie Ergebnisse unterschiedlicher Dimensionen verglichen werden („Äpfel mit Birnen vergleichen") oder gar zusammengeführt werden können. Eine Informationsverdichtung bedeutet immer auch Informationsvernichtung (vgl. Hübner, 1996b).

Alle diese Probleme betreffen in speziellem Maße die Ergebnisse jeder Ökobilanzierung, die normalerweise je betrachteter Dimension in physikalischen Größen angegeben werden[2]. Die Bewertungsproblematik beginnt beim Festlegen von „Referenzwerten" bzgl. als „sehr gut" bzw. „sehr schlecht" einzustufenden Ausprägungen je Dimension. So weist neben anderen Reinhardt (1993, S. 104) darauf hin, daß eine allgemeine Methode zur Erstellung von Ökobilanzen bisher weder national noch international exisitiert. Dies bezieht sich auch auf die hier angewendete vergleichende Ökobilanzierung. Damit wird auch verständlich, daß inzwischen eine Vielzahl von Instrumenten entwickelt wurde, die jeweils bestimmte Dimensionen bzw. Wirkungskategorien ökologischer Effekte erfassen Methodenvielfalt unterstützt damit tendenziell die Bildung eines Gesamturteils. Für die jeweils verwendeten Methoden kann nicht zwischen „falsch" und „richtig", sondern allenfalls nach „zweckmäßig" oder „unzweckmäßig" unterschieden werden (vgl. Schaefer, 1993, S. 25). Doch es geht bei der Ökobilanzierung nicht um das Finden eines „archimedischen Punktes", sondern um das Aufdecken von Schwachstellen (vgl. VDI, 1993, S. 9). Die Kenntnis derartiger Schwachstellen ist Voraussetzung, um durch entsprechende Entscheidungen und Maßnahmen die unerwünschten Wirkungen dieser Schwachstellen zu minimieren.

Noch komplexer ist die Situation, wenn die Ergebnisse einer nach mehreren Bewertungsaspekten durchgeführten TWA zu bewerten sind und - wie dies **hier** der Fall ist - zu erwartende positive regionalökonomische Effekte unerwünschten ökologischen Effekten gegenüberzustellen sind.

---

[1] Diese Problematik existiert zwar bei einer Beschränkung auf die übliche **ein**dimensionale ökonomische Bewertung nicht, wird aber mit einer Nichterfassung anderer Effekte „erkauft".

[2] vgl. z. B. die Ökobilanz eines Personal Computer, die sich auf die zur Herstellung benötigte Energie, Verschmutzung von Wasser und Luft, den produktionsbedingten Abfall bzw. Sondermüll und CO_2 Emission bezieht (vgl. Grote, 1994, S. 93).

Wie in Kapitel 1 dargelegt, erfolgt jede Technikbewertung auf der Grundlage von „Zielen und Werten" (vgl. VDI, 1991a). Eine Bewertung auf der Grundlage konkreter Ziele und Werte ist nur dann von allgemeiner Relevanz, wenn von einem in der Gesellschaft weitgehend akzeptierten System von Zielen und Werten ausgegangen werden kann. Die Autoren dieser Studie maßen sich jedoch nicht an, ein solches System quasi normativ vorzugeben, da dies eine Aufgabe der politischen Entscheidungsträger ist, die diese bisher in den meisten Staaten nicht explizit wahrnehmen[1] (*vgl. Abschnitt 8.5*).

Die im folgenden präsentierten Ergebnisse sind deshalb als **Grundlage für Entscheidungen zu verstehen,** die von den Verantwortlichen in Politik und Wirtschaft im Rahmen der weiteren, detaillierten Planung des HGVS noch zu treffen sind. Daß hierbei die **verantwortlichen Politiker** hohes Gewicht haben (sollten), ergibt sich daraus, daß die technische Entwicklung größtenteils aus öffentlichen Mitteln finanziert wurde.

Im weiteren werden die Ergebnisse zunächst in qualitativer Weise gegenübergestellt und Bezug zu spezifischen Themenbereichen genommen. Anschließend werden Ergebnisse, bezogen auf einzelne ökologische Wirkungskategorien unter Anwendung unterschiedlicher Bewertungsansätze, vorgestellt, womit dem Leser die o. g. Bewertungsproblematik verdeutlicht werden soll.

8.4.2 Synthese in qualitativer Form, bezogen auf spezifische Themenbereiche

Der generelle Einfluß von Verkehrsinfrastruktur auf die ökonomische Entwicklung einzelner Regionen ist unbestritten, wie es auch die Ergebnisse von Kapitel 4 und 5 bestätigen. Der Nachteil ist aber die Inanspruchnahme und Schädigung der Umwelt, die in Kapitel 6 hinsichtlich des Baues und Betriebes einer MSB- und einer ICE-Verbindung untersucht wurden. Einerseits ist eine moderne Marktwirtschaft ohne die Leistungen von Verkehrssystemen undenkbar, andererseits trägt der Verkehr maßgeblich zur Umweltbelastung bei. Im Jahr 1986 verursachte allein der Straßenverkehr 53 % der NO_X-Emission, 71 % der CO-Emission und 15 % der CO_2-Emission innerhalb der BR Deutschland (vgl. Seifried, 1993, S. 14 f.). Eine qualitative Synthese kann in folgender Weise formuliert werden:

1. Positive regionalökonomische Effekte sind ohne Zweifel zu erwarten. Dies zeigen alle nach verschiedenen Methoden erarbeiteten Ergebnisse. Die regionalökonomischen Effekte sind für beide Systeme vergleichbar, wenn von zusätzlichen Effekten in Abhängigkeit von höherer Geschwindigkeit (Substitution, induzierter Verkehr etc.) abgesehen wird.

---

[1] Erste Ansätze hierzu finden sich als „Werte im technischen Handeln", vgl. VDI, 1991a.

2. Da jedes HGVS mit **unerwünschten ökologischen Effekten** verbunden ist, können nur die relativen Vorteile verschiedener Alternativen geprüft werden; vorzuziehen ist dann das System, welches weniger unerwünschte, direkte ökologische Effekte verursacht Der ökologische Vergleich der beiden Systeme nach verschiedenen Forschungsmethoden zeigt, daß die MSB TRP, bezogen auf die untersuchten Wirkungskategorien, gegenüber dem ICE zumeist besser abschneidet. Obwohl der Energieverbrauch generell nichtlinear mit der Geschwindigkeit steigt (*vgl. Kapitel 3*), benötigt der TRP aufgrund der technologischen Merkmale bei einer Geschwindigkeit von 400 km/h nicht mehr Energie als ein ICE bei 300 km/h. Abgesehen von der generellen, ökologischen Problematik der HGVS ist darauf hinzuweisen, daß der ICE beim dzt. technologischen Entwicklungsstand nicht mit 400 km/h zu betreiben ist.

Eine deutliche Senkung der Fahrgeschwindigkeit des TRP auf beispielsweise 300 km/h würde zunächst ein Energieeinsparpotential vermuten lassen. Da sich jedoch bei einer Senkung der Fahrgeschwindigkeit vermutlich auch der Umfang des aus der Luft und von der Straße verlagerten Verkehrs reduzieren würde und es nur aufgrund des höheren Energieverbrauchs dieser Verkehrssysteme zu einer deutlichen Energieeinsparung kommt, ist der Erfolg einer solchen Maßnahme ungewiß.

Eine Erhöhung der Fahrgeschwindigkeit des Transrapid auf über 400 km/h führt dagegen zu einem überproportionalen Anstieg der Fahrenergie (rund 19 % höherer Fahrenergieverbrauch für eine Geschwindigkeitserhöhung von 400 km/h auf 450 km/h). Ob durch eine weitere Geschwindigkeitserhöhung (Straßen-)Verkehr in größerer Zahl zusätzlich verlagert werden kann, ist zweifelhaft. Es scheint daher für die Fahrgeschwindigkeit der MSB Berlin-Hamburg ein Betriebsoptimum zu geben, welches bei rund 350 bis 450 km/h liegt, bei dem der gesamte Energieverbrauch aller Verkehrssysteme zwischen Berlin und Hamburg minimiert wird. Dieses ökologische Betriebsoptimum sollte Gegenstand weiterer Forschung werden

3. Substitution des Verkehrsaufkommens anderer Verkehrssysteme

HGVS haben auch indirekte ökologische Wirkungen, die berücksichtigt werden müssen: Relativ positive Effekte entstehen, wenn das Verkehrsaufkommen von ökologisch „schlechteren" auf „relativ bessere" Systeme umgeleitet werden kann (Substitution). Wie die nach verschiedenen Methoden erarbeiteten Ergebnisse zeigen, ist

- eine fast vollständige Substitution des Flugverkehrs[1] zwischen Berlin und Hamburg zu erwarten;

[1] Es ist davon auszugehen, daß Flugzeug und PKW bei gleicher Verkehrsleistung mit höheren Umweltschäden verbunden sind (vgl. Jänsch, 1995, S. 30).

- eine Substitution des Individualverkehrs nur begrenzt zu erwarten.

Die Substitution von Verkehrsaufkommen anderer Verkehrssysteme auf spurgeführte HGVS ist i. d. R. mit der Reduktion unerwünschter Auswirkungen auf die Umwelt verbunden. Allerdings kann die Substitution auch zu einer Erhöhung der negativen Effekte führen, nämlich insbesondere dann, wenn das spurgeführte HGVS

- nur gering ausgelastet ist,
- mit sehr hoher Geschwindigkeit betrieben wird oder
- es sich bei dem substituierten Verkehrsaufkommen um relativ ökologieverträgliche Verkehrssysteme handelt.

Da der Verkehr überwiegend vom Straßenverkehr oder vom IC/EC-System substituiert wird, kann festgestellt werden, daß die negativen Effekte des Verkehrs zwischen Berlin und Hamburg durch die MSB TRP vermindert oder zumindest nicht erhöht werden. Nach den gegenwärtigen Rahmendaten kann etwa mit einer Substitution von ca. 5,74 Mio. Pkw-Fahrten, ca. 0,34 Mio. Flügen und 5,40 Mio. Bahnfahrten durch die MSB TRP gerechnet werden (vgl. TUKAN, 1993, S. 24). Die befragten Experten rechnen mit einer starken Substitution des Bahnverkehrs und einer weniger starken Substitution des Pkw-Verkehrs.

Eine Substitution des Flugverkehrs kann nach Meinung der FAZ-Autoren angenommen werden. Ob sich der Pkw-Verkehr zwischen Berlin nach Hamburg einschränkt, ist gemäß der FAZ nicht ableitbar, da eine solche mittelbare Diskussion sich im wesentlichen auf die prognostizierten Fahrgastzahlen beschränkt. Es wird insofern - wohl auch implizit - eher davon ausgegangen, daß eine Wahrnehmung der Reisemöglichkeit mittels des TRP nicht genutzt wird.

Darüber, inwieweit das Ausmaß der Substitution sowie des neu induzierten Verkehrs positiv mit der Geschwindigkeit korreliert, können hier keine fundierten Ergebnisse präsentiert werden. Betrachtet man jedoch den relativ geringen Einsparungseffekt an „reiner" Fahrzeit zwischen den beiden Endhaltepunkten einer Geschwindigkeitserhöhung von 380 auf 450 km/h für den TRP von nur 4 Minuten (Expertengespräch zu speziellem Thema bei Siemens Erlangen, Abteilung Verkehrstechnik, am 30.10.96), so werden diesbezügliche Argumentationen in ihrer Relevanz relativiert.

4. Neu induzierter Verkehr

Der durch die MSB TRP neu induzierte Verkehr ist aus ökologischer Sicht eine zusätzliche Belastung der Umwelt. Entscheidend für die Bewertung des induzierten Verkehrs ist die Anzahl der zusätzlichen Pkm, die ein neues Verkehrssystem hervorruft, und die relative ökologische Qualität des neuen Verkehrssystems. Aufgrund einer relativ besseren Ökologieverträglichkeit eines neuen Verkehrssystems kann, obwohl neuer Verkehr induziert wird, die Umweltbelastung einer Region insgesamt reduziert werden. Entscheidend ist einerseits die Differenz zwischen der relativen ökologischen Qualität der verglichenen Verkehrssysteme, andererseits die Höhe des induzierten Verkehrs. Für die MSB Berlin-Hamburg wird für das Jahr 2010 auf der Basis des Bundesverkehrswegeplans von 1992 der induzierte Verkehr mit 2,6 % der Verkehrsleistung der MSB (entspricht 0,4 Mio. Personenfahrten, vgl. Intraplan Consult, 1996, S. 8) bzw. 4,7 % der Verkehrsleistung (entspricht 0,2 Mrd. Pkm, vgl. DB AG, 1996, S. 14) prognostiziert. Die befragten Experten erwarten dagegen überwiegend einen größeren Anteil des induzierten Verkehrs an der gesamten Verkehrsleistung der MSB TRP. Neue Abschätzungen des durch die MSB Berlin-Hamburg induzierten Verkehrs auf der Grundlage der revidierten Annahmen über das Verkehrswachstum in Deutschland erwarten sogar einen zusätzlichen induzierten Verkehr von ca. 1 Mio. Personenfahrten pro Jahr bzw. rund 7 % der gesamten Verkehrsleistung der MSB Berlin-Hamburg (vgl. Intraplan Consult/Simon, Kucher & Partner, 1997, S. 5-1).

Überraschend ist, daß die FAZ - u. a. - auch diesen Themenkomplex des induzierten Verkehrs nicht zur Sprache bringt. Nur in einem Kommentar wird die „Vorstellung vom vielbeschworenen Vorort-Verkehr zwischen Hamburg und Berlin“ nach Meinung des >>interviewten<< SPD-Politikers Kuhbier aus Hamburg als „hanebüchen“ bezeichnet (vgl. berichtsunabhängiger Kommentar, N., Art. Nr. 59, Tab. 1).

5. MSB TRP: Konkurrenz oder Ergänzung zum R/S-HGVS?

Aus ökologischer Sicht besteht ein Konkurrenzverhältnis im HGV zwischen der Magnetschwebetechnologie und dem R/S-System, sofern es bei Planungsentscheidungen gilt, das relativ ökologieverträglichere Verkehrssystem zu wählen. Aufgrund der Ergebnisse der Analyse in Kapitel 6 erscheint die Errichtung einer MSB i. d. R. mit weniger Eingriffen in die Natur verbunden zu sein. Einzelne Experten äußerten sogar die Vermutung, daß langfristig, aufgrund der relativ besseren ökologischen Qualität der MSB TRP, heutige HGV-Verbindungen des R/S-Systems durch die Magnetschwebetechnologie ersetzt werden könnten.

Im Rahmen der Studie wurde auch die Frage behandelt, ob das TRP-System als Ergänzung oder Konkurrenz zu R/S-Hochgeschwindigkeitssystemen zu sehen ist. Dabei sind die Ergebnisse je nach verwendeter Forschungsmethode unterschiedlich.

Während die interviewten Experten insgesamt von einer Konkurrenz ausgehen, verhärtet sich in der Inhaltsanalyse der FAZ in Kapitel 7 der Eindruck, daß eine betonte Konkurrenz zwischen dem ICE und dem TRP einer Verstärkung der jeweils eigenen Argumentation dient. Diese Argumente sind rückbezüglich auf den politischen Entscheidungsprozeß und sind damit nicht als solche gegen den TRP gerichtet. Den >>Brennpunkt<< einer bevorzugten Hervorhebung einer Konkurrenz bildet dabei das Thema Staatsverschuldung. Auch aus der Argumentation ökologisch orientierter Organisationen geht dies hervor, wie mit der oft wiederkehrenden Metapher „Milliardengrab" exemplarisch belegt werden kann. Die Konkurrenzsituation zwischen ICE und TRP ergibt sich allein aus dem >>Archiv<< des wirtschaftspolitischen Diskurses seitens der Befürworter und Gegner des TRP-Projekts. Generell wird von einer Konkurrenz ausgegangen, weil über diese Konkurrenzsituation der TRP (negativ) bewertbar wird. Eine - marginal besprochene - Ergänzung ist nur in Form einer >>Wir<< - performativen Aussagesituation vorhanden.

6. Andere Anwendungsformen der Magnetschwebetechnologie

Eine Frage, die hier ebenfalls angeschnitten wurde, betrifft weitere **Anwendungsmöglichkeiten** der **innovativen** Magnetschwebe-/Wanderfeld**technologie** zusätzlich zur Anwendung bei **HGVS**, auf welche sich bisher schon durch die Bezeichnung >>Transrapid<< alle Diskussionen und Planungen beschränken. So wird die **Anwendung der Technologien** im Bereich des **ÖPNV mit intensivem Verkehrsaufkommen** von den Experten durchaus positiv bewertet. Bei dieser Anwendung besteht selbstverständlich ein Konkurrenzverhältnis zur R/S-Technologie. Unabhängig von den hier nicht zu behandelnden Errichtungskosten sind positive ökologische Effekte (geringere Schallemission, geringerer Energieverbrauch) mit ökonomischem Nutzen (geringere Energiekosten, höherer Geschwindigkeit, größeres Beschleunigungsvermögen und damit kürzere Reisezeit) zu erwarten. Eine anderweitige, z. B. innerstädtische Anwendung des TRP, wird in der FAZ nicht besprochen bzw. erscheint schon durch die oft wiederkehrende Negation der Einbindung nach Berlin als nicht denkbar.

Aufgrund des verhältnismäßig großen Material- und Energieeinsatzes rechtfertigt sich der Bau und Einsatz der MSB TRP nur auf intensiv genutzten Verkehrsverbindungen. Der mehrfach von Expertenseite genannte Vorschlag, die MSB TRP im Nahverkehr einzusetzen, muß unter diesem Aspekt relativiert werden. Der Einsatz der MSB TRP als Flughafenanbinder oder als

Magistrale im U-Bahnnetz eines Ballungszentrums bietet sich aufgrund der technischen Eigenschaften aus ökologischer und ökonomischer Sicht an.

8.4.3 Teilergebnisse unter exemplarischer Anwendung verschiedener Bewertungsansätze

Grob kann zwischen folgenden Bewertungsansätzen unterschieden werden:

- Eindimensionale Bewertung durch Versuch einer Monetarisierung auch aller nicht unmittelbar in Geldeinheiten „meßbaren" Größen;
- Gegenüberstellung von Kosten und Nutzen bzw. Schaden;
- Mehrdimensionale Bewertung

  - bei gleicher Gewichtung aller Bewertungskriterien;
  - bei unterschiedlicher Gewichtung aller Bewertungskriterien.

Um die Aussagefähigkeit entsprechender Ergebnisse zu verdeutlichen, werden im folgenden exemplarisch Ergebnisse einer Monetarisierung sowie mehrdimensionalen Bewertung bei gleicher Gewichtung dargestellt.

8.4.3.1. Eindimensionale Bewertung durch Monetarisierung

In verschiedenen Studien wurde versucht, den ökonomischen Nutzen von Verkehrssystemen und die verkehrsbedingten Kosten bzw. Umweltschädigungen zu erfassen, zu quantifizieren und - sofern möglich - zu monetarisieren[1]. Wicke (vgl. Wicke, 1986, S. 122 ff.) beispielsweise ermittelte die Kosten der jährlichen Umweltschäden in Deutschland mit mindestens 103,5 Mrd. DM, wovon etwa 50 Mrd. DM durch den Autoverkehr verursacht werden (vgl. Prognos, 1992, S. 53). Grupp (vgl. Grupp, 1986, S. 407) beziffert die sozialen Kosten des Verkehrs mit ca. 14 Mrd. DM für den Eisenbahnverkehr und 68 - 77 Mrd. DM für den Straßenverkehr. Den Nutzen des Verkehrs ermittelten allerdings weder Wicke noch Grupp.

Diekmann (vgl. Diekmann, 1990, S. 332 ff.) dagegen versuchte Kosten und Nutzen des Straßenverkehrs zu bilanzieren. Auf der **Kostenseite** werden von ihm für Wegeausgaben,

---

[1] vgl. zum Problem der Monetarisierung von Umweltschäden beispielsweise Hessisches Ministerium für Umwelt, Energie und Bundesangelegenheiten, 1995, S. 163 ff., oder Diekmann, 1990, S. 332 ff.

Umweltkosten und Unfallkosten rund 53 Mrd. DM pro Jahr angegeben (Basis: Mitte der 80er Jahre). Den **Nutzen** des Straßenverkehrs ermittelte Diekmann aufgrund der Basisfunktion dieses Verkehrsträgers für die deutsche Volkswirtschaft mit 180 bis 360 Mrd. DM pro Jahr.

Allerdings muß betont werden, daß derartige Berechnungen ein menschliches Nutzen- bzw. Kostenkalkül in den Vordergrund stellen. Flora und Fauna, aber auch die Qualität der unbelebten Natur, profitieren hiervon nicht; sie müssen sich ausschließlich mit den Umweltschäden arrangieren.

Folgt man diesem Ansatz, so könnten die in Kapitel 6 für die einzelnen Wirkungskategorien berechneten Werte mehr oder minder in Geldeinheiten quantifiziert und damit verglichen werden. Obwohl die Autoren dieser Theorie durchaus distanziert und kritisch gegenüberstehen, wird im folgenden am Beispiel zweier Wirkungskategorien - Schadstoffemission und Verkehrsopfer - dieser Ansatz exemplarisch verdeutlicht. Es ist jedoch wissenschaftlich und ethisch angreifbar, die Aktivitäten des Menschen auf Geldeinheiten reduzieren zu wollen. Neuere Ansätze, wie z.B. die Beschäftigung mit der Lebensqualität, gehen zu Recht von einer mehrdimensionalen Bewertung aller menschlichen Aktivitäten und ihrer Wirkung aus.

(a) Schadstoffemission

Ausgehend von der Prognose, die allerdings in den Expertengesprächen überwiegend als zu optimistisch bezeichnet wurde[1], daß auf die MSB Berlin-Hamburg jährlich ca. 14,51 Mio. Personenfahrten von anderen Verkehrsträgern verlagert (von der Straße auf den spurgeführten Verkehr) bzw. umgelenkt (von einem spurgeführten auf ein anderes spurgeführtes Verkehrssystem) werden, können durch den Betrieb der MSB Berlin-Hamburg und die damit verbundene (partielle) Substitution anderer Verkehrsträger pro Jahr rund 466 Mio. kWh Primärenergie oder - in Benzineinheiten ausgedrückt - 53,09 Mio. Liter Benzin eingespart werden. Bedingt durch die geringeren Emissionen der MSB, wird durch den Betrieb der MSB Berlin-Hamburg und die Substitution dieses Verkehrs jährlich der Ausstoß von 122.001 t CO_2, 8.773 t CO, 1.934 t NO_X und 144 t SO_2 vermieden. Das Hessische Ministerium für Umwelt, Energie und Bundesangelegenheiten bewertet die Kosten einer Tonne Schadstoffemission gemäß Abbildung 8.3.

[1] Sollte die Einschätzung der Experten zutreffen, ändern sich die Ergebnisse in ihrer quantitativen Aussage, nicht jedoch in ihrer qualitativen Aussage. Gleiches gilt umgekehrt für eine möglicherweise höhere Reisendenzahl, die alle Prognosen widerlegt.

Schadstoff	SO_2	Staub	CO_2	CH_4	NO_X	N_2O
DM/t	5.000	1.000	50	550	4.000	13.500

Abb. 8.3: Monetarisierung von Emissionen (vgl. Hessisches Ministerium für Umwelt, Energie und Bundesangelegenheiten, 1995, S. 162)

Werden lediglich die **Schadstoffe CO_2, NO_X und SO_2** betrachtet, so errechnen sich als relativ positiver Externer Effekt der MSB Berlin-Hamburg **jährlich vermiedene soziale Kosten von ca. 14,6 Mio. DM** gegenüber einem Szenario ohne MSB.

b) Verkehrsunfallopfer

Eine ähnliche Berechnung kann für die sozialen **Kosten für Verkehrsopfer** zwischen Berlin und Hamburg durchgeführt werden. Unter der Annahme, daß die Vermeidung von Unfällen die Kosten der Krankenversicherungen (und damit auch die Beiträge zur KV) und des Gemeinwesens senkt, stellt eine Reduzierung der Verkehrsopfer einen Externen Effekt dar. Durch den Betrieb der MSB Berlin-Hamburg und die damit verbundene (partielle) Substitution anderer Verkehrsträger werden jährlich etwa 22 Personen weniger bei Verkehrsunfällen getötet und rund 400 Personen weniger verletzt. Der Kostensatz für eine verunglückte Person wird von der Bundesanstalt für Straßenwesen gemäß Abbildung 8.4 angegeben.

Kategorie des Personenschadens	Kostensatz in DM Preisstand 1985	Kostensatz in DM Preisstand 1994
Getötet	1.200.000	1.475.000
Schwerverletzt	54.000	66.400
Leichtverletzt	4.100	5.000

Abb. 8.4: Kostensätze für Verunglückte in DM/Person (vgl. Bundesanstalt für Straßenwesen, 1989, S. 59; inflationiert auf das Jahr 1994 nach Statistisches Bundesamt, 1996(a), S. 626)

Bei einem Verhältnis von Schwer- zu Leichtverletzten von 1:3,25 (entspricht den Unfallfolgen auf Autobahnen, vgl. Bundesministerium für Verkehr, 1995, S. 169) errechnen sich **jährlich ca. 40 Mio. DM vermiedene Kosten für Personenschäden**, die der MSB Berlin-Hamburg als vermiedene **Externe Effekte** zugeschrieben werden können. Nicht berücksichtigt sind in dieser Zahl Sachschäden.

Dieser **neoklassisch geprägte eindimensionale Ansatz**, alle menschlichen Aktivitäten sowie deren Folgen und Wirkungen in Geldeinheiten auszudrücken, ist nicht geeignet, die Vielfalt menschlicher Lebensbereiche zu erfassen. Es handelt sich um eine gefährliche Vereinfachung, welche es zu erkennen und aufzuzeigen gilt. Die Monetarisierung muß auf Wirkungskategorien beschränkt bleiben, für die Externe Effekte als volkswirtschaftliche Kosten quantifiziert werden können.

Als Beispiel für diese Vorgehensweise sei die von UPI erstellte PKW-Ökobilanz genannt: Quantifizierbare externe volkswirtschaftliche Kosten durch die Umweltbelastung des Kfz-Verkehrs werden in Geldeinheiten berechnet. Zudem wird außerdem versucht, die Dimension „Unfälle" durch „zerstörte Lebenszeit" als Differenz zwischen Lebensalter zum Zeitpunkt des Unfalls und durchschnittlicher normaler Lebenserwartung zu erfassen[1] (UPI, 1993, S 6 f.); diese Dimension ist viel aussagefähiger als irgendein Geldwert.

8.4.3.2 Stoffstromanalyse

Stoffstromanalysen „sind erkenntnisvermittelnde Instrumente, die den eingreifenden Instrumenten vorausgehen" (VDI, 1993, S. 9). Seit einigen Jahren werden bei ökologischen Produktanalysen zusätzlich zu den bisher verwendeten Kriterien auch die im Produkt gebundenen Ressourcen berücksichtigt. Ausgangspunkt hierfür ist die Erkenntnis, daß

- die in einem Produkt gebundene für die Herstellung erforderliche Energie nicht mehr verfügbar gemacht werden kann;
- die verwendeten Materialen z. T. durch Recyclingprozesse - die wieder Energie benötigen - in ihren Eigenschaften beeinträchtigt werden („Downcycling"),
- die Rohstoffgewinnung inklusive Transporten wieder Energie erfordert sowie mit Eingriffen in die Natur und Halden von Abraum verbunden sein kann.

Im Hinblick auf den großen Ressourceneinsatz für Bau und Betrieb von HGVS wurde - unabhängig von der vorliegenden Studie - eine vergleichende Stoffstromanalyse unter Anwendung des am Wuppertal Institut für Klima, Umwelt, Energie entwickelten MIPS[1]-Konzeptes durchgeführt (vgl. Gers et al., 1997). Die exemplarisch in Abb. 8.5 genannten Ergebnisse - sog. „ökologischer Rucksäcke" mögen einen Eindruck über Art und Aussagekraft derselben vermitteln.

---

[1] Im statistischen Durchschnitt werden pro PKW 820 Stunden Lebenszeit durch Unfalltod zerstört und 2.800 Stunden Lebenszeit mit Behinderungen durch Unfallverletzungen verursacht (UPI, ebenda).

Zur Bewertung werden die drei Kategorien abiotische Rohmaterialien, Wasser und Luft herangezogen. Im Technologieszenario (TZ) werden die beiden Technologien unter identischen Rahmenbedingungen unabhängig von der Strecke, für die eine Anwendung denkbar ist, gegenübergestellt.

1. **Abiotische Rohmaterialien**: Alle erstmaligen anthropogenen Massenbewegungen bei Entnahme und Förderung von Rohstoffen, sei es als Erze, fossile Brennstoffe oder Mineralien, Abraum sowie Erdbewegungen bei der Erstellung von Bauwerken.

2. Unter die Kategorie **Wasser** fallen alle vom Menschen entnommenen oder absichtlich umgeleiteten Wassermengen im Zusammenhang mit Rohstoffgewinnung, Materialherstellung bezogen auf Errichtung und Betrieb.

3. Die Kategorie **Luft** wird im wesentlichen bestimmt durch den bei der Verbrennung umgesetzten Sauerstoff, damit ist zugleich das Kohlendioxid als klimarelevantes Spurengas in den Indikator integriert.

Technologieszenario 1: Ergebnisse der MIPS-Analyse					
		Subsystem	**abiotische Rohmaterialien g/Pkm**	**Wasser g/Pkm**	**Luft g/Pkm**
	Transrapid	Infrastruktur	109	391	4
	ICE	Infrastruktur	380	904	3,5
	Transrapid	Fahrzeug	2	17	0,2
	ICE	Fahrzeug	4	26	0,3
TZ1	Transrapid	total	355	4.947	35,3
250 km/h	ICE	total	696	6.704	43,9
	TRP 250 / ICE 250		*51 %*	*74 %*	*80 %*

Abb. 8.5: Ergebnisse der MIPS-Analyse für ein Technologieszenario (Quelle: Gers et al., 1997)

Wie aus Abbildung 8.5 ersichtlich, ist die Ressourceneffizienz der Errichtung der Infrastruktur (inklusive Fahrweg) des TRP im Vergleich zum ICE bezogen auf die ersten beiden Kritierien etwa um den Faktor 3 höher. Bei den Fahrzeugen ist ebenfalls ein Vorteil des TRP deutlich.

---

[1] Material-Intenistät Pro Service-Einheit (vgl. Schmidt-Bleek, 1993).

Ferner ist in der Betriebphase, bei identischen Bedingungen, z. B. bei 250 km/h, die Ressourceneffizienz des TRP eindeutig höher, wie die %-Angaben verdeutlichen.

8.5 Reflexion unter Berücksichtigung gesellschaftlich-politischer Zukunftsperspektiven

Ziel dieses letzten Abschnitts ist es, die Ergebnisse der Synthese unter Berücksichtigung gesellschaftlich-politischer Zukunftsperspektiven zu reflektieren und zu interpretieren. Dies erscheint besonders wichtig, da innerhalb der letzten etwa 20 Jahre, innerhalb welcher beide Hochgeschwindigkeitsverkehrssysteme entwickelt wurden, in den Industriestaaten entscheidende gesellschaftliche, politische und wirtschaftliche Veränderungen stattgefunden haben, die bei weiteren (politischen) Entscheidungen zu berücksichtigen sind. Die Überlegungen gehen von der wichtigsten zugrundegelegten Prämisse für die Studie aus, wonach ein Bedarf für eine Hochgeschwindigkeitsverbindung zwischen Berlin und Hamburg mit Anbindung an Schwerin gegeben ist.

Die Ergebnisse zeigen, daß wesentliche und nachhaltige **regionalökonomische** Effekte zu erwarten sind, die vor allem aus dem Betrieb eines HGVS bzw. der MSB TRP entstehen. Obwohl die **Experten** keinen nennenswerten Bevölkerungszuwachs für die Region Schwerin erwarten, wird diese im Hinblick auf die im Vergleich zu Berlin und Hamburg wesentlich geringere Bevölkerungszahl relativ am meisten profitieren.

Es muß betont werden, daß diese positiven Effekte auch weitgehend unabhängig davon sind, inwieweit der Betrieb der Strecke unter (betriebs-)wirtschaftlichen Gesichtspunkten erfolgreich geführt werden kann bzw. welche Kosten[1] für die Errichtung tatsächlich anfallen. Unter regionalökonomischen Gesichtspunkten sowie auch bezüglich der langfristigen Möglichkeit einer Gewinnerzielung ist der nach der Meinung der befragten Experten nennenswert hohe Anteil des neu induzierten Fahrgastvolumens positiv anzunehmen.

Wie bereits erläutert, sind diesen ökonomisch positiven Effekten die generell unerwünschten **ökologischen** Effekte gegenüberzustellen. Als relativ positiver Effekt[2] ist die von den befragten Experten erwartete fast vollständige **Substitution** des Flugverkehrs (absolut jedoch nur ca. 2,5% des Gesamtverkehrsvolumens der MSB Berlin - Hamburg) und eine - allerdings nicht

[1] Derzeit auf ca. 9 Milliarden DM geschätzt (vgl. Intraplan Consult/Simon, Kucher & Partner, 1997).
[2] Dies im Hinblick auf die relativ bessere ökologische Qualität der betrachteten spurgeführten Systeme, jedoch immer unter der Prämisse, daß für die Verkehrsleistung ein grundsätzlicher Bedarf besteht.

markante[1] - Substitution des Individualverkehrs zu nennen (absolut jedoch aufgrund des dzt. dominierenden Individualverkehrs der größte Anteil an Personen), während das **neu induzierte Fahrgastvolumen** als ambivalent deutlich geringer zu betrachten ist (maximal 7% der Verkehrsleistung der MSB Berlin - Hamburg). Substitution und neu induziertes Verkehrsaufkommen stehen aber - so wird argumentiert - in engstem Zusammenhang mit hoher Fahrgeschwindigkeit und damit kurzer Fahrzeit. Die unerwünschten ökologischen Effekte nehmen jedoch in Abhängigkeit der Auslegegeschwindigkeit zu; dies betrifft insbesondere den Energieverbrauch in der Betriebsphase und die Ressourcen für die Energiebereitstellung.

Unter Abwägung **ökonomischer und ökologischer Gesichtspunkte** erscheint deshalb die Planung der MSB TRP auch für die Strecke Berlin-Hamburg für eine **geringere Auslegungsgeschwindigkeit** sinnvoll und wird auch von den interviewten Experten empfohlen. Ökonomische Wirkungen sind niedrigere Investitionskosten für die Errichtung und geringere Energiekosten für den laufenden Betrieb. Der geringere Energieverbrauch ist ökologisch nicht nur äußerst wünschenswert, sondern wäre ein Schritt in die richtige Richtung für Deutschland, um die internationale Vereinbarung zur CO_2-Reduktion nicht ganz aus den Augen zu verlieren. Dabei ist auch die Vorbildfunktion Deutschlands als größtes europäisches Industrieland zu berücksichtigen.

Den Reisenden gegenüber können diese Zusammenhänge durchaus kommuniziert werden, sofern die öffentliche Hand und Politik eine zwischen den Ressorts besser koordinierte Umweltpolitik nach außen vertreten würde: Denn die von Deutschland unterzeichnete „CO_2-Konvention" steht im krassen Gegensatz zum angestrebten Ziel, wonach die Reisezeit für eine Fahrt Berlin-Hamburg mit dem TRP unter 60 Minuten liegen müsse. Eine solche Vorgabe[2] läßt Sachkundigkeit vermissen: Der Energiebedarf in der Beschleunigungsphase steigt mit der **dritten Potenz der Fahrgeschwindigkeit** (siehe Kapitel 3), während die Reduktion der reinen Fahrzeit unter Berücksichtigung der streckenbedingten Auflagen (Halten, Beschleunigen, Bremsen) ab einer gewissen Geschwindigkeit zu keiner nennenswerten Zeitersparnis führt[1].

Zu bedenken und bei entsprechenden Entscheidungen zu berücksichtigen sind neben den ökologisch sinnvollen Effekten einer geringeren Auslegungsgeschwindigkeit auch die ökonomisch

---

[1] TUKAN und Intraplan Consult kommen zu einer nennenswerten Substitution von ca. 40%.

[2] Eine ähnlich sachunkundige Vorgabe existiert für den ICE, der offiziell auf Neubaustrecken mit 280 km/h fahren muß. Nun darf in Tunnels die Geschwindigkeit nur max. 250 km/h betragen, weshalb vor Tunnels gebremst und anschließend wieder beschleunigt werden muß. Die laufende Wiederbeschleunigung verursacht einen sehr hohen Energieverbrauch; der zusätzliche Verschleiß der Scheibenbremsen verursacht nach Schätzungen durch besonders hierfür spezialisierte Experten zusätzlich 2 Millionen DM/Jahr für alle ICE-Züge.

positiven Effekte durch die Dimensionierung des gesamten Energieversorgungs- und Energieumwandlungssystems für eine kleinere Gesamtleistung. Der damit verbundene geringere Materialeinsatz ist unter dem Gesichtspunkt der Ressourceneffizienz wieder ökologisch positiv zu bewerten.

Die **Anwendung** der Magnetschwebetechnologie auch für den ÖPNV, wie von interviewten Experten vorgeschlagen, relativiert auch die Frage, inwieweit die neue Technologie **Ergänzung oder Konkurrenz** zum R/S-System ist. Da mit der Magnetschwebe-/Wanderfeldtechnologie sowohl bei der Anwendung für Hochgeschwindigkeitsverkehrssysteme als auch im ÖPNV gegenüber R/S-Systemen höhere Geschwindigkeiten möglich und bis zu einer bestimmten Maximalgeschwindigkeit auch ökologisch vertretbar sind, besteht bei Neuerrichtung in jedem Fall ein Konkurrenzverhältnis: Der zukünftige Betreiber des Verkehrssystemes muß sich für eine der beiden Technologien entscheiden und zwar auch bei Planung neuer Systeme für den ÖPNV: Aufgrund der im Vergleich zu R/S-Systemen geringeren Schallemissionen und rascheren Beschleunigung sind bei Anwendung der Magnetschwebetechnologie höhere Geschwindigkeiten auch innerhalb von Wohngebieten, mit dichterer Anordnung von Haltepunkten, möglich. Für diese Anwendung existiert grundsätzlich täglich Bedarf, wie die in den Hauptverkehrszeiten überfüllten U- und S-Bahnen in allen großen Städten der Welt verdeutlichen. Die hohe erforderliche Taktfrequenz bewirkt auch eine hohe Ressourceneffizienz.

Berücksichtigt man auch diese Art der Anwendung der innovativen Magnetschwebe-/Wanderfeldtechnologie **für den Export**, so werden damit **neue Zielgruppen** für ein System definiert, welches auch unter ökologischen Gesichtspunkten durchaus Berechtigung hat, sofern eine ökologisch verträgliche Energiebereitstellung möglich ist.

Gesellschaftlich-politische Zukunftsperspektiven

Die Revision des BVWP durch den Bundestag im März 1997, mit um ca. 30% geringerem Verkehrsaufkommen gegenüber den bisher zugrundegelegten Werten, zeigt deutlich die generelle Problematik derartiger Planungen und Prognosen. Vermutlich steht diese Situation im Zusammenhang mit der in Kapitel 1 kurz beschriebenen „Extrapolationsfalle“ und dem bei der öffentlichen Hand und Politik häufig beobachtbaren „technokratischen“ Verhalten, wobei einmal festgelegte Ziele (und z. T. auch Werte) so lange wie möglich als unveränderbar gelten.

---

[1] Die Reduktion von 430 auf 400 km/h (7,7%) bewirkt 20% Energiereduktion. Die Erhöhung von 380 auf 450 km/h bewirkt eine Zeitersparnis von 4 Minuten (Information im Rahmen eines speziellen Expertengespäches bei SIEMENS Verkehrstechnik).

Diese Situation hat auch unmittelbare Konsequenzen für die Redimensionierung der MSB TRP auf der Strecke Berlin-Hamburg, wobei auch eine konkretere, neuere Analyse des Verkehrsaufkommens gezeigt hat, daß der Anteil der Berufspendler von Schwerin nach Berlin bzw. Hamburg relativ groß ist. Unabhängig von der damit reduzierten Strecke, die pro Tag und Person zurückzulegen ist, wird damit auch das Thema „Reisezeit“ in seiner (z. T. politisch hochgespielten) Bedeutung reduziert: Geht man davon aus, daß für die Bewältigung der Strecke von der Wohnung zum Bahnhof und vom Endbahnhof zum Zielpunkt nur jeweils 15 Minuten, insgesamt also zumindest 30 Minuten, benötigt werden, so ist es völlig irrelevant, ob die Fahrzeit auf der Hochgeschwindigkeitsstrecke für „Berufspendler“, die je Fahrt nur einen Teil der Gesamtstrecke fahren, einige Minuten mehr oder weniger beträgt[1]. Verkehrslogistisch sind also „Transportketten“ zu betrachten, welche aus mehreren Verkehrsystemen bestehen. Die **ökonomisch und ökologisch höchst wirkungsvolle Reduktion der Auslegungs-/Maximalgeschwindigkeit** gewinnt auch aus dieser Perspektive zusätzlich an Bedeutung. Da einem Eurostat-Bericht zufolge der Energieverbrauch für Verkehr in den Staaten der EU im Jahre 1994 bereits höher lag als jener der Industrie, hätte diese Reduktion der geplanten Auslegungsgeschwindigkeit auch Signalwirkungen in mehrfacher Hinsicht:

1. Erhöhung der Glaubwürdigkeit der Entscheidungsträger aus Wirtschaft und Politik bzgl. ökologieorientierten Verhaltens;
2. Verringerung der Verantwortbarkeitslücke (siehe Kapitel 1) und damit Verdeutlichen des Respektes vor zukünftigen Generationen;
3. Abkehr von der Technikeuphorie („Alles, was technisch machbar ist, wird gemacht“[1], „Technik löst alle Probleme der Menschheit“);
4. Abkehr von der gesellschaftlich und ökologisch problematischen Philosophie der „Turbo-Innovation“ (vgl. Hübner, 1996c) nach den Prinzipien des „immer besser“, „immer schneller“, „immer technisch perfekter...“ .

In den hochentwickelten Industrieländern ist seit langem eine Entwicklung zu beobachten, die als „Wertewandel“ bezeichnet wird, wobei u. a. die Qualität zwischenmenschlicher Beziehungen, mehr frei verfügbare Zeit (statt höherer Einkommen), Rückbesinnung auf den Wert der Natur für geistig-seelisches Wohlbefinden, als Werte wiederentdeckt werden. Es ist zu vermuten, daß sich die Entwicklung in dieser Richtung fortsetzen wird, zunächst vor allem in den Industriestaaten.

---

[1] So zeigen z.B. die Erhebungen einer skandinavischen Luftlinie bzgl. „Kundenzufriedenheit“, daß den Kunden die Pünktlichkeit, also das Einhalten der Fahrpläne, wichtiger ist als etwas kürzere Flugzeiten lt. Plan, die dann regelmäßig um 5 - 20 Minuten überschritten werden (Information einer nicht zu nennenden Führungskraft).

Im Bereich der Wissenschaften ist eine vergleichbare Entwicklung im Gange, hier als „Paradigmenwechsel" bezeichnet: *Ein **Paradigma** ist die in der heutigen Gesellschaft weit verbreitete Sicht der Realität, des Wahrnehmens, Denkens, Bewertens und Handelns (vgl. Strasser/Traube, 1981) bzw. ein Gedankenrahmen (griech. paradeigma: Muster), Schema, um gewisse Aspekte der Wirklichkeit zu verstehen und zu erklären (nach Ferguson, 1982, S. 29).* Den Zusammenhang zwischen den auf wissenschaftlicher Ebene gewonnenen Erkenntnissen und der Realität, insbesondere mit Bezug auf die Entscheidungsträger in Wirtschaft und Politik, zeigt Abbildung 8.6.

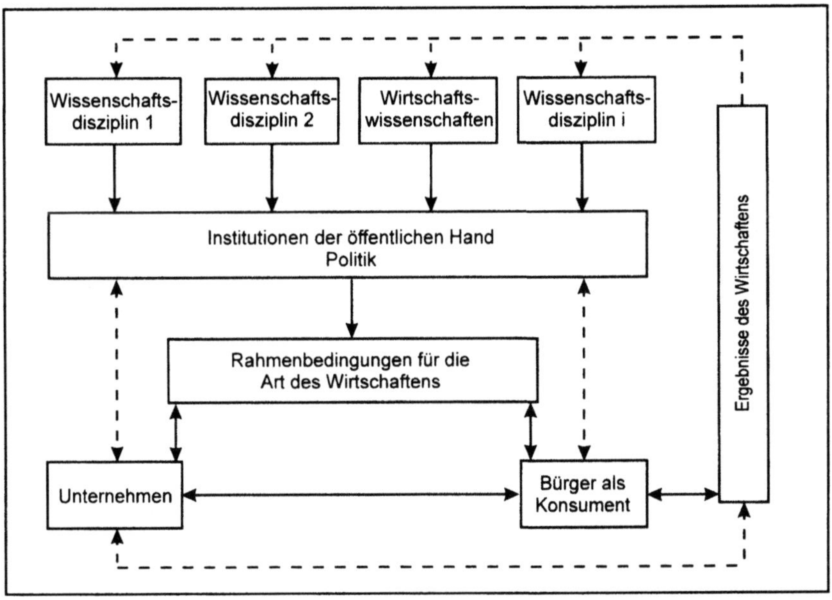

Abb. 8.6: Zusammenhang zwischen dem Verhalten der Akteure der Wirtschaft (Realebene) und den wissenschaftlichen Disziplinen (Quelle: Hübner/Jahnes, 1992b, S. 565)

Die **Notwendigkeit für die Entwicklung zukunftsfähiger Paradigmen** resultiert aus der für Wissenschaft und Realität leidvollen Erfahrung, daß die bisher als gültig akzeptierten Paradigmen (Wirtschaftswachstum sichert soziale Stabilität und Prosperität, natürliche Ressourcen

[1] Bei Interesse an der MSB TRP in anderen Ländern, bei längeren Strecken, bei überwiegend aus regenerativen Energiequellen gewonnener elektrischer Energie, ist ja durchaus eine höhere Auslegungsgeschwindigkeit möglich.

sind verfügbar bzw. „Freie Güter", die Schädigung der Ökosphäre geht als sog. „Externe Effekte" in keine Preiskalkulation ein etc.) nicht die erhofften Wirkungen zeigten.

Zwei **Beispiele** seien hier angeführt, welche die Tendenz eines Paradigmenwechsels deutlich machen:

- Von Proponenten der Universitäten Klagenfurt und Wien wurde ein Verein „Zur Verzögerung der Zeit" gegründet, der jährlich Symposien abhält, an welchen Vertreter verschiedener Fachdisziplinen aus Wissenschaft und Praxis teilnehmen. Wenn man auch den Zeitablauf nicht verlangsamen kann, so doch den (persönlichen) Umgang mit dem Phänomen „Zeit". Die immer noch zunehmende, vom Wettbewerb der Unternehmen und Volkswirtschaften getriebene (Innovations-)Dynamik wird von immer mehr Menschen als kontraproduktiv erkannt, unter ökonomischen, ökologischen und sozialen Gesichtspunkten. „**Entschleunigung** und Entflechtung - **langsamere Geschwindigkeiten** - kürzere Distanzen" finden sich auch als Szenen/Szenarien der Studie „Zukunftsfähiges Deutschland" (vgl. BUND; Misereor, 1996).

- Die **Steigerung der Ressourceneffizienz** von Investitions- und Konsumgütern im Sinne des sparsamen Umganges mit natürlichen Ressourcen - insbesondere Material und Energie - ist aus ökologischen Gründen unerläßlich. Diese ist durch eine Vielzahl unterschiedlicher Maßnahmen zu erreichen, wobei der **Erhöhung der Produktnutzungsdauer** durch technisches Nach- und Hochrüsten spezielle Bedeutung zukommt (vgl. Stahel, 1981). So wurde im Rahmen einer Studie des TWI das Nach- und Hochrüsten von **Dieseltriebzügen** untersucht, welches zu einer - ursprünglich nicht vorgesehenen - Erhöhung der Nutzungsdauer von 30 auf 60 Jahre führt, ökonomisch gegenüber einer Neuproduktion um 50% günstiger ist und ökologisch höchst wünschenswerte Effekte ermöglicht, vor allem die Einsparung von Energie, die zur Neuproduktion insbesondere des Stahls (32,6 t je Zug bei insgesamt 1.005 Zügen) erforderlich wäre[1] (vgl. Hübner, 1996a, sowie Sporr, 1994).

Bekannt geworden sind inzwischen auch Vorschläge aus dem Wuppertal Institut für Klima, Umwelt und Energie, wonach eine Steigerung der Ressourceneffizienz um den Faktor 4 (vgl. Weizsäcker/Lovius, 1995) bzw. um den Faktor 10 (vgl. Deklaration von Carnoules, in: Factor

---

[1] Das Nach- und Hochrüsten aller Waggons zu INTERREGIO-Reisezugwagen war gegenüber einer Neuproduktion mit einer Energieeinsparung von insgesamt 94,5 Millionen kWh für 1.200 Wagen verbunden (Information durch DB-Reparaturwerk Kassel, ergänzt durch eigene Berechnungen).

10 Club, 1994) als durchaus realistisch eingeschätzt wird[1]. Zur Erfassung der Ressourcenproduktivität wurde das MIPS-Konzept (Material-Intensität Pro Service-Einheit) entwickelt (Schmidt-Bleek, 1993). Die Analyse beider HGVS unter Anwendung dieses Konzeptes wurde vom TWI in Kooperation mit dem Wuppertal Institut durchgeführt (vgl. Gers et al., 1997); exemplarisch wurde in Kapitel 8.4.3.2 ein Teilergebnis dargestellt. Voraussetzung für die Umsetzung von Konzepten zur Erhöhung der Ressourceneffizienz in die Wirtschaftspraxis ist ein völliges Umdenken in Wirtschaft und Politik im Sinne einer Abkehr von der derzeitigen Produktions- zu einer kombinierten Produktions- und Dienstleistungsorientierung, insbesondere hinsichtlich produktbezogener Dienstleistungen (vgl. Hübner, 1996c). Übergeordnetes „Paradigma" ist eine **Dematerialisierung** der Wirtschaft, ohne Einbußen an **Lebensqualität**, die nur bis zu einem bestimmten Ausmaß mit Konsum (Ge- und Verbrauch) zusammenhängt.

Daß bei entsprechendem Engagement der Entscheidungsträger in Wirtschaft und Politik[2] eine schrittweise Steigerung der Ressourceneffizienz realisierbar ist, verdeutlicht die eindrucksvolle Erhöhung der Arbeitsproduktivität innerhalb der letzten 80-100 Jahre, für die Werte zwischen 20 und 50 geschätzt werden.

Grundlage für diese exemplarisch genannten neuen Paradigmen ist das Konzept des „**Sustainable Development**", welches - als Vision für eine zukunftsfähige Entwicklung - kurz vorgestellt wird. Die Entwicklung des Konzeptes des SD steht in engem Zusammenhang mit den ökologischen und sozialen Problemen, welche als Begleiterscheinung der bisherigen Art des Wirtschaftens in der „real existierenden (freien) Marktwirtschaft" zu beobachten sind und die Menschen in den Industriestaaten zunehmend ebenso betreffen wie die in den weniger industrialisierten Staaten.

„***Sustainable Development*** *is the development that meets the needs of the present without compromising the ability of future generations to meet their own needs. It contains within it two key concepts: The concept of 'needs', in particular the essential needs of the world's poor, to which overriding priority should be given, and the idea of limitation imposed by the state of technology and social organisation on the environment's ability to meet present and future needs*" (World Commission, 1987, S. 43).

---

[1] Praxisbeispiele zeigen, daß die Steigerung der Ressourceneffizienz um weit höhere Faktoren (bis zu 50) möglich ist, weshalb die vom TWI gegründete Produktwerkstatt, in welcher Produkte auf deren ökologische Qualität untersucht werden (vgl. Berichte aus der TWI-Produktwerkstatt „Faktor X").

[2] Vorgeschlagen wird u. a. eine aufkommensneutrale Steuerreform, welche menschliche Arbeitsleistung (Dienstleistung) steuerlich entlastet, Energie und andere Ressourcen belastet.

Ausgehend von dieser Vision für ein umweltverträgliches Wirtschaften, sind folgende generelle Maßnahmen zu nennen:

- Orientierung an tatsächlichen Problemen und Bedürfnissen der Weltbevölkerung und Gesellschaft, gemäß Gaudin[1] vor allem
    - Sicherung der Ernährung,
    - gerechte Verteilung der Arbeit[2],
    - Reduktion der Kriegsgefahren,
    - Harmonie mit der Natur,
    - dem Leben poetischen Sinn geben.
- Einbringen neuer Werte und Denkweisen in Wirtschaft und Gesellschaft:
    - Ethik als dritte Dimension (neben Technik und Wirtschaftlichkeit) des „richtigen Handelns“ (Immanuel Kant),
    - Natur an sich als Wert,
    - Welt-Ethos als Voraussetzung für das Überleben der Menschheit[3]; Einführung einer Art **„Ethikverträglichkeitsprüfung“**,
    - jeder Stoff-/Materialeinsatz als latentes Umweltproblem[4],
    - ...

Hervorzuheben ist, daß die Vision des SD und damit auch die daraus abgeleiteten Maßnahmen und Konzepte **normativen Charakter** haben[5]. Dies bedeutet, daß keine Begründung nach objektiven wissenschaftlichen Kriterien möglich ist.

Wertewandel/Paradigmenwechsel und Hochgeschwindigkeitsverkehrssysteme

Der Beginn der Entwicklung des TRP-Systems liegt etwa 20 Jahre zurück und damit in einer Periode, in der zwar vorausschauende Wissenschaftler schon auf die Problematik der begrenzten natürlichen Ressourcen verwiesen (vgl. Meadows et al., 1972), Wirtschaft, Politik und

---

[1] vgl. Gaudin, 1976.
[2] Mehr als die Hälfte der arbeitsfähigen und erwerbsarbeitswilligen Menschen auf der Welt hat keine reguläre Arbeit; vgl. Weizsäcker, 1990, S. 251.
[3] vgl. Küng, 1990.
[4] vgl. Weizsäcker, 1990, S. 80.
[5] vgl. u. a. auch VDI, 1993, Vorwort.

Gesellschaft jedoch noch dem „Machbarkeitsglauben“ folgten, der subtil dem Bürger als Konsumenten suggeriert, daß „neu“ synonym für „besser“ sei, daß technische Entwicklung generell gleichbedeutend sei mit gesellschaftlichem Fortschritt[1] und daß ein Konsumverhalten, das nicht alle modischen Neuheiten mitmache, keinen sozialen Status vermittle und volkswirtschaftlich schädlich sei.
Stellt man diese zum Zeitpunkt der Entwicklung des TRP vorherrschenden Denkweisen, Werte und Paradigmen den am Ende des 20. Jahrhunderts an Bedeutung gewinnenden gegenüber, so stellt sich die Frage, inwieweit diese für die MSB TRP Berlin-Hamburg noch berücksichtigt werden können.

Die vorliegende Technikwirkungsanalyse präsentiert für die Technologie des TRP-Systems Ergebnisse einer reaktiven Technikbewertung (siehe Kapitel 1). Da die Trasse Berlin-Hamburg jedoch noch im Stadium der Planung ist, können für die konkrete Ausgestaltung der Strecke die Ergebnisse im Sinne einer „innovativen Technikbewertung“ genutzt werden. Dabei sollten die inzwischen an Bedeutung zunehmenden Ziele, Werte und Paradigmen berücksichtigt werden[2]. Wie die Ergebnisse der Untersuchung erkennen lassen, können dabei noch an verschiedenen Merkmalen („Auslegungsparameter“) Anpassungen vorgenommen werden, wobei das Merkmal „Auslegungs-/Maximalgeschwindigkeit“ im Hinblick auf den überproportionalen Einfluß auf Energieverbrauch und Ressourceneinsatz für die gesamte Energiebereitstellung von größter Relevanz ist. Deshalb sollten die Entscheidungsträger der involvierten Unternehmen und der Politik die Vorgaben entsprechen modifizieren, etwa durch Anpassung der Betriebsgeschwindigkeit[3].

Diese Begrenzung ist mit positiven ökonomischen sowie einer Reduktion unerwünschter ökologischer Effekte verbunden: Die **ökonomischen Effekte** resultieren aus **geringeren Investitionen** für die Errichtung, vor allem aber aus dem **geringeren Energieverbrauch** in der Betriebsphase, wobei die **kumulierten Werte über die gesamte, für 80 Jahre** angesetzte Nutzungsphase berechnet werden müssen. Die positiven **ökonomischen Effekte** in der Betriebsphase werden aufgrund des reduzierten Energieverbrauches um so größer sein, je höher die Energiepreise sein werden: Denn darüber sind sich alle am langfristigen Erhalt der

---

[1] Der im Zusammenhang damit entstandene Begriff des „technischen Fortschritts“ kommuniziert dies, da dieser wertend ist, so wird heute vielfach relativ wertfrei von technischen Wandel gesprochen, auch hier werden Aspekte eines Paradigmenwechsels erkennbar.
[2] Deutliches Beispiel ist die Reduktion der Mobilitätsprognosen.
[3] Auch der Vergleich zwischen ICE und TRP bzgl. Ressourceneffizienz nach dem am Wuppertal Institut entwickelten MIPS-Konzept zeigt den engen Zusammenhang zwischen Betriebsgeschwindigkeit, Intensität der Nutzung und dem Verbrauch von Ressourcen (vgl. Gers et al., 1997).

Ökosphäre orientierten und mitverantwortlichen Menschen einig, daß eine Erhöhung der Energiepreise unerläßlich ist[1].

Die durch eine reduzierte Auslegungs-/Maximalgeschwindigkeit bewirkte Reduktion des Energieverbrauches und die damit erreichbare Reduktion der CO_2-Emissionen ist auch als **ökologischer Effekt** höchst wirksam, weil ebenfalls **die kumulierten Werte**[2] **über 80 Jahre** zu berücksichtigen sind.

Abschließend seien zwei zukunftsfähige Konzepte kurz vorgestellt, die ebenfalls an der Vision des SD orientiert sind, nämlich

1. das Konzept einer absoluten ökologischen Qualität und
2. die Zukunftsplanung mit Bezug auf eine langfristig wünschbare Entwicklung.

ad (1) Das Konzept der absoluten ökologischen Qualität[3]

Die hier durchgeführte TWA beschäftigt sich mit der relativen ökologischen Qualität der beiden Systeme. Die Notwendigkeit der Beschäftigung mit einer absoluten ökologischen Position ergibt sich aus

- der Begrenztheit der natürlichen Ressourcen (Bodenschätze) gemäß Prognosen;
- der Unmöglichkeit, die gesamte Weltbevölkerung in dem Ausmaß mit Gütern zu versorgen, wie dies derzeit in den Industriestaaten der Fall ist; diese „Überlastung der ökologischen Tragfähigkeit der Erde"[4] wäre schon derzeit nicht möglich (bei ca. 5 Milliarden Menschen), um so weniger in Zukunft, da ein weiteres Anwachsen der Weltbevölkerung prognostiziert wird;
- der Notwendigkeit, eine das Überleben der Menschheit gefährdende „Umweltverwüstung" abzuwenden[5];
- der Respektierung der Natur durch Anerkennung des Eigenwertes für alle Organismen des Ökosystems (und nicht nur des Menschen!).

---

[1] Gemäß einem Eurostat-Bericht sind die Kraftstoffpreise im Verhältnis zum verfügbaren Pro-Kopf-Einkommen von 1980 bis 1994 in den 10 EU-Staaten per 1994 von 7,7 auf 4,9 gesunken.
[2] vgl. in diesem Zusammenhang den inzwischen entwickelten Ansatz zur Berechnung des kumulierten Energieaufwandes über den gesamten Lebenszyklus des einzelnen Produktes, als Grundlage der Beurteilung der Umweltverträglichkeit (VDI, 1993, S. 11 f.).
[3] Entnommen aus Hübner/Simon-Hübner, 1991, S. 43 f.
[4] vgl. Meadows, 1972, zitiert nach Weizsäcker, 1990, S. 54.
[5] vgl. Bornschier, 1988, S. 4.

Mit den folgenden Erläuterungen sollen Denkanstöße gegeben werden, die derzeit eher visionären Charakter haben. Doch sind Visionen - als Grundlage für Missionen - Grundlage jeder Zukunftsperspektive. Eine Annäherung an diese Visionen erfordert Maßnahmen, bezogen auf alle drei Hauptbeteiligten der Wirtschaft, also

- Politik/öffentliche Hand,
- Unternehmen,
- Bürger/privater Haushalt/Konsument.

Ein Produkt kann grundsätzlich als beliebige Kombination von materiellen und nichtmateriellen Anteilen aufgefaßt werden. Es kann i. a. davon ausgegangen werden, daß nichtmaterielle Anteile des Produktes keine unmittelbaren ökologischen Probleme verursachen. Auf abstrakter Ebene kann jedes Produkt durch das Zusammenwirken von Teil- oder Aspekt-Systemen gemäß Abbildung 8.7 erklärt werden: Während die **(Produkt-)Technologie** wesentlichen **Einfluß** auf die **relative ökologische Qualität** hat, sind die Verwendungs- und **Nutzungsziele sowie die Funktionen** des Produktes **bestimmend** für die **absolute ökologische Qualität.**

Abb. 8.7: Das Produkt und dessen Teil-(Aspekt-)Systeme (Hübner/Simon-Hübner, 1991, S. 45)

Auf der Grundlage der Kennzeichnung eines Produktes gemäß Abbildung 8.7 läßt sich die absolute ökologische Qualität anhand folgender Merkmale erfassen:

- Verhältnis von materiellen zu immateriellen Anteilen des Produktes,
- Verwendungs- und Nutzungsziele des Produktes,
- Produktfunktionen.

Die Erfassung der absoluten ökologischen Qualität kann sich an den genannten Merkmalen - es gibt sicher weitere - orientieren. Die Analyse der Möglichkeiten einer Verbesserung der absoluten ökologischen Qualität kann dann in der Weise erfolgen, daß die mit dem Produkt verfolgten Ziele dahingehend untersucht werden, ob sie tatsächlichen oder aber nur künstlich geweckten Bedürfnissen des Konsumenten dienen. Der nächste Schritt kann dann das Infragestellen von Produktfunktionen sein bzw. eine Abwägung zwischen deren Nutzen und dem zur Realisierung erforderlichen Ressourceneinsatz. Als Beispiel seien die Elektro-Antriebe für die Fenster bei PKW genannt; obwohl Gesichtspunkte der Sicherheit „vermarktet" werden, steht doch die Bequemlichkeit im Widerspruch zum enormen Ressourcenverzehr mit durchschnittlich vier zusätzlichen Elektromotoren sowie Kupferleitungen, Steuerelektrik und -elektronik.

Dem **Infragestellen von Produktfunktionen** liegen zwei hier exemplarisch genannten Instrumenten zugrunde:

Die Wertanalyse[1] ist als Methode sehr gut geeignet, die Analyse der absoluten ökologischen Qualität von Produkten zu unterstützen und die Entwicklung von Lösungskonzepten zur Verbesserung dieser Qualität zu entwickeln (vgl. u. a. o. V., Exkurs, 1991).

Ein zweites hierfür geeignetes methodisches Konzept ist das sog. **„Basic-Needs"-Konzept**: Wie der Begriff verdeutlicht, werden hierbei die mit bestimmten Produkten verbundenen Bedürfnisse hinsichtlich ihrer Sinnhaftigkeit angesprochen: Das in Wirtschaft und Wissenschaft gängige Paradigma der „Unendlichkeit menschlicher Bedürfnisse" wird damit in Frage gestellt - aus ökologischer Sicht durchaus zu Recht.

Damit wird deutlich, daß die Beschäftigung mit einer absoluten ökologischen Qualität ebenfalls dazu führt, zumindest einen Teil der derzeit gültigen Paradigmen, Normen und Werte in Frage zu stellen.

---

[1] vgl. VDI, 1991b.

Exkurs: Überlegungen zur absoluten ökologischen Qualität spurgeführter HGVS

Die Beschäftigung mit **Verwendungs-/Nutzungszielen** führt zunächst zur grundsätzlichen Frage nach **Notwendigkeit** und **erforderlichem Ausmaß von Mobilität** in einer Gesellschaft. Dabei ist grundsätzlich zwischen Personen- und Güterverkehr zu unterscheiden.

Das gesamte Güterverkehrsaufkommen ist in den letzten Jahren und Jahrzehnten nicht nur in Deutschland („alte" und „neue" Bundesländer) drastisch gestiegen (vgl. Rat, 1994, S. 241), sondern im gesamten europäischen Raum inklusive der Anbindung der ehemaligen „Ostblockstaaten" (vgl. z. B. VCÖ, 1996).

Dabei hat die „Bahn" zugunsten des LKW-Verkehrs sehr große Marktanteile verloren, und zwar gerade im Fernverkehr, wo der LKW grundsätzlich weniger Berechtigung als im Nahverkehr hat (vgl. Rat, 1994, S. 241 f.). Unter ökologischen Gesichtspunkten ist diese Situation und Entwicklung äußerst problematisch; allein bezogen auf die Wirkungskategorien Luftverschmutzung und Lärm sind diese Umweltbelastungen des Straßengüterverkehrs fast dreimal so hoch wie die des Bahngüterverkehrs (vgl. o. V., 1996e). Auch der Güterverkehr kann bzgl. der absoluten ökologischer Qualität und damit nach der Notwendigkeit von Mobilität untersucht werden. Analysen auf dieser (abstrakten) Ebene führen sehr rasch zur Frage nach den Ursachen, die vor allem in der bisherigen Art des Wirtschaftens und den immer noch Externalisierten und damit sozialisierten Kosten insbesondere des LKW-Verkehrs liegen: So hat Böge (1993) vom Wuppertal Institut am Beispiel der Herstellung von **Erdbeerjoghurt** herausgearbeitet, daß knapp 8.000 Straßenkilometer von LKW gefahren werden, um Erdbeerjoghurt in Süddeutschland zu produzieren und dort in die Supermarktregale zu stellen. Die Veränderung dieser Situation zugunsten möglichst regionaler Produktion der benötigten Lebensmittel und deren Verpackung ist nur durch Veränderung der Rahmenbedingungen möglich und verdeutlicht die Notwendigkeit eines Paradigmenwechsels.

Bei einer solchen Gesamtbetrachtung wird der Stellenwert des **Themas „HGVS"**, das den Güterverkehr nicht einbezieht, in dessen genereller Bedeutung bereits **stark relativiert**[1].

Damit zurück zur Analyse von Verwendungs-/Nutzungszielen von HGVS. Wiederum sind zunächst grundsätzlich Notwendigkeiten, Ursachen und Ausmaß von Mobilität zu analysieren (zum Begriff und zu kulturanthropologischen Beweggründen siehe bei „Rat der Sachverständigen für Umweltfragen", 1994, S. 235 f.). Die Autoren der bereits genannten Studie „Zukunftsfähiges Deutschland" plädieren für eine Verflechtung der Nahräume (was sinngemäß wünschenswerten zukünftigen Produktionsstrukturen entspricht, wie am Beispiel der Joghurtproduktion erwähnt wurde); im Zusammenhang mit der (Re-)Aktivierung hoher regionaler Lebensqualität[2] ist ein abnehmendes Mobilitätsbedürfnis zu erwarten. „Reif für die Insel" erfordert dann nicht mehr, hunderte bzw. tausende Kilometer hinter sich zu bringen.

Die Frage der **Geschwindigkeit** und damit auch der Notwendigkeit für **Hochgeschwindigkeit** ist mit Bezug zu den **„Produktfunktionen"** auf „absolute ökologische

---

[1] Auch hier wären die Medien gefordert, im Sinne einer „ABC-Analyse" die gesellschaftliche Relevanz verschiedener Themen bei der Berichterstattung zu berücksichtigen, statt sich unreflektiert auf medienwirksame Themen zu konzentrieren.

[2] In diesem Zusammenhang sind die vielfach erfolgreichen Bemühungen im Ruhrgebiet zu nennen.

Qualität" zu prüfen. Als „Nutzen" wird primär die Zeitersparnis genannt, die jedoch nur einen Teil der gesamten Verkehrskette betrifft, welche normalerweise in Anspruch genommen werden muß. Ein Analogieschluß sei hier erlaubt: Die versprochene Wirkung des EDV-Einsatzes, „Entlastung von Routine, mehr Zeit für kreative Tätigkeiten" ist in der Industriegesellschaft **nicht** signifikant eingetreten, signifikant ist die Zunahme von Hektik und Streß[1], welche durch stundenlanges Fernsehen des Durchschnittsbürgers kompensiert wird, eine wenig kreative Tätigkeit. Die Frage des Umganges mit der Zeit führt zu komplexen Fragen nach Sinn und Inhalt, welchen der Einzelne der (Lebens-)Zeit zu geben vermag. Beispielsweise ist es beim Lesen eines interessanten Buches wenig relevant, ob man ½ Stunde länger oder kürzer im Zug sitzt. Dient die Reise nur der „Flucht vor sich selbst", also der Ablenkung von der „Sinnfrage", so ist die durch HGVS gewonnene Zeit wenig wertvoll: Trefflich hat das berühmte kritische Wiener Kabarettistenduo Gerhard Bronner und Helmut Qualtinger diese Problematik beschrieben zu einer Zeit, in der die ökologische Problematik noch nicht als gesellschaftliche Herausforderung bekannt war, nämlich in den sechziger Jahren unseres Jahrunderts. Aus Gründen der Authentizität sei hier im Originaljargon zitiert:

„I waß net, wo i hin wü,
dafür bin i g'schwinder durt"
Bronner/Qualtinger[2]

Greift man das früher genannte zukunftsorientierte Paradigma einer „Entschleunigung" auf, so wird Bedarf und Notwendigkeit für HGVS generell relativiert. Konkret bezogen auf HGVS, sei nochmals auf die Studie „Zukunftsfähiges Deutschland" Bezug genommen: Die Autoren plädieren dafür, die ausufernden Verkehrsströme und „energiefressenden" Spitzengeschwindigkeiten einzudämmen. Sie berufen sich dabei auf Erkenntnisse der Verkehrsforschung, wonach Zeitgewinne durch hohe Geschwindigkeiten schnell wieder von wachsenden Reiseentfernungen und einer höheren Dichte von Erledigungen aufgezehrt werden (vgl. Fritsch, 1996).

Generell liegt der Vorteil einer Diskussion auf paradigmatischer Ebene darin, daß sich bei Erkennen des „Nicht-(mehr)-notwendig-seins" von Systemen, Produkten, Materialien bzw. auch Ausprägungen etc. mühsame Diskussionen erübrigen, welche Alternative nun weniger ökologische Schäden anrichtet. Auf der Grundlage definierter **zukunftsfähiger Paradigmen** (z. B. jenseits der. „Turbo-Innovation") ist es auch leichter möglich, **Ziele und Werte** zu definieren, nach welchen in Zukunft (technische) Entwicklungen zu bewerten sind. Ein Zusammenwirken von Wissenschaftlern verschiedener Disziplinen und politischen Entscheidungsträgern ist hierfür unerläßlich.

---

[1] In diesem Zusammenhang sei auf Michael Endes „Momo oder die seltsame Geschichte von den Zeitdieben" verwiesen.

[2] Bronner/Qualtinger, o.J.

ad (2) Wünschbare Entwicklung versus Trendfortschreibung: Leitbild des SD als Grundlage

Hilfreich für das Identifizieren zukunftsfähiger Paradigmen als Grundlage der Definitionen von der gesellschaftlichen Entwicklung zugrundezulegende Ziele und Werte ist es, langfristig „wünschbare" Zustände zu definieren. Hierfür geeignete Konzepte werden abschließend kurz vorgestellt.

Eine Orientierung an der Vision des SD erleichtert es, von der bisherigen Art der Zukunfts-„Erschließung" durch Trendfortschreibung wegzukommen und einen „wünschbaren Zustand" zu erarbeiten, der z.B. innerhalb der nächsten 20-50 Jahre erreicht werden soll (vgl. Abbildung 8.8). Mit Hilfe der neu entwickelten Methode des „**Backcasting**" können dann die einzelnen Zustände und hierfür erforderlichen Veränderungen und Maßnahmen „definiert" werden, die für Zeitintervalle von z. B. jeweils 5 Jahren zu realisieren sind.

Die Anwendung dieser Konzepte bei entsprechenden gesellschaftspolitischen Entscheidungen und die Abwägung ökonomischer, ökologischer und sozialer Effekte könnte im Sinne eines neuen, noch methodisch auszuarbeitenden mehrdimensionalen Ansatzes als „Sustainable Break-Even-Point" verknüpft werden und damit die bekannte ökonomisch eindimensionale Break-Even-Analyse ablösen.

In diese Richtung weisen auch Entwicklungen, um für die Erfassung der volkswirtschaftlich wirksamen „Wertschöpfung" neue Indikatoren zu erarbeiten, welche auch sozial-ökologische Wirkungen berücksichtigen, die das herkömmliche BIP nicht erfaßt (vgl. den letzten Bericht an den Club of Rome: van Dieren, Kap. IV, 1995). Studien aus jüngster Zeit [vgl. u. a. BUND; Misereor (Hrsg.), 1996; Rat der Sachverständigen für Umweltfragen, 1994] verdeutlichen die Notwendigkeit all dieser methodischen Veränderungen, die mit einer Veränderung der Art und Richtung des Wirtschaftens einhergehen werden. **Alle** Studien gehen davon aus, daß letztlich die Lebensqualität in den Industrieländern durch weitere Zunahme des Konsums nicht erhöht, sondern z. T. beeinträchtigt würde.

Eine wesentliche Voraussetzung für die konsequente Orientierung an der Vision des SD ist die Wiederherstellung der Ausgewogenheit zwischen Macht und Einfluß der öffentlichen Hand und Politik einerseits und der Wirtschaft andererseits. Die derzeitige unreflektierte „Deregulierung" und damit verbundene weitere Vergrößerung des Ungleichgewichtes erscheint **nicht geeignet**, die zunehmenden sozialen und ökologischen Probleme zu lösen.

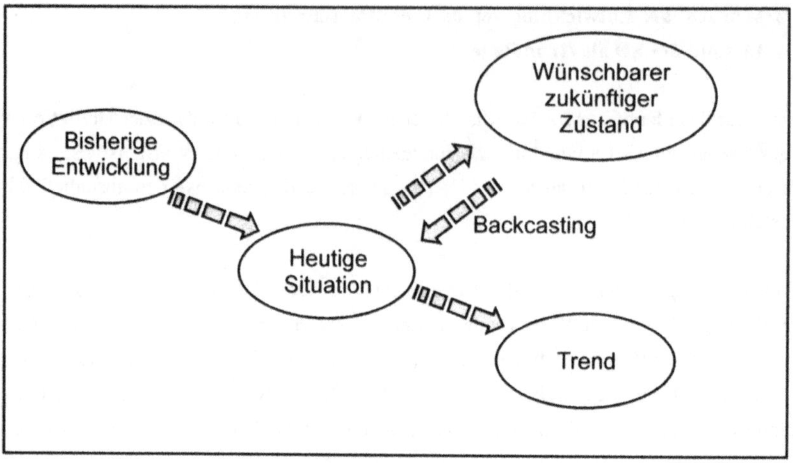

Abb. 8.8: Wünschbare Entwicklung versus Trend (vgl. Dietiker/Looser, 1985)

Die Maßnahmen stehen weitgehend auch im Widerspruch zu der Adam Smith vorgeschwebten „Marktwirtschaft", in der Moral und Ethik als ein dem Marktmechanismus übergeordneter Koordinationsmechanismus vorgesehen sind (vgl. u .a. Hübner, 1996d). Das verstärkt ordnende Eingreifen der öffentlichen Hand und Politik ist auch erforderlich, um die notwendige verursachungsgerechte Zurechnung sog. „Externer Effekte" und damit auch die „ökologische Wahrheit der Preise" zu erreichen (Weizsäcker, 1990, S. 145 ff.). Auch in der Studie „Für ein zukunftsfähiges Europa" wird eine „neue, **gestaltende Forschungspolitik**" (der Staaten) gefordert, die sich durch die Konzentration auf öffentliche Belange **aus der Rolle des Subventionsgebers löst** und so ihre **Gestaltungskraft zurückgewinnt** (vgl. Spangenberg, 1996, S. 5).

Die zögerliche Haltung der politischen Entscheidungsträger in Deutschland zur schrittweisen Anpassung der Rahmenbedingungen, orientiert an der Vision des SD, wird auch am Fehlen eines nationalen Umweltplanes ersichtlich. Nach den Niederlanden, deren Regierung als Vorreiter bereits 1989 den am SD orientierten „National Environmental Policy Plan" (NEPP) vorlegte und diesen inzwischen zweimal fortschrieb, hat 1995 auch Österreich einen „Nationalen Umweltplan" (NUP) verabschiedet. Es wäre wünschenswert, wenn die politischen Entscheidungsträger in Deutschland sich ihrer Verantwortung und Kompetenz besinnen, anstatt Verbeugungen vor unverbindlichen „Selbstverpflichtungen" der Großindustrie zu machen.

Statt einer Schlußbemerkung sei für die zu erwartende weitere Diskussion das Motto

„Alles ist in der Schwebe“ (die Autoren, 1997) empfohlen,

modifiziert nach Heraklit (550 – ca. 480 v. Chr.) *„Alles ist im Fluß“*.

Literatur- und Quellenverzeichnis

Ackermann, R.: Schnellbahn beschleunigte Einheitsschub, in: Westerwälder Zeitung vom 08.09.1993, S. 18.

Airports Council International (ACI Europe) (Hrsg.): The Economic Impact Study Kit, Brüssel 1993.

Aleff, H.-J./IFB: Beschäftigungseffekte infolge der Magnetschnellbahn Transrapid, Diplomarbeit am Institut für Straßen- und Schienenverkehr der Technischen Universität Berlin, Berlin 1995.

Anderson, S.: Betrieblicher Systemvergleich zwischen Rad/Schiene-Schnellbahn und Transrapid Berlin - Hamburg, in: Eisenbahn-Revue 10/1996, S. 424 – 432.

ARGE Systemauslegung Transrapid/Deutsche Bahn AG: Projektanforderungskatalog, Magnetschnellbahn Berlin - Hamburg, o. O. 1995.

ARGE Systemauslegung Transrapid: Technischer Bericht, Magnetschnellbahn Berlin - Hamburg, Bündelung der MSB mit vorhandenen Trassen, o. O. 1995(a).

ARGE Systemauslegung Transrapid: Technischer Bericht, Magnetschnellbahn Berlin - Hamburg, Elektromagnetische Felder, o. O. 1995(b).

ARGE Systemauslegung Transrapid: Technischer Bericht, Magnetschnellbahn Berlin - Hamburg, Erschütterungen, o. O. 1995(c).

ARGE Systemauslegung Transrapid: Technischer Bericht, Magnetschnellbahn Berlin - Hamburg, Schall, o. O. 1996(a).

ARGE Systemauslegung Transrapid: Technischer Bericht, Magnetschnellbahn Berlin - Hamburg, Vorhabensbeschreibung Baubegleitende Maßnahmen, Baulogistik, o. O. 1996(b).

ARGE Systemauslegung Transrapid: Kreuzungsbauwerke, Schall-/Sichtschutz, Magnetschnellbahn Berlin - Hamburg, Planfall 8 b, o. O. 1996(c).

Auersch, L.: Zur Entstehung und Ausbreitung von Schienenverkehrserschütterungen: Theoretische Untersuchungen und Messungen am Hochgeschwindigkeitszug Intercity Experimental, Forschungsbericht 155 der Bundesanstalt für Materialforschung und -prüfung, Berlin 1988.

Becker-Lindhorst, K.: Bremsanlage des InterCityExpress, in: Rahn, T./Hochbruck, H./Möller, F. W. (Hrsg.): ICE - Zug der Zukunft, Darmstadt 1991, S. 84 - 91.

Beckers, R.: Senatsverwaltung für Bauen, Wohnen und Verkehr, Gespräch in Berlin am 03.06.1996.

Berichte aus der TWI-Produktwerkstatt „Faktor X“, herausgegeben von Hübner, H., TWI/Universität Gh Kassel, ab 1994.

Beyert, J.: Ermittlung des Energieaufwands bei Bauprozessen - Erläuterung am Beispiel der Erstellung eines Straßenbaus, Diss., Köln 1985.

Blazejczak, J./Voigt, U.: Thesen zur gesamtwirtschaftlichen Bedeutung der Verkehrsinfrastruktur, Berlin 1986.

BMFT (Bundesministerium für Forschung und Technologie) (Hrsg.): Deutscher Delphi-Bericht zur Entwicklung von Wissenschaft und Technik, Projektdurchführung: Fraunhofer Institut für Systemtechnik und Innovationsforschung (ISI), Bonn 1993.

Böge, S.: Erfassung und Bewertung von Transportvorgängen: Die produktbezogene Transportkettenanalyse, in: Läpple, D. (Hrsg.): Güterverkehr, Logistik und Umwelt, Berlin 1993.

Böhret, C.: Folgen, Opladen 1990.

Böhret, C./Franz, P.: Technologiefolgenabschätzung - Institutionelle und verfahrensmäßige Lösungsansätze, Frankfurt a. M./New York 1982.

Bornschier, V.: Westliche Gesellschaft im Wandel, Frankfurt a. M. 1988.

Breimeier, R.: Die Einsatzmöglichkeiten der Magnetschwebebahn Transrapid, in: Internationales Verkehrswesen, Heft 4/1993, S. 184 - 224.

Bundesrechnungshof: Bericht nach § 88 Abs. 2 BHO, Frankfurt 1996.

Bronner, G. (Text und Musik)/Qualtinger, H. (Interpret): Der Halbwilde, Preiserrecords, PR 9932, Wien, o. J.

Buna, B.: Verminderung des Verkehrslärms, Berlin u. a. 1988.

BUND/Misereor (Hrsg.): „Zukunftsfähiges Deutschland“ - Ein Beitrag zu einer global nachhaltigen Entwicklung (Loske, R., et al.), Basel et al., 1996.

Bundesamt für Umwelt, Wald und Landschaft (BUWAL), Bundesamt für Straßenbau (ASB), Vereinigung Schweizerischer Verkehrsingenieure (SVI): UVP bei Straßenverkehrsanlagen, Anleitung zur Erstellung von UVP-Berichten, in: Mitteilungen zur Umweltverträglichkeitsprüfung (UVP), Nr. 7, Mai 1992.

Bundesanstalt für Straßenwesen, Bereich Unfallforschung (Hrsg.): Unfallkosten bei der Bewertung von Straßenbauprojekten, im Auftrag des Bundesministers für Verkehr, Schriftenreihe Unfall- und Sicherheitsforschung Straßenverkehr, Heft 77, Bergisch Gladbach 1989.

Bundesbahndirektion Hamburg (Hrsg.): Neubau ICE Betriebswerk Hamburg, Faltblatt, o. O. Juni 1989.

Bundesministerium für Arbeit und Sozialordnung: Arbeitssicherheit '95, Unfallverhütungsbericht Arbeit, Bericht der Bundesregierung über den Stand der Unfallverhütung und das Unfallgeschehen in der Bundesrepublik Deutschland im Jahre 1994, Bonn 1996.

Bundesministerium für Bauten und Technik - Ausschuß „Straße und Umwelt": Umweltverträglichkeitsuntersuchung bei Straßenplanungen, Straßenforschung, Heft 271, Wien 1985.

Bundesministerium für Forschung und Technologie (BMFT)/Pressereferat - (Hrsg.): Transrapid, Pressedokumentation 5/94, Bonn 1994.

Bundesministerium für Verkehr: Bundesverkehrswegeplan 1992 (BVWP `92), Bonn 1992.

Bundesministerium für Verkehr (Hrsg.): Gesamtwirtschaftliche Bewertung von Verkehrswegeinvestitionen, Bewertungsverfahren für den Bundesverkehrswegeplan 1992, Schriftenreihe des Bundesministers für Verkehr, Heft 72, Bonn 1993.

Bundesministerium für Verkehr (Hrsg.): Verkehr in Zahlen 1995, Berlin 1995.

Burckhardt, L.: Landschaft und Automobil, in: Holzapfel, H. (Hrsg.): Ökologische Verkehrsplanung - Menschliche Mobilität, Straßenverkehr und Lebensqualität, Arnoldshainer Schriften zur Interdisziplinären Ökonomie, Band 16, Frankfurt a. M. 1988, S. 37 - 44.

Coulmas, F.: Die Wirtschaft der Sprache, Frankfurt a. M. 1992.

Coulmas, F.: Gewählte Worte - Über Sprache als Wille und Bekenntnis, Frankfurt a. M./New York 1996.

DB AG: Öffentliche Anhörung Magnetschwebebahn am 07.02.96, Deutscher Bundestag, Verkehrsausschuß, Schriftliche Beantwortung DB AG, Bonn 1996.

Decker, U.: Schall und Erschütterungen, Grundbegriffe, Meßtechnik und Meßgeräte, Prognosen, in: igi Niedermeyer Institute (Hrsg.): Erschütterungen aus dem Schienenverkehr, Berichte und Abhandlungen der igi Niedermeyer Institute, Heft 14, Westheim 1995, S. 76 - 78.

Deutsche Bundesbahn/Deutsche Reichsbahn (Hrsg.): Die Bahn informiert, 1993, Heft 1.

Deutscher Bundestag (13. Wahlperiode), Ausschuß für Verkehr: Protokoll der 24. Sitzung des Ausschusses für Verkehr vom 07.02.1996, Bonn 1996.

Deutscher Bundestag, Unterrichtung durch die Bundesregierung: Bericht über das Finanzierungskonzept einer Magnetschwebebahn Berlin-Hamburg, Drucksache 12/6964, Bonn 04.03.1994.

Dieckmann, A.: Empirische Sozialforschung - Grundlagen, Methoden, Anwendungen, 2., durchges. Aufl., Reinbek b. Hamburg 1996.

Diekmann, A.: Nutzen und Kosten des Automobils - Vorstellungen zu einer Bilanzierung, in: Internationales Verkehrswesen, 42 (1990), Heft 6, S. 332 - 340.

Die Presse: Berliner Wohnungen stehen leer, in: Die Presse, 29. Juni 1996, S. 25.

Dieren, W. van (Hrsg.): Mit der Natur rechnen. Der neue Club-of-Rome-Bericht: Vom Bruttosozialprodukt zum Ökosozialprodukt, Basel et al. 1995.

Dietiker, J./Looser, R.: Zwischen Vision und Wirklichkeit, in: aktuelles bauen, Heft 6, 1985.

DIN 4150: Erschütterungen im Bauwesen, Teil 2: Einwirkungen auf Menschen in Gebäuden, o. O. 1992.

Eberhardt, H.: Der High-Tech-ICE - Zukunftszug mit System, in: BahnAkzente, 1992, Heft 3, S. 9 - 12.

Eberhardt, H.: Netze knüpfen - Neubaustrecken für Hochgeschwindigkeit, in: BahnTech, Forschungs- und Technologie-Report der Deutschen Bahn AG, 1995, Heft 3, S. 12 - 17.

Eckert, F. (Wirtschaftsförderung Kassel e.V.): Gespräch bei der Wirtschaftsförderung Region Kassel am 31.05.1996 zum Thema „Kassel und der Bahnhof Wilhelmshöhe".

Eisenmann, J./Leykauf, G.: Oberbau für Schnellverkehr - Anforderungen, Konstruktion, Bemessung und Ausführung, in: TÜV Rheinland (Hrsg.): Internationales Symposium Forschung und Neue Technologien im Verkehr, Band 2, Schnellbahnsysteme: Rad-/Schiene-Technologie, Köln 1988, S. 175 - 190.

Eisenmann, J.: Die Weiterentwicklung des Eisenbahn-Oberbaus - Auswirkungen auf Langzeitverhalten und Körperschall-Emission, in: ZEV + DET Glas. Ann. 120 (1996) 4, S. 128 - 136.

Ende, M.: Momo oder die seltsame Geschichte von den Zeitdieben - Ein Märchen-Roman, 5. Aufl., Stuttgart 1974.

Enderlein, H./Kunert, U.: Ermittlung des Ersatzinvestitionsbedarfs für die Bundesverkehrswege, Beiträge zur Strukturforschung, Heft 134, DIW, Berlin 1992, S. 28 - 32.

Enquete-Kommission „Schutz des Menschen und der Umwelt" des Deutschen Bundestages (Hrsg.): Die Industriegesellschaft gestalten - Perspektiven für einen nachhaltigen Umgang mit Stoff- und Materialströmen, Bonn 1994.

Enquete-Kommission „Schutz des Menschen und der Umwelt" des Deutschen Bundestages (Hrsg.): Umweltverträgliches Stoffstrommanagement, Anwendungsbereich Mobilität und Sekundärstoffe, Band 5, Bonn 1995.

Eschenburg, K.-D.: DB AG beschreitet neue Wege - die Neubaustrecke Köln-Rhein/Main, in: ETR, 44 (1995) Heft 7/8, S. 479 - 486.

Factor 10 Club: Carnoules declaration, Wuppertal 1994.

Fechner, H.: Der Transrapid - Umweltfreundliches Schweben zwischen Hamburg und Berlin, in: ETR, 45 (1996), Heft 7/8, S. 471 - 478.

Fels, M. F.: Comparative Energy Costs of Urban Transportation Systems, in: Transportation Research, Vol. 9 (1975) Heft 4, S. 297 - 308.

Fendrich, L./Bidinger, A.: Die Komponenten des Fahrweges für das ICE-System in der Bewährung, in: ETR, 41 (1992), Heft 6, S. 391 - 396.

Fendrich, L./Junkermann, N.: Anlagen des Oberbaues und deren Instandhaltung auf Neubaustrecken, in: ETR, 40 (1991) Heft 5/6, S. 359 - 366.

Ferguson, M.: Die sanfte Verschwörung, Basel 1982.

Fischer Weltalmanach '92, Frankfurt a. M. 1992.

Fischer Weltalmanach '95, Frankfurt a. M. 1995.

Forst-Lürken, R. (Thyssen Magnetfahrtechnik, Marktforschung): Mündliche Auskunft zum Thema Transrapid, Kassel am 01.04.1996.

Förstner, U.: Umweltschutztechnik - Eine Einführung, 4., überarb. u. erw. Aufl., Berlin et al. 1993.

Frey, R. L.: Die Infrastruktur als Mittel der Regionalpolitik, Publikationen des Schweizerischen Nationalfonds aus den Nationalen Forschungsprogrammen, Band 1, Bern/Stuttgart 1979.

Friedrich-Ebert-Stiftung (Hrsg.): Magnetschnellbahn Transrapid, Berlin 1995.

Fritsch, W.: Bausteine für ökologischen Wandel, in: HNA (Hessische Niedersächsische Allgemeine, Kassel) v. 10.08.96, S. 7.

Gabler Wirtschaftslexikon, 12., vollst. überarb. Aufl., Wiesbaden 1988.

Gabler Wirtschaftslexikon, 13., vollst. überarb. Aufl., Wiesbaden 1992.

Gabler Wirtschaftslexikon, 14., vollst. überarb. u. erw. Aufl., Band A - E, Wiesbaden 1997.

Gaudin, M.: Public opinion on innovation in France; Research Policy 5 (1976), S. 106 - 114.

Gelles, M./Hornig, A./Schwindt, G.: Transrapid Anwendungsfahrweg, Teil I: Fahrweganforderungen, in: Bundesministerium für Forschung und Technologie (Hrsg.): Statusseminar Schnellbahnen, Magnetbahn und Rad/Schiene-Technik, Darmstadt 1994, Kap. 17, S. 2 - 24.

Gerdsmeier, H./Budde, U./Schaefer-Enkeler, A./Schwer, L.: Triebkopf, in: Rahn,T./Hochbruck, H./Möller, F.W. (Hrsg.): ICE - Zug der Zukunft, Darmstadt 1991, S. 73 - 83.

Gers, V./Hübner, H./Otto, P./Stiller, H.: Zur Ressourcenproduktivität von spurgeführten Hochgeschwindigkeitsverkehrssystemen: Ein Vergleich von ICE und Transrapid, gemeinsame Studie des TWI/Universität Gh Kassel und Wuppertal Institut, Wuppertal Papers Nr. 75, ISSN 0949-5266, Wuppertal 1997.

Gers, V./Otto, P.: Material- und Energiebedarf von Hochgeschwindigkeitszügen, Arbeitspapier Nr. 17 des TWI, Universität Gh Kassel, Nov. 1996.

Gesamthochschule Kassel (GhK)/Fachbereich 13 (Hrsg.): Durch den Berg und übers Tal, Über die Bundesbahn-Neubaustrecke Hannover - Würzburg, Arbeitsbericht des Fachbereichs Stadtplanung und Landschaftsplanung, Heft 79, Kassel 1988.

Geyer, E. (Hrsg.): Design und Management durch soziale Kreativität. Erstellt durch die Studiengruppe „Design und Management" an der Universität-Gh Essen, Essen 1986.

Gleich, A. v.: Äquivalente Risiken - mit und ohne Gentechnik, in: Forschungszentrum Karlsruhe, Technik und Umwelt, Institut für Technikfolgenabschätzung und Systemanalyse/ITAS (Hrsg.): TA-Datenbank-Nachrichten, Nr. 1 März 1996, Karlsruhe 1996, S. 92 - 103.

Grabow, B./Henckel, D./Hollbach-Grömig, B.: Weiche Standortfaktoren, Stuttgart 1993.

Grote, A.: Grüne Rechnung - Das Produkt Computer in der Ökobilanz, in c't 1994, Heft 12, S. 92 - 98

Grupp, H.: Die sozialen Kosten des Verkehrs, Grundriß zu ihrer Berechnung, in: Verkehr und Technik, 39 (1986) Heft 9, S. 359 - 366 u. Heft 10, S. 403 - 407.

Günther, C./Waldstätten, W. v.: Die ICE-Mittelwagen, in: Rahn, T./Hochbruck, H./Möller, F. W. (Hrsg.): ICE - Zug der Zukunft, Darmstadt 1991, S. 114 - 133.

Gutenberg, E.: Grundlagen der Betriebswirtschaftslehre, Band I: Die Produktion, 24. Aufl., Berlin et al. 1983.

Haastert, W.: Statements in: Öffentliche Anhörung im Ausschuß für Verkehr, Protokoll vom 07.02.1996.

Hampicke, U.: Die volkswirtschaftlichen Kosten des Naturschutzes in Berlin, Landschaftsentwicklung und Umweltforschung, Schriftenreihe des Fachbereichs Landschaftsentwicklung der TU Berlin, Nr. 35, Berlin 1985.

Hauser, C.: Auswirkungen von Infrastrukturinvestitionen, München 1985.

Heimerl, G.: Beurteilung des Schienenverkehrslärms unter Berücksichtigung seiner Besonderheiten, Wo besteht noch wissenschaftlicher oder politischer Handlungsbedarf?, in: ETR, 41 (1992) Heft 7/8, S. 485 - 492.

Heinisch, R.: Die Bedeutung des Hochgeschwindigkeitsverkehrs für die Wettbewerbsfähigkeit der Bahn, in: Deutsche Verkehrswissenschaftliche Gesellschaft e. V. - DVWG (Hrsg.): Konsolidierung der Eisenbahnen, Schriftenreihe der Deutschen Verkehrswissenschaftlichen Gesellschaft, Nr. B 126, Bergisch Gladbach 1990, S. 193 - 201.

Henning, U./Kamp, P. G./Hochleitner, J.: Langstator-Synchronantrieb des Transrapid, in: Elektrische Bahnen, 93 (1995) Heft 7, S. 230 – 235.

Heraklit, zitiert nach Popper, K. R.: Lesebuch: Ausgewählte Texte zur Erkenntnistheorie, Philosophie der Naturwissenschaften, Metaphysik, Sozialphilosophie, hrsg. v. D. Miller, Tübingen 1995.

Herbert, W.: Entwicklung und Betriebserfahrung mit dem Hochgeschwindigkeits-Stromabnehmer DAS 350 S für den ICE, in: ETR, 41 (1992) Heft 6, S. 385 - 390.

Hessisches Ministerium für Umwelt, Energie und Bundesangelegenheiten (Hrsg.): Gesamt-Emissions-Modell Integrierter Systeme (GEMIS) Version 2.1, Umweltanalyse integrierter Energie-, Stoff- und Transportsysteme, akt. u. erw. Endbericht, Wiesbaden 1995.

Heßler, H./Raschbichler, H. G.: Die Magnetbahn Transrapid, in: MVP Versuchs- und Planungsgesellschaft für Magnetbahnsysteme (Hrsg.): Magnetbahn Transrapid - Die neue Dimension des Reisens, Darmstadt 1989, S. 11 - 17.

Hildebrand, M.: Telefonische Auskunft am 03.02.1997, Schadstoffemissionen der Netto-Stromerzeugung in den alten Bundesländern im Jahr 1995, Vereinigung Deutscher Elektrizitätswerke (VDEW), Frankfurt a. M. 1997.

Hilliges, D.: Transrapid Anwendungsfahrweg, Teil II: Betonfahrweg, in: Bundesministerium für Forschung und Technologie (Hrsg.): Statusseminar Schnellbahnen, Magnetbahn und Rad/Schiene-Technik, Darmstadt 1994, Kap. 17, S. 25 - 49.

Hirota, N.: JR Shinkansen, Tokio 1992.

Hölzl, G./Redmann, M.: Fortschritte bei Schallreduzierungsmaßnahmen des elektrischen Bahnbetriebs, in: Elektrische Bahnen 92 (1994) Heft 5, S. 159 - 164.

Hopf, R.: „Transrapid", in Deutsches Institut für Wirtschaftsforschung/DIW (Hrsg.): Gutachten im Auftrag des Bundesministers für Wirtschaft: Lage und Perspektiven der deutschen Schienenfahrzeugindustrie, Berlin 1995, S. 182 - 211.

Hopf, R.: Statements in: Deutscher Bundestag, Bonn 1996, S. 440 - 443.

Hörstel, J./Niedt, M.: ICE - Neue Züge für neue Strecken, Zürich, Wiesbaden 1991.

Hübner, H.: „Was heißt und zu welchem Ende studiert man" - Technikwirkung und Innovation?, Vortrag anläßlich der Antrittsvorlesung am 03.11.1988, Arbeitspapier 3 des TWI, Universität Gh Kassel, Kassel 1988(a).

Hübner, H.: Innovation - Quo Vadis?, Beitrag im Rahmen der 5. Internationalen Konferenz der International Society for Product Innovation Management zum Thema: „Innovation: Adaption and Growth", Brighton 1987, in: Hübner, H. (Hrsg.): Technologie- und Innovationsmanagement unter Berücksichtigung der Technikwirkung, Eine Zusammenstellung von Fachpublikationen, Textsammlung I, Universität Gh Kassel, Kassel 1988(b).

Hübner, H.: Innovations- und Technologiemanagement, ganzheitliches I. und T., Schwerpunktbeitrag, in: Gabler Wirtschaftslexikon, 13. vollst. überarb. Aufl., Wiesbaden 1992, S. 1628 - 1637.

Hübner, H.: Zur ökologischen Qualität von Produkten unter spezieller Berücksichtigung der Produktnutzungsdauer, in Malinsky, A. H. (Hrsg.): Betriebliche Umweltwirtschaft - Grundzüge und Schwerpunkte, Wiesbaden 1996(a), S. 61 – 91.

Hübner, H.: Informationsmanagement und strategische Unternehmensführung - Vom Informationsmarkt zur Innovation, München 1996(b).

Hübner, H.: Jenseits der „Turbo-Innovation“ - Anstöße, Strategien, Ziele, Grenzen; Unterlagen zum Seminar „Neue Technologien: Ausweg aus der Wegwerfgesellschaft“, Wirtschaftskammer Österreich, Wien 1996(c).

Hübner, H.: Decisions on innovation and diffusion and the limits of deregulation, in: Technovation, 16 (7) 1996(d), S. 327 - 339.

Hübner, H.: The Ecology-Driven Service (R)Evolution - The Product Longevity Approach and its Consequences for Production and Corporate Management, in Okino, N./Tamura, H./Fujii, S. (Eds.): Advances in Production Management Systems, Proceedings of the 6th IFIP TC5/WG 5.7 International Conference on Advances in Production Management Systems, Kyoto (Japan), 1996(e), S. 451 – 456.

Hübner, H./Jahnes, S.: Instrumente als „Management-Technologie“ für die Technikwirkungsanalyse - Technik- und Produktfolgenabschätzung als Kern eines vorsorgenden Umweltmanagements, Universität Gh Kassel, Kassel 1992(a).

Hübner, H./Jahnes, S.: Perspektiven und Lösungsansätze für ein Ökologie-orientiertes Wirtschaften (II), in: WISU - das wirtschaftsstudium, Zeitschrift für Ausbildung, Examen und Weiterbildung, Nr. 08-09/1992, Düsseldorf 1992(b), S. 653 - 657.

Hübner, H./Jahnes, S.: Technikfolgenabschätzung (Technology Assessment), in: Kern, W./Schröder, H.-H./Weber, J. (Hrsg.): Handwörterbuch der Produktionswirtschaft, 2., völlig neu gestaltete Aufl., Stuttgart 1996, Sp. 1971 - 1983.

Hübner H./Simon-Hübner, D.: Ökologische Qualität von Produkten - Ein Leitfaden für Unternehmen, Hessisches Ministerium für Energie, Umwelt und Bundesangelegenheiten (Hrsg.), Wiesbaden/TWI, Universität Gh Kassel, 1991.

Hugenberg, G.: Magnetbahn Transrapid - Chronologie, in: MVP Versuchs- und Planungsgesellschaft für Magnetbahnsysteme (Hrsg.): Magnetbahn Transrapid - Die neue Dimension des Reisens, Darmstadt 1989, S. 111 - 112.

IFB Institut für Bahntechnik GmbH: Magnetschnellbahn Transrapid - Beschäftigungseffekte in den neuen Bundesländern, Berlin 1991.

IFB Institut für Bahntechnik GmbH: Reduzierung der Umwelteffekte in der Bauphase eines neuen Bahnsystems, IFB-Bericht-Nr.: 93/603800/202, im Auftrag der Bundesforschungsanstalt für Naturschutz und Landschaftsökologie, Forschungsvorhaben 109 06 007, Berlin 1993.

Ingenieur-Consult Haas & Partner: Flächenbewertung am Beispiel von DB-Neubaustrecken - Modellhafte Untersuchung der Umweltauswirkungen von DB-Neubaustrecken auf der Ebene der Bundesverkehrswegeplanung und Entwicklung eines Verfahrensansatzes, UFOPLAN - Nr. 10102117, Bd. I und II, Hannover 1990.

Institut für Zukunftsstudien und Technologiebewertung (IZT): Ökologischer Vergleich der Verfahren zur Vegetationskontrolle bei der Deutschen Bahn AG unter Berücksichtigung von Kostenberechnungen, Werkstattbericht Nr. 22, Berlin 1995.

Intraplan Consult GmbH (ITP): Magnetschnellbahn (MSB) Berlin - Hamburg, Großräumige Verkehrsuntersuchung für unterschiedliche MSB-Planfälle, Phase 1, o. O. 1995.

Intraplan Consult GmbH (ITP): Stellungnahme Intraplan Consult GmbH (ITP) zu einzelnen Fragen des Fragenkataloges für die öffentliche Anhörung im Ausschuß für Verkehr, o. O., 07. Februar 1996.

Intraplan Consult GmbH/Simon, Kucher & Partner: Aktualisierung der Fernverkehrsprognosen als Grundlage für eine Wirtschaftlichkeitsrechnung der MSB Berlin - Hamburg und Marketingstudie für die MSB Berlin - Hamburg, gemeinsamer Ergebnisbericht, Bonn/München 1997.

Jänsch, E.: Energieverbrauch und klimarelevante Emissionen im Personenfernverkehr, in: Elektrische Bahnen, 88 (1990) Heft 8, S. 307 - 315.

Jänsch, E.: Energieverbrauch und klimarelevante Emissionen: Der ICE im ökologischen Wettbewerb, in: Die Deutsche Bahn, 1993, Heft 9/10, S. 661 - 666.

Jänsch, E.: Magnetbahntechnik auf dem Weg zur Anwendung, in: Schienen der Welt, 25. Jg., 1994, Heft 8/9, S. 2 - 11.

Jänsch, E.: Schienenschnellverkehr und Luftfahrt als ökologische Alternativen zum Straßenverkehr, in: Elektrische Bahnen, 93 (1995) Heft 1/2, S. 25 - 32.

Jansen, G. D./Platz, H.: Möglichkeiten zur regionalwirtschaftlichen Bewertung von Verkehrsinvestitionen, Hamburg 1973.

Kandler, J./Runge, M./Henselmann, M.: Analyse zentraler Umwelteinflüsse des Verkehrs, Seminar für Verkehrswirtschaft und öffentliche Wirtschaft der Ludwig-Maximilians-Universität München, München 1992.

Kaufmann, L.: Verkehrssystem und regionale Entwicklungsmöglichkeiten, in: Internationales Verkehrswesen, Jg. 35, Heft 6, November/Dezember 1983, S. 419 - 423.

Kern, W.: Industrielle Produktionswirtschaft, 5. Aufl., Stuttgart 1992.

Keßler, W./Mayer, W. J./Fiseni, F.: Die Fahrzeug- und Fahrwegtechnik Transrapid, in: ETR, 41 (1992), Heft 4, S. 275 - 278.

Kiera, H.-G.: Diskussionsbeitrag zum Kolloquium „Grande vitesse et équilibre du territoire européen", Nancy, 21.01.1993.

Kieslich, W./Kleinschmidt, V./Löbach, W.: Verkehrsprojekte „Deutsche Einheit", Umweltauswirkungen der geplanten Verkehrstrassen im Osten Deutschlands, Dortmund 1992.

Klages, H.: Aufgaben und Ziele der Zukunftsforschung, in: Analysen und Prognosen, Sept. 1969, S. 13 - 19.

Köpke, A.: Hamburg und Berlin müssen enger zusammenarbeiten, in: Berliner Morgenpost vom 22.04.1996, S. 23.

Kromphardt, J.: Einkommens-, Kapazitäts- und Beschäftigungseffekte von Investitionen, in: Wirtschaftswissenschaftliches Studium, Jg. 8, Heft 6, Juni 1979, S. 255 - 286.

Krummheuer, E.: Eine ganz schnelle Familie, in: Zug 11/96, Frankfurt a. M. 1995, S. 14 - 15.

Kuhfeld, H./Niklas, J.: Bessere Wettbewerbsposition der Deutschen Bundesbahn durch die Neu- und Ausbaustrecken im Personenverkehr, in: Wochenbericht des DIW, Nr. 21/88, Berlin 1988, S. 272 - 283.

Küng, H.: Projekt Weltethos, München 1990.

Kurz, H.: Vom ICE zur ICE-Familie - Entwicklungslinien für das 21. Jahrhundert, in: ETR, 41 (1992) Heft 6, S. 363 - 372.

Kurz, H.: Neue InterCityExpress-Triebzüge für die Deutsche Bahn, in: Elektrische Bahnen, 93 (1995) Heft 1/2, S. 15 - 24.

Lang, H.: Die Sprache und das Unbewußte, Jaques Lacans Grundlegung der Psychoanalyse, Frankfurt a. M. 1986.

Laschet, W./Witte, H./Voigt, F.: Kritische Auseinandersetzung mit den Methoden und Modellen zur Bewertung von Verkehrsinvestitionen, in: Forschungsberichte des Landes Nordrhein-Westfalen Nr. 2742, Opladen 1978, S. 1 - 8.

Lewandowski, G. (Oberbürgermeister der Stadt Kassel): Wirkungen verbesserter Bahn-Infrastruktur am Beispiel Kassel, in: ETR 10/94, S. 633 - 639.

Lohmeier, W. (Hauptgeschäftsführer der IHK Kassel): Gespräch in der Industrie- und Handelskammer Kassel am 20.05.1995 zum Thema „Transrapid".

Löser, F.: Transrapid - Sicherheitskonzept, in: Bundesministerium für Forschung und Technologie (Hrsg.): Statusseminar Schnellbahnen, Magnetbahn und Rad/Schiene-Technik, Darmstadt 1994, Kap. 16.

Lübke, D.: Das System des ICE, in: Rahn, T./Hochbruck, H./Möller, F. W. (Hrsg.): ICE - Zug der Zukunft, Darmstadt 1991, S. 35 - 45.

Lyotard, J.-F.: Der Widerstreit, 2., korrigierte Aufl., München 1989.

Mader, H.-J.: Direkte und indirekte Einflüsse des Straßennetzes auf die freilebende Tierwelt (Wirbeltiere und Wirbellose) und auf die Populationsdynamik, in: Berichte des Symposiums „Wild und Straßenverkehr", Straßburg 05. bis 07.06.1985, S. 19 - 29.

Magnetschnellbahn Berlin - Hamburg GmbH: Finanzierungskonzept Magnetschnellbahn Berlin - Hamburg, München 1993.

Magnetschnellbahn Berlin - Hamburg GmbH: Fragen zum Transrapid - Die Magnetschnellbahn steht Rede und Antwort (Sammelmappe), München 1994.

Magnetschnellbahn-Planungsgesellschaft mbH: Kenndaten der Präferenztrasse, o. O. o. J.

Magnetschnellbahn-Planungsgesellschaft mbH: Magnetschnellbahn Berlin - Hamburg, Erläuterungsbericht zur Landesplanerischen Abstimmung, Bündelung des MSB-Fahrweges mit Autobahnen/Bundesstraßen, Eisenbahnstrecken und Hochspannungsleitungen, o. O. 1996(a).

Magnetschnellbahn-Planungsgesellschaft mbH: Magnetschnellbahn Berlin - Hamburg, Erläuterungsbericht, Schwerin 1996(b).

Maier, J./Atzkern, H. D.: Verkehrsgeographie, Stuttgart 1992.

Mayer, W. J.: „Schall TRANSRAPID", Richtlinie zur Berechnung des Schallpegels für den TRANSRAPID, in: ETR, 45 (1996) Heft 9, S. 589 - 591.

Mayer, W. J.: Deutsch - französische Kooperation auf dem Gebiet der Schallquellenortung von Schnellbahnen, in: ETR, 42 (1993) Heft 3, S. 199 - 202.

Mayntz, R./Holm, K./Hübner, P.: Einführung in die Methoden der empirischen Soziologie, 3. Aufl., Opladen 1972.

McLuhan, M.: Die magischen Kanäle, Understanding Media. 2., erw. Aufl., Dresden/Basel 1995.

Meadows, D./Meadows, D./Zahn, E./Milling, P.: Die Grenzen des Wachstums, Bericht des Club of Rome zur Lage der Menschheit, Stuttgart 1972.

Merten, K.: Inhaltsanalyse, Opladen 1995.

Merten, T./Liedtke, C./Schmidt-Bleek, F.: Materialintensitätsanalysen von Grund-, Werk- und Baustoffen (1), Die Werkstoffe Beton und Stahl, Materialintensitäten von Freileitungsmasten, Wuppertal Papers Nr. 27, Wuppertal Institut für Klima, Umwelt, Energie im Wissenschaftszentrum Nordrhein-Westfalen, Wuppertal 1995.

Meyer, A.: Statements in: Öffentliche Anhörung im Ausschuß für Verkehr, Protokoll vom 07.02.1996.

Miller, L.: Magnetschnellbahn Transrapid - Systemüberblick, in: Bundesministerium für Forschung und Technologie (Hrsg.): Statusseminar Schnellbahnen, Magnetbahn und Rad/Schiene-Technik, Darmstadt 1994, Kap. 15.

Miller, L./Löser, F./Schwindt, G.: Magnetschnellbahn Transrapid - Systemdarstellung, in: Elektrische Bahnen, 93 (1995) Heft 7, S. 224 - 229.

Milz, K.: Elektrifizierungssysteme für den Hochgeschwindigkeitsverkehr, in: Elektrische Bahnen, 89 (1991) Heft 11, S. 323 - 325.

Mnich/IFB: Magnetschnellbahn Transrapid - Beschäftigungseffekte in den neuen Bundesländern, Berlin 1991.

MVP Versuchs - und Planungsgesellschaft für Magnetbahnsysteme mbH: Einsatzfelder neuer Schnellbahnsysteme, Magnetschnellbahn- und Rad/Schiene-Technologie, Band I, Technologie, im Auftrag des Bundesministers für Forschung und Technologie, Förderkennzeichen TV 8202/8406, München 1991.

o. V.: Systemdatenvergleich TGV, Thyssen Henschel, München 29.03.1985, S. 1 - 3.

o.V.: Exkurs: Wertanalyse als Instrument der umweltorientierten Unternehmensführung, in Umweltbundesamt (Hrsg.): Umweltorientierte Unternehmensführung, Berlin 1991, S. 665 - 687.

o. V.: Annual Report Central Railway, Tokio 1993(a).

o. V.: Kassel liegt richtig, 6/93, Kassel 1993(b).

o. V.: ICE-Strecke, in: HNA Kassel vom 14.12.1995(a), S. 30.

o. V.: Flächenbedarf für die Neubaustrecke Köln-Rhein/Main, in: Zum Thema, Neubaustrecke Köln-Rhein/Main, hrsg. v. Deutsche Bahn AG, Geschäftsbereich Netz, NBS Köln-Rhein/Main, Projektleitung, Nr. 2, 1995(b), S. 8 - 11.

o. V.: Aktuelles aus der Planung: Baurecht für ersten Teilabschnitt, in: Zum Thema, Neubaustrecke Köln-Rhein/Main, hrsg. v. Deutsche Bahn AG, Geschäftsbereich Netz, NBS Köln-Rhein/Main, Projektleitung, Nr. 1, 1995(c), S. 6 - 7.

o. V.: Köln-Rhein/Main: auf neuen Schienen in die Zukunft, in: Zum Thema, Neubaustrecke Köln-Rhein/Main, hrsg. v. Deutsche Bahn AG, Geschäftsbereich Netz, NBS Köln-Rhein/Main, Projektleitung, Sonderausgabe, 1995(d), S. 6 - 9.

o. V.: Auf leisen Sohlen in die Zukunft - Die Bahn forscht für den Schallschutz, in: Zum Thema, Neubaustrecke Köln-Rhein/Main, hrsg. v. Deutsche Bahn AG, Geschäftsbereich Netz, NBS Köln-Rhein/Main, Projektleitung, Projektleitung, Nr. 1, 1995(e), S. 4 - 5.

o. V.: Statistische Informationen Kassel, 07.03.1996(a).

o. V.: Einwohnerentwicklung, in: HNA Kassel vom 19.06.1996(b), S. 5.

o. V.: Rettungskonzept: Sicherheit im Tunnel, in: Zum Thema, Neubaustrecke Köln-Rhein/Main, hrsg. v. DB Projekt GmbH Köln-Rhein/Main, Nr. 2, 1996(c), S. 9 - 11.

o. V.: Signale haben ausgedient - Leit- und Sicherheitstechnik auf der NBS, in: Zum Thema, Neubaustrecke Köln-Rhein/Main, hrsg. v. DB Projekt GmbH Köln-Rhein/Main, Nr. 3, 1996(d)., S. 4 - 5.

o. V.: Verschenkte Chance Bahngüterverkehr, in: VCÖ-Zeitung Nr. 3, April 1996(e), S. 3.

o. V.: TGV-Hersteller Alsthom will Einstieg bei Transrapid, in: HNA, 9. Juni 1997, S. 1.

Obermeyer, H. J.: Internationaler Schnellverkehr, Stuttgart 1994.

Österreichische Bundesregierung (Hrsg.): NUP - Nationaler Umweltplan, Wien 1995.

Pfriem, R.: Unternehmenspolitik in sozialökologischen Perspektiven, Marburg 1995.

Plamper, R.: Neue Ansätze zur Reduktion von Masse und Energieverbrauch bei Schienenfahrzeugen, in: Bundesministerium für Forschung und Technologie (Hrsg.): Statusseminar Schnellbahnen, Magnetbahn und Rad/Schiene-Technik, Darmstadt 1994, Kap. 4.

Prognos AG: Externe Effekte im Straßenverkehr, Prognos-Schriftenreihe „Identifizierung und Internalisierung externer Kosten der Energieversorgung", im Auftrag des Bundesministeriums für Wirtschaft, Basel 1992.

Prognos AG: Bedeutung und Umweltwirkungen von Schienen- und Luftverkehr in Deutschland, Untersuchung im Auftrag der Arbeitsgemeinschaft Deutscher Verkehrsflughäfen, der Deutschen Bahn AG, der Deutschen Lufthansa und des Deutschen Verkehrsforums, Basel 1995.

Pütz-Willems, M.: In der Mitte Deutschlands tagen, in: Handelsblatt vom 03./04.11.1995, S. 60 - 61.

Radenz, C.: Auswirkungen von Autobahnen im peripheren Raum. Heft 30 der Arbeitsmaterialien zur Raumordnung und Raumplanung, Bayreuth 1984.

Raffée, H.: Grundprobleme der Betriebswirtschaftslehre, Göttingen 1974.

Rapoport, A.: Bedeutungslehre - Eine semantische Kritik, Darmstadt 1972.

Raschbichler, H.G.: Die Magnetschnellbahn Transrapid - Ein neues Verkehrssystem für den Personen- und Gütertransport, in: Sonderdruck der Thyssen Henschel AG aus ZEV & DET, Glasers Annalen 8-9/92, Berichtsheft 27. Tagung „Moderne Schienenfahrzeuge", Graz 1992.

Rat der Sachverständigen für Umweltfragen, Der (Hrsg.): Umweltgutachten 1994 - Für eine dauerhaft umweltgerechte Entwicklung, Stuttgart 1994.

Rath, A.: Möglichkeiten und Grenzen der Durchsetzung neuer Verkehrstechnologien, dargestellt am Beispiel des Magnetbahnsystems Transrapid, Berlin 1993.

Reinhard, G.: Systemvergleich verschiedener Verkehrsmittel - Grundsätzliche Probleme und Lösungsansätze, in: VDI-Berichte 1093, Düsseldorf 1993, S. 101 - 114.

Riegert, K., et al.: Transrapid Anwendungsfahrweg, Teil III: Stahlfahrweg, in: Bundesministerium für Forschung und Technologie (Hrsg.): Statusseminar Schnellbahnen, Magnetbahn und Rad/Schiene-Technik, Darmstadt 1994, Kap. 17, S. 50 - 65.

Rogg, D.: Programmübersicht Magnetschnellbahn Transrapid, in: Bundesministerium für Forschung und Technologie (Hrsg.): Statusseminar Schnellbahnen, Magnetbahn und Rad/Schiene-Technik, Darmstadt 1994, Kap. 14.

Ropohl, G.: Das neue Technikverständnis, in: Ropohl, G. (Hrsg.): Interdisziplinäre Technikforschung, Beiträge zur Bewertung und Steuerung der technischen Entwicklung, Berlin 1981, S. 11 - 24.

Ropohl, G.: Konzeptionen der Technikbewertung, in: Daimler Benz Aktiengesellschaft (Hrsg.): Technikfolgenabschätzung und Technikbewertung: Konzeption, Anwendungsfälle, Perspektiven; 9. Daimler Benz Seminar Berlin der Forschungsgruppe Berlin, 19./20.11.1987, Düsseldorf 1988, S. 15 - 26.

Rossberg, R.: Intelligente Züge machen die Bahn schneller, in: VDI nachrichten vom 15.12.1995

Rothengatter, W./IWW: Fahrgastaufkommen einer Magnetbahnstrecke Berlin - Hamburg in Abhängigkeit verschiedener Haltepunktlagen, Endbericht im Auftrag des Bundesministers für Verkehr, Karlsruhe 1992.

Rothengatter, W.: Stellungnahme zu einzelnen Fragen des Fragenkataloges für die öffentliche Anhörung im Ausschuß für Verkehr am 07.02.1996, Bonn 1996.

Rudolph, E.: Eisenbahn auf neuen Wegen, Hannover - Würzburg Mannheim - Stuttgart, Darmstadt 1989.

Sauter, W.: Statements in: Ausschuß für Verkehr, 1996.

Schaefer, H.: Zur Definition des kumulierten Energieaufwandes (KEA) und seiner primärenergetischen Bewertung, in: VDI (Hrsg.): Kumulierte Energie- und Stoffbilanzen, VDI-Berichte 1093, Düsseldorf 1993, S. 11 - 25.

Schlieper, U.: Externe Effekte, in: Albers, W. et al.: Handwörterbuch der Wirtschaftswissenschaft, Bd. 2, 13. Aufl., Wiesbaden 1992, S. 524 - 530.

Schmidt-Bleek, F./Tischner, U.: Produktentwicklung, Nutzen gestalten - Natur schonen, Schriftenreihe des Wirtschaftsförderungsinstituts der Wirtschaftskammer Österreich, Nr. 270, Wien 1995.

Schmidt-Bleek, F.: Wieviel Umwelt braucht der Mensch? MIPS - das Maß für ökologisches Wirtschaften, Basel et al. 1993.

Schmittel, W.: International vergleichende Analyse der Institutionalisierung von Technikfolgenabschätzung, in: VDI-Technologiezentrum physikalische Technologien (Hrsg.): International vergleichende Analyse der Institutionalisierung von Technikfolgenabschätzung, Bd. 1, Düsseldorf 1992.

Schmitz, K.-P.: Zur Schallemission der TR07, in: Bundesministerium für Forschung und Technologie (Hrsg.): Statusseminar Schnellbahnen, Magnetbahn und Rad/Schiene-Technik, Darmstadt 1994, Kap. 28.

Schumpeter, J.: Theorie der wirtschaftlichen Entwicklung, 7. Aufl., unveränd. Nachdruck d. 1934 erschienenen 4. Aufl., Berlin 1987.

Schwindt, G./Gaede, P.-J.: Die Schnellfahrweiche, in: MVP Versuchs- und Planungsgesellschaft für Magnetbahnsysteme (Hrsg.): Magnetbahn Transrapid - Die neue Dimension des Reisens, Darmstadt 1989, S. 32 - 35.

Seifried, D.: Gute Argumente: Verkehr, 4. Aufl., München 1993.

Simon, J.: Philosophie des Zeichens, Berlin/New York 1989.

Spangenberg, J.: Towards Sustainable Europe - Zusammenfassung einer Studie des Wuppertal Instituts, in: TA-Datenbank.Nachrichten Nr. 1, 5. Jg., Karlsruhe, März 1996, S. 2 - 5.

Sporr, V.: Existenzsicherung mit langlebigen Produkten: Strategie und Finanzierung. Forschungsarbeit, TWI/Universität Gh Kassel 1994.

Staehle, W. H.: Management - Eine verhaltenswissenschaftliche Perspektive, 4., neubearb. u. erw. Aufl., München 1989.

Stahel, W.R./Reday-Mulvey, G.: Jobs for Tomorrow - The Potential for Substituting Manpower for Energy, New York etc., 1981.

Stahlmann, V.: Ziel und Inhalt ökologischer Rechnungslegung - Vom Teil zum Ganzen, in: Beck, M. (Hrsg.): Ökobilanzierung im betrieblichen Management, Würzburg 1993, S. 89 - 145.

Statistisches Bundesamt (Hrsg.): Statistisches Jahrbuch 1996 für die Bundesrepublik Deutschland, Wiesbaden 1996(a).

Statistisches Bundesamt: Verkehrsunfälle in der BR Deutschland, Schriftliche Auskunft des Statistischen Bundesamts, Wiesbaden 1996(b).

Statistisches Landesamt Mecklenburg-Vorpommern: Entwicklung in Mecklenburg-Vorpommern, statistischer Jahresbericht 1994, in: Statistische Sonderhefte 5, Heft 1, Schwerin 1995, S. 1 - 11.

Staudt, E.: Struktur und Methoden technologischer Voraussagen - Beitrag zu einer allgemeinen Planungstheorie, Göttingen 1974.

Staudt, E.: Bedürfniserfüllung - Anspruch und Wirklichkeit, Wege und Irrwege zur Technikbewertung aus einzelwirtschaftlicher Sicht, in: Rapp, F. (Hrsg.): Ideal und Wirklichkeit der Techniksteuerung, Sachzwänge - Werte - Bedürfnisse, Düsseldorf 1982, S. 147 - 179.

Stiller, Hartmut: Materialintensitätsanalyse von Transportleistungen (2), Binnenschiffahrt, Wuppertal Papers Nr. 41, Wuppertal Institut für Klima, Umwelt, Energie, Wuppertal 1995.

Teichmann, U.: Wirtschaftspolitik, 4. Aufl., München 1993.

Thoenes, H./Kurth, K.: Die regionalen Effekte durch den Bundesfernstraßenbau. Raumforschung und Raumordnung, 36. Jg., Heft 3, o. O. 1978, S. 115 - 182.

Thyssen Henschel Magnetfahrtechnik: Magnetfahrtechnik - Magnetschnellbahn Transrapid, München 1993.

Thyssen Henschel Magnetfahrtechnik: Aktueller Systemdatenvergleich 4195, o. O. 1995(a).

Thyssen Henschel Magnetfahrtechnik: Magnetschnellbahn Transrapid - Von der Entwicklung bis zur Anwendung, INFOTEC Nr. 1, o. O. 1995(b).

Thyssen Henschel Magnetfahrtechnik: Review Fahrzeuggewicht TR08, Gewichtsverfolgung, o. O. 1995(c).

Thyssen Henschel Magnetfahrtechnik: Magnetschnellbahn Berlin - Hamburg, Stellungnahme zum Fragenkatalog der CDU/CSU-Fraktion zur öffentlichen Anhörung des Verkehrsausschusses am 07. Februar 1996, München 1996(a).

Thyssen Henschel Magnetfahrtechnik: Magnetschnellbahn Berlin - Hamburg, Umweltdaten, o. O. 1996(b).

Tiefbau-Berufsgenossenschaft: Gefahrtarif der Tiefbau-Berufsgenossenschaft, gültig zur Berechnung der Beiträge vom 1. Januar 1992 an, Teil 1: Zuteilung der Gewerbezweige zu den Gefahrenklassen, Telefax-Nachricht vom 18.09.96, München 1996.

TUKAN Gesellschaft für Transport-, Umwelt- und Kommunikationsanalyse mbH: Erlösprognose für eine Magnetschnellbahnstrecke Berlin - Hamburg, im Auftrag der Versuchs- und Planungsgesellschaft für Magnetbahnsysteme mbH, o. O. 1993.

Umweltbundesamt/UBA (Hrsg.): Umweltrelevante Effekte eines Magnetbahnprojekts, Vorstudie, Berlin 1990.

Umweltbundesamt/UBA (Hrsg.): Was sie schon immer über Auto und Umwelt wissen wollten, Berlin 1996.

UPI Umwelt- und Prognoseinstitut Heidelberg (Hrsg.): Öko-Bilanz eines Autolebens, Heidelberg 1993.

VCÖ (Verkehrsclub Österreich), Migliederinformation vom 27.02.96, Wien.

VDI Verein Deutscher Ingenieure: Technikbewertung, Begriffe und Grundlagen, VDI-Richtlinie 3780, Düsseldorf 1991(a).

VDI Zentrum Wertanalyse (Hrsg.): Wertanalyse; Idee - Methode - System, Reihe Betriebswirtschaft und Betriebspraxis, 4., völlig neubearb. Aufl., Düsseldorf 1991(b).

VDI-Berichte 1093: Kumulierte Energie- und Stoffbilanzen - Ihre Bedeutung für Ökobilanzen, Düsseldorf 1993.

Velske, S.: Baustofflehre, Bituminöse Stoffe, 2. Aufl., Düsseldorf 1976.

Versuchs- und Planungsgesellschaft für Magnetbahnsysteme m.b.H.: Zur Sache: Die Magnet-Schnellbahn Transrapid und die Wirtschaft, o.O. o.J.

Vieregg, M.: Die Wirtschaftlichkeit muß steigen, in: Internationales Verkehrswesen 4/96, o. S.

Vieregg & Rössler GmbH Innovative Verkehrs- und Umweltberatung: Eisenbahn-Korridor Hamburg - Berlin über Uelzen-Stendal als Alternative zur Magnetbahn Transrapid, München 1994.

Voigt, F.: Die Theorie der Verkehrswirtschaft, Berlin 1973.

Warnecke, H.-J.: Die Fraktale Fabrik - Revolution der Unternehmenskultur, Berlin et al. 1992.

Waschke, G./Gomolka, H./Wnuk, A.: Die Elektrizitätswirtschaft in der Bundesrepublik Deutschland im Jahre 1994, Statistischer Jahresbericht des Referats Elektrizitätswirtschaft im Bundesministerium für Wirtschaft, 46. Bericht, Frankfurt a. M. 1996.

Wayss & Freitag: Schwellentechnologie, Firmenschrift, Frankfurt a. M. o. J.

Wegerer, K./Kunz, S./Ellmann, S.: Transrapid-Anwendungsfahrzeug, in: Bundesministerium für Forschung und Technologie (Hrsg.): Statusseminar Schnellbahnen, Magnetbahn und Rad/Schiene-Technik, Darmstadt 1994, Kap. 22.

Weibel, P.: Territorium und Technik, in: Ars Electronica (Hrsg.): Philosophien der neuen Technologie, Berlin 1989, S. 81 - 111.

Weigler, H./Sieghart, K.: Beton: Arten - Herstellung - Eigenschaften, in: Kupfer, H. (Hrsg.): Handbuch für Beton-, Stahlbeton- und Spannbetonbau, Handbuchreihe für Entwurf - Berechnung - Ausführung, Berlin 1989.

Weizsäcker, E. U. v.: Erdpolitik: Ökologische Realpolitik an der Schwelle zum Jahrhundert der Umwelt, 2., aktualisierte Aufl., Darmstadt 1990.

Weizsäcker, E. U. v./Lovius, A. u. H.: Faktor Vier. Doppelter Wohlstand - halbierter Naturverbrauch, Bericht an den Club of Rome, München, 1995.

Wellerang, E.: 300 km/h-Trasse mit sanften Krümmungen, in: VDI nachrichten vom 15.12.1995, S. 1.

Wicke, L.: Die ökologischen Milliarden, Das kostet die Umwelt - so können wir sie retten, München 1986.

World Commission on Environment and Development (Hrsg.): Our Common Future. Oxford et al. 1987.

Wuppertal Institut (Hrsg.): Für ein zukunftsfähiges Europa; Wuppertal Papers Nr. 42, 3. Aufl., Wuppertal 1995.

Zangemeister, C.: Nutzwertanalyse in der Systemtechnik, München 1971.

Zeilhofer, M.: DIBMOF - ein integrierendes System für die Dienste Zugfunk, Funkzugbeeinflussung und Kommunikation, Stand der Entwicklung, in: Bundesministerium für Forschung und Technologie (Hrsg.): Statusseminar Schnellbahnen, Magnetbahn und Rad/Schiene-Technik, Darmstadt 1994, Kap. 9.

Anhang 1: Verzeichnis der interviewten Experten[1]

Herr Arnold, Landesgeschäftsführer, Bundesverband mittelständische Wirtschaft, Landesverband Mecklenburg-Vorpommern, Schwerin

Herr Baerens, Grüne Liga, Landesverband Mecklenburg-Vorpommern, Schwerin

Herr Beckers, Gruppenleiter Fernverkehr, Senatswesen für Bauen,Wohnen und Verkehr, Berlin

Herr Berg, Geschäftsführer, Fa. Berg, Schwerin

Herr Frhr. v. Bredow, Leiter der Abteilung Naturschutz und Landschaftspflege, Ministerium für Landwirtschaft und Naturschutz des Landes Mecklenburg-Vorpommern, Schwerin

Herr Dr. Büllingen, Abteilungsleiter, Wissenschaftliches Institut für Kommunikationsdienste, Abteilung Technikfolgenabschätzung, Bonn

Frau Christen, Verantwortliche Wirtschaftsredakteurin, Wirtschaftsredaktion der Schweriner Volkszeitung, Schwerin

Herr Cramer, Landtagsabgeordneter, Bündnis 90/Die Grünen, Berlin

Herr Döge, Leiter des Amts für Verkehrsanlagen der Stadt Schwerin, Schwerin

Herr Dreßler, Dipl.-Ing., Abteilungsleiter Raumordnung/Verkehr, Industrie- und Handelskammer, Schwerin

Herr Driller, Gruppe Integration Verkehrsanlagen in den Stadtorganismus, Berliner Senatsverwaltung für Stadtentwicklung und Umweltschutz, Berlin

Herr Dr. Eggenberger, Dipl.-Volksw., Zentralverband des Deutschen Handwerks, Abteilung Wirtschaftspolitik, Bonn

Herr Eifler, Ministerium für Umwelt-, Naturschutz und Raumordung Brandenburg, Potsdam

Herr Engels, Leiter zentrale Information, Statistisches Landesamt, Berlin

Frau Footh, Dipl.-Geol., Verkehrspolitische Sprecherin, Grüne Liga, Landesverband Mecklenburg-Vorpommern, Schwerin

Herr Giesen, Beigeordneter, Deutscher Städte- und Gemeindebund, Düsseldorf

Herr Grzybowski, Geschäftsführer, EDG Ingenieurbüro für Bauwesen mbH, Schwerin

Herr Dr. Här, Geschäftsführer, Basis GmbH Unternehmensberatung, Wismar

---

[1] die mit einer namentlichen Nennung einverstanden waren.

Herr Dr. Heinrichs, Abteilungsleiter Raumordnung und Landesplanung, Ministerium für Bau, Landesentwicklung und Umwelt des Landes Mecklenburg-Vorpommern, Schwerin

Herr Dr. Hopf, Referat Verkehr, Deutsches Institut für Wirtschaftsforschung (DIW), Berlin

Herr Hundt, Geschäftsführer, Fa. H + K-Schmiede, Schwerin

Industrie und Handelskammer, Potsdam (nur mit Nennung der Institution einverstanden)

Herr Kaczmarek, Landtagsabgeordneter, CDU-Fraktion, Berlin

Herr Dr. Klöckner, Ministerialrat, Wirtschaftsministerium des Landes Mecklenburg-Vorpommern, Schwerin

Herr Köpke, Leiter der Abt. Öffentlichkeitsarbeit der Hamburger Wirtschaftsförderungsgesellschaft, Hamburg

Herr Prof. Dr. Kruse, Hochschullehrer, Fachhochschule für Technik und Wirtschaft, Berlin

Herr Leymann, Abteilungsleiter Gewässerschutz und Wasserwirtschaft, Ministerium für Bau, Landesentwicklung und Umwelt des Landes Mecklenburg-Vorpommern, Schwerin

Herr Lippoldt, Dipl.-Volksw., Abteilungsleiter, Bundesverband der Deutschen Industrie e. V., Abteilung Verkehrs- und Telekommunikationspolitik, Bonn/Köln

Frau Matuschek, Landtagsabgeordnete, PDS-Frakion, Berlin

Herr Menke-Glückert, Vorsitzender der Umwelt-Kommission, Bundesverband der mittelständischen Wirtschaft, Bonn

Herr Dr. Merl, Geschäftsführer Industrie- und Handelskammer, Hamburg

Frau Nehring, Dipl.-Volksw., Assistentin der Geschäftsführung, Bundesverband des Deutschen Groß- und Außenhandels e. V., Abteilung Außenwirtschaft, Bonn

Herr Dr. Neinens, Vorsitzender des Arbeitskreises Verkehr der Statt-Partei, Hamburg

Herr Nill, Referent, Bund für Umwelt- und Naturschutz Deutschland (BUND), Landesverband Mecklenburg-Vorpommern, Schwerin

Herr Noack, Bürgerinitiative Bergedorf gegen Transrapid, Bergedorf

Frau Nolte, Wissenschaftliche Referentin für Wirtschaft, Bau und Landesentwicklung der CDU-Fraktion im Landtag des Landes Mecklenburg-Vorpommern, Schwerin

Herr Podzuweit, Gewerkschaft der Deutschen Eisenbahn, Berlin

Herr Rahlfs, ehrenamtlicher Vorsitzender des Verbandes für Fremdenverkehr HH e.V., Hamburg

Referat für Landesentwicklung und Verkehr, Koordinierung Berlin-Brandenburg Ministerium für Wirtschaft, Mittelstand und Technologie, Potsdam

Herr Schlegel, Bund für Umwelt- und Naturschutz Deutschland (BUND), Berlin

Herr Dr. Schmidt, Verkehrspolitischer Sprecher, GAL-Bürgerschaftsfraktion, Hamburg

Herr Schuckmann, Stadtverordneter der SPD, Schwerin

Herr Dipl.-Ing. Schwenk, Abteilungsleiter der Berliner Verkehrsbetriebe (BVG), Berlin

Frau Seemann-Katz, Landesgeschäftsführerin, Bündnis 90/Die Grünen, Landesverband Mecklenburg-Vorpommern, Schwerin

Herr Dr. Stegemann, PDS-Fraktion im Landtag des Landes Mecklenburg-Vorpommern, Schwerin

Herr Storch, Abteilungsleiter für Verkehrsplanung, Amt für Verkehrsanlagen der Stadt Schwerin, Schwerin

Herr Dr. Tank, Wissenschaftlicher Mitarbeiter, Friedrich-Ebert-Stiftung, Abteilung Wirtschaftspolitik, Bonn

Frau Tennert, Grüne Liga (Netzwerk ökologischer Bewegungen), Berlin

Herr Wiesenhütter, Abteilungsleiter Verkehr, Industrie- und Handelskammer, Berlin

Herr Dipl.-Volksw. Wittke, Verband der Metall- u. Elektroindustrie Berlin/Brandenburg e.V., Vereinigung der Unternehmensverbände Berlin/Brandenburg e.V, Berlin

Herr Zschiesche, Leiter Arbeitsbereich Umweltrecht, Unabhängiges Institut für Umweltfragen, Berlin

Anhang 2: Tabellen zur Inhaltsanalyse (Kapitel 7)

Tabelle 1: Formale und charakteristische Kriterien zum Thema „Magnetschwebebahn Transrapid“

	formale Merkmale				charakteristische Merkmale				
Nr.	*Datum:*	*Autor und Headline [Bericht oder Kommentar]*	*Größe u. Bild*	*allg. Wertung*	*Neuheit*	*Leserein-beziehung*	*Paradoxie*	*Schlußwort*
1	18.5.79	wol: Auf Luftkissen über die Schiene (kein Lärm, keine Abgase, Versuchsstrecke für die Magnetschwebebahn) [Bericht]	1/2 Din A4 (kein. B.)	+ +	erste Schwebebahn der Welt	-	-	Es gibt übrigens Fachleute: Strecke sei zu kurz
2	4.11.87	AP: Magnetschwebebahn für den Norden? (Verkehrsminister stellt Plan vor) [Bericht]	1/3 Din A4 (kein B.)	+ +	bis Ruhrgebiet u. Skandinavien	-	-	-
3	3.10.89	Engel, Michael: Überholt die Dauermagnetschwebetechnik den Transrapid? (Die Neuentwicklung Braunschweig 2 scheint zukunftsträchtig zu sein / Ebenerdige Trasse und bessere Geräuschabschirmung) [Kommentar]	Din A4 (kein B.)	- -	TRP zu anfällig, weil zu kompliziert. Mio. von Betonstelzen	Wie lassen sich Dauermagneten antreiben? [u. siehe Headline]	Brauns. 2 leider n. gefragt <-> In Brauns. nehmen nämlich Dauermagneten zukunftsträchtige Konturen an	je lauter es um den TRP geht => öffent. Protestwind um die Ohren d. Politiker
4	22.12.89	K.B.: Umweltverträglichkeit bestimmt den Verlauf der ICE-Strecke (Haltepunkt Bonn noch unsicher / Finanziers für den TRP gesucht) [Bericht]	3/4 Din A4 (kein B.)	+	TRP-Strecke wesentl. Voraussetzung f. d. Zusammenleg. der Flgh. Düsseldorf und Bonn	-	-	-
5	14.2. 92	Adam, Konrad: Endstation Disneyworld (Transrapid: Der Zug, den niemand haben will und keiner braucht) [Kommentar]	2 Din A4 (Bild v. TRP)	- -	Eine wirkl. unabhängige Größe, die d. Staatseinfluß, Mißstände bezeichnen könnte, gibt es nicht	-	-	Spielzeugformat in USA [22 km]: würdiges Ziel für die Magnetbahn TRP
6	6.3.92	Hamm, Walter: Transrapid eine Riesensubvention [Kommentar]	Din A4 (Frakturüberschrift)	- -	Wiedervereinigung Deutschlands: Investitionen in den Osten wichtiger	-	-	TRP-Projekt erfüllt k. gesamtwirt. Anforderungen
7	9.5.92	hal.: Die Industrie hofft auf den Transrapid [Bericht]	1/2 Din A4 (kein B.)	-	Industrie bleibt zuversichtlich, daß Magnetschwebebahn TRP gebaut wird	-	-	-
8	9.9.92	St.: Der Bundestag prüft den Großeinsatz des Transrapid (Nach Verringerung der öffentlichen Förderung ist jetzt die Industrie stärker gefordert) [Bericht]	1/2 Din A4 (kein B.)	+	Verkehrsexperten: 15 Mio. Menschen jährl. Verkehrsministerium: TRP im Verkehrswegeplan aufgenommen	-	-	-

	formale Merkmale			charakteristische Merkmale				
Nr	Datum:	Autor und Headline [Bericht oder Kommentar]	Größe u. Bild	allg. Wertung	Neuheit	Lesereinbeziehung	Paradoxie	Schlußwort
9	17.1.93	Müller, C.-P.: Einsam schwebt der High-Tech-Zug über Kuhweiden (Kein Markt für den Transrapid in Europa / Thyssen Henschel hofft auf Musterstrecke in Deutschland) [Kommentar]	Din A4 (2 Bilder vom TRP)	+ +	Lothar Späth verhilft zum Schmunzeln: Anekdote vom TRP	Unser Eisenbahnnetz ist ...	TRP dort keinen Sinn, wo TGV o. ICE fahren. <-> Haastert setzt auf die Magnetbahn in der Heimat	japan. System techn. unterlegen bzgl. elektromagn. Felder
10	18.2.93	Ke.: Berlin sieht Transrapid-Strecke nach Hamburg nur als Anfang (Noch wird über die Finanzierung und Streckenführung diskutiert / Eine Alternative zum Kurzstreckenflugverkehr) [Bericht]	Din A4 (kein B.)	+ +	Stadthoheit setzt sich zur Wehr. [Aber] Schnellbahnprojekt stößt in der Hauptstadt auf große Zustimmung. Berlin will keine Stummelstrecke nach HH	-	-	1996 ... wäre der Weg frei
11	20.4.93	cpm.: Thyssen Henschel: Transrapid trägt sich selbst (Die Industrie stellt Modell zur Finanzierung der Magnetschellbahn vor.) [Bericht]	3/4 Din A4 (kein B.)	+	Mit der Vorlage der Konzepte sei eine wichtige Voraussetzung für eine positive Entscheidung geschaffen	-	TRP trägt sich selbst <-> Planungszeitraum 25-30 Jahre: Staat jene Risiken übernehmen, die zu verantworten sind	-
12	13.5.93	hal.: Transrapid-Strecke gefährdet [Bericht]	1/4 Din A4 (kein B.)	- -	Koalition erwägt Bau einer Schnellbahn-Trasse für den ICE zw. HH-B	-	-	-
13	15.5.93	cpm.: [keine Überschrift] [Bericht]	1/6 Din A4 (kein B.)	+	Bekenntnis des Bundesverkehrsausschusses begrüßt von Thyssen Henschel	-	-	-
14	11.11.93	hal.: Unklarheiten über „Transrapid"-Schwebebahn (Koalition für den Bau / Waigel warnt vor Risiken) [Bericht]	1/2 Din A4 (kein B.)	-	ungeklärte Haushaltsrisiken. Waigel zweifelt an der Wirtschaftlichkeit des Projekts	-	-	-
15	20.11.93	Jl.: Dürr: Den Transrapid einsetzen [Bericht]	1/6 Din A4 (kein B.)	++	Nur wenn der TRP offiziell eingesetzt werde, werde er auch zu exportieren sein	-	-	-

	formale Merkmale			charakteristische Merkmale				
Nr	Datum:	Autor und Headline [Bericht oder Kommentar]	Größe u. Bild	allg. Wertung	Neuheit	Leserein-beziehung	Paradoxie	Schlußwort
16	8.12.93	Stü.: Neue Gesellschaft für den Transrapid (Betriebsgesellschaft mit privater Finanzierung / Lob für neues Konzept) [Bericht]	1/3 Din A4 (kein B.)	+ +	Das neue Finanzierungskonzept für die Magnetschwebebahn erhält Lob von der Bundesregierung	-	-	Konzept benötigt noch 3,3 Mrd. Fremdkapital [von Aktionären]
17	9.12.93	hal.: Die Bundesregierung setzt auf den Transrapid (Endgültige Entscheidung Anfang 1994 / „Zukunftssymbole" notwendig / SPD gespalten) [Bericht]	1/2 Din A4 (kein B.)	+ +	Das Kabinett hat grundsätzlich dem Bau der Magnetschwebebahn TRP zugestimmt	-	-	-
18	9.12.93	hal.: Die Stelzenbahn [Kommentar]	1/4 Din A4 (Frakturüberschrift)	+ +	Wissmann hat recht, daß Deutschland wieder Zukunftssymbole brauche	-	... unsinnig, wenn der Staat den Bau der Magnetbahn fördere u. gleichzeitig eine ICE-Trasse ... plante	Politik und Wirtschaft beweisen, daß sie noch flexibel sind
19	21.1.94	hal.: „Transrapid nicht akzeptiert" [Bericht]	1/6 Din A4 (kein B.)	- -	Risiko könne für Bund unkalkulierbar sein, wenn TRP wirt. Erwartung nicht erfüllt	-	-	-
20	11.2.94	Jl./cpm.: Gutachter: Transrapid kommt den Bund teurer als veranschlagt (Industrie-Risikobeteiligung zu gering/ Betreiber verteidigen Finanzierungskonzept als „solide") [Bericht]	1/2 Din A4 (kein B.)	-	Bund wird sich wesentlich stärker am Bau d. Magnetschnellbahnstrecke zw. HH u. B (Transrapid) beteiligen müssen, als im Konzept d. Magnetschnellbahn B-HH GmbH ausgewiesen wird	-	-	-
21	11.2.94	Bar.: Schaustück [Kommentar]	1/4 Din A4 (Frakturüberschrift)	- -	... den TRP mit Rechenkunststücken a. Gleitschiene d. Wirtschaftl. gehoben. Wenn Gutachten nicht plausibel entkräftigt wird, dann sollte der TRP nicht gebaut werden	Darf man fragen: Sieht so der Weg in die Zukunft aus?	Das ganze Konzept wackelt; es ist für eine privatwirtschaftliche Risikoübernahme unzumutbar, und es setzt unausgesprochen darauf, daß d. Staat die Dauerverluste übernehmen wird	Als budgetbelastendes Schaustück ist er zu teuer

	formale Merkmale			charakteristische Merkmale				
Nr	*Datum:*	*Autor und Headline [Bericht oder Kommentar]*	*Größe u. Bild*	*allg. Wertung*	*Neuheit*	*Lesereinbeziehung*	*Paradoxie*	*Schlußwort*
22	22.2.94	rw.: „Transrapid wird ein neues Milliardengrab" [Bericht]	1/4 Din A4 (kein B.)	- -	Die Umweltschutzorgan. [BUND] will Bürgerinitiativen organisieren	-	-	Umweltschutzorgan: nannte das Finanzierungskonzept unsolide
23	1.3.94	Vogt, Dieter: Der Luftwiderstand ist das geringste Hindernis (Das Transrapid-Projekt / Milliardengrab oder Zukunftstechnologie?) [Kommentar]	Din A4 (Kursivüberschrift)	- -	Die Concorde durchbrach die Schallmauer, aber das war der einzige Durchbruch. Wird d. TRP auch das Scheitern mit ihr gemeinsam haben?	Zug der Zukunft ... [ICE] nicht längst auf der Schiene abgefahren? [HH-B:] ... nur eine Vorzeigestrecke?	-	Die [Vorzeigestrecke HH-B] könnte doch wohl eine Nummer kleiner sein
24	3.3.94	hal.: Bonn billigt den Bau des Magnetschnellzuges Transrapid (Entscheidung des Kabinetts / Kritik von der SPD und Umweltschützern / Die Strecke Berlin-Hamburg) [Bericht]	1/2 Din A4 (kein B.)	+	Wissmann u. Krüger sagten, mit dem TRP demonstriere die Bundesregierung die Leistungsfähigkeit des Industriestandortes Deutschland	-	-	-
25	3.3.94	Bar.: Rapid ins Risiko [Kommentar]	1/4 Din A4 (Frakturüberschrift)	- -	Warum läßt sich der Staat v. d. Industrie in dieses Risiko schicken, wenn doch d. TRP geradewegs in die verkehrswirt. Zukunft schweben soll?	Was soll Auslandskunden vorgeführt werden: zerstückelte Zugverbindung? ... Umsteigen auf den TRP, nochmals Vorortzug? Oder Zentren mit Stelzenführung verschandeln? Oder sollen gigantische Tunnel das Projekt verteuern? Erlöse kalkuliert? Kosten systematisch zu niedrig angesetzt? Stört der TRP die Sanierungspläne der Bahn?	-	Gegen solche Fragen u. die fundierten Zweifel seiner Berater hat der Verkehrsminister die Vermutung gestellt, die Herren seien nicht auf dem neuesten Stand. Im Gesetzgebungsverfahren sollte er es sich nicht so einfach machen
26	9.3.94	hal: SPD: Kurze Transrapid-Trasse [Bericht]	1/6 Din A4 (kein B.)	-	[Kürzere Strecke] ... könnte von Berlin zum geplanten Großflughafen bei Jüterborg gehen	-	-	-

	formale Merkmale			charakteristische Merkmale				
Nr	Datum:	Autor und Headline [Bericht oder Kommentar]	Größe u. Bild	allg. Wertung	Neuheit	Leserein-beziehung	Paradoxie	Schlußwort
27	15.3.94	dv.: Grünes Licht und rote Karte: Mit Tempo 400 gegen eine Wand von Bedenken (Beiträge zum Projekt der Magnetschnellbahn Transrapid zwischen Berlin und Hamburg) [Kommentar bzw. Vorwort]	1/3 Din A4 (kein B.)	-	Befürworter u. Gegner bedienen sich in ihrem Eifer auch manipulierender Beweisführung	Der Zeppelin ist abgestürzt. Schwebt der TRP zum Erfolg?	Die Bahn ohne Räder	Es ist ein Stück Technik, um das es sich zu streiten lohnt
28	15.3.94	Baur, Lutz: Leiser als jedes andere Bahnsystem [Kommentar, in: siehe 27]	Din A4 (kein B.)	+ +	Es geht darum, die Vorteile von Bahnsystemen zu erhalten und die Nachteile ... zu vermeiden	Wir leben in einem dicht-besiedelten Land	-	... scheint sich die Überzeugung durchzusetzen ... der Magnetschnellbahn den Weg in die Zukunft zu ebnen
29	15.3.94	Huncho, Wolf-Heinrich: Versagt auf allen Gebieten [Kommentar, in: siehe 27]	Din A4 (kein. B.)	- -	[bzgl. 10 bis 20 mm Luftspalt:] ... Verlust an Wirkungsgrad, der den Vorteil des fehlenden Rollwiderstandes mehr als kompensiert	Wie kann man ihn da als bahnbrechende Technologie hinstellen, von einem Vorsprung reden, der ungeahnte Exportchancen eröffnet? [und siehe Schlußwort]	-	Kein Unternehmen investiert in ein Projekt, bei dem d. Fehlschlag a priori feststeht ... Warum ist das i. d. Politik ganz anders?
30	21.4.94	geg.: „Der Transrapid könnte den ICE und den TGV ablösen“ (Die Japaner holen in der Magnetschwebebahntechnik stark auf / Thyssen baut in Ungarn ein Werk für Zulieferteile) [Bericht]	3/4 Din A4 (kein B.)	+	... im Jahr 2004 seien TGV 40 Jahre u. ICE 30 Jahre alt. Da sei d. TRP auch in Europa eine Alternative. Exportaufträge erst ab Jahrhundertwende	-	-	-
31	21.5.94	hal.: Transrapid-Anhörung in Bonn [Bericht]	1/4 Din A4 (kein B.)	-	Bahn AG will an ihrem Ausbau festhalten, aber gleichzeitig auch weiterhin an der Betreibergesellschaft TRP sich mit beteiligen	-	-	-
32	14.6.94	Wissmann, Matthias: Transrapid: Technologisches Symbol (Hochgeschwindigkeitszüge entlasten Luft- und Straßenverkehr) [Kommentar bzw. pol. Stellungnahme]	Din A4 (Bild von dem Erfinder des Zeiss-Projektions-planetarium)	+ +	Es ist ... unumstritten, daß dieses Jahrhundertwerk [d. Bahnreform] der richtige Schritt war, mehr Verkehr auf die Schiene zu bringen	Der Umweltschutz ist Bestandteil unserer Verkehrspolitik	... während der Bauzeit [werden] mehr als 10000 Arbeitsplätze gesichert oder geschaffen	Es handelt sich also um ein wirt. u. techno. „Zukunftssymbol“, auf das nicht verzichtet werden darf

	formale Merkmale			charakteristische Merkmale				
Nr.	Datum:	Autor und Headline [Bericht oder Kommentar]	Größe u. Bild	allg. Wertung	Neuheit	Lesereinbeziehung	Paradoxie	Schlußwort
33	17.6.94	hal.: Gesetz zum Bau der Transrapid-Trasse [Bericht]	1/4 Din A4 (kein B.)	+	... zweifelhaft, ob der Bundesrat, in dem die SPD die Mehrheit hat, ebenfalls dem Gesetz zustimmen wird	-	-	-
34	5.7.94	rw.: Streit um Transrapid in Hamburg (Bewährungsprobleme für die SPD und Statt Partei) [Bericht]	3/4 Din A4 (Karikatur: Person, die über schwebende Schienen geht)	+	Eine TRP-Verbindung zw. HH-B wird regionalwirt. v. großem Nutzen sein [Bürgerm. Vorschau]	-	-	-
35	29.8.94	hig.: SPD soll Transrapid zu Fall bringen [Bericht]	1/4 Din A4 (kein B.)	- -	-	-	-	-
36	2.9.94	cpm.: Dürr: Fakten sprechen gegen den Transrapid [Bericht]	1/3 Din A4 (kein B.)	- -	Wir machen aber mit, weil d. Bundesregierung Industriepolitik will ... Die Entscheidung für d. TRP sei international gefährlich, denn d. Bau ... [zeige], daß d. DB v. ICE weg wolle [Dürr]	-	-	Der Flugverkehr auf Kurz- und Mittelstrecken werde durch den TRP allerdings zum Erliegen kommen
37	23.9.94	K.A.: Riesenspielzeug [Kommentar]	1/3 Din A4 (Kursivüberschrift)	- -	Originell sind d. Argumente ... Sinn u. Zweck des Ganzen, d. Schätzungen ü. Wirtschaftlichkeit, Passagieraufkommen, Bedarf haben sich seit einiger Zeit erledigt ... Denn daß d. Schwebebahn in Deutschl. o. sonstwo gebraucht wird, behauptet eigentlich niemand mehr	-	-	Bis dahin wird es freilich nicht nur zwei Mrd. gekostet haben ... So wie in Kalkar, wo man mit dem Bau des Schnellen Brüters erst dann aufhörte, als die acht Mrd. voll waren
38	8.10.94	du.: Der Transrapid soll im Jahre 2004 fahren [Bericht]	1/2 Din A4 (kein B.)	-	Deutsche Bank beziffert allerdings d. Gesamtvol. ... auf 12,2 Mrd. TRP-Betreiber würden n. nur ein Nutzungsentgelt, sondern auch d. Hälfte d. Abschreibungen tragen, was „Bahn-Chef Dürr nicht schafft", sagte Rohkamm	-	-	Schon aus diesen Gründen [Benutzung d. Bahn-Trasse] sei d. Bahn als Partner unverzichtbar. Dürr hat allerdings erkennen lassen, daß er den TRP nur mit halbem Herz unterstützt

	formale Merkmale			charakteristische Merkmale				
Nr.	Datum:	Autor und Headline [Bericht oder Kommentar]	Größe u. Bild	allg. Wertung	Neuheit	Leserein-beziehung	Paradoxie	Schlußwort
39	14.10.94	kum.: Wissmann: Bau der Transrapid-Strecke kann in zwei bis drei Jahren beginnen (Planungsgesellschaft gegründet / Berlin-Schwerin-Hamburg) [Bericht]	3/4 Din A4 (kein B.)	+ +	Nun müsse der Streit darüber aufhören, ob d. Bahn gebaut werden soll oder nicht; wichtiger sei es, darüber zu streiten, wie schnell der TRP gebaut werden könne [Krüger]	-	-	-
40	13.6.95	mr.: Transrapid-Planung: 16 Varianten für Berlin (Im Jahre 2000 soll eine Reise nach Berlin nur drei Stunden dauern) [Bericht]	1/3 Din A4 (kein B.)	+	... den TRP in HH zum Hauptbahnhof zu führen u. wahrscheinlich einen Haltepunkt in Billwerder / Moorfleet anzulegen. Es ist noch n. entschieden, welcher Berliner Bahnhof Endpunkt werden wird	-	-	-
41	16.8.95	enn.: AEG baut Transrapid-Wartungszentrum [Bericht]	1/4 Din A4 (kein B.)	+ +	Verbindung von Wartung u. Endmontage wirke sich positiv auf Investitions- und Betriebskosten aus. Dadurch seien Einsparungen in zweistelliger Millionenhöhe erwartbar	-	-	-
42	1.9.95	Sch.: Umzug nach Berlin - Chancen für den Norden (Hamburg drängt auf Transrapid / In 10 Jahren 800 Unternehmen angesiedelt) [Bericht]	1/3 Din A4 (kein B.)	+	Um mit d. süddeut. Bundesländern auch künftig mindestens gleichzuziehen, sagte Düdden [HH Wirtschaftsförderung], müßten die norddeut. Bundesländer jetzt die notwendigen Infrastrukturmaßnahmen treffen	-	Für die HH Regierung ist aber auch der Bau der Magnetschwebebahn TRP ... „lebensnotwendig", obwohl nicht einmal die Schienenwege d. wachsenden Verkehr gewachsen sind	-
43	1.9.95	Sch.: Träume von morgen [Kommentar]	1/4 Din A4 (Frakturüberschrift)	- -	Vielleicht mögen wirklich einige Investoren in ferner Zukunft einmal Berlin in weniger als einer Stunde erreichen können, wobei immer noch fraglich bleibt, ob sie n. dort an der Peripherie zur Innenstadt umsteigen müssen u. so ... Zeit verlieren	-	-	... der Schienenweg nach B. [hat] auf absehbare Zeit wirklich nichts Verlockendes

	formale Merkmale			charakteristische Merkmale				
Nr.	Datum:	Autor und Headline [Bericht oder Kommentar]	Größe u. Bild	allg. Wertung	Neuheit	Lesereinbeziehung	Paradoxie	Schlußwort
44	22.9.95	Sch.: Kiels Wirtschaftsminister: Transrapid-Strecke höchst unvernünftig (Bahn baut ICE-Strecke Hamburg-Berlin aus / Von 1997 an 2 Stunden Fahrzeit / Elektrifizierung in Schleswig-Holstein) [Bericht]	3/4 Din A4 (kein B.)	- -	Andere Referenzstrecken, etwa TRP-Verbindungen zw. den Flughäfen Düsseldorf u. Köln/Bonn mit einer Weiterführung nach Frankfurt oder von Berlin zu einem neuen Flughafen, hält er für sinnvoller. Dies werde von Vertretern d. Bahn und d. Lufthansa ähnlich gesehen, jedoch n. öffentl. gesagt	-	Wenn die Schwebebahn am Stadtrand endet, sei der TRP tot	-
45	22.9.95	Sch.: Widersinn auf Stelzen [Kommentar]	1/4 Din A4 (Frakturüberschrift)	- -	Unbeeindruckt von den eindringlichen Warnungen der ... [E]xperten, unbeeindruckt von den finanziellen Nöten d. öffentl. Haushalte, wird die Mehrheit des Bundesrates den Bau d. Magnetschwebebahn ... beschließen	-	-	Aber diese Referenzstrecke ist schlicht und einfach zu teuer
46	31.10.95	Sch.: Transrapid: Paradiesvogel oder wichtiger Standortfaktor? (Kommt die Magnetbahn in die Städte? / Auseinandersetzung schon vor dem Raumordnungsverfahren) [Bericht]	1 1/2 Din A4 (Bild vom TRP)	- -	Mitte 1997 dürften d. Unterlagen für das Planfeststellungsverfahren vorliegen. Dann können Verbände und Bürger Widerspruch einlegen. Im HH und B Raum haben sich schon Bürgerinitiativen gebildet	(siehe Überschrift)	-	Am Ende fehle dann das Geld für den Ausbau eines elektrifizierten Netzes, das in die europäischen Intercity-Netze eingebunden werden könne
47	9.1.96	hal. Bonn: Die Bahn beteiligt sich am Transrapid (Vergütung für die Kapitaleinlage / Verzicht auf Erlösausfälle) [Bericht]	1/2 Din A4 (kein B.)	-	... [DB] Beteiligung geschieht vorbehaltlich ... noch anzustellender Wirtschaftlichkeitsuntersuchungen ... Außerdem will die Bahn mit dem Management des TRP-Verkehrs beauftragt werden. ... [Auf] Erlösausfälle ... wird verzichtet	-	-	Da die Strecke von der Bonner Koalition jedoch gewollt sei, wolle man jetzt nicht abseits stehen, ist von der ... [DB] zu hören. Hingegen ist eine Beteiligung an der Betreibergesellschaft für die Deutsche Lufthansa AG kein Thema

	formale Merkmale			charakteristische Merkmale				
Nr.	Datum:	Autor und Headline [Bericht oder Kommentar]	Größe u. Bild	allg. Wertung	Neuheit	Leserein-beziehung	Paradoxie	Schlußwort
48	9.1.96	JJ.: Zukunft in der Schwebe [Kommentar]	1/4 Din A4 (Frakturüberschrift)	- -	Vor zwanzig Jahren wäre der Gedanke der Magnetschwebetechnik sicher interessant gewesen in Deutschland. Jetzt wäre er eher etwas für Länder wie Malaysia	Also doch?	-	In Europa ist inzwischen ein Hochgeschwindigkeitsnetz ... entstanden, in das d. TRP n. paßt, schon gar n. in Zeiten knapper Haushaltsmittel
49	13.1.96	rw.: Beust und Henning für den Transrapid [Bericht]	1/5 Din A4 (kein B.)	+	Sie sagten, dies sei unermeßlich, um d. Ruf Norddeutschland als Technologie- u. Zukunftsregion zu prägen	-	-	-
50	2.2.96	Sch.: Rechnungshof: Transrapid wird teurer als geplant [Bericht]	1/4 Din A4 (kein B.)	- -	Die zw. HH-B geplante Magnetschwebebahn TRP droht zu einem unkalkulierbaren Haushaltsrisiko für den Bund zu werden	-	-	[MPG:] ... daß man bisher den Zeitplan einhalte u. daß das Verkehrsministerium zu seiner 1992 veröffentl. Prognose stehe
51	6.2.96	St.: Thyssen Industrie wehrt sich gegen Kritik am Transrapid-Projekt (Kosten für Strecke Hamburg-Berlin können 12 Milliarden DM übersteigen / Kalkulation erst nach Trassenfestlegung) [Bericht]	3/4 Din A4 (kein B.)	-	Rohkamm gegen Vorwurf, die ... Industrie täusche d. Öffentlichkeit mit falschen Zahlen ... [1996 / 97] kenne man d. wirkl. Länge d. Strecke u. könne ... Investitionen u. Wirtschaftlichkeit kalkulieren. Man werde auf keinen Fall ein Projekt realisieren, von dem anzunehmen ist, daß es notleid. ist	-	-	Zum Wochenbeginn hat die Umweltorganisation Robin Wood ein Gutachten vorgelegt, das den von der Bundesregierung erstellten Entwurf für das TRP-Bedarfsgesetz als verfassungswidrig bezeichnet
52	6.2.96	JI.: Bahn-Gewerkschaft: Transrapid aufgeben [Bericht]	1/4 Din A4 (kein B.)	- -	Der ICE-Verkehr sichere auf dieser Verbindung ebenso viele Arbeitsplätze wie der TRP. Der TRP hätte ... keine 15 Min. Vorsprung ..., wenn der ICE2 ... eingesetzt werde	-	-	-
53	8.2.96	hal.: Der Transrapid ist weiterhin umstritten (Anhörung ohne neue Erkenntnisse / BDI: Mangel an Mut) [Bericht]	1/3 Din A4 (kein B.)	-	[Jurist Wielander:] ... Gesetzesentwurf der Koalition ... [sei] eine Blankoermächtigung	-	-	-

	formale Merkmale			charakteristische Merkmale				
Nr.	Datum:	Autor und Headline [Bericht oder Kommentar]	Größe u. Bild	allg. Wertung	Neuheit	Lesereinbeziehung	Paradoxie	Schlußwort
54	26.2.96	hal.: Die Bahn entscheidet über Beteiligung am Transrapid	1/3 Din A4 (kein B.)	-	... ob d. [DB] bekannt sei, daß das europ. Parlament einen Änderungsantrag beschlossen habe, daß der TRP aus den Planungen für ein transeuropäisches Netz gestrichen werde	-	-	-
55	29.2.96	Ke.: Die Deutsche Bahn beteiligt sich an Transrapid-Gesellschaft (Weiteres Engagement hängt von der Wirtschaftlichkeitsprüfung ab / 1995 wurde Ertrag verbessert) [Bericht]	1/2 Din A4 (kein B.)	+ +	Kommt die Untersuchung zu dem erwarteten positiven Ergebnis, sagte Dürr ..., dann kann die Beteiligung d. Bahn bis auf 300 Mio. aufgestockt werden	-	-	-
56	7.3.96	pso.hal.: Bonn: Transrapid durch Dyckerhoff-Ausstieg nicht gefährdet (Dykerhoff fürchtet politische Risiken / Grüne: Industrie begräbt Wunschträume) [Bericht]	1/3 Din A4 (kein B.)	-	... sei n. gelungen, d. priv. Unternehmen von pol. Risiken freizustellen. [Was geschehe] nach einem Regierungswechsel mit dem TRP [Sprecher Dywidag]. Planungsfortgang ... wird n. beeinflußt	-	-	-
57	7.3.96	Schnorbus, Axel: Der Transrapid droht zur milliardenschweren Fehlinvestition zu werden (Die Kritik der Gutachter: Als Exportartikel zu teuer, als Verkehrsmittel wenig überzeugend) [Kommentar]	Din A4 (kein B.)	-	[Nach dem DIW] sei d. rein verkehrswirtschaftl. Funktion [d. h. Schließung der Geschwindigkeitslücke zw. Bahn u. Flugzeug] des TRP zunehmend in den Hintergrund gerückt. Die unmittelbaren verkehrswirtschaftl. Begründungen für d. Referenzstrecke wirken nicht überzeugend, „eher aufgesetzt"	... Geschäftserfolg d. TRP möglich, wenn d. Schienenweg liberalisiert wird u. priv. Betreiber drängen, d. vorhand. Chancen für einen schnellen Bahnverkehr zu nutzen? Was wird d. EU ... sagen, wenn d. freie Wettbewerb eingeschränkt wird? [usw.]	-	-
58	20.3.96	dpa.: Transrapid-Beratungen im Bundestag ausgesetzt [Bericht]	1/5 Din A4 (kein B.)	-	Der Ausschuß hat ... beschlossen, die Beratungen so lange auszusetzen, bis d. Bundesregierung den Empfehlungen des Bundesrechnungshofes nachgekommen sei	-	-	-

	formale Merkmale			charakteristische Merkmale				
Nr.	Datum:	Autor und Headline [Bericht oder Kommentar]	Größe u. Bild	allg. Wertung	Neuheit	Lesereinbeziehung	Paradoxie	Schlußwort
59	12.4.96	Wagner, René: Hamburger Geschenkpapier für die Gabe aus Bonn (Der SPD-Landesvorsitzende Kuhbier zweifelt am Nutzen des Transrapid) [Kommentar]	Din A4 (Kursivüberschrift, Graphik von Streckenverläufen)	- -	höhere Geschwindigkeit relativieren sich [durch Umsteigeeffekte]. Aufträge [werden] europaweit ausgeschrieben, u. d. vom Bund zur Verfügung gestellten Mittel [werden] ... aus anderen Haushalten abgezogen: Arbeitspl. werden n. neu geschaffen, sondern allenfalls umverteilt. Der vielbeschworene Vorort-Verkehr ... [sei] hanebüchen	Wer wird ... bezahlen?	-	In der mittelfristigen Finanzierung Hamburgs sei der TRP jedenfalls nicht enthalten
60	19.4.95	Stü.: Haushaltsausschuß billigt Transrapid-Konzept (Gesamtkosten von 8,9 Milliarden DM / Inbetriebnahme im Jahr 2005) [Bericht]	1/2 Din A4 (kein B.)	+	Die vom Rechnungshof geforderte Festschreibung d. alleinigen Verantwortung der Industrie ... sei bereits im Finanzierungskonzept vom Dezember 1993 niedergelegt, schreibt die Regierung	-	-	Ein SPD-Antrag, die Entscheidung im Haushaltsausschuß bis zur Vorlage einer Kosten-Nutzen-Analyse zurückzustellen, wurde von d. Koalition abgelehnt
61	25.4.95	hal.: Verkehrsausschuß stimmt Transrapid zu [Bericht]	1/4 Din A4 (kein B.)	+	... der Rechts- und der Umweltausschuß haben den Gesetzesentwürfen bereits zugestimmt, so daß der Bundestag ... zustimmen kann	-	-	-
62	10.5.96	hal.: Der Bundestag billigt den Bau des Transrapid (Die Opposition stimmt dagegen / Streit über die Finanzierung / „Milliardengrab") [Bericht]	1/3 Din A (u. großes Foto v. Wissmann u. Merkel im Bundestag)	o	... ähnliche Umsteigeentwicklung des TGV [6,4 auf 20 Mio. Passagiere] sei in Deutschland zu erwarten ... [Wissmann]. ... Mehrkosten für Schwerin und für d. Einfädelung in Berlin seien noch gar n. enthalten [Ferner (SPD)]	-	-	-
63	11.5.96	hal.: Die Trassenführung für den Transrapid (Wissmann: 4400 Arbeitsplätze für Mecklenburg-Vorpommern) [Bericht]	1/2 Din A4 (kein B.)	+ +	Es sei sichergestellt worden, daß d. TRP in d. Zentren ... hineinfahre u. an d. Netz d. DB AG u. d. Nahverkehrsnetze angebunden werden könne	-	-	-

	formale Merkmale			charakteristische Merkmale				
Nr.	*Datum:*	*Autor und Headline [Bericht oder Kommentar]*	*Größe u. Bild*	*allg. Wertung*	*Neuheit*	*Lesereinbeziehung*	*Paradoxie*	*Schlußwort*
64	12.6.96	Lt.: Zustimmung zum Transrapid erwartet [Bericht]	1/2 Din A4 (kein B.)	+	... es gebe „eine Reihe sehr konkreter Anfragen nach der TRP-Technik", in den Vereinigten Staaten und in Südostasien, die den Kauf einer Magnetbahntechnik erwögen [Rohkamm]	-	-	-
65	15.6.96	hal.: Trotz der Proteste: Der Weg für den Transrapid ist frei [Bericht]	1/4 Din A4 (Text in Kursivschrift / großes Foto v. Robin Wood Transparent)	o	Die Betreiber hoffen, viele Reisende von Flugzeug und Auto in die Magnetbahn zu locken	-	-	-

Zeichenerklärung: „ + + " entspricht: sehr positiv / „ + " = positiv / „ o " = neutral / „ - " negativ „ - - " sehr negativ

Tabelle 1.1: Inhaltliche und stilistische Kriterien zum Thema „Magnetschwebebahn Transrapid"

	inhaltliche Schwerpunkte					***stilistische Merkmale***		
Nr.	*Konk./ Ergänz.*	*techn. U.*	*reg.-ökon. U.*	*wirt. U.*	*pol. U.*	*„Journalistisches-Was"*	*Schlüsselbegriffe bzgl. inhaltl. Merkmale*	*(M)etaphern, (G)leichnisse (Attribute)*
1	-	xxx (ökol.)	x	-	x	in HH-Messe: Bundesforschungsminister: Druck auf den Startknopf	Schwebebahn, TRP, Attraktion, Betonstelzen, [keine] Rollgeräusche Umweltbelastung, Magnetbahn-System, Geschwindigkeit, Leistungsfähigkeit	G: Der Wagen schwebt, erste der Welt, Fernverkehrsmittel der Zukunft usw.
2	-	x	xx	x	xx	Fachleute: Votum für den Bau der Magnetschwebebahn von Hannover nach Kiel	Minister, [neues] Verkehrssystem, Anwendungs-, Versuchsstrecke Emsland, Einrichtung, Fernstrecke	G: große Exportchancen in dieser Technik (unverzüg., einsatzbereit, rasche)
3	K. zu Braunschweig 2	xxx (n. ökol.)	xx	x	xx	In der Braunschweiger Technischen Universität entpuppt sich heute die Magnetschwebetechnik der Zukunft	Innovatives, Gewissensnöte, Weltausstellung, Japan, Schweben, Magnete, Wissenschaftler, Vorfahrt, TRP, 403,7 km/h, Fahrweg, Bürgerwiderstand, Gesamt-, Forschungskosten, Nachfrage, [umw.pol.] Dimension, Angst [v. terror.] Anschlägen, Lärm	M: Magnetkonzept, Protestwind G: Gegen TRP kein Kraut gewachsen (billiger, schneller, umweltverträglicher, neusten, lauter, leiser)
4	E. zu ICE	-	x	xx	xx (ökol.)	Bundeskabinett: ICE-Schnellstrecke soll rechtsrheinisch verlaufen	Umweltverträglichkeitsprüfung, Kabinett, Grundsatzentscheid., Bundesforschungs-, Bundesverkehrsminister, TRP-Strecke, Betriebskosten, Emsland	G: TRP sei: zukunftsträchtiger Exportartikel; sei kein Ungeheuer [Riesenhuber]
5	-	x (n. ökol.)	x	xxx (n. ökol.)	xxx	Bundesminister Riesenhuber, Krause, u. Dürr [DB AG] trafen sich zur Pressekonferenz: Beweis der Einsatzreife	Geschwindigkeitsrekorde, Kühe, Optimismus, Wunder, Markt, Verkleidung, Erfüllung, Planspiel, HH, B, Preis, Propaganda, Umweltschäden, Forschungskosten, Rolle, Aussichtsslosigk., Träume, 2 Mrd.	G: dröhnender Pfeil, Wunderding. Je scheller, desto kürzer die Strecke, leise Stadtbahn, Schneller Brüter Kalkar, Spielzeugformat, (notleidendes glänzende, erfolglos, rätselhaft, planvoll)
6	K. zu ICE. K. zu R/S	xx (n. ökol.)	x	xxx	xxx	Eine ganz neue Verkehrstechnik macht von sich reden: Die Magnetschwebebahn TRP. Erdgebundene Transportmittel, die im normalen Verkehr ... [ca. 400 km/h] ermöglichen, gibt es noch nicht	Eisenbahn, Investitionen, Magnetschwebebahn, Innovation, Bau, Engpaß, Aussicht, Strecke, HH, B, Bundesbahn, Lärmschutz, TRP, [ICE-] Schnellbahnstrecke, Rede, Voraussicht, Ausblick, Verlust, Mittel	M: Weichbild [d. Städte], Subventionsfront, (groß, hohe, weite, zu hohe / geschätzt, erscheint, überschaubar, erhöht, entfernt)

	inhaltliche Schwerpunkte					stilistische Merkmale		
Nr.	*Konk./ Ergänz.*	*techn. U.*	*reg.-ökon. U.*	*wirt. U.*	*pol. U.*	*„Journalistisches-Was"*	*Schlüsselbegriffe bzgl. inhaltl. Merkmale*	*(M)etaphern, (G)leichnisse (Attribute)*
7	-	xx (ökol.)	x	xxx	xx	Derzeit prüfen Hersteller u. Banken Möglichkeiten einer priv. Finanzierung	TRP-Verbindung, -Trasse, Finanzierungskonzept, Lautstärke, Magnetbahn, Einsatzreife	G: „Transrapid einfrieren" [Thyssen]
8	E. zu Flg.	x (ökol)	x	xxx	xx	Bundestag hat über Magnetschnellbahn-Verbindung HH-B beraten	Einsatzreife, USA, Durchbruch, TRP, Investitionsvol., 400 km / h, Finanzierung, Betreiberrisiko, Thyssen, Siemens, AEG, Magnetschnellbahn GmbH	(ökologisch verträglich)
9	K. zu ICE E zu Flg.	xx (ökol.)	x	xxx	-	Da haben die Deutschen unter d. Führung von Thyssen Henschel. ein einsatzreifes Bahnsystem. Ausländ. Gesprächspartner sind fassungslos	Führung, TRP, Kurven, Emsland, Verkehrsmittel, Zug, Runden, Geschwindigkeit, [intern] Markt, Hürde, Schritt, Magnetbahn, Forschungsmittel	G: TRP: vorbeihuschender weißer Pfeil., (genügsam, leise, weniger, besser, schneller, ideales)
10	E. zu R/S, E. zu Flg.	x	xxx	x	xx	Noch steckt d. Zukunftsprojekt „Transrapid" mitten in der Planungsphase. Berliner Verkehrssenator überzeugt, „daß unsere Wünsche von der Bonner Planung berücksichtigt werden."	Schnellbahn-Verbindung, -projekt, [öffent.] Geschehen, Flgh. Pachim, B-Expertenvorstellung, [n.] Lehrter-Bh., Westkreuz, HH Bh., Schwerin, Magnetschnellbahn B-HH GmbH, Finanzierungskosten	G: TRP-Netz (schnellen [Magnetbahn])
11	-	-	-	xxx	xx	Eine TRP-Strecke zw. HH-B trägt sich selbst. Das hat der Thyssen Henschel Vorstandsvorsitzende gesagt	Unternehmen [des] TRP, Projekt, [drei] Modelle [zur] Finanzierung, Risiken, 15. Mil. Fahrgäste	Partizip-Konstruktionen: soll ...
12	K. zu ICE	-	-	xx	xxx	ICE-Strecke vordringlicheren Bedarf	CDU, CSU, FDP, Privatfinanzierung, Magnetschwebebahn TRP, Jahresende, Ergebnis	-
13	K. zu ICE	-	-	x	xx	Verkehrsprojekte dieser Größenordung können nur teilprivatwirt. verwirklicht werden	Magnetschnellbahn TRP, Projekt, ICE-Verbindung, Verwirklichung, Diskussionsstand	Partizip-Konstr.: überzeugt, verwirktlicht, gelingen [werden ... sein]
14	-	-	-	xx	xxx	In der Koalition gibt es gravierende Meinungsunterschiede zum Bau der Magnetschwebebahn „Transrapid"	Anwendungsstrecke, [für] TRP, Trasse [für] Magnetschwebebahn HH-B, Standort Deutschland, Welt, Brief, Waigel, Wirtschaftlichkeit, Projekt, Industrie, Betreibergesellschaft, Beteiligung, Bund, Fahrweg	G: TRP sei Spitzentechnik [Krüger], Subventionsfelder [Waigel]
15	E. zu ICE	-	-	xxx	-	Für einen Einsatz d. Magnetschwebebahn TRP hat sich jetzt Dürr ... ausgesprochen	Produkte, Referenzen [wie] ICE, Wettbewerb, Erfolg	(internationalen)

	inhaltliche Schwerpunkte					stilistische Merkmale		
Nr.	*Konk./ Ergänz.*	*techn. U.*	*reg.-ökon. U.*	*wirt. U.*	*pol. U.*	*„Journalistisches-Was"*	*Schlüsselbegriffe bzgl. inhaltl. Merkmale*	*(M)etaphern, (G)leichnisse (Attribute)*
16	-	-	-	xx	xx	Auch Bauunternehmen und Banken wollen sich an der neuen Finanzierung der TRP-Strecke beteiligen	Vorschläge, Zukunftsinvestition; Kohl, Fahrweg, 2,4 Mrd., Zinsen, Tilgung [aus] Nutzungsentgelt, 3,2 Mrd [Länder] Haushalte, Betreibergesellschaft, 1,5 Mrd. Eigenkapital	G: TRP wesentliches Stück weitergekommen (Partizip-Konstruktionen: soll ...)
17	-	-	xx	xx	xxx	Bundeskanzler Kohl hat angeordnet, daß die Klärung der offenen Fragen bis Ende Februar geschehen soll. Unmittelbar danach Raumordnungsverfahren	Magnetbahngesetz, TRP-Projekt, Privatanleger, Steueranreiz, [techn.] Nachweis, Hochgeschwindigkeits-Netz, Wachstumsprognose, HH HBh., Moorfleet, B-Spandau u. Westkreuz, SPD, Chancen d. Bahn, Weltmarkt, Magnetbahn	G. Zukunftstechnik, Zukunftssymbol, Finanzierungsangebot sei Meilenstein [Wissmann]. [SPD:] finanz. Abenteuer. (Part.-Konstr.: soll ... geschehen, eingeleitet, eingesetzt)
18	K. zu ICE	-	x	x	xx	Jetzt hat das Kabinett dem Bau einer ersten Trasse von HH nach B zugestimmt	Bonn, Bau, Chance, Technologie, Kritik, Bahn, Konkurrenz, TRP-Projekt, Struktur-, Wirtschaftskrise, Planungs-Vereinfachungsgesetz	M: Hochtechnologie. G: TRP ist kein überflüssiges Vehikel, völlig neues technologisches Fahrzeug. Deutschland hat erste Lektionen gelernt
19	-	-	-	-	xx	Gegen den Bau einer Trasse f. d. Magnetschwebebahn TRP hat sich verkehrspol. Sprecher d. SPD gemeinsam mit Vertr. v. Bürgerinit. ausgesprochen	[haushaltspol.] Gründe, 10,5 Mrd., Baukosten, Projekt	(akzeptabel, unverständlich)
20	K. zu R/S	-	x	xx	xxx	Investitionsförderung solle n. d. Volumen des Verkehrshaushalts alternativer Bahninvestitionen überschreiten. [wissenschaftl. Beirat d. Verkehrsmi.]	Gutachten, Kritik, Betreiber, Recherche, Weltmarktfähigkeit, Bestfallannahmen, 13 Wirtschaftsprofessoren, Vorwürfe, TRP-Projekt, [n. alle] Kosten	G: weitverbreitete Denkweise, d. den Wirtschaftsstandort lähme [Thyssen] (unzureichend, unrealistische, unzulässig, solide)
21	K. zu R/S	-	xx	-	xxx	Es ist so vernichtend, daß über den TRP noch einmal nachgedacht werden müßte, selbst wenn nur die Häfte der Kritik ... zutreffen würde	Transrapid, Gutachten, Verkehrsaufkommen, Berlin [unrealist.] Entwicklung, Baukosten, Erlöse, Kostenrisiko, Staatsfinanzierung, Projekt, [stört] Bahn[sanierung]	M.: Rechenkunststück (vernichtend, zuzumuten, zu teuer)
22	K. zu ICE	x	x	x	xxx	Bundesregierung schaufele sich ein neues „Millionengrab". Kabinett wird beraten	Vertreter, Entscheidung, [stilisierte] Existenzfrage, Standort Deutschland, Hoffnung, Arbeitsplätze, Forschungsgelder, Fahrgastzahlen	M: „Milliardengrab", „Energiefresser"

	inhaltliche Schwerpunkte					stilistische Merkmale		
Nr.	*Konk./ Ergänz.*	*techn. U.*	*reg.-ökon. U.*	*wirt. U.*	*pol. U.*	*„Journalistisches-Was"*	*Schlüsselbegriffe bzgl. inhaltl. Merkmale*	*(M)etaphern, (G)leichnisse (Attribute)*
23	K. zu ICE	xxx (n. ökol.)	x	x	x	Das umstrittene Projekt ist eine 280 km lange Strecke	Concorde, Luftweg, TRP-Züge, 300 Sitzplätze, Linearmotor, Umweltschützer, Rauschen, Ingenieursidee Regelung [durch] Computer, Zeitgeist, Dezibel Fliehkräfte, Spitzengeschwindigkeit, Airbus, ICE	M.: Milliardending, High-Tech-Gleiter, Blitzverkehrsmittel, Lärmspur, G.: tiefliegender Düsenjäger, dröhnender Pfeil. (neues, leiser, donnern schnellen, recht flott, eleganter, einzige)
24	-	-	x	x	xxx	Kabinett hat dem Bau der Magnetschwebebahn TRP zugestimmt. SPD lehnt ab, während einzelne vorsichtig zustimmen	Zwischenhalt Schwerin, Betrieb 2005, Magnetbahn, Arbeitsplätze, Gesetzgebungsverfahren, Befürchtung, Wissenschaftler, SPD, [kurzfr.] Chancen, Risiko Widerstand, Länder, Hauptstadt B., Medien-Metropole HH.	M: Milliardengrab. G: Spielzeug für Geschwindigkeits-Fanatiker [SPD-Schl.-Hollst.] (vorsichtig, unkalkulierbares, unsolide) Partiz.-Konstr.: soll, sollen, wolle)
25	K. zu R/S	-	xxx	x	x	Über den TRP ist auch nach d. Kabinettsentscheidung noch n. d. letzte Wort gefallen. Das Planungsgesetz muß Bundestag und Bundesrat passieren	Projekt, Aufräumarbeiten, [letzten] Legislaturperiode, Einwände, Zweifel, Antworten	-
26	K. zu ICE	-	xx	-	x	Arbeitsgruppen d. SPD haben ein Alternativkonzept zum Bau einer Anwendungstrasse f. d. Magnetschwebebahn TRP vorgeschlagen	Kabinett, Bau, Konkurrenz ICE, Magnetschwebebahn-Planungsgesetz, Bundesregierung, Projekt, Konzept, Bahn, Bundeshaushalt, Kostenrisiken	-
27	-	xx	x	-	x	60 Jahre später ist sie einsatzreif. Die Bundesregierung, die d. Projekt fördert, hat den Bau .... beschlossen	Technik, Zeppelin, Schwebe, Strecke, Projekt, TRP, Bahn, Brücken, Schwebebahn, Streiten, Klärung	G: Zeppelin. Techn. Innovation geht ins Weltanschauliche. Ein starkes Stück Technik
28	E. zu ICE	xx (ökol.)	xx	x	-	In den Industrienationen hat ... eine Rückbesinnung auf die Stärken von Bahnsystemen stattgefunden	Eisenbahn, Höchstgeschwindigkeiten, Lärmquelle, Magnetschnellbahn, Energieverbrauch, Reisezeit, Zerschneidungseffekt, Instandhaltung, Wirtschaftlichk., Beschleunigungsvermögen, Langstatorantrieb	M.: Restdiskussionen
29	K. zu ICE	xxx (n. ökol.)	-	-	x	... bewährte Technik durch neue ersetzen, [dann] tut man gut daran, das Pro und Kontra in geordneten Bahnen abzuwägen => Begriffsschema aus d. Mathematik	[notwendige u. hinreichende] Bedingung, TRP, ICE, 400 km /h, Energieverbrauch, Linearmotor, Schwebetechnik, Fahrgeschwindigk., [DLR], Wind-, Rollgeräuch, Lärmpegel, Fazit	-

	inhaltliche Schwerpunkte					stilistische Merkmale		
Nr.	*Konk./ Ergänz.*	*techn. U.*	*reg.-ökon. U.*	*wirt. U.*	*pol. U.*	*„Journalistisches-Was"*	*Schlüsselbegriffe bzgl. inhaltl. Merkmale*	*(M)etaphern, (G)leichnisse (Attribute)*
30	K. zu ICE	-	xx	xx	x	An der Planungsgesellschaft sollen sich Bund und Wirtschaft je zur Hälfte beteiligen. ... Noch hat man technisch die Nase vorn. Japan hätte den Vorteil, daß sie eine Referenzstrecke bereits bauen [Rohkamm]	Planfeststellungsverfahren, Konkurrenzdruck, Japan, [südkorean.] Regierung, [franz.] Schnellzugsystem, Schlüsselindustrien, Entwicklung, Marktchancen, Schienennetz, Staaten Westeuropas, Länder Ostasiens, 80 DM [TRP-Fahrt], Bahnfahrt 60 DM, Flugreise 300 DM	G.: Die vom Staat zu tragenden Kosten ... für die Trasse [seien] privaten Investoren nicht zuzumuten - nirgendwo auf der Welt. [Rohkamm]
31	E. zu ICE	x	-	xx	xx	Keine neuen Erkenntnisse bei Anhörung des Verkehrsausschusses des Bundestags über den Bau Magnetschwebebahn TRP	Union, Industrie, Projekt, SPD, Umweltschutzverbände, DB, Eisenbahn-Hochgeschwindigkeitsstrecke, Betreibergesellschaft, Umweltschützer, Kritik, Magnetbahn, Sachfragen	G: Deutschland die Chance, ein Stück Zukunft zu gewinnen [BDI] (zu laut, zu teuer, unnötig, ungeklärt)
32	E. zu ICE, Flg.- u. Straßenverkehr	x (ökol.)	xx	xx	xxx (ökol.)	Bis zum Jahr 2010 ist mit einer Zunahme im Güterverkehr auf d. Straße um 95% und im Personenverkehr um rund 30% zurechnen. Der Transitverkehr ... wird sich danach in Deutschland beim Güterverkehr verdoppeln und beim Personenverkehr fast verdreifachen	Bundesministerium, Lösungen, Herausforderungen, Zeit, Wirtschaftsstandort, Ziel, Energieverbrauch, Hochgeschwindigkeitsverbindungen, -netz, Zukunftssystem, Magnetschwebebahnsystem TRP, Nachbarstaaten, Zusammenarbeit, Wachstumsprognosen, HH, B, Reisende, Ruhrgebiet, Kapazitäten, Güterverkehr, Steuereinnahmen, Exportchancen, Wachstumseffekte	M: Milliardenschwelle, Flaggschiff (echtes, richtige, weitere, konventionelle, künftigen, ökologisch, vorrangiges, zentraler, zukunftsweisenden, wirtschaftlichen, technologischen, umweltpolitischen, schwierigen, technischen, extrem kurze, erhebliche, neue, internationalen, positive [usw.])
33	-	-	-	x	xx (ökol.)	Bundestag hat mit Stimmen der Koalition d. Magnetschwebebahn-Planungsgesetz beschlossen. [U]m den bereits beschlossenen Bau einer Trasse für d. Magnetschwebebahn TRP beginnen zu können ...	Gesetz, Opposition, Umweltschutzverbände, Bewältigung Verkehrsaufkommen, SPD, Planungsgesetz, Ungereimtheiten, Bürger[beteiligung]	G.: Bau der Strecke notwendig, um Technik der Zukunft Exportchancen zu eröffnen [Wissmann]. (notwendig, verkehrspol. unnötig, umweltpol.)
34	K. zu ICE	-	x	-	xxx	Bürgermeister Voscherau [SPD] ist grundsätzlich nicht gegen den Bau, anders als eine knappe Mehrheit der SPD-Fraktion im Landesparlament	Ausgangslage, TRP-Strecke, Einschränkungen, Bundesrat, Senat, DL- u. Medienzentrum, Weltmarkt, Unstimmigkeiten, Statt-Partei, Schwebebahn, Planer, Schienenkapazität, ICE	G: Schwachsinn auf Stelzen [BUND]

	inhaltliche Schwerpunkte					stilistische Merkmale		
Nr.	*Konk./ Ergänz.*	*techn. U.*	*reg.-ökon. U.*	*wirt. U.*	*pol. U.*	*„Journalistisches-Was“*	*Schlüsselbegriffe bzgl. inhaltl. Merkmale*	*(M)etaphern, (G)leichnisse (Attribute)*
35	K. zu R/S	x (n. ökol.)	-	x	xx	Der umweltpol. Sprecher der SPD-Fraktion Müller ... hat aufgefordert, den TRP im Vermittlungsausschuß zu Fall zu bringen	Meinung, Magnetschwebeplangesetz, Vermittlungsausschuß, Bundresrat, -tag, Wirtschaftlichkeit, Finanzierungskonzept, Konkurrenz, Märkte, Nachfrage, R/S-Technik, Lärmemissionen, Energiebedarf	M.: milliardenschweres Subventionsgrab G: TRP fährt in eine Sackgasse. Wirt. Annahmen auf schwachen Füßen ([un]solide, unsinnig)
36	K. zu ICE	x	x	x	x	Die Magnetschwebetechnik des TRP sei zwar ein technisch neues, interessantes System, d. billiger, sparsamer und schneller sein könne als bisherige Systeme. Auf d. Strecke HH-B werde es aber nicht gebraucht [Dürr]	Zeitgewinn, 300 Mio. [Verlust im Jahr für DB], Mutmaßung, Export, [Thyssen Industrie, W. Haastert:], TRP, Ergänzung [zum], ICE, Flugverkehr, Erliegen	G: TRP: Arbeitsgeschwindigkeit von. 300 u. 500 km/h [Haastert von Thyssen Industrie]
37	K. zu ICE	-	x	xx	xxx	Mit dem TRP, der Magnetschwebebahn, betritt oder befährt die Bundesregierung technisches Neuland	Demonstrationsstrecke, Techniker, Falle, Hochgeschwindigkeitszug ICE, Europa, Welt, Dürr, [Stadt-]Zentrum, Magnetbahn, Industriepolitik, Erfolgszwang	G.: technisches Neuland. ICE ist in die Marktlücke eingefahren, die für d. neue Schwebebahn reserviert worden war. Der neue Zug, das Ding
38	-	-	xx	xx	x	Rohkamm, ... für die Einführung des Hochgeschwindigkeitszugs, glaubt, daß der TRP schon im Jahre 2004 ... fahren kann. Unabdingbar sei allerdings die Verknüpfung mit ICE-Haltepunkten in HH u. B	Bau, Trasse, Exportauftrag, Emsland, Schwerin Haltepunkt, Magnetschellbahn-Planungsgesellschaft mbH, Bundesrat, Raumordnungs- und Planfeststellungsverfahren, 5,8 Mrd., 4 Mrd., TRP-Initiatoren, Fahrt	-
39	K. zu Flg.	x (ökol.)	xxx	xx	xx	... sollen die Planungsarbeiten für die TRP-Strecke zw. B, Schwerin, HH beginnen. Gründung d. Planungsgesellschaft f. d. Magnetschnellbahn	10 Jahren, Einweihung, TRP-Strecke, Vergnügen, TRP, Dimension [d.] Geschwindigkeit, Magnetschwebebahn, Flugzeugverkehr, Schwebebahn, Vorteile, TRP, Energie, Emsland, [mehrere] Haltepunkte	G.: Vorbehalte werden sich in Wohlgefallen auflösen [Rohkamm]. Der TRP gebe keine Emissionen ab, Schwebebahn sei verkehrspol. sinnvoll, gebe umweltpol. Vorteile [Wissmann]
40	-	-	xxx	xx	-	2 Trassen zw. B u. HH u. 16 Korridore ins B Stadtgebiet werden derzeit ... für die Magnetschwebebahn TRP geprüft. Das teilte die Planungsgesellschaft ... mit	Jahre 2005, Hochgeschwindigkeitszug, sechzig Min., Fahrgäste, Westkreuz, Fernbahnhöfe Gesundbrunnen, Südkreuz, Lehrter Bh., Verlängerung, Großflughafen, TRP, er	(schnelle [TRP])

	inhaltliche Schwerpunkte					stilistische Merkmale		
Nr.	*Konk. Ergänz.*	*techn. U.*	*reg.-ökon. U.*	*wirt. U.*	*pol. U.*	*„Journalistisches-Was"*	*Schlüsselbegriffe bzgl. inhaltl. Merkmale*	*(M)etaphern, (G)leichnisse (Attribute)*
41	-	-	xx	x	-	Die AEG will in Henningsdorf nördlich von B ein Wartungs- und Instandhaltungszentrum ... bauen	Entwicklung, Produktion, TRP, Standort, Endpunkt, Wartungszentrum, Teststrecke, DDR-Lokomotivenhersteller LEW, Industrie, Arbeitskräfte	-
42	-	-	xx	xx	x	Dazu müßten ausreichende Gewerbeflächen bereitgestellt, zukunftsträchtige Wirtschaftszweige entwickelt u. ein unternehmensbezog. wirtschaftspol. Umfeld geschaffen werden	Verlagerung, Regierungssitz, [pol.] Zentrum, Chance, Nord-Süd-Gefälle, Standort, 10 Jahre, 800 Betriebe, [ausländische] Unternehmen, Standort	-
43	K. zu R/S	x	x	xx	-	Die Wirtschaftsförderer HH denken freilich n. an d. Heute. Sie sind vielmehr mit all ihren Gedanken beim TRP. Sie halten d. Magnetschwebebahn für lebensnotwendig	Bahnfahrt 30'er Jahre, Zeit, Ausbau, Wirtschaftsstandort, Wettbewerb, Vorteile, Deutschland, Referenzstrecke, TRP, Wettbewerbsvorteil, Standort, Zukunft	G.: TRP: sanft schwebende Kabinen (gepriesenen, einzigartigen)
44	K. zu ICE	-	xxx	xx	xx	Am heutigen Freitag wird d. Bundesrat vorraussichtlich mit Mehrheit dem Magnetschwebebahngesetz zustimmen. Damit wird ein neues, mit dem bestehenden Schienennetz nicht kompatibles Verkehrssystem geschaffen	Fahrzeit, Schwebebahn, [nur] Haltepunkt (Schwerin), Gesetz, Hamburger Senat, Magnetschwebebahn, [wirt.] Entwicklung, Finanzrahmen [15 bis 17 Mrd.], Sinn, TRP, ICE-Verbindung, Auseinandersetzungen, Fliegende Hamburger	([begonnener ICE-Ausbau zw. HH u. B] billiger)
45	K. zu ICE	-	x	x	xx	Daß technische Großprojekte, wenn sie einmal in Gang gesetzt sind, eine Eigendynamik entfalten, zeigt sich jetzt wieder am Beispiel TRP	10 bis 15 Mrd., Fahrgäste, Hansestadt, Bundeshauptstadt, Peripherie B., Schnellzugstrecke (ICE), 2 Stunden, 1 Stunde [Zeitgewinn], TRP-Reisende, Widersinn, TRP-Lobby, Technikfeindlichkeit.	G.: der grandiose Stelzenbau
46	K. zu ICE	-	xxx (n. ökol.)	xxx	x	[1998:] Bau d. TRP-Strecke ... Am 2.11 findet letzte Antragskonferenz statt, nachdem d. Behörden den Untersuchungsrahmen für d. Raumordnungsverfahren sowie für d. Umweltverträglichkeitsprüfung in nichtöffentlichen Sitzungen festgelegt haben	Befürworter HH Senator, HH-Hbh., Planer, Lehrter Bh., Bh. Papestraße, Haltepunkt Moorfleet, Zusteigemöglichkeit, Bürgerinitiative milan 95, Innenstädte, Fahrgäste, Geschäftsleute, Kurzentschlossene, Güter-, Flugverkehr, Fahrlärm, Anblick, Standortfaktor	M.: Wunschbahnhöfe [bzgl. Berlin], Nagelprobe, [Heide Simonis:] „Paradiesvogel" G.: technischen Wunderwerk (umstrittenen, städteverträgliche, unentbehrlichen)

	inhaltliche Schwerpunkte					stilistische Merkmale		
Nr.	*Konk./ Ergänz.*	*techn. U.*	*reg.-ökon. U.*	*wirt. U.*	*pol. U.*	*„Journalistisches-Was“*	*Schlüsselbegriffe bzgl. inhaltl. Merkmale*	*(M)etaphern, (G)leichnisse (Attribute)*
47	K. zu ICE					DB wird sich ... am Kapital d. zu gründenden Betreibergesellschaft des TRP-Projekt beteiligen, u. zwar mit 125 TDM. Unter d. Bedingungen, daß d. Bund die Verzinsung ... während der Bauzeit d. TRP-Trasse übernimmt	Betrieb, Magnetschwebebahn, [DB-]Aufsichtsrat, Bahnverbindung, 160 km/h, Bau, TRP-Trasse 1998-2004, Magetbahn, Strecke, 1 Stunde, Investition, 1993 Preisen, Betreibergesellschaft, Nutzungsentgelt, [erfolgsabhäng.] Beitrag, Betreiberrisiko, Beitritt, Führung, Bahn, Magnetbahn-Trasse	Part. Konstruktionen: soll ...
48	K. zu ICE	-	x	x	x	Was auf den ersten Blick wie eine Siegesmeldung anmutet, ist aber ... nur ein Zugeständnis eines immer noch im Staatsbesitz befindlichen Unternehmens an die industrie-pol. Wünsche der Regierung	TRP-Projekt, Sachen Fortschritt, Wirtschaftlichkeitsberechnung, Rechnungen, Personenkilometerpreis [1/3 höher], Preise, Markt 10-14 Mio. Passagiere, [derzeit] 1,5 Mio. Menschen, Zuschüsse	G.: TRP: Lieblingsspielzeug des Bundeskanzlers u. seines Verkehrsministers. 300 Mio. sind angesichts jährlicher Investitionssummen ein Klacks
49	-	-	-	xx	x	Die Vorsitzenden der CDU-Fraktionen haben sich für die Realisierung der TRP-Strecke zw. HH und B ausgesprochen	Haltung, Schleswig-Holsteinischen Landesregierung, Technologiefeindlichkeit, Zukunftstechnologie, Realisierung, Güterschienenverkehr	G.: „Kalkar auf Stelzen“ [Heide Simonis] (destruktive, moderner, rasche, schnelle, leistungsfähige)
50	-	-	xx	x	xx	Nach einem ... internen Prüfbericht ... sind die Kosten des Projekts zu niedrig und die prognostizierten Einnahmen ... zu hoch angesetzt	Bundesrechnungshof, Verkehrsausschuß, Bodenpreise, 50 - 100% Kostensteigerung, Kilometer, B.-Innenstadt, Verkehrsaufkommen, Verzögerungen	-
51	-	-	xx	xxx	x	Der ... Vorstandsvorsitzende Rohkamm hält es für möglich, daß die 1993 auf knapp 9 Mrd. DM veranschlagten Gesamtkosten rund 12,25 Mrd. erreichen werden	Systemführer, Planungsabweichungen, Preissteigerung, Anhörung, Bundesverkehrsausschusses, Grobkorridor, [Umwelt-]Verträglichkeit, [vergessene] 7 Km, Westkreuz, Innenstadt, [DB-]Zusage, Kritiker, Passagieraufkommen	G.: entbrannte Diskussion ... in sachliche Bahnen zu lenken [Rohkamm]
52	K. zu ICE	x	xx	x	-	Bundesregierung aufgefordert, ihre TRP-Pläne aufzugeben. Es sei nach wie vor besser, d. Bahnstrecke HH-B auszubauen u. zu modernisieren	Magnetbahn-Lobby, Kosten, Einbindung, Bahnhöfe, ICE-Verkehr, Hochgeschwindigkeitsnetzen, ICE-Verbindung, Regional-, Nahverkehrsnetzen	M.: „ Zahlenspiel“ G.: [TRP-] Strecke: „Faß ohne Boden“ (überflüssig, schneller, sinnvoll)

	inhaltliche Schwerpunkte					stilistische Merkmale		
Nr.	*Konk.-Ergänz.*	*techn. U.*	*reg.-ökon. U.*	*wirt. U.*	*pol. U.*	*„Journalistisches-Was"*	*Schlüsselbegriffe bzgl. inhaltl. Merkmale*	*(M)etaphern, (G)leichnisse (Attribute)*
53	-	-	-	xx	xx	... bekannten Positionen [Koalition, Industrie vs. Opposition, Sachverständiger u. Naturschutzbund] wurden bei einer Anhörung des Verkehrsausschuß des Bundestages ein weiteres Mal ausgetauscht	Magnetschwebebahn TRP, Nutzen-Kosten-Analyse, Haushaltsrecht, Wirtschaftlichkeit, Prüfstand, Wettbewerb, Chancen, Beschäftigungsfelder, Technologiestandort, Nachfrage, Magnetbahn	G.: bzgl. TRP: „bedeutenste Innovation in d. Geschichte spurgebundener Verkehrssysteme" [BDI] (solide, schnell)
54	K. zu ICE	-	-	x	xx	Der Abgeordnete des Bündnis 90/Die Grünen, R. Steenblock, hat deshalb in einen Brief an ... [die] DB AG skeptische Fragen zur Beteiligung ... gestellt	Betriebsgesellschaft, Bundesregierung, Magnetschwebebahn TRP, Ausfälle, Kompensation, Beteiligungssumme, Marktwert, Grundstücke, Einfädelung, TRP, Eisenbahn-Hochgeschwindigkeitstrecke	-
55	-	-	-	xxx	-	Die Entscheidung für eine Beteiligung des Bahn-Konzerns an dem Zukunftsprojekt TRP ist gefallen	Aufsichtsrat, Magnetschnellbahn-Betriebsgesellschaft, TRP-Projekt, Erhöhung, Engagements Wirtschaftlichkeitsuntersuchung, Bahnreform	-
56	-	-	x	x	xxx	Der ... Baukonzern ... hat seinen Rückzug vom TRP-Projekt ... begründet	8 Privatunternehmen, Magnetschnellbahn-Planungs-GmbH, Baumaßnahmen, Dimensionen, TRP-Bau, Konsortialkreis, Beitritt	G.: Die Industrie beginne, ihre Wunschträume vom TRP als Exportschlager zu begraben [Steenblock Bündnis90/Die Grünen]
57	K. zu R/S u. Flg.	-	xx	xxx	xx	Alle loben die techn. Innovation „TRP". Doch kaum ein Gutachten ... will sich wirklich festlegen, ob d. vorgesehene u. bereits in Planung befindliche Magnetschwebebahn sinnvoll ist ... Bei den meisten Stellungnahmen überwiegt d. „Ja, aber", das d. ganzen Ungereimtheiten zutage fördert	Stelzenbahn, Viertelstundentakt, Widerstand, Bürger, Umland, Zufahrtswege, Haltestellen, Nord-, Süddeutschland, Verkehrsmarkt, Hochgeschwindigkeitsnetz, Bundesrechnungshof, Wirtschaftsstandort Deutschland, Exporterfolge, Bundesregierung, Beteuerungen, Industrie, Risiken	-
58	-	-	-	-	xx	Haushaltsausschuß hat d. parlament. Beratung über d. TRP-Projekt vorerst gestoppt	Mehrkosten, Magnetschwebebahnprojekt, Klarheit, Finanzierungsfragen	-
59	K. zu ICE	xx (n. ökol.)	xxx	xx	x	Er hält den Befürwortern vor, sie bemühten zu viele beliebige, in sich nicht schlüssige Argumente	-	M.: Exportschlager (TRP: rascher)

	inhaltliche Schwerpunkte					stilistische Merkmale		
Nr.	*Konk./ Ergänz.*	*techn. U.*	*reg.-ökon. U.*	*wirt. U.*	*pol. U.*	*„Journalistisches-Was"*	*Schlüsselbegriffe bzgl. inhaltl. Merkmale*	*(M)etaphern, (G)leichnisse (Attribute)*
60	-	-	-	x	xx	Haushaltsausschuß ... hat dem Finanzierungskonzept für den Bau der TRP-Strecke zugestimmt. ... Entscheidung zu Gesetzentwürfen ... trifft Verkehrsausschuß	Betrieb, Verkehrsausschuß, Bedenken, Rechnungsprüfer, Gesamtkosten [Preisstand 1993], Fahrweg, Systemtechnik, Wirtschaftlichkeitsberechn., Fahrgastprognose, Erlösausfälle DB	G.: Der TRP zeige, daß die deutsche Industrie in der Lage sei, innovative Technologien zu entwickeln und umzusetzen [Wissmann]
61	-	-	-	x	x	Verkehrsausschuß ... hat mit den Stimmen von Union und FDP Zustimmung zum Magnetschwebebahnbedarfsgesetz ... u. zum Allg. Magnetschwebebahngesetz gegeben	Opposition, Projekt, Vernunft, Wirtschaftlichkeit, Industrie, 3% Preissteigerung, Kosten, Raumordnungsverfahren	G.: TRP sei kein unkalkulierbares Risiko [Wissmann]
62	-	-	x	xx	xx	Bundestag hat mit den Stimmen d. Koalition dem Bau der Magnetschwebebahn TRP von HH-B zugestimmt	Opposition, Bundesrat, SPD-Länder, Bau, Magnetbahn, Kassel, Fahrweg, Raumordnungsverfahren, Hochtechnologie, TRP, Vorsprung, Weltmarkt, [kurze] Anwendungsstrecke, Betriebsfähigkeit, Unkenntnis, Bürger[-interesse]	M.: Milliardengrab [Ferner], Geld verbraten [Steenblock], G.: Pioniergeist deutscher Unternehmer, tech. Meisterleistung [Wissmann]. Milliardenverschwendung d. TRP-Projekts [R. Wood]
63	-	-	xxx	x	-	Endlich ist klar, wo d. TRP fahren soll. Der Aufsichtsrat der Magnetschnellbahn-Planungsgesellschaft hat in Übereinstimmung mit deren Gesellschaftern, dem Bund u. d. Industrie, den Verlauf d. Trasse entschieden	Magnetbahn, HH Hbh., Moorfleet, Schwerin, Holthusen, Lehrter Bh. Raumordnungsverfahren, Verkehrsaufkommen, Umwelt-, Raumverträglichkeit, Instandhaltungswerk, Magnetbahn 18000 [gesicherte] Arbeitsplätze, TRP [langf. 4400 [geschaffene] Arbeitsplätze, Grundlage, Bundesrat	(größtmögliches, maximaler, solide)
64	-	x (ökol.)	x	xxx	x	Vor Beginn der Raumordnungsverfahren für d. Magnetschnellbahn zw. HH und B hat Wissmann nochmals das Vorhaben verteidigt u. ökonomische wie ökologische Vorzüge des TRP beteuert	Vorteile, Energieverbrauch, Schallemissionen, Rahmengesetze, Schwebebahn, Bundesrat, Kieler Landesregierung, Magnetbahnvorhaben, Befürchtungen, Schnellbahn-Vorhaben, Fahrgastaufkommen, Frankreich, Magnetbahngesellschaft, 10 Mio. Passagiere, Magnetbahn Jahre 2005, Betrieb, Pilotvorhaben, Exportfähigkeit	G.: Magnetbahnverkehr werde neue Fahrgastaufkommen „aus sich selbst heraus" anziehen [Rohkamm]

	inhaltliche Schwerpunkte					stilistische Merkmale		
Nr.	*Konk./ Ergänz.*	*techn. U.*	*reg.-ökon. U.*	*wirt. U.*	*pol. U.*	*„Journalistisches-Was"*	*Schlüsselbegriffe bzgl. inhaltl. Merkmale*	*(M)etaphern, (G)leichnisse (Attribute)*
65	-	-	xx	xx	x	Der Weg zum Bau der Magnetschwebebahn TRP v. HH nach B ist frei. Nach dem Bundestag hat jetzt auch der Bundesrat seine Zustimmung zu dem Projekt gegeben	Bau, 1998, Preise 1993, 5,6 Mrd., 3,3 Mrd., HH Hbh., HH-Moorfleet, Schwerin-Holthusen, B- Spandau, Lehrter Bh., Höchstgeschwindigkeit, Spitzenzeiten, 15 Minuten, Systemführer	M.: BONNzenschleuder [auf Transparent von Robin Wood]

Zeichenerklärung:

„ x " = genannt / „ xx " = besprochen / „ xxx " = ausführlich behandelt,
„ E. " = Ergänzung / „ K. " = in Konkurrenz,
„TRP" = Transrapid / „Pkw" = Auto / „Flg." = Flugzeug / „R/S" = Rad-Schiene / „ICE" = Inter-City-Express,
„techn. U." = technische Unterredung / „reg.-ökon. U" = regional-ökonomische Unterredung / „wirt. U." = wirtschaftliche Unterredung/
„pol. U."= politische Unterredung, „(n.) ökol." = (nicht) ökologisch.

Tabelle 2: Formale und charakteristische Kriterien zum Thema „Rad/Schiene - Verkehrssystem"

	formale Merkmale			charakteristische Merkmale				
Nr.	*Datum:*	*Autor und Headline [Bericht oder Kommentar]*	*Größe u. Bild*	*allg. Wertung*	*Neuheit*	*Leserein-beziehung*	*Paradoxie*	*Schlußwort*
1	9.4.92	Jl.: Die Bundesbahn und die Reichsbahn wollen rentabler arbeiten (Aktiengesellschaft mit kaufmännischer Buchführung / Statt hoher Verluste bald Gewinne möglich) [Bericht]	Din A4 (Grafik)	+	-	-	-	-
2	9.4.92	K.B.: Vorrang der Schiene vor der Fernstraße (Minister Krause stellt Bundesverkehrswegeplan fertig / Planung bis 2010) [Bericht]	3/4 Din A4 (kein B.)	o	-	-	-	-
3	28.4.92	Jl.:Dürr: „Wir dürfen keine Schrumpfbahn sein" [Bericht]	Din A4 (Grafik)	+	-	-	-	-
4	4.12.92	Jl.: Europas Bahnen fordern Schuldenbeseitigung (120 Milliarden Ecu für Hochgeschwindigkeitsstrecke) [Bericht]	3/4 Din A4 (kein B.)	+	120 Mrd. Ecu für Hochgeschwindigkeitsverkehr	-	-	120 Mrd. Ecu erforderlich
5	7.7.93	hst.: Bahnindustrie in der Krise trotz „Renaissance" der Schiene (Auftragseingang fast halbiert / Die Bahnreform dennoch begrüßt / Lufthansa denkt über Transrapid-Betrieb nach) [Bericht]	3/4 Din A4 (kein B.)	-	-	-	-	-
6	24.8.93	Jl.: Für die Reichsbahn 100 Milliarden DM [Bericht]	1/3 Din A4 (kein B.)	+	... zu „einer modernst. Eisenbahn Europas" ausgebaut werden	-	-	-
7	10.3.94	Bar.: Aachen-Dresden [Kommentar]	1/4 Din A4 (Frakturüberschrift)	- -	DB muß IC-Ausbau zurückstellen. Verzicht wird nicht nur Dürr, sondern auch die wirtschaftliche Prosperität der neuen Länder [betreffen]	Was sind eigentlich Alternativkosten? Ist es denn zu verantworten, neben dem [IC-] Netz ..., auch noch den TRP von HH nach B zu bauen?	-	Es geht doch n. um die Frage, ob die Mrd. zusammengekratzt werden können; es geht um ihre beste Verwendung, es geht um die Alternativkosten
8	18.5.94	Jl.: „Die Produkte der Bahnindustrie sind Weltspitze, aber zu teuer" (Exportanteil am Umsatz 1993 deutlich geschrumpft / Dennoch Zuversicht für den ICE in Amerika und Taiwan) [Bericht]	Din A4 (Graphik)	+	... daß d. Herstellung von Güterwägen in d. Bundesrepublick nahezu unmöglich ist [Aber:] Die Bahnindustrie rechne ... damit, daß die DB AG zügig Entscheidungen treffe	-	-	-

	formale Merkmale			charakteristische Merkmale				
Nr.	*Datum:*	*Autor und Headline [Bericht oder Kommentar]*	*Größe u. Bild*	*allg. Wertung*	*Neuheit*	*Lesereinbeziehung*	*Paradoxie*	*Schlußwort*
9	17.8.94	Lt.: 3,3 Milliarden Mark für neue Bahnstrecke [Bericht]	3/4 Din A4 (kein B.)	+	Die neun Vorhaben [des Schienenverkehrsprojekts Deutsche Einheit] werden von einer eigens zu diesem Zweck gegründeten bundeseigenen Planungsgesellschaft betreut	-	-	[Die 250 km/h des ICE zw. HH u. B] ... wurden aufgegeben, da das Verkehrsministerium Pläne entwickelte, die Städte mit der Magnetschwebebahn TRP zu verbinden
10	3.2.95	Jl.: Deutsche Bahn bald im europäischen Hochgeschwindigkeitsnetz (Von Köln nach Paris gut zwei Stunden schneller / Ergänzung für den Euro-Star) [Bericht]	1/2 Din A4 (kein B.)	+	-	-	-	-
11	3.2.95	dpa.: Finanzlücke im Verkehrswegeplan [Bericht]	1/5 Din A4 (kein B.)	- -	Während d. Union dafür plädiert, aus bestimmten Bauvorhaben in Ostdeutschland auszusteigen, verlangt die SPD, an dem Verkehrsprojekt Deutsche Einheit festzuhalten	-	-	-
12	3.6.95	Sch.:Privatisierung kostet die Bahn Marktanteile [Bericht]	1/3 Din A4 (kein B.)	- -	Die Vereinigung [107 Unternehmen, d. ein Viertel des Güterwagenparks der Bahn stellen] ist skeptisch, ob die Privatisierung d. DB ausreicht, d. Wettbewerbsfähigkeit zu stärken	-	-	-
13	20.11.95	Jl.: Dürr kündigt hohe Investitionen in den Nahverkehr an (Acht Milliarden DM bis zur Jahrtausendwende / „Der wichtigste Geschäftsbereich der Bahn") [Bericht]	1/3 Din A4 (kein B.)	+ +	Bis zum Jahr 2000 solle die Erneuerung der gesamten Fahrzeugflotte abgeschlossen sein	-	-	Der Einstunden-Takt ..., die optimale Abstimmung der Fahrpläne und die ... Verknüpfung mit dem Fernverkehr könne zusätzliche Nachfrage mobilisieren

	formale Merkmale			charakteristische Merkmale				
Nr.	Datum:	Autor und Headline [Bericht oder Kommentar]	Größe u. Bild	allg. Wertung	Neuheit	Lesereinbeziehung	Paradoxie	Schlußwort
14	28.2.96	Julitz, Lothar: Ein Netz für Europa (Investitionen der Bahn) [Kommentar]	Din A4 (Frakturüberschrift)	+	Die neue Strecke [Köln / Frankfurt] rückt zugleich d. Metropolen Westeuropas zusammen: Paris, Brüssel, Amsterdam werden dann von Frankfurt in weniger als 3 Stunden ereichbar sein ... Die GEB [Gemeinschaft Europ. Bahnen] hat sich darauf verständigt, ... dem Aufbau eines europ. Hochgeschwindigkeitsnetz Priorität einzuräumen	-	-	Bei allen guten ... ersten Erfolgen ... Sie alle haben schwer an Fehlentwicklungen der Vergangenheit zu tragen: ... Diese Marktanteile [Personen- und Güterverkehrsleistungen] müssen erst einmal zurückerobert werden
15	4.3.96	ap.: Nonstop-Züge zwischen Großstädten (Mit Städteverbindungen gegen die Flug-Konkurrenz [Bericht]	1/4 Din A4 (kein B.)	+	Als Pilotstrecke sei ab Mai nächsten Jahres die Verbindung HH - Köln geplant	-	-	-
16	14.5.96	Ke.: TGV oder ICE: Ist der Wettkampf der Systeme eine Schimäre?	Din A4 (kein B.)	+ +	Es gibt heute in den Vereinigten Staaten etwa 50 mögl. Hochgeschwindigkeitsstrecken, auf denen bis zu einer Entfernung von 800 Meilen d. bisherige Flugverkehr ... ersetzt werden könnte ... [D]as Amtrak-Projekt könnte d. Auslöser dafür sein, diese Strecken zu erschließen	siehe Überschrift	-	.Und so sieht die Kooperation zw. Siemens und GEC Alsthom vor, daß d. Franzosen in Taiwan u. d. Deutschen in China die Federführung übernehmen. Die Projekte werden im übrigen gemeinsam realisiert
17	19.6.96	now.: Einigung über europäische Verkehrsnetze (Parlament und Ministerrat legen Streit bei / EU-Hilfen können jetzt fließen) [Bericht]	1/3 Din A4 (kein B.)	+	Abgeordneten Forderung, d. 1994 gebilligte Liste v. 14 vorrang. Verkehrsprojekten mit einem Investitionsvolumen von 173 Mrd. um weitere Vorhaben zu erweitern, konnte sich nicht durchsetzen	-	-	-

Zeichenerklärung: „ + + “ entspricht: sehr positiv / „ + “ = positiv / „ o “ = neutral / „ - “ negativ „ - - “ sehr negativ

Tabelle 2.1: Inhaltliche und stilistische Kriterien zum Thema „Rad/Schiene - Verkehrssystem"

	inhaltliche Schwerpunkte					*stilistische Merkmale*		
Nr.	*Konk. Ergänz.*	*techn. U.*	*reg.-ökon. U.*	*wirt. U.*	*pol. U.*	*„Journalistisches-Was"*	*Schlüsselbegriffe bzgl. inhaltl. Merkmale*	*(M)etaphern, (G)leichnisse (Attribute)*
1	K. zu Pkw, Lkw	-	x	xxx	xxx	Verkehrsaufkommen Osteuropas kann nur durch Strukturreform [Aktiengesellschaft] bewältigt werden	Schuldenlast, Milliarden, Chancen, Defizit, Zukunft, Personenverkehr	G.: Dürr: Reichsbahn werde modernste Eisenbahn Europas. Spielball der Politik (flexibel, privaten, neuen, usw.)
2	K. zu allg. Verkehr	-	-	xxx (ökol.)	x	Zum ersten Mal in der Verkehrsplanung des Bundes werden die Investitionen in den Schienenverkehr höher sein als in die Bundesfernstraßen	Erneuerung, Abstimmung, Signale, Investitionen, Substanzerhaltung, -erneuerung, Aufgabe	(schnell, vordringlich)
3	K. zu Pkw	-	-	xxx	x	Deutschland ist d. am stärksten beanspruchte Transitland	Hochgeschwindigkeitsnetz, Europ. Gemeinschaft, Vorschlag	-
4	-	-	-	xxx (ökol.)	x	Die vollständige Beseitigung der Altschuldenlast hat die Gemeinschaft der Europäischen Bahn von den Regierungen gefordert	Wettbewerbsverzerrung, Schulden, Umweltaktionsprogramm, Wachstum, Chancen	(Partizip-Konstruktionen: soll, wird ... gefordert, verlangt, entlohnt, zugerechnet werden)
5	E. zu TRP	-	-	xxx	x	... zögerliche Investitionspolitik bringt „bedrohliche Lage"	Umsatz, [keine ICE-]Bestellung, Ziel, Serviceleistungen, Wartungen, Exportoffensive, Waggonbau, Marktschwund, Ost	-
6	-		xxx	x	-	Nach Angaben des Bahnvorstandes sollen allein rund 100 Mrd. DM investiert werden	Kilometer, Schienennetz, Geschwindigkeit, Verbindung, Sanierung, Verkehrsprojekt Deutsche Einheit, 1997, HH-B, 160 km/h	(Partizip-Konstrutionen: soll ... investiert, saniert, ausgebaut, ausgelegt werden)
7	K. zu TRP	-	xx	xxx	-	Ausbau der Strecke Aachen-Dresden [muß zurückgestellt werden], weil dafür kein Geld vorhanden ist	Kosten des Verzichts, Anbindung, Nähe, Deutschland, Großregionen, Zentrum Europas, Pariser Becken, London, West-Ost-Verbindung	M.: Rheinschiene G.: In Osteuropa winken Chancen
8	E. zu TRP	-	-	xxx	-	„Wir spüren eine weitere Wettbewerbsverstärkung überall in der Welt" [Oertel, Präsident des Verbandes der Deutschen Bahnindustrie]	Länder, Produktionskapazitäten, Ostmärkte, Auslastungsprobleme, Jahren, Preisverfall, Ersatzbedarf, Auftragslage, ICE, Japan, Präsentation, Chancen	G.: Einen ersten Lichtblick wegen des ICE-Großauftrags

	inhaltliche Schwerpunkte					stilistische Merkmale		
Nr.	*Konk./ Ergänz.*	*techn. U.*	*reg.-ökon. U.*	*wirt. U.*	*pol. U.*	*„Journalistisches-Was"*	*Schlüsselbegriffe bzgl. inhaltl. Merkmale*	*(M)etaphern, (G)leichnisse (Attribute)*
9	-	-	xxx	x	x	In Berlin Staaken begannen d. Arbeiten an d. direkten Bahnverbindung nach HH, die seit dem Mauerbau an d. Berliner Stadtgrenze unterbrochen war	500 km Bahnstrecke, Verbindung, Ausbau Hochgeschwindigkeitsstrecke, Planungen, Fahrzeit, Überlegungen	-
10	-	-	xxx	-	-	Vom kommenden Jahr an soll d. europäische Hochgeschwindigkeitsnetz der Bahn mit der Einbeziehung deutscher Strekken spürbar erweitert werden	System, London, Paris, Frankfurt/M., Amsterdam, Brüssel, Spitzengeschwindigkeiten, TGV, Weiterentwickl., Hochgeschwindigkeitszüge, ICE-Mehrsystemzüge, Paris, Berlin, Umsteigemöglichkeiten, London, Düsseldorf, Dortmund	M.: Hotelzügen
11	-	-	-	x	xx	Das Bundesverkehrsministerium hat eine Deckungslücke v. 17,6 Mrd. im Bundesverkehrswegeplan zugegeben	Deutsche Straßenliga, Jahr 2012, Schienennetz 213,6 Mrd., Bundesstraßen 209,6 Mrd., Betrachtungen, Baupreissteigerung, Maßnahmen	(hoffnungslos, realistischen, vordringlichen)
12	K. zu Lkw (u. Binnenschiff-fahrt)	-	-	xxx	-	Der Umbau der DB zu einem wettbewerbsorientierten Unternehmen hat Marktanteile gekostet	Gefahrguttransporte, Binnenschiffahrt, Straßengüterverkehr, Jahresbericht 1994, Mineralöltransporte, Frachtpreise, Schüttgutwagen, Pkw-Transp.	-
13	-	-	x	xxx	-	Der Personennahverkehr, der größte Geschäftsbereich der Bahn, hat für deren Unternehmenspolitik strategische Bedeutung	Jahrtausendwende, 7 Mrd., Nahverkehrsfahrzeuge, 1 Mrd., Modernisierung, Wachstumsmarkt, Umsatzsteigerung, Marktanteil 30%, Schienennetz, Aktivposten	-
14	K. zu Pkw, Lkw, TRP	-	xx	xxx	x	Ein Symbol für die neu entdeckte Gemeinsamkeit ist die jetzt begonnene Neubaustrecke Köln-Rhein/Main	Wettbewerbsposition, Schienenweg, Aktivposten, Chancen, Neuanfang, Privatisierung, Flexibilität, European Train Control System, Angriff, Mehrsystemzüge, Osteuropa, Investoren	(erfolgreichen, privatwirtschaftliche, gemeinsames, zielgerichtetes)
15	K. zu Flg.	-	x	xx	-	Die DB AG will die Fahrten zw. Großstädten ... offenbar schneller, billiger und gegenüber dem Flugverkehr attraktiver machen	Überlegungen, Ziel, Tochtergesellschaft, Kunden, Geschäftsleute, Service-Neuerungen, Kostenrechnung, Auslastung	-

	inhaltliche Schwerpunkte					stilistische Merkmale		
Nr.	*Konk./ Ergänz.*	*techn. U.*	*reg.-ökon. U.*	*wirt. U.*	*pol. U.*	*„Journalistisches-Was"*	*Schlüsselbegriffe bzgl. inhaltl. Merkmale*	*(M)etaphern, (G)leichnisse (Attribute)*
16	E. zu TGV	x	-	xxx	-	Neben Asien könnte Nordamerika in den nächsten Jahren für die europäische Schienenfahrzeugindustrie ein hochinteressanter Markt für schnelle Fernverkehrszüge werden. Die Entscheidung der amerikanischen Eisenbahngesellschaft Amtrak ... ist ein Signal dafür	Perspektive, Chancen, Prestige, Hochgeschwindigkeitstechnik, Weltmarkt, Personennahverkehr, Vereinigten Staaten, 50% Marktanteil, TGV, ICE, Standards, Investitionsplänen, Zukunft, ICE-Aufträge, Umsatzsprung, ICE2.2, Europazug, Kooperation, Vorlaufkosten 30 Mio.	G.: TGV, ICE seien Türöffner
17	-	-	xx	-	xxx	Damit ist der Weg frei für bereits bewilligte EU-Haushaltsmittel von 3,4 Mrd. im Zeitraum bis 1998 zur Finanzierung von Studien, zinsbedingten Krediten und anderen Hilfen zum Ausbau der Netze	Umweltverträglichkeit, Umweltfolgen, Alternativen, Verkehrsplanung, Hochgeschwindigkeitszüge, Weigerung, Wünsche, Gemeinschaftsinteresse	-

Zeichenerklärung:

„ x " = genannt / „ xx " = besprochen / „ xxx " = ausführlich behandelt,
„ E. " = Ergänzung / „ K. " = in Konkurrenz,
„TRP" = Transrapid / „Pkw" = Auto / „Flg." = Flugzeug / „R/S" = Rad-Schiene / „ICE" = Inter-City-Express,
„techn. U." = technische Unterredung / „reg.-ökon. U" = regional-ökonomische Unterredung / „wirt. U." = wirtschaftliche Unterredung /
„pol. U."= politische Unterredung, „(n.) ökol." = (nicht) ökologisch.

Die Autoren

Univ.-Prof. Dipl.-Ing. Dr. habil. Heinz Hübner: Vorstand des Lehrstuhls TechnikWirkungs- und Innovationsforschung (TWI) im Fachbereich Wirtschaftswissenschaften der Universität Gh Kassel mit Produktwerkstatt „Faktor X". Wissenschaftlicher Leiter des interdisziplinären Ergänzungsstudiums „Innovationsmanagement unter Berücksichtigung der Technik- und Produktfolgenabschätzung". Autor mehrerer Bücher; aus jüngster Zeit: „Informationsmanagement und strategische Unternehmensführung" (München 1996) und „Recent Essentials in Innovation Management and Research" (als Hrsg. gemeinsam mit Dunkel, T., Wiesbaden 1995), sowie von Beiträgen in Fachzeitschriften und wissenschaftlichen Nachschlagewerken. Fachliche und organisatorische Mitwirkung bei internationalen Konferenzen mit Schwerpunkt Innovations- und Produktionsmanagement und ökologieorientierte Produkt- und Unternehmensplanung; Studienreisen, u. a. nach USA, Japan und Brasilien.

Dipl.-Oec. Torsten Dunkel: Wissenschaftlicher Mitarbeiter am TWI. Studium der Wirtschaftswissenschaften in interdisziplinärer Ausrichtung mit Schwerpunkt Technologie- und Innovationsmanagement sowie Fremdsprachen an der Universität Gh Kassel. Diverse Auslandsaufenthalte. Seine Arbeitsgebiete umfassen Nationale Innovationssysteme, Technologiepolitik und Interkulturelles Management.

Dipl.-Kfm. Volker Gers: Studium der Betriebswirtschaft, Volkswirtschaft, Statistik, Jura und Wirtschaftsinformatik an der Universität zu Köln. Gegenwärtig Doktorand und wissenschaftlicher Mitarbeiter am TWI. Schwerpunkt seiner Forschungsarbeit ist die Implementierung der Technikwirkungsforschung in die Praxis der Unternehmen.

Dipl.-Oec. (FH) Jochen Höft: Studierender in den Fachbereichen Wirtschaftswissenschaften und Stadtplanung der Universität Gh Kassel, interessiert sich neben der theoretischen Beschreibung und Beobachtung von urbanen Systemen insbesondere für Diffusionsprozessse von Innovationen im sozial-ökonomischen Kontext als Phänomenbereich.

Dipl.-Oec. Stefan Jahnes: Wissenschaftlicher Mitarbeiter am TWI; Arbeitsschwerpunkte: Technikwirkungsanalyse und Produktfolgenabschätzung sowie ökologieorientierte Unternehmensführung; Mitglied in einschlägigen Arbeitskreisen, Dozent in der Umweltweiterbildung der IHK Kassel und (Co-)Autor verschiedener Fachbeiträge.

Dipl.-Oec. Uwe Kleinkauf: Studium der Wirtschaftswissenschaften an der Universität Gh Kassel. Dzt. tätig im Vertrieb/Marketing eines Unternehmens im Bereich Energietechnik in Nordhessen.

Dipl.-Oec. Andreas Schotter: Studium der Wirtschaftswissenschaften an der Universität Göttingen und der Universität Gh Kassel. Absolvent des Ergänzungsstudiums „Innovationsmanagement unter Berücksichtigung der Technik- und Produktfolgenabschätzung". Derzeit tätig im Vertrieb eines deutschen Unternehmens der Kälte- und Einrichtungstechnik in Hongkong.

Darüber hinaus gilt unser Dank:
Christiane Michels, Studierende im Fachbereich Elektrotechnik, inzwischen Dipl.-Ing. (FH);
Dipl.-Oec. Dirk Hammerstein.

GPSR Compliance

The European Union's (EU) General Product Safety Regulation (GPSR) is a set of rules that requires consumer products to be safe and our obligations to ensure this.

If you have any concerns about our products, you can contact us on ProductSafety@springernature.com

In case Publisher is established outside the EU, the EU authorized representative is:

Springer Nature Customer Service Center GmbH
Europaplatz 3
69115 Heidelberg, Germany

Batch number: 10815974

Printed by Printforce, the Netherlands